1990/1991赛季芝加哥公牛队全队合照。

前排（从左至右）：克雷格·霍奇斯、约翰·帕克森、霍勒斯·格兰特、比尔·卡特莱特、斯科蒂·皮蓬、迈克尔·乔丹、B.J.阿姆斯特朗；

中间（从左至右）：奇普·舍费尔（训练师）、克里夫·莱温斯顿、斯科特·威廉姆斯、威尔·珀杜、斯泰西·金、丹尼斯·霍普森、杰里·克劳斯（总经理）；

后排（从左至右）：吉姆·克莱蒙斯（助理教练）、泰克斯·温特（助理教练）、菲尔·杰克逊（主教练）、约翰尼·巴赫（助理教练）、吉姆·斯塔克（球探）、小克拉伦斯·盖恩斯（球探）。

乔丹的1990/1991赛季NBA总冠军戒指。

1990/1991赛季总决赛,公牛队以4比1的总比分击败湖人队,乔丹夺得职业生涯首个总决赛冠军。

乔丹与恩师菲尔·杰克逊,两人在20世纪90年代创造了"公牛王朝"。

乔丹与皮蓬两人联手为公牛队夺得6个NBA总冠军。

左图：活塞队为了限制乔丹，制订了一系列防守策略，如多人包夹、凶狠犯规等，被称为"乔丹法则"。

右图：东部决赛中，活塞队的罗德曼、罗林斯和乔·杜马斯包夹乔丹。

左图：NBA总决赛第5场，乔丹面对湖人队的4人防守上篮。

右图：1990/1991赛季NBA总决赛，乔丹防守"魔术师"约翰逊。

乔丹赢得首个NBA总冠军后,与母亲庆祝。

公牛队以NBA总冠军的身份重返芝加哥,受到球迷的欢迎,乔丹捧起了奖杯,从飞机上走下来。

# THE JORDAN RULES

THE INSIDE STORY OF
MICHAEL JORDAN
AND THE
CHICAGO BULLS

# 乔丹法则

[美]
萨姆·史密斯 著

孙彦川 译

金城出版社 GOLD WALL PRESS
西苑出版社 XIYUAN PUBLISHING HOUSE

中国·北京

**图书在版编目（CIP）数据**

乔丹法则 /（美）萨姆·史密斯著；孙彦川译. —
北京：金城出版社有限公司，2024.8
书名原文: the Jordan Rules
ISBN 978-7-5155-2559-4

Ⅰ.①乔… Ⅱ.①萨… ②孙… Ⅲ.①乔丹（Jordan，Michael）—传记 Ⅳ.①K837.125.47

中国版本图书馆CIP数据核字(2024)第013593号

Simplified Chinese Translation copyright © 2024 By Gold Wall Press CO., LTD.
THE JORDAN RULES
Original English Language edition Copyright © 2020 by SAM SMITH
Published by arrangement with the original publisher, Simon & Schuster, Inc.
All Rights Reserved.

### 乔丹法则
QIAODAN FAZE

| 作　　者 | [美] 萨姆·史密斯 |
|---|---|
| 译　　者 | 孙彦川 |
| 责任编辑 | 王思硕 |
| 责任校对 | 王振强 |
| 责任印制 | 李仕杰 |
| 开　　本 | 710毫米×1000毫米　1/16 |
| 印　　张 | 23.5 |
| 字　　数 | 348千字 |
| 版　　次 | 2024年8月第1版 |
| 印　　次 | 2024年8月第1次印刷 |
| 印　　刷 | 鑫艺佳利（天津）印刷有限公司 |
| 书　　号 | ISBN 978-7-5155-2559-4 |
| 定　　价 | 69.80元 |

| 出版发行 | 金城出版社有限公司　北京市朝阳区利泽东二路3号　邮编：100102 |
|---|---|
|  | 西苑出版社有限公司 |
| 发 行 部 | (010) 84254364 |
| 编 辑 部 | (010) 64391966 |
| 总 编 室 | (010) 64228516 |
| 网　　址 | http://www.jccb.com.cn |
| 电子邮箱 | jinchengchuban@163.com |
| 法律顾问 | 北京植德律师事务所　18911105819 |

2009年，我有幸向萨姆·史密斯老爷子约过一次稿，仅仅那一篇文章的内容之丰富有趣，让我赞叹至今，而如果是萨姆·史密斯人生成名作《乔丹法则》，又该精彩到什么程度呢？打开书，我们一起走进迈克尔·乔丹的青葱岁月。

殳 海

《乔丹法则》，像希腊神话一样，写出迈克尔·乔丹普通人的一面，写出他的缺陷，并因此一次又一次地触怒"篮球之神"。但是，读完这本书后，我却因为这些缺陷，更爱乔丹。

管维佳

《乔丹法则》并不是一本歌颂乔丹的书，1991年出版时，这本书的意图甚至可以理解为"将乔丹拉下神坛"，描述他好胜成狂背后的一面。

神奇的是，恰是这本书出版后的两年，乔丹完成了三连冠并在奥运会拿下第二枚金牌，站到了篮球生涯的巅峰——读这本书时，结合这个背景，格外意味深长。

张佳玮

你再也看不到这样的书了！过去20年，NBA球队的价值越来越高，球星被更好地保护着，与世界和媒体之间的距离越来越远！现在的记者再也无法像萨姆·史密斯那样走进球员的生活，与他们毫无抵触地放心交谈。因为在那个没有互联网，没有社交媒体的时代里，球员和媒体还可以像朋友般地相处，不追求流量的日子里，还可以日久见人心地找到你信任并欣赏的朋友。这是前一个时代才有的书，那时候的书里才有这些真正的故事。

王 猛

仿佛一台时光机，让我们在30年后重新瞥见乔丹如何成为"乔丹"——一个真实的成神之路。

王子星

# 推荐序 《乔丹法则》，最佳体育阅读范本

颜 强

"芝加哥有着不同的白天和黑夜……"

当我再写下这样一段开篇的时候，时间已经过去了25年。离开篮球编辑的工作角色，于我而言，也有23年了。

那一段开篇，更是一段编译连载的开篇，主要引用的故事内容，还是依据罗兰·拉曾比（Roland Lazenby）的非虚构作品——*Blood on the Horns: The Long Strange Ride of Michael Jordan's Chicago Bulls*。我直译了书名，作为报纸故事连载的大标题：《牛角上的血滴》。

这个连载每期都在1800字到2000字，有时甚至更多，延续了20多期，后来实在感觉不宜过长才终结。1999年春天的《体坛周报》，之所以要求我一定要做个乔丹故事主题的深度连载，原因极其简单，那一年的报纸从一周一期，改成了一周两期，故事连载，能拉住读者的兴趣、能让报纸的销售保持连贯性。而在那个年代，只要是乔丹的故事，就不怕没人读。即便我只是个入行才一年，兴趣爱好起初都不在篮球的编辑。

《牛角上的血滴》还算成功，时过多年，还有球迷读者愿意谈起。拉曾比原著里很多故事，就是乔丹纪录片《最后之舞》的框架。

我准备的时间非常仓促。这也可能符合《体坛周报》一贯以无规划为规划的意志吧。但报社对各种资讯资料的储备，投入相当大，我在编辑部书架上，找到了十多本英文原版的NBA书籍，添货更新还很勤，在那个年代的中国新闻界，这已经十分难得了。

那十多本书，既是我编写《牛角上的血滴》的资料，更是我真正认识和了解NBA背景、窥探其内里的起点。我还记得其中有《"大鸟"伯德自传》《"魔术师"约翰逊自传》《怒不可遏》（巴克利自传），还有菲尔·杰克逊的Sacred Hoops，讲述乔丹第一次退役到复出的Hang Time……其中最不起眼的一本平装本小书The Jordan Rules（《乔丹法则》），封面是迈克尔·乔丹左手运球，抬眼似乎准备上篮的画面。

"乔丹法则"，即便对于当时我这样履历浅薄的体育编辑，也知道这是公牛第一个三连冠前，被底特律活塞队"坏孩子军团"收拾得欲哭无泪的独特现象。这本书最不起眼，因为虽是平装却很厚，印刷纸张也不好，字体行距细密，卖相上并不是阅读佳品。这本书被我列在阅读序列的最后，直到我写完《牛角上的血滴》那个长连载后，才开始阅读。

很大程度上，《乔丹法则》这本书为我打开了体育报道，乃至新闻报道和社会观察的一扇大门。

这本书有个副标题The Inside Story of a Turbulent Season with Michael Jordan and the Chicago Bulls，关于迈克尔·乔丹和芝加哥公牛队，一个跌宕起伏赛季的"内幕故事"。类似标题，当然有博取关注、促进销售的用意。但在所有非虚构作品的阅读中，乔丹和公牛队的第一个总冠军赛季、1990/1991赛季的完整呈现，阅读起来不仅时有惊心动魄之感，更有些颠覆认知、又直指人心的深度触动。

原来体育报道也可以这样写！

原来深度的体育报道，和"水门事件"的"深喉"，如出一辙。

事后经年，在欧洲游历时，西蒙·库珀的《足球之敌》《足球经济学》，大卫·科恩的《足球商业》，艾米·劳伦斯的《不败之师》，以及贝洛斯的《足球，巴西化生活》，都给了我很大启示，令人眼界大阔。因缘际会间，我还和库珀建立了不浅的交情。但萨姆·史密斯的《乔丹法则》，依旧保持着振聋发聩的地位。

这是在20世纪80年代，以调查记者的作业方式，从赛场外一个更大社会广角，去探查乃至深究乔丹和芝加哥公牛队的长期跟踪。对于细节的记述和把握，萨姆·史密斯秉持美国新闻传统优良的"掏粪精神"，始终以冷静客观的态度，观察这支特殊球队内里和周边的种种细节，通过勾画数百个不同个体，搭建起一幅各类型运动人物的群像。

对于大多数球迷而言，竞技场上那赛事期间的真刀真枪，是最刺激喧嚣的。然而，在四节比赛之前后，潜藏的伏笔、暗埋的恩怨，赛后沉淀下来的情绪、持续搅动的人际和利益关系，更是群像故事内里更深的一层。

那是一个独特的赛季，也是乔丹终于打破心魔，带领公牛队冲上云霄的封神赛季。夺冠夜，他在更衣室里怀抱奖杯痛哭流涕的场面，成为体育经典瞬间。但《乔丹法则》，讲述的却是另一面的故事。

另一个乔丹，另一支芝加哥公牛，另一种故事。

和四节比赛、"飞人"高入云天、力挽狂澜，不尽相同，却又极其契合的另一面故事。

萨姆·史密斯是时政调查记者背景出身，进入《芝加哥论坛先驱报》这样有国际声誉的城市报纸之前，有过华盛顿地方政治报道经历。写《乔丹法则》之时，他已经是公牛队跟队记者。写这本书，他是在探险，探究人心之险。

我不太确定，中国有没有体育跟队记者能写出这样的作品。因为史密斯始终保持着报道者界限，始终用中立角度和客观眼光，观察乔丹以及公牛队。他不避讳，甚至有些乐于探究这支生机勃勃球队的内里关系。他和年轻球员，例如霍勒斯·格兰特关系亲密，却没有因人讳言。全书的故事讲述，将一支极致压力下，不断竞争的球队的种种内幕，做了充分揭示。

他更在挑战"篮球之神"。

迈克尔·乔丹绝不是圣人君子。事实上，任何雄霸天下的竞技体育王者，都不可能是君子。不疯魔，不成活。

"拉丁天后"夏奇拉回顾她和皮克的情爱姻缘，说过一段极有深度的话："创意艺术家（夏奇拉本人）和职业运动明星，最本质的差别在于，前者必须要有同理心和共情能力，否则不可能感动那么多观众；而运动明星，成功者往往没有那么多同理心，他们从小就是从最严酷的竞争环境里，从金字塔塔基向上攀升的……"

乔丹就是这极致人群里的极致。他天赋异禀，他的好胜心，更在其天赋之上。这种好胜心，被底特律活塞队的"微笑刺客"们压制经年，已经到了有些扭曲的地步。

这也是《乔丹法则》的各种内幕故事，既精彩又包含人性深度的地方。不完美，时而刻薄乃至暴戾的乔丹，恰恰是能凌驾于"规则"乃至"法则"之上的君王。

时隔经年，再翻开金城出版社的《乔丹法则》，我似乎走回了自己那青涩却又兴奋冲动的从业早年。文字里蕴含的极大张力、文本激发读者的想象力和愉悦感，只有在这样的深度阅读中才能完成。

《乔丹法则》每一章甚至每一页，都蕴含着各种故事和人物个性，换成现在的语言，就是"篇篇都有梗"。代序者不宜喧宾夺主，但对萨姆·史密斯这样业界前辈的致敬，于我心中，甚至超乎对乔丹的膜拜——乔丹是神王，不可模仿；史密斯是先贤，值得学习。

《乔丹法则》，是最佳的体育深度读品，也是经典的体育写作范本，时久弥新。

芝加哥有不同的白天和黑夜，而人性的挣扎，又不同于各种白天和黑夜。

# 序言 2020年6月

当有人问我怎么看待《最后之舞》这部纪录片时，我告诉他们，这部纪录片精彩绝伦。它讲述了历史上最伟大的体育故事之一，它让看过乔丹打球的人重新认识了乔丹。但是，这本书向只是把乔丹看作历史人物的那代人介绍了乔丹。那部纪录片拥有美国伟大小说包含的所有元素：冲突、品格、人设、观点、英雄（当然是指乔丹）、一群潜在的坏人（杰里·克劳斯、伊塞亚·托马斯，甚至芝加哥公牛队——正是他们把乔丹"赶出"了篮球界）。伟大的历史值得我们为他"再奏一曲"。从1984年乔丹来到公牛队的那刻，公牛队就开始努力缔造新的辉煌。从那时到1990/1991赛季第一个NBA总冠军，再到1997/1998赛季最后一个NBA总冠军，他们建立了20世纪90年代的"公牛王朝"，这是值得再讲述一遍的传奇故事。

在我的观念里，电视娱乐与体育电视网（ESPN）和美国奈飞公司（Netflix）联合制作的这部纪录片，很好地讲述了乔丹的这段故事。即便故事主要是从乔丹的视角讲述的，那也无可厚非。其他人也都讲述了自己的故事，现在是乔丹讲述自己故事的时候了。对于《最后之舞》的大部分内容，我并没有意见，并不觉得言辞激烈。乔丹达到了目的——他首次细致回顾了自己的过往。我认为这非常了不起。

然而，还有些故事仍然值得争论。其中一个就是"毒比萨"故事。那场戏剧性故事发生在1996/1997赛季总决赛第5场，比赛之前，乔丹的确病了。他在那场比赛中令人难以置信的表现堪称传奇。乔丹最开始说自己患了感冒。不过，盐湖城的医疗人士却认为那是高原反应。当时，公牛队频繁到盐湖城的山谷里训练，然后再回到帕克城的山间别墅，几名球员都产生了高原反应。对乔丹而言，也许高原反应听起来不那么具有英雄色彩。他最后所讲述的"毒比萨"故事，当然增强了故事的戏剧性。行刺、阴谋、超级反派！他们永远不能阻止乔丹！

我对另一件事也略有微词，乔丹讲述的自己和史蒂夫·科尔的那场斗殴并非完全属实。菲尔·杰克逊在训练中并没有吹罚那个"体毛犯规"，他从来没有对乔丹那样做过。另一个关键点是当乔丹和史蒂夫·科尔开始扭打时，菲尔·杰克逊甚至都不在现场，他离开体育馆去参加赛季前的新闻发布会，当时，他是打电话处理这件事的。在那年赛前训练营期间，对媒体一向友好的NBA要求教练们请假15分钟去参加赛前媒体电话会议。据我听说，当时，乔丹有点被他的经纪人大卫·法尔克误导了。1994/1995年赛季后有一段停赛期，当时的封闭训练并没有延长到赛前训练营。科尔当时是公牛队的队员代表，他曾经以相对友善的方式为中层球员游说。法尔克是实力最强的经纪人，他在为提高工资帽游说，而提高工资帽带来的钱将归于收入最高的球员。这并没有问题，这是他的工作。但是，他误解了科尔的立场。乔丹不了解科尔，当时科尔只是代替乔丹的好兄弟约翰·帕克森上场，所以乔丹看到了机会。乔丹很可能感到遗憾，他在那种情况下打了科尔一拳，尽管科尔是个好人，但绝不好惹。

至于纪录片里另一个生动有趣的故事，毫无疑问属于易怒的底特律活塞队。活塞队在1990/1991赛季的东部决赛中输给公牛队之后，他们没有向"永远的冤家"公牛队致意就离开了球场。这在一定程度上导致伊塞亚·托马斯未能入选1992年奥运会的美国梦之队。《最后之舞》通过不优雅的离场强调了活塞队缺乏体育精神，并暗指这是非常罕见的，却很符合活塞队粗鲁的风格。可在我看来，这是非常平常的一件事，在那个充满身体对抗的时代，在那些充满了残酷的比赛中，我从来不能理解为什么冰球运动员能向刚刚打掉他们牙齿的对手祝贺。勒布朗·詹姆斯一败再败之后，也曾怒气冲冲地离开赛场，并受到抨击。我同意詹姆斯对此发表的观点——当你是胜利者时，你很容易变得优雅。公牛队和活塞队进行的系列赛，算得上NBA历史上竞争最残酷的比赛，两支球队太看重胜负了，以至于活塞队输掉比赛之后，球员们的内心滋生了仇恨。我宁愿自己的球队也会这么想。在这次"不辞而别"之前，乔丹也曾经以不太符合体育精神的方式对待活塞队球员，并因此招致怨恨和疏远。不过，这部纪录片里并没有详谈此事。

历史上，曾经有球员在球技上能与乔丹相提并论，但从来没有一个人像乔丹把球技、竞争意识，以及深远的影响结合起来。乔丹能在多大程度上战胜对手，就在多大程度上比对手聪明。和乔丹在一起，你永远都不可能真正搞清楚什么是欺骗，什么是激励。

乔丹对活塞队的致命一击是在奥本山宫殿球馆第4场比赛前的训练中。那是活塞队的主场，当时也并无诱因，一个看起来正义的乔丹猛烈谴责活塞队及其队员的恶意行为。尽管活塞队已经两次获得NBA总冠军，三次闯入NBA总决赛，乔丹却谴责他们不配获得冠军，不配代表NBA和篮球比赛的水准。至于冠军精神，他们还差得远。整个谴责过程持续了将近半小时。由于当时还不是网络时代，直到第二天的报纸印出来之后，活塞队球员才从报纸头条得知这些。乔丹对记者历数了活塞队这些年的"坏孩子"策略。当年这些球队根本没有运动精神可言。这是什么样的竞争呢？可能是NBA联盟历史上最激烈的竞争！

另一方面，针对"共和党人也买篮球鞋"那句话，我为乔丹做的辩护在《最后之舞》中并没有给予太多的运用，我对此感到有点奇怪。乔丹对我说过那句话，我怀疑他对别人也说了那句话。我为他辩护，不是因为我们关系多么密切，事实上我们关系也没有那么密切，尤其是《乔丹法则》这本书出版之后。

我为他发声之后，很快就着手写了这本书。其间我有意问他一些其他媒体人不会触及的问题。我在华盛顿特区工作过，为来自辛辛那提市的美国独立参议员洛厄尔·韦克短暂当过新闻秘书。所以，我也会不时问乔丹一些政治方面的问题。每逢此时，我能感到他的眼神飘忽不定。20世纪80年代，乔丹是如此迷人又有趣，与媒体相处甚欢，也招人喜欢，以至于记者都不好意思跑题。我喋喋不休谈论北卡罗来纳州的参议员竞选，我显然没有注意到乔丹的不适。相反，我把他看作NBA的楷模。我把所有的问题都抛给了他，就在那时，他对我说了这句话。

我认为乔丹因为说这句话受到了不公正的对待，它被当成一根哲学的棍棒贬低和减少乔丹在社会和政治上的影响力。今天，球员对政治的评论已经习以为常了，但乔丹所处的时代，球员们会尽力去做一名没有政治立场的球星。这是我们在体育领域中听说的不成文规则之一。在20世纪80年代早期，NBA陷入严重的财务困境，这导致球员不得不接受美国团队运动历史上第一个人为设置的工资上限。1983年的工资帽实质上成为联盟和球员的合伙协议。当时有6支球队的经济状况紧张，这就意味着大约75个人失去了工作。因此，每个人都想避开争议，尤其是在很多人猜想NBA正在被毒品压垮的背景下。这种事情真实发生了，但是在华尔街每天盈亏的报表上并没有显示。查尔斯·巴克利提出"球员没有义务在禁毒方面成为好榜样，那是家长应该做的事情"，是当时非常流行的广告真言。为了联盟更大的利益，即便像卡里姆·阿卜杜勒-贾巴尔这种长期活跃于政坛的篮球明星，在绝大多数情况下也是三缄其口，明哲保身。

当乔丹声称那句"共和党人也买篮球鞋"的话来自他在飞机上和皮蓬、格兰特的讨论时，我不得不呵呵一笑。我没有冒犯这些人的意思，当时这些

NBA球星很好相处。严格来说，乔丹会和两位分别来自堪萨斯州和乔治亚州的队友讨论北卡罗来纳州特有的以及全美的政治议题吗？

后来我认识到，乔丹所说的"共和党人也买篮球鞋"这句话，是他经典的一锤定音式的表达方式，尤其为了在和我的谈话中占上风。这句话非常犀利，而且马上就让我识相地闭了嘴。这的确只是个玩笑话，批评家们却拿这句话对付他。是我把他架到火炉上，我对此感到非常糟糕，尤其是现在人们急于为一个人30年前可能有的想法而去谴责他。制片人和乔丹本可以把这个议题藏匿起来，但是他们没有。

当人们问我怎么看待《最后之舞》那部纪录片时，我还想说一件事，那就是——终于证实了。乔丹认同我在30年前那版《乔丹法则》中提到的观点——"他并不是靠一己之力拿下冠军的，他得到了队友们的帮助"。我猜他和我一样，还在听老歌电台。

《乔丹法则》这本书是关于迈克尔·乔丹的故事，那个狂热、偶像派、热衷竞争、被球迷追捧的男孩。在大众的意识中，他上升到了神一般的高度，最终他学会承担责任和领导球队，并赢得了NBA总冠军。获得总冠军是非常美妙的事情，考虑到乔丹对于胜利的执着，这本书前前后后也围绕这个话题。有时乔丹会变得尖酸刻薄，有偏见或者令人厌烦，和其他人一样。

《乔丹法则》展示了效力于一支职业篮球队是怎么样的生活。乔丹可能难以接近、咄咄逼人，或者伤害队友的感情。有些时候说听起来粗鲁的话，对于这些球星而言，可能只是垃圾话而已。忘记那些禁忌语，无拘无束才是同一个战壕里的队友该有的样子，也是成为大家庭一员的样子。这不是一幅漫画家诺曼·罗克韦尔笔下的全家福——那是展示给人看的，而不是真实的生活。

好运气经常超越正确的判断力。我恰好在正确的地点、时间遇到那支拥有天时、地利、人和的球队。我最初谋划撰写《乔丹法则》的出发点是揭开乔丹的神秘面纱，向体育迷展示在训练中发生了什么，在替补席上发生了什么，在飞机上发生了什么。我写这本书旨在回答一个基本的问题——他当时究竟说了什么？这本书的特别之处在于书中探讨的"法则"，是关于赢得首个NBA总冠军，并在20世纪90年代赢得另外五个总冠军的球队和球星的法则。

《乔丹法则》经常被描述为一本调查性著作，实际上它更像实验性著作。生长出这本书的"种子"是我希望知道自己是否能写一本书。当时，我在实现我的梦想——在一家主流的都市报纸《芝加哥论坛报》做记者。我在纽约市长大，小时候每天早上我会投递《每日新闻》和《每日镜报》，下午投递《世界电讯报》。我的父母个子都很矮，手指头又短又粗，所以我的体育梦很快就烟消云散了。而且，我的学习成绩并不出众，当体育记者看起来也是遥不可及的梦想。随着时间的推移，这居然成为我的职业。我曾在印第安纳州做过调查记者，后来我报道过华盛顿特区议会的新闻，一方面是为一家区域性的广播集团工作，另一方面是在1980年的总统竞选期间为《芝加哥论坛报》工作。最终，我辗转加入了体育新闻的行列，恰好赶上乔丹加入公牛队。从那时起，我成为全职的随队记者。我一直做了好几年，直到我想写一本书。我遇到了好多作者，看起来我并不比他们笨，于是我想，他们都能做到，为什么我不行呢？

——

我喜欢戴维·哈伯斯塔姆的《比赛的突破》，那是关于20世纪70年代波特兰开拓者队的书。戴维很可能是20世纪伟大的非虚构类文学作者，但他选择的突破口不是很好，因为开拓者队的球星沃尔顿受伤了，可谓"突"不逢时。相比之下，《乔丹法则》就像一根竹制鱼竿尽头的那只虫子，它钓到了一只虎鲨。

人们可能忘了，或者是人们可能不相信，公牛队在1990/1991赛季时没有想到能够获得总冠军。他们只是希望在连续三年季后赛残酷的挫败之后，过了底特律活塞队这关。当时关于夺冠观点的是，如果球队里有乔丹这种类型的球员，那就得不了冠军——他投篮太多、得分太多，但他不能使队友变得更好。甚至菲尔·杰克逊受聘成为公牛队助理教练时，他就告诉乔丹这一点。当时，普遍的想法是，有了乔丹，球队能卖出很多特许产品，场馆座席和包厢可以座无虚席，但球队就是得不了总冠军。所以，1990/1991赛季被球队视为更上一层楼的赛季。在球队问鼎成功后，我认为自己可以很好地把追随球队那个赛季的来龙去脉梳理一下。1990/1991赛季被视为开拓者队的夺冠之年，因为他们已经熬过了NBA"合情合理"的学徒期——开拓者队和之前夺冠的活塞队、凯尔特人队一样，他们在总决赛中输过球，已经交了"学费"，如今是他们的时代了。开拓者队在赛季初期连胜11场，很快就是19胜1负，而那时公牛队还面临着12月对阵活塞队的生死劫。正如《乔丹法则》中所回顾的那样，那个赛季的结果看上去好像已经显而易见了。

然而，正如最终结果所显现的，在对阵由"魔术师"约翰逊领衔的洛杉矶湖人队时，"我的球星"当然赢得了比赛的胜利。接下来他避开了球队的白宫之行，和一些身份特殊的人去了赌场。恰好那时，《乔丹法则》出版了，这是天命。

―――

这本书述说了乔丹接受教训的旅程。如今，他已经在《最后之舞》中承认了这个事实。但几十年来，他一直否认：领导力意味着将人推向他们没有意识到自己有能力达到的极限和高度，意味着要实时盯着你的目标，不能接受失败。对于迈克尔·乔丹而言，领导力则意味着要对比赛着迷，要欺骗和刺激他周围的人，提出一些专横的要求，说白了就是经常对他们进行口头攻击。对我而言，这非常有趣。我认为这本书做出了合理，也往往是有利于他的一种描述，显示了乔丹顽强的动力和无尽的欲望，同时充满了幽默和人性。当时，我喜欢乔丹的个性，现在我依然如此。

所以，我承认自己对于《乔丹法则》所遭受的常见的第一反应——那种带着敌意的反应感到奇怪。我有时会大喊："嘿，你这是在断章取义！"

但是，这没有用。乔丹的形象得到了小心翼翼和非常精巧的管理，商业包装使他成为一个完美的人，如麦当劳和切诺基等美国知名品牌都请他代言。显而易见，人们不想听到，乔丹在追逐目标时，有时也会表现得很无理。"什么？这可不是我们的迈克尔·乔丹！我们希望成为像迈克尔·乔丹那样的人。"他们的愤怒令人窒息，一些地下组织甚至对我进行威胁。知名人士在电视上谴责我，当地媒体也勃然大怒。在电视台记者傲慢的报道中，这本书被抨击得体无完肤。而且人们声称，这本书将是乔丹和公牛队衰败的开始。

《芝加哥论坛报》让我休假一周，其间不要接电话。同时，公牛队进行了漫长的西部客场之旅。球队不但没有分崩离析，还在"马戏团之旅"中——公牛队每年将主场租给马戏团一段时间，在此期间球队开启客场之旅——首次横扫了西部对手。所以，认为公牛队会因为《乔丹法则》的出版，以及书中讲述的队内冲突和矛盾而江河日下的看法，很快就被证明是无比荒唐的。公牛队远比这些人想象得更有智慧。

包括乔丹在内的人，似乎很想确认这本书的消息源。如同鲍勃·伍德沃德和卡尔·伯恩斯坦所著的《总统班底》出版后，当事人都想知道谁是那个"深喉"。每一个故事都必须有一个"深喉"，不是吗？如果没有人直言不讳，作者怎么可能获取信息？乔丹把他的手指插入矛盾的旋涡中，他认为霍勒斯·格兰特走漏了消息。22岁的格兰特来自佐治亚州的农村，这是他第一次走出家乡吗？显然这是荒谬的。然而，这就像马克·吐温的名言："真理还在穿鞋时，谎言就能走遍半个世界。"他可能从乔纳森·斯威夫特和托马斯·杰斐逊那偷来的这句话。在这个时代，真相穿了"乔丹牌"的鞋子。似乎人们觉得乔丹说的，那一定是真的。

我和霍勒斯·格兰特是好朋友，就像我和很多运动员、教练和管理者是好朋友一样。我在书的致谢部分为他写了一句非常真诚的话，可能是这个原因，导致很多人指责他。可是，我和菲尔·杰克逊、助理教练约翰尼·巴赫也认识了很久；我与比尔·卡特莱特的关系更亲密，因为他是一名老队员。

而且，相比布拉德·赛勒斯、丹尼斯·霍普森、斯泰西·金和杰克·哈利等曾经被乔丹言语攻击的那些受害者，卡特莱特和乔丹实质性的交往更多。当很多信息都已经公开发布时，你根本就不需要匿名的消息源。事实上也是如此，很多人都说《乔丹法则》的大部分内容都是直接引语，我对此倍感自豪，而且我认为这也是本书很受欢迎的一个原因。那是一个没有私人飞机的时代，在那个时代，作家和球队同乘一架飞机，想忽略那些隐私的细节都很难。在当下这个时代，我们很喜欢阴谋论。但事实上，那个时代才是最有美国味的时代。

——

我的第一位报纸编辑厄尼·威廉姆斯就职于印第安纳州韦恩堡新闻哨兵报社。他对我催得很紧，我不得不老老实实工作，根本无法偷懒，这就意味着我必须走近所报道的那群人。所以，当我从《芝加哥论坛报》休息一周之后，公牛队从西部客场之旅凯旋时，我继续做独家报道的记者，而且我对此仍有激情。比赛前，我在更衣室里走向乔丹，他正低着头，分发球票。当时，他只获得了一个总冠军，还没有随从人员。我问他对《乔丹法则》有没有什么建议或者评论，我们可以谈，我会在那里等他。关于那本书，他连一个字也没对我说。这些年来，我知道他一直都很不安，或许最令他不安的不是他被刻画成的样子，而是人们看到这本书的第一印象。

我很感恩，也如释重负。本书出版之后，乔丹没有把我描绘成一个流氓。尽管乔丹和队友的关系水火不容，他还是很有品格的人。表面上看，他尊重我的职业，他在集体采访中仍然回答我的问题，就像他会回答其他记者的问题一样。但是，他不再和我进行那种酒吧式一对一谈话，那个时代已经过去了。当他在1995年从棒球队重返NBA之后，当他在全世界的名声达到全新的高度之后，我只是扑向他的暴风雪中的一片雪花。不过，我与他保持了非常好的社交距离，他还是答应了几次一对一采访。近年来，跟随公牛队到夏洛特采访时，我见过他几次。他会开怀大笑，表示他知道我已经去了另一边（从2008年以来，我负责为公牛队的官网写稿）。

———

当我听说纪录片《最后之舞》正式开拍的时候，我以为这会是一部庆祝的片子，它本来也应该是这个样子，我并不希望自己在场。几个熟人，包括菲尔·杰克逊、杰里·莱因斯多夫、比尔·温宁顿、托尼·库科奇、霍勒斯·格兰特和伊赛亚·托马斯对我说过，他们因为这部纪录片接受了采访，并问我是否接受了采访。我没有，表面上这令我的自尊心有点受伤，但是私下里，我如释重负，因为我又一次避免了"审判"。乔丹在入选名人堂的演讲中提到了几个人，他们发出的挑战激发了自己的斗志，但我不是其中之一。当然，他也不会给我寄圣诞贺卡。

最终，摄制纪录片的工作人员还是给我打了电话，考虑到我的职业生涯中一直都在请别人为我牺牲点时间，我想如果不能善意地做出回应，就太不合时宜了。最近，类似纪录片太多了，据我的经验，这些拍纪录片的工作人员很期待和你谈上一两个小时，可是最后只用上8秒钟的谈话。没关系，记者也会这么做。我对于自己参与度低心知肚明，但是，我在采访临近结束时的确请教了一名导演——在决定采访我之前，他们是不是必须先跟乔丹确认。那个人有点结巴地说："嗯，是的，他们提出了这样的要求。"我很想知道乔丹当时怎么说的。显而易见，他会说他不在意工作人员采访谁了，那才像乔丹。

对于我最终站上乔丹对立面这件事，我感到有点悲伤，因为我非常喜欢他，也很愿意和他站在一起。但我知道在真相大白时，很难保持沉默。所以，当《最后之舞》播完最后几分钟之后，尽管我觉得片子非常优秀，但我知道我无法说服自己不投入另一场战斗。在那部纪录片的结尾中，乔丹说希望能够回到公牛队，为球队赢得第7个总冠军。"故事不可能真的以这种方式结束。"我心想。即便乔丹可能重返公牛队，有那么多队友打算利用新的大合同再赢得一个总冠军。但是乔丹像1993年一样精疲力竭了，更何况在

1998/1999赛季开始前，他的手指又受了重伤，夺冠谈何容易！难道他就不能像菲尔·杰克逊一样说"是时候该离开了吗"？不，那可不是乔丹的风格！

在7个赛季之后的很多年里，菲尔·杰克逊经常说一名领导、一名教练的话语对一支队伍有着怎样的影响。他在公牛队的第7年是1995/1996赛季，那一年公牛队赢得了72场常规赛，他们轻而易举地拿下了总冠军，并被称为历史上最佳球队。即便如此，杰克逊还是不太想留任。一群球员在罗恩·哈珀的带领下，来到杰克逊位于芝加哥郊区的家里，在他动身去他的蒙大拿夏季"行宫"之前，球员们成功说服了杰克逊再执教一个赛季，即1996/1997赛季。

公牛队赢得了1996/1997赛季NBA总冠军之后，公牛队老板杰里·莱因斯多夫飞往蒙大拿会见了杰克逊，希望他继续执教球队。杰克逊说，那就是他的最后一年了，只能再干一个赛季。他想要的就是这个结果，时候到了。此外，杰克逊能够看到在公牛队执教的前景，而且湖人队战绩落后，沙奎尔·奥尼尔已经悄悄地接触了他。这就是为什么公牛队总经理杰里·克劳斯在1997/1998赛季之初说的那段傻乎乎的话——即使菲尔·杰克逊带队取得82连胜，他也不想再聘用杰克逊了。

杰克逊知道自己在公牛队的日子已经到头了，甚至已经"超期服役"。乔丹也看到了这个迹象。丹尼斯·罗德曼的状态正在衰退；在1996/1997赛季总决赛中，丹尼斯·罗德曼连续吃到技术犯规。他放荡不羁的行事风格越来越难以克服，以至于在那个赛季他会试图休假。

因为跟乔丹是队友，很多角色球员有了第一次挣大钱的机会。1997/1998赛季公牛队在有10名自由球员情况下，卢克·朗利、史蒂夫·科尔和尤德·比希勒依然拿到了第一份也是唯一的长期保障合同。斯科蒂·皮蓬故意推迟了手术，这样他就可以缺席1997/1998赛季前半部分的比赛。虽然皮蓬的身体欠佳，但很可能等到一份长期合同，只可惜好景最终没能超过一年。甚至乔丹在《最后之舞》中都承认，公牛队很难继续容纳皮蓬。在

《乔丹法则》中，我多次阐述皮蓬在谈到乔丹时模棱两可的态度和内心的混乱——皮蓬很想在聚光灯下的"大舞台"上成为球队的重要组成部分，但是，他又憎恨自己"二等公民"的身份和待遇，憎恨他只是"王的盛宴"的一部分。乔丹在纪录片中确实把皮蓬称为最重要的队友，但在我看来，皮蓬并不满意乔丹对待他的方式，他已经受够了。

所以，我相信乔丹知道时间到了。当时他已经35岁了，自他1995年从棒球队返回，在过去的3年半里，他一场比赛也没落下。1997/1998赛季，和之前的1992/1993赛季一样，是一场残酷的厮杀。

在1997/1998赛季结束的时候，乔丹当然还不会知道，而在2020年他必须知道。他切雪茄时手受伤了，这导致他无法再征战1998/1999赛季的比赛，因为他无法抓住篮球。如果不进行手术，他的投篮也会出现困难；如果他做了手术，同样会错过那个赛季。所以，他所说的公牛队放弃了第7个总冠军又从何谈起呢？公牛队唯一错过的夺冠机会，就是1993/1994赛季，当时皮蓬和格兰特的竞技状态如日中天，可惜乔丹离开公牛队去了棒球队。即便如此，考虑火箭队在前三场比赛中赢过公牛队，也很难断定鹿死谁手。

每个人都相信自己愿意相信的，但是只有真正走到那一步才能见分晓。尽管我们通常认为胜者命中注定是胜者，但在最后的比分之前，结果并无法确定。你可以说公牛队本该给皮蓬、朗利、科尔和比希勒一份长期合同——就像他们后来在其他球队得到的。理论上讲他们可以，可是说这个都没有用——如果有可能的话，他们看上去很愿意离开公牛队。他们曾经是公牛队的一部分，也赢得了很多总冠军，但是没有人认为他们对总冠军有多么重要的贡献。既然如此，那些乔丹不喜欢的队友们，尤其是他所讨厌的朗利，为什么还愿意待在公牛队，而不是离开公牛队，去效力那些把他们当作冠军一样来欢迎的球队呢？更何况，如果你和乔丹是队友，没有人对你的冠军戒指感兴趣。

此外，我听到有消息说，公牛队曾经承诺，乔丹愿意签多久的合同，公牛队就愿意同他的队友签多久。实事求是地说，公牛队为什么要拿球队的未来当赌注，再和皮蓬签6年合同呢（毕竟皮蓬将因为第二次背部受伤而缺席比赛）？球队为什么要和朗利再签5年合同呢？为什么要和科尔再签5年呢？为什么要和比希勒再签3年呢？

《最后之舞》播出后，乔丹的很多前队友表达了不同形式的不安，包括霍勒斯·格兰特、克雷格·霍奇斯、比尔·卡特莱特和罗恩·哈珀，这又是为什么？这使我意识到，当初写《乔丹法则》时，我可能还没有意识到某些事情。乔丹永远是一个名人，每个人都想接近他。但是，也许乔丹没有任何真正的朋友，或许这就是为什么在公牛队的第二个3年里，他花那么长的时间和那些老爷爷一样的保险经纪人在一起，尤其是格斯·莱特，而不是和队友在一起（他和可能扮演"代理父亲"角色的格斯密切关系的故事，或许是《最后之舞》真正让我吃惊的几个片段之一）。或许这就是为什么乔丹在推广《最后之舞》的一次采访中说，当人们见过他之后就可能不会像原来那样喜欢他了。当然，从普遍意义上来讲，这不是真的。乔丹在最后几集中谈到他对待队友的方式时，有些真情流露。此后，球队再也没有理由和乔丹聚在一起了。

在我看来，1998年之后，显而易见，乔丹已经没戏了。他甚至愿意放弃3300万美元年薪基础上5%的增长。以写此书时的市值来算，那将超过5000万美元，乔丹像以往一样，成功地把这笔巨款先"搁置"了下来。在和艾哈迈德·罗萨德一起出镜的那段《最后之舞》纪录片里，当乔丹谈到在1998年的那个赛季他将承担多么大的压力，却又多么希望继续征战时，他显得非常坦诚。不过，如果他当时还想再接再厉，事实上，他已经有了一帮强劲的帮手，比如库科奇和哈珀。当然，罗德曼也愿意签1年合同，而不是去湖人队。毕竟，如果乔丹愿意的话，谁会对乔丹说不呢？

真相是管理层要求乔丹有耐心，NBA停摆了，乔丹还有时间恢复，但是对不起，对于退役，乔丹坚定不移！事实上，比赛已经是他的不能承受之重。退出的时候到了,但没有人告诉乔丹他该怎么做。所以,我不认可纪录片里关于"如果乔丹愿意回归,公牛队还能获得第7个冠军"的说法。我还想重申,如果这些年之后,他没有其他疯狂的梦想和幻想,那还是乔丹吗?他确实把很多梦想变成了现实,但"他本来可以拥有更多"才是典型的乔丹式想法。

我非常高兴看到乔丹在采访中很享受他的生活——穿着短裤,端着鸡尾酒,手里拿着雪茄。他好像不太受困扰,这也很正常,因为他正在赚取他人生中的第二个10亿美元,他拥有一支NBA球队的大部分股权、一个新开业的高尔夫球场、一个儿女绕膝的可爱新家庭。这部纪录片把他想要的一些重要的东西给了他——在一场关于谁是史上最伟大篮球运动员永不止息的竞赛中,这部纪录片给了他一个很大的推力。

尽管我絮叨了这么多,但我非常喜欢听他讲一些好的故事,就像他在《乔丹法则》中为我做过的那样。

# 前言　1991年6月

无论菲尔·杰克逊看向哪里，他看到的都是红色。

芝加哥正在欢庆公牛队有史以来获得的第一个NBA总冠军，球迷穿着公牛队的红色队服，就像穿着一件昂贵的礼服。这座城市太习惯从他们的球队那里收获失望和失败，如今，终于能挺起胸膛，肆意庆祝了。这个晚上，公牛队球员聚集在市中心的四季宾馆参加本赛季最后一次球队聚会。自从他们赢得NBA总冠军以来，他们好像已经庆祝了一个月。杰克逊从球员眼睛周围的深红色可以看出来，他们加入了这座城市的狂欢。但是，杰克逊也看得出，自从他们的高光之夜以来，他们的眼睛依然闪烁着光芒。

菲尔·杰克逊可以看到年轻球员霍勒斯·格兰特和斯科蒂·皮蓬，他们在这个赛季大杀四方，就像彗星扫尾，变得更聪明、更强壮了。他们帮助球队在总决赛取得了4胜1负的成绩，击败了湖人队。他们和那个长着娃娃脸的B.J.阿姆斯特朗一起加入了跳舞的人群。在球队的赛后聚会上，他们随着音乐边摇摆边唱，乐队一直演奏到次日的凌晨。

杰克逊能看到替补中锋威尔·珀杜，在很多方面都是球队的一个象征——遭到了长久的中伤，最近却备受追捧。公牛队曾经是"迈克尔·乔丹队",那些配角虽然很努力,却通常无法突破极限。有几位球员比珀杜的局限性还要大。但珀杜已经成为一名有实力的球员,是拼图上不可或缺的一部分。现在家乡的球迷正在庆祝他的胜利,可能既是祝贺他能从"暴徒"[\*]的愤怒中存活下来,也是祝贺他对球队所做的贡献。珀杜曾经作为"样本"接受一次"试车跑道测验",当时,他身上每天都有比尔·卡特莱特留下的"轮胎印痕"[\*\*]。因此,某个晚上他与卡特莱特坐在一起,拍着后者的头和肩膀开玩笑:"这是还你打在我头上的那一肘,这是还你打在我鼻子上的那一肘,这是还你打在我肋骨上的那一肘……"这两个人边撞边笑,看上去就像每个人都曾经见过的最大号的泰迪熊。

还有克里夫·莱温斯顿,这个赛季的绝大多数时候,他都是替补球员。他却在季后赛中证实了自己的价值。还有斯泰西·金这个喜欢蹦蹦跳跳的孩子,他曾经在一个对他来说很失望的赛季中吃尽了苦头。还有阿姆斯特朗和丹尼斯·霍普森,在大部分时间里,他们都曾是边缘人物,而不是"舞者"。所有人都曾因为进攻战术的错综复杂而丧失信心,那是杰克逊从助理教练泰克斯·温特借鉴来的三角进攻战术。现在,他们都围在慈父般的温特教练身旁,跳着说唱版本的冠军曳步舞。

"噢,我们相信三角进攻战术!""泰克斯,我们相信!耶,我们相信三角进攻战术!""这只是秀给内行人看的。三角进攻战术,走起!总冠军,走起!"

杰克逊能感到他薄薄的嘴唇笑得弯成了一个圈。他很欣赏古怪的温特,他俩很投缘,甚至乔丹说不喜欢三角进攻战术时——理由是不管怎样,温特拿它赢过什么呢——杰克逊依然坚持这套战术体系。即便在赛季的早期,球员都嘟嘟囔囔地表示不赞成采用三角进攻战术,以至于温特也找到杰克逊,

---

[\*] 指的是乔丹,传闻乔丹曾在训练中拳打珀杜。——译者注

[\*\*] 卡特莱特肘击的伤痕。——译者注

劝其放弃这套战术。温特认为，只有球员相信这套战术，它才能起到作用。杰克逊仍然坚称，他将使这些球员相信这套战术。现在，他们终于可以奏凯歌了。

公牛队总经理杰里·克劳斯也在那里。相比球队赢得总冠军的快乐，让他更快乐的可能是球队终于把他当成一分子了。他是一个没有幽默感的人，纯粹为工作而生。因为工资待遇不公的问题，克劳斯是一些球员愤怒的对象。他很胖，而且对此非常敏感。克劳斯是那种很难交到朋友的人，但是今天，队员们在向克劳斯欢呼，好像克劳斯也是他们其中的一员。

"今晚可以做爱了吧，杰里！"有人大声喊道，这都是男人之间的一些对话。当杰里的前妻特尔玛站在一旁时，一位球员调侃道："有对象了吗？"

"你又不是不知道！"克劳斯开心地说。

"帕克，帕克（帕克森的昵称），"珀杜插话进来，"怎么说来着？10万美元1次，像取款机一样，1.1美元，1.2美元，1.3美元……"

杰里·莱因斯多夫也在旁边，他只能大笑。约翰·帕克森这个有着全联盟最佳球员范儿的老队员，是联盟里薪酬最低的首发球员，他在总决赛的加时赛里连中5球。每当湖人队对公牛队构成威胁，帕克森就会放个大招还以颜色。现在他的合同到期了。"那些投篮值多少钱？"珀杜大大咧咧地问道，"只是能签下一个新的协议吗？"

此外，还有迈克尔·乔丹。杰克逊知道，那微笑是永远抹不去的。哭声已经止住了——在总决赛之后的更衣室里，在一次大大的情感释放中，乔丹的哭声不期而至，感人至深。他曾是无法赢得冠军的巨星，这些年来，人们一直在讨论这个问题。现在，不只他的球队赢了，他也赢了，而且是以伟大的方式，以他一直梦寐以求的方式——在匿名投票中他当选联盟"最有价值球员"。11位选举人中有1人拒绝投票。"除了乔丹还能有谁呢？"他说。而且乔丹是在和"魔术师"约翰逊的巅峰对决中赢得总冠军。"魔术师"曾经被球迷们视为典范——技术高超的传球者、非常好的队友、一名胜利者，而当时的乔丹却不是。然而，球迷们以后再也不能这么说了。

　　总决赛结束后，公牛队的球员们做了祈祷。当球员们冲进更衣室后，又围成一个圈庆祝，接着打开香槟，拿起啤酒，一饮而尽。乔丹瘫坐在座位上任由媒体拍照，摄影记者伸过来的镜头太多了。他把头埋进妻子胡安妮塔的臂窝里，哭了起来。父亲詹姆斯·乔丹抚摸着他的脖子，一直以来，父亲都在告诉乔丹，他会赢得这个时刻。但是乔丹抑制不住哭泣，他的身体颤抖着，他想抹掉眼泪，他想抹掉快乐的眼泪、解脱的眼泪、最终兑现承诺的眼泪。他的胃有点疼，他的呼吸很急促，他不可能有更好的感觉了，这比大学一年级时，他在北卡罗来纳大学篮球队赢得NCAA总冠军的感觉还要好。NCAA冠军简直来得太容易了，而NBA总冠军在历经了奋斗得到的，在7年中克服了所有的不利和质疑之后得到的。现在，这一切都结束了，他就像小孩子抱着奶瓶喝奶一样把香槟一饮而尽。他哭了，他无法入睡。他感受到了纯真、毫无羁绊的快乐。

　　获得总冠军的第二天早上，乔丹捧着总冠军奖杯就像久别重逢的朋友。他不肯把奖杯放下来，在走下飞机时还抱着奖杯，在回芝加哥的路上，甚至连睡觉都抱着奖杯。在球队大巴车上，他不肯让奖杯离他超过5步。这是奋斗的象征，须臾不可离开，以防还有任何人质疑他。

　　晚上，当球员们集合在杰克逊面前时，杰克逊看到了所有这一切。他们已经飞回了芝加哥，几百名芝加哥球迷在机场迎接了他们。球员们直接到了大楼旁，这样就能与球迷互动，就像在叫声尖厉的芝加哥球馆时做的那样，他们围成一个圈。球员们去了市中心的格兰特公园，在那里把他们的心意献给这座城市。他们组成了一个短短的车队，球迷们蜂拥而至，触摸着他们，好像他们是圣人。帕克森挥舞着手，和球迷们又是拉手，又是拥抱，直到他的妻子带着两个孩子穿过"手臂密林"，费劲地来到他身旁。接下来他们又走到了舞台上，每当他们说出一句话，都有上万名球迷欢呼，向他们表示感激。

　　球员们的那股劲头还没有消退下来，睡的时间也不长，那种感情和兴奋让他们飘飘然，直到这个赛季的"魔毯飞翔"结束后，他们最后一次集体站在杰克逊面前。这将是本赛季球队的最后一次聚会，只有球员、工作人员和管理者。随后，他们将以各自的方式休假。杰克逊又一次让球员们像一支队伍聚在一起。12个拥有不同信仰和特质的人，他们在这个赛季经受了太多，自从1990年10月以来，他们彼此同甘共苦，有时就像一屋子流浪猫一样骁勇无比；有时又像对前任女友一样敬而远之。但是，他们都得到了成长，接受了彼此的缺点，分享了彼此的成功。他们以前从未到达过这种高度。从斯科特·威廉姆斯这样的孤独男孩，到骄傲而孤独的卡特莱特，他们的眼睛折射出如释重负和欢乐。杰克逊希望这种状态永不消失。

　　"你们应该知道，很多冠军队伍都是昙花一现，"杰克逊开始讲话，球员们兴奋的谈话声停了一会儿，"这是一项事业。我希望你们都能回来，但这种事情并不会总是发生。然而，这是你们曾经共享过的特殊时刻，你们永远都会铭记。这将永远是你们的胜利，这是把我们永远联系起来的纽带。我以个人的名义感谢你们，感谢每个人在这个赛季中的表现！现在，再回到聚会中去吧。"

　　在一年之前，谁能想象这个晚上会有这样的聚会、这样的欢乐、这样的团结友爱？

# 目录

第 1 章　1990 年春天　　　　　　　　　/ 001
第 2 章　1990 年夏天　　　　　　　　　/ 015
第 3 章　1990 年 10 月　　　　　　　　 / 042
第 4 章　1990 年 11 月　　　　　　　　 / 069
第 5 章　1990 年 12 月　　　　　　　　 / 098
第 6 章　1991 年 1 月　　　　　　　　　/ 126
第 7 章　1991 年 2 月　　　　　　　　　/ 153
第 8 章　1991 年 3 月　　　　　　　　　/ 178
第 9 章　1991 年 4 月　　　　　　　　　/ 214
第 10 章　热身　　　　　　　　　　　　/ 244
第 11 章　期末考试　　　　　　　　　　/ 265
第 12 章　荣耀时刻　　　　　　　　　　/ 283

后　　记　　　　　　　　　　　　　　　/ 311
致　　谢　　　　　　　　　　　　　　　/ 332

# 第1章　1990年春天

迈克尔·乔丹审视着他的队友，心情沉重。

这是1990年5月24日11点之前，在东部决赛中，公牛队以0比2的大比分输给底特律活塞队两天之后。芝加哥自始至终沉浸在春天里——正如老一辈居民喜欢说的那样，但乔丹并不觉得如沐春风，他甚至不想打高尔夫球。用朋友的话来说，这就意味着他接近死亡了。

公牛队集合来到德尔菲综合体育馆训练，这是芝加哥北部55千米处的一个豪华健身俱乐部。他们希望能找到状态，延续战斗力。乔丹的背部、腹部、腹股沟，以及肩膀、手腕、大腿都有伤，那是因为在东部决赛第一场比赛中，丹尼斯·罗德曼和约翰·萨利的一次包夹让他摔了出去。但是背部再疼也比不上对他自尊的伤害，公牛队被活塞队打得一塌糊涂，乔丹由于愤怒和受挫，变得近乎绝望。

"我环顾四周，发现霍勒斯·格兰特和斯科蒂·皮蓬在边上晃悠，开玩笑、打闹。" 后来，乔丹对熟人说，"他们有天赋，却不认真对待比赛。新人们和往常一样聚在一起，他们不知道发生了什么。白人球员[*]打球很努

---

[*] 约翰·帕克森和埃德·尼利。——作者注

力，但缺少天赋。剩下的那些人呢，谁知道你能对他们报什么期待，他们简直一无是处！"

这是乔丹必须承受的不能承受之重，整个球队的重量都压在了他疲惫不堪的肩膀上。

活塞队以86比77和102比93的比分赢下了前两场比赛。活塞队的防守卸掉了公牛队快攻的力道，公牛队在两场比赛中的投篮命中率都不到41%。而乔丹在这两场比赛中的平均得分只有27分，他多次固执地出手投篮，但43投只有17中。没有球队能像活塞队这样更成功地防守乔丹。然而，乔丹不承认活塞队给他制造了麻烦，所以他一次次攻击篮筐，又恰好落入固若金汤的活塞队的圈套中，就好像婴儿在攻击加固掩体。当乔丹带球冲向篮筐时，公牛队的教练绝望地望着乔丹。"那个坑人的防守体系。"助理教练巴赫总是这样说。

不过，活塞队所谓的"乔丹法则"在防守方面是有效的。公牛队的教练认为活塞队在对裁判的心理攻势方面也胜利了。这是个一分为二的计划，第一步是精选并剪辑了一些录像，在几年前寄给联盟，为了证实在有些吹罚的犯规中，活塞队球员实际上几乎没有碰到乔丹。活塞队说，在这种情况下，他们甚至都没法防守乔丹。从那时开始，对乔丹犯规的吹罚率开始降低。乔丹说，这不只是针对活塞队的吹罚。

第二步是针对大众的舆论攻势，活塞队声称，"乔丹法则"是唯有他们才能阻止乔丹的秘密防守法则，其秘诀在于运用一系列"烟囱式"防守，把乔丹引向球员扎堆的中场。但是，活塞队的球员和教练谈论起来，就好像这是五角大楼设计的军事战术。你经常听到他们谈论这些，裁判也能听到，于是，你认为这只是一种与众不同的战术。这个计划起到了效果，现如今，即便活塞队球员犯规，人们突然开始认为他们并没有犯规。

这只是加剧了乔丹面对活塞队时的挫折感。

第二场比赛中场休息时，公牛队以38比53落后，乔丹走进安静的更衣室，踢翻了椅子，喊道："我们打得像狗屎，我们像一群病猫一样在打球。"比赛结束后，他拒绝接受媒体的采访，径直登上了球队大巴。一路上，他就像石头一样沉默。在接下来的一周里，他继续保持沉默，而不像以前那样在赛后发表犀利的言论。他不愿意评价队友。"我希望他们站出来，自己对自己负责。"他对朋友如是说。

乔丹由衷地认为公牛队这次能够击败活塞队。当然，并没有证据表明这种事情能发生。因为在这之前的两个赛季中，活塞队都在季后赛中淘汰了公牛队，并在此前双方对阵的17场常规赛中赢了14场比赛。但是，难道就不能像1988/1989赛季公牛队在季后赛逆袭骑士队那样发生奇迹吗？其实在那个赛季，骑士队在常规赛赢了57场比赛，而公牛队只赢了47场，在双方之前对阵的6场比赛中，公牛队一场未赢。甚至在常规赛的最后一场比赛，骑士队的首发球员全部轮休，而公牛队全主力出战，骑士队照样赢球。公牛队取胜的机会就像芝加哥2月的天气，令人难以乐观。

可是乔丹保证，无论如何，公牛队将在系列赛中赢下骑士队。

在5场比赛中，作为控球后卫，乔丹场均得到39.8分、8.2次助攻和5.8个篮板。在第5场比赛行将结束的时候，他投中了一个滞空后的跳投，公牛队以1分的优势取胜。那个时刻后来就被称为芝加哥体育史上的"The Shot"，与乔丹在1982年在NCAA决赛中的跳投绝杀相提并论。当时，他在北卡罗来纳大学篮球队对阵乔治城大学篮球队的最后1秒钟，以一记6米远的跳投绝杀后者。1988/1989赛季的那球也彻底击溃了骑士队，接下来的两个赛季，骑士队再也无法在公牛队头上赢下一场比赛。

季后赛变成了乔丹表演的舞台，他就是鲍勃·霍普、迈克尔·约翰逊、米克·杰格和弗兰克·西纳德拉。他的卓越表现提升了比赛的档次，如同甜美的旋律，受到了非常热烈的欢迎。其他NBA球员也能跳得和乔丹一样高，几乎每个人都能扣篮，但是乔丹的打法别具一格——他面带微笑，快如闪电，还会眨眼示意，他在季后赛中表现得出神入化。

### 乔丹法则

"这支球队一直都有这种感觉,"在对阵骑士队的系列比赛结束后,巴赫说:"如果我们打进了总决赛,迈克尔就有办法赢下总冠军,他是我所见过的最伟大球员,而且在重大比赛中他能发挥得更好。"

这是千真万确的。乔丹在季后赛的发挥就像莎士比亚的十四行诗,美丽而永恒。就像说莎士比亚一样,每个人都说他是最好的。在他进入联盟的第二个赛季(1985/1986赛季),由于脚骨折缺席64场比赛后,乔丹要求返回球场比赛,尽管医生告诫他可能导致伤势加重。公牛队,甚至乔丹的顾问,都说那个赛季他应该坐在场边休息。乔丹因此愤怒地控诉球队,认为球队不想打进季后赛,以期能在选秀中处于有利的位置。球队只好很不情愿地让他回归赛场,并做出了只让他上场15分钟的限制*。最终,公牛队闯入了季后赛。在季后赛首轮对阵波士顿凯尔特人队的第二场比赛中**,乔丹砍下了63分。拉里·伯德说:"这一定是上帝装扮成乔丹的样子(在和我们打比赛)。"

在1987/1988赛季季后赛对阵克利夫兰骑士队的比赛中,乔丹开启了单场得分50+甚至55+的模式,带领球队获得胜利。这是第一次有人能够在季后赛单场连续获得50以上的分数,而且乔丹还创造了在季后赛5场比赛平均45.2分的新纪录。乔丹或许已经成为NBA有史以来最伟大的得分手。虽然他永远都追不上张伯伦单场100分的纪录,或者张伯伦100场以上单场50分的纪录,但是在1990/1991赛季的末尾,乔丹已经成为NBA有史以来常规赛场均得分王、季后赛场均得分王和全明星赛得分王。他连续5次荣膺"得分王"称号,仅次于张伯伦的7次。

如今,1989/1990赛季对阵活塞队之前,公牛队在季后赛第二轮战胜费城76人队。在这个系列赛中,即便以乔丹个人超凡绝伦的标准而言,那也

---

\* 乔丹当时的上场时间是逐渐延长的。——译者注

\*\* 那个赛季凯尔特人队赢得了总冠军。——作者注

是令人难以置信的水平。5场比赛，乔丹场均得到43分、7.4次助攻和6.6个篮板。他平均每场比赛出场42.5分钟，出手次数占全队的55%。进攻端，他带球突破、扣篮、背身单打、跳投。防守端，乔丹送出盖帽，并防守包括查尔斯·巴克利和约翰·道金斯在内的每名对手。

"我从来没有像现在打费城76人队这样连续4场比赛发挥如此表现。"当乔丹谈到前4场比赛时，他说道。在这些比赛中，他在16节里有13节得分全队领先。

接下来，这头"公牛"如狂风暴雨般，咆哮着向底特律进军，希望击败活塞队。两支球队都崛起于以强硬的蓝领为主的城市，芝加哥人有着宽阔的肩膀，肉类包装生意悠久。底特律则拥有似乎已经日落西山的汽车工业。由于某些原因，底特律的运动队一直都略胜芝加哥一筹。在1984年，芝加哥小熊队多次获得棒球联赛冠军头，而底特律虎队则赢得了世界棒球锦标赛的冠军。但是他们就像在1945年一样靠不住，那年，小熊队最后一次在世界棒球锦标赛中亮相。北美职业冰球联盟的比赛中，戈迪·豪执教的底特律红翅队多次毁掉博比·赫尔执教的芝加哥黑鹰队的赢球梦。如今换成了活塞队，底特律已经习惯击败芝加哥。乔丹决定打破这种习惯。

但是，无论乔丹多么努力地想击败活塞队，他就是打不过这些人。在赛季初期，乔丹曾经在对阵活塞队的一些比赛中得到非常高的分数。比如，在1987年的一场加时的比赛中，他发挥出现象级表现，得到61分。在1988年复活节当天的全美电视直播的比赛中，他获得了59分。乔丹是一位艺术家，28米长、15米宽的篮球场就像有他原画的画布，上面画着带着闪电般笑容、伸着舌头、做着有力变向扣篮的乔丹。活塞队教练查克·戴利很喜欢艺术，但是并不太喜欢乔丹的所作所为。在1988年的比赛之后，活塞队推出了"乔丹法则"，以及相关有针对性的活动。在公牛队看来，通过这些活动，活塞队得以"合法地"攻击乔丹。

活塞队派了两个NBA最好的人盯人防守队员——乔·杜马斯和丹尼

斯·罗德曼来执行这个任务。乔丹勉强能给予杜马斯一些尊重，他和杜马斯在1990年的全明星赛中非常友好。杜马斯安静却很有决心，是一名有绅士风度的球员。但是，乔丹对罗德曼在比赛中的表现很不以为然。乔丹不屑地说："他会假摔、造犯规，那可不是好的防守。"在1988/1989赛季的一场比赛中，罗德曼的假摔战术非常有效，以至于乔丹在第四节的后期因6次犯规被罚下场，最终公牛队以很微小的劣势输掉了比赛。

不过，活塞队给乔丹带来的挫败感，远远大于他对罗德曼的讨厌。公牛队对阵活塞队缺乏胜利，以及乔丹在复活节周日的那场比赛中无法有效发挥，他对阵活塞队的挫败感，比这些都要大。活塞队就是能痛扁乔丹。无论何时，当乔丹想行动时，他们就会通过卡位和挡拆阻击乔丹。对乔丹而言，这就像在一群强盗制造的雷场中穿行。首先，当乔丹过人的时候，杜马斯会用前臂推他，接下来比尔·兰比尔可能撞他，丹尼斯·罗德曼和伊塞亚·托马斯也可能撞他。公牛队对活塞队的这些伎俩高度关注。几年前，他们剪辑了一段视频，把兰比尔在季后赛中的表现都剪辑在一起，看他究竟是怎么做的。然后，公牛队发现，在活塞队感受到压力时，兰比尔会抓人，并锁死公牛队球员的胳膊。公牛队向联盟申诉，但是联盟没有回应。尽管，伊塞亚·托马斯不是名优秀的防守队员，他不喜欢在防守端为球队做出贡献。但是，只要和公牛队比赛，他就会非常积极地去包夹乔丹。托马斯知道乔丹讨厌他。而且，尽管托马斯的家乡就是芝加哥，但他并不在意乔丹是公牛队的大英雄。

乔丹非常痛恨那个长得像天使的伊塞亚·托马斯，很大一部分痛恨源于1985年全明星赛上一场关于"冻结"乔丹的阴谋。当时，托马斯和其他球员很明显串通好了——不让乔丹拿到球，而他们几个人却频频亮剑，长驱直入。在1989/1990赛季，"魔术师"约翰逊想发起一场他和乔丹的比赛，乔丹不太感兴趣，但是"魔术师"却期待能够大赚一笔，并且他已经和一家有线电视公司签了约。但消息传出后，NBA表示不同意。托马斯作为球员工会主席,他说这种赛季之外未经授权的比赛不符合球员的利益。突然,乔丹又非常感兴趣,他说自己觉得"球员工会应该站在球员的立场上"。乔丹说,无论说什么,这只是托马斯嫉妒他。乔丹咆哮道:"没有人请他!你知道为什么吗?如果他打这种比赛,没有人喜欢看!"

活塞队球员在球场上还以颜色,他们喜欢在比赛中嘲笑乔丹自私的打法以及他的鲁莽(那是约翰·萨利的口头禅),说他愿意作为输家。萨利是个不怎么样的替补球星,却因为身高2.13米并且长得像阿塞尼奥·霍尔而在NBA有一席之地,他是个嘴巴特别辛辣的反派角色。

萨利在1989/1990赛季季后赛中对记者说:"没有人能够给我们队定调子,这就是为什么我们能成为一支球队。如果一个人把所有的事情都做了,我们就不是一支球队了,我们就成了芝加哥公牛队。"

下面这句话也是萨利说的:"只要能赢,我们不在意是谁得的分。如果乔丹在我们队打球,他可能有点困难,因为他总想得到所有的分数。我认为他不适合我们。"

乔丹听了这种评论怒火中烧,但是,看上去他又无法对活塞队还以颜色。当乔丹发怒时,他可能是全联盟最好的球员,他在2米高的对手面前扣篮。当那些喜欢说大话的新人封盖了乔丹的投篮之后,乔丹会在他们面前疯狂得分。当对手在他面前屡屡得手,或者想让他出丑时,他就向更高的目标冲击。但是,与活塞队交手时,乔丹就无法上演戏码,他的队友也无法减轻他所感受到的负担。

第一场比赛中,约翰·帕克森和克雷格·霍奇斯出手8次全部没进。斯科蒂·皮蓬被罗德曼狂虐。"我花了太多时间担心他会怎么虐我。"皮蓬后来说。活塞队首发阵容中,只有乔·杜马斯得分上双,他得到了27分,不过已经足够了。第二场比赛中,乔丹的腹股沟和腿都有伤,公牛队轰然倒下。皮蓬和格兰特各得17分,但这不足以弥补乔丹受伤带来的损失,因为乔丹只得了20分。这场比赛中,杜马斯得了31分。

于是，乔丹没有与任何人说话就离开了赛场，导致媒体记者到处找原因，乔丹的队友到处找答案。当他们回到芝加哥打第三场比赛时，球队的氛围可真的不太好。乔丹坚信当他受伤的时候，队友让他失望了，而球队认为乔丹在关键比赛中没有直面媒体，让球队失望了。的确，有几个人注意到，当乔丹单场得到50分时，他很晚还不离开更衣室。但是，当乔丹只得了20分时，他去了哪里呢？死对头托马斯连续两场比赛狂虐他，这就是活塞队能以2比0领先的关键原因。球员们一致认为，当他们没发挥好的时候，乔丹对他们横加指责，但是当乔丹没发挥好的时候，难道这也是他们的错吗？

前公牛队中锋达夫·科尔津解释得非常好："和乔丹在同一支球队打球非常难，因为你总是球队输球的原因。"这当然不能是乔丹的错，每个人通常都得同意。他是最好的，不是吗？所以球队就没什么能公开说的了。

不过，乔丹已经为回到芝加哥体育馆打第三场比赛做好了准备。他很愤怒，咄咄逼人，甚至还有点痛悔，他要求大家同仇敌忾。

———

在周二进行的第二场比赛结束后的几天里，菲尔·杰克逊为球员做了很多思想工作。在平时训练中，乔丹常常表现得很风趣，最近他并不太爱说话。周三训练结束后，观看训练的媒体在等着公牛队的球员，但很多球员从后门径直去了停车场。当他们想避开媒体时，总是这么做。尽管本地媒体对乔丹的要求并没有为难他（关于前面的那件事，全国性的媒体对乔丹也比较宽容）。当媒体抗议之后，杰克逊告诉乔丹本周四他必须从前门出去——要有勇气对面，教练们经常会这样说。乔丹小心翼翼地经营着自己的形象，维护着亲切感。媒体对乔丹疯狂地给予了一系列大加修饰的赞美。这是惯用的套路，Wheaties麦片、麦当劳、切诺基和耐克等赞助商合力，为他额外提供了4倍于他300万美元年薪的代言费。乔丹每年都入选全美篮球记者的集体采访名单，当地的体育电视记者在采访中喜欢把胳膊搭到乔丹的肩上。

"我不用和任何人说话吗？"乔丹问道。

"你不用和任何人说。"杰克逊表示同意。

所以，周四训练结束后，乔丹按照杰克逊说的办法从前门出去，但是他直接无视了等待的记者，甚至队友都想知道到底怎么回事。"将军没有什么要说的吗？"克雷格·霍奇斯跟随而出时心想。霍奇斯喜欢称乔丹为"将军"，指的是乔丹喜欢发号施令，甚至有点出格。乔丹会决定是否执行教练布置的战术，甚至顶撞管理层。然而，是否听他的话取决于队友，这些天他们很少按照乔丹喜欢的方式办事。

"他说什么了呢？"当约翰·帕克森离开四面都是玻璃幕墙的综合体育馆大门时问道。

"他和你们说什么了吗？"记者反问。

"没有，"帕克森说，"他说的都是战术和跑位的话题，但他没有说其他的。"

另一名记者问："他谈到是什么在困扰他了吗？"

帕克森回答说："此外他什么也没说。"

不过，杰克逊说了，他阅读了乔丹的行为，他把乔丹的行为视作要求队友站出来为糟糕的表现负责。他认同乔丹的想法，但他不希望这些想法出现在报纸上。事实上，杰克逊很少阅读报纸的体育版。不过，他的家人和助理会把关于乔丹的报道、球队关于遭到背叛的感觉摘录下来。

杰克逊告诉球员，发生在更衣室里的事情是球队内部的事情，与其他人无关。他谈到了品行和主人翁精神。他还说，如果小小的挫折就能毁掉球队，那么他们就不再是自己心目中想象的那支球队。杰克逊说，那是一段令人绝望的时光，是一段容易让人愤怒和产生情绪的时光，是一段必须负起责任的时光。这都取决于他们自己。

至于战术，公牛队必须停止那种杀入活塞队核心防守区域的打法。杰克逊注意到了，活塞队的战术是区域联防，简单而有效。公牛队必须有较高的投球命中率，要把对手引出来，而不是冲进没有空间的位置。在防守时，球员必须及时回防，必须冲抢篮板。第三场比赛，公牛队这样做了，于是顺理成章地赢了球。

在取得胜利之后，杰克逊说："今晚我们证实了这不是针对乔丹的法则，而是乔丹在决定着比赛的走向。"

在第三场比赛的上半场，乔丹得了16分，但公牛队以43比51落后。一如既往，公牛队在第二节进攻哑火了，活塞队单节取得了32比19的优势。在更衣室中，乔丹怒火中烧，他决定如果球队输球了，也要以他的方式输。然后，第三节成了乔丹大杀四方的一节。乔丹带球突破，投篮不中，自己抢到篮板，取得了本节的首个得分。接着，他把球传给内线的皮蓬，皮蓬持球上篮打进，球队再次得分。第三个进球是他的3米远的投篮。他切入内线，投中了第五个球。后来，他突破投篮命中打成了2+1。在第三节结束时，他又罚中两球，公牛队在第三节的最后3分半钟打了17比6的攻击波，直接控制了比赛。第三节结束后，傍晚的芝加哥体育馆里，球迷向公牛队发出了潮水般的欢呼声，结果已经没有悬念。

第四节比赛，活塞队卷土重来，不过乔丹势头更猛，他又砍下18分。之后，他被罗德曼撞翻，只见他起身再次带球突向篮下制造犯规。接下来，他又压哨投中了三分球。群情激昂的球迷呐喊声都快把体育馆震塌了。

乔丹在下半场得到31分，整场比赛他得了47分和10个篮板，皮蓬拿下29分和11个篮板，格兰特抢下11个篮板，而且其中有6个前场篮板。埃德·尼利也为球队立了功，他出场22分钟，得到8分。他移动缓慢，也不太能跳，但是杰克逊将尼利称之为"他的最爱，球队中最聪明的球员"。

比赛结束后，乔丹受到球迷的顶礼膜拜。他没有笑也没有开玩笑，和通常赛后的表现一样。他走向解说台，说他不想谈论第二场比赛后更衣室里发生的事情。他说他从未批评自己的队友，他说他只是说了"我们"而没有说"他们"。

"他那样说了吗？"当事后有人把乔丹说的这番话告诉格兰特时，格兰特惊呼,"真的吗,不会吧,他真是那样说的吗?"

卡特莱特坐在格兰特的旁边,摇了摇头,表示不可思议:"太疯狂了!"他露出了狡黠的微笑。

乔丹还说,在下场比赛结束之前,他不想再和媒体说什么了。

第四场比赛,公牛队继续延续在底特律无法实现的辉煌。他们投篮很有准星,顺利拿下了比赛。公牛队希望得到超过100分的分数,于是,他们设下圈套,造成托马斯和杜马斯12次失误。乔丹大杀四方,拿到42分,公牛队以108比101的比分获胜。比尔·兰比尔在第三场比赛中7投1中,在第四场比赛中13投1中,而他之前在底特律主场的命中率是10投8中。

截至目前,在过去的两个赛季中,活塞队的季后赛战绩是24胜5负,不过,公牛队击败了他们4次。在最近两年中,活塞队首次在季后赛中连输两场,但是,公牛队还没有在奥本山宫殿球馆击败过活塞队。

第五场比赛战罢,公牛队仍未能打破这个纪录。活塞队又以典型的方式击败公牛队,杜马斯得到20分,乔丹19投7中只得了22分。在篮板方面,活塞队拿下45个,而公牛队只有36个。公牛队的替补球员得了13分,而活塞队的替补球员得到35分。公牛队替补队员的投篮次数只有活塞队替补球员的1/3。

比赛的动作非常粗野,在第三节比赛中段,托马斯把皮蓬撞翻。在第四节开始时,公牛队以64比72落后,投中一球后乔丹示意他想要一个暂停,下场休息一会儿。他休息了2分钟,在那2分钟里,活塞队打了公牛队11比2的攻击波。然后公牛队就再也没能迫近比分。

公牛队已经开始忽略兰比尔,但兰比尔此役拿下16分。皮蓬费尽九牛二虎之力,20投只有5中。格兰特上场之后发挥优秀,抢下了8个前场篮板,而活塞队总共也就拿下9个前场篮板。不过,总体而言,活塞队更强硬,打法更具侵略性。

有个回合可以"概括"公牛队在活塞队主场面对的问题。当时,离第一节结束还有10.4秒，活塞队失误之后，乔丹把球抢过来。他从球场中部出手投篮，球穿网而入，公牛队以25比25扳平了比赛。维尼·约翰逊带球上篮没进，这时，本节比赛结束。当乔丹走向替补席时，他对杰克逊说："我觉得计时器慢了1.4秒钟。"

训练师马克·菲尔把乔丹拉到一边开着玩笑说："晚些时候我们会复核一下。"

如今，真正对公牛队重要的数字只有一个——再输一场，他们就回家钓鱼；再赢一场，他们还有机会决战第七场。活塞队球员谈到心理上的强硬时说，现在谁对胜利更渴望，谁打得更坚决，谁就能拿下冠军。

第六场比赛中，公牛队看上去有了冠军相。半场结束时，公牛队以57比54的比分领先。第三节比赛公牛队火力全开，单节取得了23比9的优势。本节结束后，公牛队直接"杀掉"了活塞队，最终比赛的分差是18分。公牛队球员在抢夺球权时，好像手指头上沾了万能胶。克雷格·霍奇斯和乔丹的超远三分球让球迷沸腾，卡特莱特第四次犯规后替补上场的威尔·珀杜甚至也弹不虚发。比赛结束后，每个人都说这是终生难逢的机会。约翰·帕克森的踝关节扭伤了，他走在一边，给脚踝打了绷带，准备再战。霍奇斯说，如果赢不下第七场比赛，第六场比赛的胜利就毫无意义。他们说了好多关于"一赛定乾坤"的话，也说了好多"现在势头在他们这一边"的话。

比赛结束后，乔丹仍然没有在更衣室接受集体采访。从第三场比赛以来，他选择走出来，站在前面，挨着杰克逊，从几十名记者提出的问题中，选几个回答，然后离开。

接下来，乔丹回到更衣室，沐浴更衣，别人不会再注意他，就好像他得了传染病。当记者们挤进芝加哥老体育馆的更衣室时，他们围成一个大圈，以免离乔丹太近。

当乔丹穿上薄薄的褐色花纹衬衫时，他的父亲詹姆斯·乔丹靠了过来。"儿子，"他说，"我们离第一个总冠军只有一步之遥，现在是我们的机会，要抓住这个机会！"

"是的，爸爸。"乔丹表示同意。

———

乔丹返回球队。沉默的大坝被潮水般的期待冲垮。在球队大巴前往"宫殿"的路上，在更衣室里，乔丹一直在开玩笑，好像之前的两周什么事情也没有发生。他拿皮蓬的球鞋开玩笑，拿格兰特刮胡子之后留下的雪花膏开玩笑，说闻着就像草坪刚施过肥。队友则调侃乔丹，问他把梳子放哪儿了*。那个场景让每个人都放松下来了，球队成为平静、外向、自信的公牛队，看上去他们已经为比赛做好了准备。对，乔丹希望得到的就是一个机会，一个获得总冠军的机会。让更优秀的球队赢得胜利，全力以赴赢下总冠军，或打道回府。这是他的球队有史以来走得最远的一次。

可惜，公牛队无法走得更远。正如乔丹所担忧或者怀疑的，他的队友消失了。帕克森尽力了，但球队还是无法走下去。帕克森的踝关节又疼又肿，必须在一周内做手术。霍奇斯由于自我设限，几个月不能活动，就像生了锈，无法支撑他连续正常打两场比赛，他的三分球分别是13投3中、12投2中。他露出牙齿的大大的微笑不见了，很快，他就会给自己的脚祈祷了。

这不是一场特别有悬念的比赛，活塞队在第二节连续投中9球，但是公牛队12投只有2中。半场结束时，活塞队以48比33的比分领先，比赛的悬念就此结束了。第三节比赛，公牛队一度以39比61的比分落后。即便公牛队在第三节结束时把比分迫近到10分以内，他们仍然没有机会翻盘。

斯科蒂·皮蓬饱受头疼的困扰，10投1中只得到两分。赛前，他的眼睛一直跳，暂停时还在头上敷了一个冰袋。他出场42分钟，但是他几乎分不清谁是队友，谁是对手。他崩溃了，赛后在更衣室里放声大哭。格兰特在板凳上怒火中烧，他抢下了本场比赛最多的14个篮板，一个人抢下的前场篮板比

---

\* 彼时乔丹已经是光头。——译者注

整个活塞队都多，但他17投只有3中。卡特莱特已经精疲力竭，他的膝盖需要做手术，霍奇斯也需要做手术。新人的表现惨不忍睹，B.J.阿姆斯特朗在底特律活塞队的球迷前迷失自我了，8投只有1中。

公牛队的替补球员只得到21分，而活塞队的替补球员拿下33分，马克·阿吉雷贡献15分和10个篮板，约翰·萨利得到14分。托马斯在指挥活塞队执行快攻方面发挥出色，拿下21分和11次助攻。"他们或许拥有最好的球员，但是我们拥有最好的球队。"兰比尔说，他嗓音中的嘲讽，像是手指甲刮粉笔的声音令芝加哥人难以忍受。

现在，74比93的失利留给乔丹很多的思考。他承认活塞队更优秀，公牛队必须变得更优秀。他不是总经理，如果他是总经理，显而易见，球队需要有经验的球员。然而，他不只是打新人的脸，皮蓬在干什么呢？他已经连续两年在对阵活塞队的关键比赛中掉链子。1988/1989赛季季后赛东部决赛中，皮蓬在比赛第一分钟就因脑震荡下场。他和他的好朋友格兰特够认真吗？帕克森失灵了，其他的球员也没做什么贡献。乔丹得了31分，比其他队友都多至少21分，但他出手27次。很多人都认为，如果他继续以这种节奏投篮，公牛队怎么能赢球？

至于乔丹，他认为他必须延续这种火力，否则还有谁能够站出来呢？

比赛结束后，当乔丹从采访区走下来，走到美国的高尔夫球场时，他做了最后的思考："我们必须做些什么，我们需要做出改变！"

## 第2章　1990年夏天

杰里·莱因斯多夫往后坐了坐，他周围都是NBA球队的老板，这是一场常规会议。他们正在享受1990年夏天一个美好的日子，可惜莱因斯多夫将失去一名他本希望留在队里的球员。不过，这个小挫折不会给他带来困扰，对他而言，成为莱因斯多夫带来了太多的乐趣。

在莱因斯多夫长大的过程中，并没有什么特别的。他只是布鲁克林区伊拉玛斯高中名不见经传的一员。这个学校以培养特长生而久负盛名。毕业于该校的有演员伊莱·沃勒克、歌星芭芭拉·斯特赖桑德、作家伯纳德·马拉默德、剧作家贝蒂·科姆登和国际象棋冠军博比·菲希尔等。莱因斯多夫是一对中低阶层夫妇的儿子，父亲是缝纫机维修技师。莱因斯多夫对高中毕业那天发生的事情没齿不忘。他们学校约有1000名学生，学校颁发了几百个奖项，从英语成绩优秀、数学成绩优秀，到文体场馆值班奖，但自始至终都没有出现莱因斯多夫的名字。他记得在回家的路上，母亲和他沉默了好久，最终母亲说："你就不能至少拿一个奖状吗？"

布鲁克林区有很多对体育狂热的孩子，莱因斯多夫就是其中一个。当他搬到芝加哥之后，他在房地产领域赚得了第一桶金。他把自己的巴克洛公司卖给了美国运通公司，获得5300万美元。那时，他已经圆了自己经营一支棒球队的梦想——他收购了芝加哥白袜队。但是，白袜队像个无底洞。最终，莱因斯多夫决定入股芝加哥公牛队，以便他在失去白袜队时，还能留在体育圈内。篮球在芝加哥从未兴盛过，牡鹿队于1950年解散，包装工队\*（在1963年搬到巴尔的摩，并更名为子弹队）。公牛队在1966年成立，不过直到1984年，场均观众只有6300多人。就是从那时起，莱因斯多夫开始和球队谈判。当时，乔治·施泰因布伦纳是纽约扬基队的大老板，也是公牛队的合伙人。他和莱因斯多夫说，这支球队让他感到尴尬，他想退出。莱因斯多夫说他想入股，但是没有提及原因。这笔交易很快就达成了，莱因斯多夫以900万美元的价格拿到球队一半以上的股份。随后，他就见识了NBA营收的增长。一名球员在其中发挥了巨大的作用，那就是迈克尔·乔丹。当莱因斯多夫买进时，乔丹刚加入公牛队。如今，芝加哥体育馆一票难求，座无虚席。这一切，都让莱因斯多夫感到非常美妙。

埃德·尼利，公牛队即将失去的球员，是来自堪萨斯州的30岁前锋，膀大腰粗，体格健硕。在1989/1990赛季开赛之前，他已经第二次与球队签约，他是报纸文章经常称之为见多识广的球员，教练们则称赞他聪明。二者都是对尼利移动速度慢、跳得不太高、大家也不怎么需要他的委婉表达。但是，他对于公牛队却有着稳定的影响力，甚至起到积极作用。因为他的队友看到尼利就知道一名球员需要多么努力，这就够了。如此没有天赋的球员，7年之后居然还能在NBA打球——当你看到他的时候，就会禁不住想，如果他能打7年，你应该能打到40岁。然而，事实上并非那么容易，大多数球员最终会认识到这一点。尼利不会待在酒吧一晚上，他总是第一个到篮球馆或力量房进行训练。当没有上场机会时，他从不抱怨，当上场时，他很少投球。上场时间和投篮机会是职业球员对于自我价值的衡量标准，但尼利对这两者都

---

\* 一年后更名为"西风队"。——作者注

## 第2章 1990年夏天

无动于衷。所以，无论球队还是队友都喜欢他。芝加哥球迷喜欢尼利是因为他象征着这个城市的文化——努力工作、做蓝领的工作*。

尼利打球非常努力，他总是挡拆，防守最强的对手，干各种脏活累活，包括高强度身体对抗、执行战术犯规等，即便他有限的天赋不允许他经常这么干。尽管如此，他在季后赛对阵费城76人队的比赛中得到了9分和9个篮板，公牛队在没有皮蓬的情况下赢得比赛。当时，皮蓬的父亲去世了，他回家料理丧事。尼利在查尔斯·巴克利头上抢下好几个篮板球。在第四节比赛时，他被解说员评选为本场比赛的最佳球员。

这个赛季来到芝加哥之后，他无事可做。上个赛季，公牛队把他交易到太阳队，换来克雷格·霍奇斯。即便是太阳队主教练科顿·菲茨西蒙斯也无法把他派上用场。1982年，科顿以166顺位把尼利选入堪萨斯国王队，科顿承诺会帮助尼利在NBA站住脚。后来，公牛队同意以第十二人的身份签下尼利。他在常规赛中有将近一半的出场机会，年薪大约25万美元。当公牛队提出每年40万美元的薪酬签约两年时，尼利拒绝了，他认为自己能以每年70万美元的薪酬签3年。公牛队主教练菲尔·杰克逊竭力主张球队留下尼利，但是，他知道以那个条件是不可能的。

莱因斯多夫听到尼利的报价后大笑，并转向太阳队老板杰里·科兰杰洛，他说有人给埃德·尼利开出70万美元的年薪。"谁会做那么蠢的事呢？"莱因斯多夫说。

科兰杰洛嘟囔了一句"他不知道"之类的话。但是第二天，太阳队宣布与尼利签了3个赛季的合同。

失去尼利为公牛队带来了一个问题——他们是一支年轻的球队，迈克尔·乔丹不认为年轻的球队能够赢得总冠军。当公牛队在抢七大赛中输给活

---

\* 那时的球票价格已经很贵了，只有高级白领才能买得起，还是在他们能买得到的情况下。——作者注

塞队后，乔丹明确了这一点。新秀后卫B.J.阿姆斯特朗38投10中，场均上场15分钟得4.4分。在系列赛中，新秀前锋斯泰西·金28投9中，场均上场15分钟，得5分。最近，乔丹对金一直怒火中烧，对他怒吼了好几次，让金抢篮板、与对方球员对抗。"管理层知道我们在哪里能提高，所以我不认为他们还想通过选秀解决问题。"乔丹说。

即使尼利怀疑自己的运动天赋，乔丹依然尊重他，因为尼利是那种兢兢业业的球员。当他们一起打球时，无论什么组合，无论教练希望乔丹怎么跑位，乔丹总会往尼利所在的区域走。"因为尼利是唯一能做好挡拆的人，他是个硬汉。"乔丹如是说。

能够从乔丹那里赢得尊重并不容易，乔丹冷酷且咄咄逼人，像一个到了月末催租子的地主。对此，不妨问问布拉德·赛勒斯，乔丹总是说他球风太软，最终把他从球队踢了出去。1987年NBA选秀，公牛队选来了赛勒斯，他身高2.13米，来自俄亥俄州立大学，被球队当作小前锋。当时，更好的选择是杜克大学的后卫约翰·道金斯，但是公牛队决定签下一名小前锋，因为他们将交易掉奥兰多·伍里奇，并且已经安排了另一桩交易，将得到波特兰开拓者队控球后卫史蒂夫·柯尔特。在一定程度上，公牛队选择赛勒斯，是为了与乔丹配合。"我们喜欢他的原因是不能让小前锋与得分后卫乔丹在角色上形成重叠，而赛勒斯擅长跳投得分。"杰克逊说。

但是，乔丹认为道金斯是最好的选择，而且在选秀之前，他在北卡罗来纳打选拔赛时已经告诉了道金斯。所以，当公牛队略过了道金斯选下赛勒斯时，乔丹感到了背叛，也感到了尴尬。他认为球队把他弄得像个傻瓜，所以他就把火发到了史蒂夫·柯尔特身上，柯尔特是个安静的小伙子，来自新墨西哥州。后来，乔丹又把火发到赛勒斯身上。赛勒斯有点敏感，又不知道怎么应对超级球星。乔丹那出了名的毒舌，成为挥向这些"犁马"*的鞭

---

\* 专门用于犁田的马，意指缺乏天赋。——译者注

子。在乔丹看来，他们就是"犁马"。在乔丹的攻击下，在训练中不停地嘲笑下，赛勒斯最终心态崩溃。在训练中，看到赛勒斯推进到篮下时，乔丹就会进行身体上的攻击。在这种境地中，赛勒斯的表现急转直下，后来，他在1990/1991赛季就淡出了NBA。

乔丹在场上会变得咄咄逼人，他通常禁止控球后卫拿球，这就是帕克森和乔丹搭档最成功的原因。帕克森不是个创造者，不像大多数控球后卫需要球权发动进攻或者调动队友。帕克森习惯成全像乔丹和皮蓬那种有创造力的球员。他很乐意把球传到前场，然后埋伏在擅长的位置，等待接球后定点投篮的机会。可是，柯尔特却不是这种球员，大部分控球后卫都不是这样打球的。然而，乔丹总是禁止柯尔特拿球，在每个关键时刻，乔丹都要掌握球权。只要柯尔特犯了错误，乔丹就批评他。

这也不全是乔丹的错。他的前任教练凯文·拉弗里、斯坦·阿尔贝克和道格·柯林斯都允许乔丹待在前场，在前场拿到球后发动攻击。杰克逊希望改变这一点，但乔丹在1989/1990赛季的大部分时候都拒绝了。然而，杰克逊在1990/1991赛季继续坚持他的立场。他知道，如果乔丹从后场就开始带球，对于公牛队来说，这将成为非常凌厉的武器。这意味着防守队员必须从后场就要跟着乔丹，如此一来，场上的空间就会拉开，持球者就更容易运球。

柯尔特还没有强大到能够与乔丹抗衡，公牛队也没有球员能做到这一点。正因如此，一些人认为公牛队在1989/1990赛季应该向丹尼·安吉抛出橄榄枝。当时，萨克拉门托国王队的重建使这名得分后卫有了转会的机会。公牛队想为第二阵容找一名得分手，同时，他们也需要一个能与乔丹叫板的队员，因为在比赛后期，乔丹总是以不靠谱的方式指使队友。"当乔丹喊着要球权时，丹尼会让乔丹闭嘴，"助理教练巴赫当时说，"有时，我们就是需要一个这样的球员。"

另一个在乔丹的"热量"下凋谢的公牛队球员应该是威尔·珀杜。"你想在公牛队有好日子过，必须赢得乔丹的尊重。"约翰·帕克森说，"威尔在这方面遇到了麻烦。"

"我从来都没有太懂，"珀杜坦承，"在比赛时，我总是为他挡拆，我知道除了埃德·尼利没有人会那样做，至少比尔·卡特莱特永远不会那么做，我也知道迈克尔恨我和比尔。"

威尔·珀杜来自范德比尔特大学，他的58码特大号鞋码比他的球技更为人所知。尽管他是东南联盟1988年的最佳球员，他在职业赛场中却不太容易找到位置——他的技术不错，也能得分，但他的脚步移动有点慢，也不太愿意身体对抗，这导致他注定难以成为优秀的职业球员。在巴赫看来，职业比赛和非职业比赛的差别就在于职业比赛简直就像个短吻鳄的角斗场，对于这群身高超过2.1米，体重超过100千克的球员而言，各种阻挡、推人和卡位都是被允许的。中锋必须占据有利的位置，并通过肉搏抢占自己的位置。珀杜总是回避对抗，他在训练中经常遭到B.J.阿姆斯特朗和卡特莱特的痛扁。比如，卡特莱特的铁肘把珀杜的左耳朵打得开花了，这让珀杜在本能上就产生警惕性。在很多队友看来，珀杜好像不喜欢打篮球。他就像一个大男孩，当别人说他必须打篮球时，他就去了。事实上，很可能就是这样——为了生存和发展，珀杜必须喜欢上这项运动。珀杜在佛罗里达州长大，足球才是那里最流行的运动，他在足球运动上乏善可陈，最终，在13岁时开始打篮球。

当珀杜回忆别人将他带入篮球运动的过往时，他说："我想既然我能打篮球，这或许能让我有所收获。"在他不成功的第一个赛季结束后，他拒绝参加当年夏天的赛季前训练营。一些公牛队球员对他感到不满。有人把他描述成美国哥特式漫画里面的人物，他看上去也是那个样子，他被一些队友称为"街头顽童"。

乔丹不喜欢珀杜也是有原因的，将其称为"比尔·范德比尔特"。"他在NCAA前10名的学校打成这个样子，就不应该进入选秀。"乔丹说。乔丹很少和这个大个子中锋说话，而球队总经理杰里·克劳斯却将珀杜视为能够在20世纪90年代作为球队主力的球员。不过，在珀杜的第二个赛季结束后，就不难看出克劳斯对珀杜的潜力估计过高。"如果比尔·卡特莱特在50岁时还在打球，那威尔·珀杜还得给他当替补。"巴赫有一次对克劳斯说。克劳斯对这个观点感到愤怒，但是，珀杜也没拿出像样的成绩来改变大家的看法。

珀杜是公牛队最受尊敬的比尔·卡特莱特（或许乔丹不在此列）的替补，即便如此也枉然。

"当球队发挥不正常，或者在更衣室出了问题时，我们都会看向珀杜。"阿姆斯特朗说，"事情就是这个样子的。"

卡特莱特曾组织球员为教练买一些圣诞礼品，乔丹没有参加。巴赫说，在NBA的20年历史里，这是第一次有队员为教练送礼物。

卡特莱特很仰慕乔丹的才华，并将其视为有史以来最优秀的球员，认为乔丹是艺术家和天才。"他能化腐朽为神奇。"卡特莱特说，即便他经常对乔丹的某些做法不以为然，他也很崇拜乔丹这一点。乔丹在训练中很努力，有时他的效率太高了，以至于公牛队的训练无法组织，因为没有人能够防守乔丹，这是公牛队永久性问题的一个反映。乔丹太专注于自己能做什么，导致他在训练中忘记球队的目标。那个赛季，"熟练工"查理·戴维斯经常和球队在一起，因为他在训练中能给乔丹制造麻烦，这就使得教练能够执行一些合理的对抗战术。

但是，乔丹和卡特莱特之间的麻烦越来越深，超出了很多旁观者的认知，很重要的原因是公牛队得到卡特莱特是基于查尔斯·奥克利的交易，而奥克利是乔丹在球队中关系最好的朋友。在篮板球和盖帽方面，卡特莱特谈不上顶级，但他仍然是名聪明而得力的中锋。在1990/1991赛季季后赛中，乔丹终于给予了卡特莱特并不情愿的认可。有一次，阿德莱·史蒂文森在谈到记者时，说记者不只是靠记录别人的话而活着，不过有时他们不得不收回自己说的话。乔丹用话语极力诋病卡特莱特，但卡特莱特并没有一味忍让。后来，当乔丹被问到他是否为球队签下卡特莱特时所说的那些负面的话感到遗憾。乔丹说："你们这些人什么都不知道！"

———

乔丹想要得到的另一名球员是沃尔特·戴维斯，以前掘金队得分最高的第六人。戴维斯曾经是乔丹的偶像。乔丹进入高中后并不太被看好，高中2年级时，身高1.78米的乔丹，在北卡罗来纳州威名顿莱尼高中甚至没有入选校队。进入高三之后，他开始在夏季训练营获得认可，而大学教练都会在那里物色球员。申请大学的时候，乔丹想去加利福尼亚大学洛杉矶分校（UCLA），但是UCLA并不中意他，所以他没有收到UCLA的任何消息。由于大卫·汤普森的缘故，他想到了北卡罗来纳州立大学。在小孩子眼里，大卫·汤普森就是当时的乔丹，一个能跳得很高的篮球"魔术师"，他以自己勇敢的打法令球迷沸腾。但是，乔丹最终决定去北卡罗来纳大学，而这所大学的象征就是沃尔特·戴维斯。在大学联赛，汤普森代表的是北卡罗来纳州立大学华丽的打法，而戴维斯的职业精神和冷静态度反映了北卡罗来纳大学的团结一心。当乔丹刚来公牛队时，他经常提起沃尔特·戴维斯。不过，当戴维斯开始吸食毒品之后，他就不再提戴维斯的名字了。乔丹在北卡罗来纳大学期间学到的一件事是忠诚，主教练迪恩·史密斯总是告诉球员要有担当，要敢于自立。所以，乔丹总是希望公牛队能够招募来自他母校的球员。

戴维斯已经戒毒了，也没有惹上麻烦事，这对于乔丹而言是至关重要的。当乔丹来到芝加哥公牛队之后，他发现周围都是非常有天赋但是生活非常混乱的球员。"我总说，和我在一起打过球的最有天赋的球员，是我在公牛队第一年遇到的那些球员，"乔丹说，"但是我将其称之为'乐一通'，身体条件上，他们是最好的，但在心志上他们差得太远。"其中，显而易见的原因之一是，当乔丹还是个新人时，他走进队友的房间，然后看到了一堆白色物体，那显然不是爽身粉。戴维斯的两名队友昆廷·戴利和奥兰多·伍里奇最终去了戒毒所，史蒂夫·约翰逊、贾万·欧德汉姆、悉尼·格林和恩尼斯·惠特利等人变得无足轻重。事实上，当莱因斯多夫接管这支球队之后，解散球队成为总经理克劳斯最大的成就。他喜欢将其称为不破不立、以退为进、寻找"和我们有共同价值观的人"。

在短期内克劳斯的策略非常奏效。他把欧德汉姆交易到纽约尼克斯队，换来了第一轮选秀权。后来，他又用这个选秀权与西雅图超音速队交换第一轮选秀权，这次获得的选秀权让他在1987年选秀中选中了皮蓬。这个选秀可能是克劳斯在体育界最伟大的成就之一，也为公牛队在1991年获得NBA总冠军奠定了基础。克劳斯还把伍里奇交易到了新泽西篮网队，获得了第一轮选秀权。利用这次选秀权，他选中了斯泰西·金。不过在公牛队夺冠的征程上，金仍然像块未经雕琢的石头。

克劳斯的目标是NBA总冠军，不过很多人认为他达不到那个高度。他只是一名球探，然而他是一名非常优秀的球探。他在芝加哥长大，就读于皮奥里亚的莱德利大学。在大学期间，他又矮又胖，还是远视，也不怎么参与体育运动，但他喜欢和运动员们混在一起。于是，他成为篮球队和棒球队的球队经理，为球队跑跑腿，制作比赛日程表。那种愿意做任何事的渴望，使得克劳斯一步步爬上了体育管理的阶梯。他开始与棒球球探走得很近，那些球探会开着车带他去伊利诺伊州中部的很多半职业比赛赛场。最终，他和一些运动队搭上了关系，成为名小球探。那时，他签下了"滑头小子"鲍勃·伦纳德，于是伦纳德就去了芝加哥包装工队打球。当球队搬到巴尔的摩时（改名为子弹队），伦纳德成为球员兼教练。当时，他把年仅23岁的克劳斯带到身边，作为政府关系顾问和宣传员。克劳斯为子弹队物色了一些球员。不过，关于他是否发掘了"黑珍珠"厄尔·门罗，众人有些不同的看法，而克劳斯则坚称是他发掘的。最终，克劳斯离开球队，在俄勒冈州经营一支小联盟球队，并在20世纪60年代后期加入了公牛队。他工作特别努力，追求事业，心无旁骛。他坚信机遇总是留给有准备的人，如果他能成为天才，那一定是99%的汗水所成就的。不过，他个人的习惯使他难以被同事们接受，比如穿得邋里邋遢、刻意营造幽默感等。克劳斯很擅长讲故事，以证明NBA中的各路英雄对他的工作赞赏有加。他的确努力，但是他永远都无法理解，当一个人想获得赞扬时，谦虚是最好的策略。克劳斯还有一个令人厌烦的习惯就是重复他的观点。当他看中一名球员时，他会说："这孩子能拿到球，我的意思是这个孩子能抢到球，我由衷地相信这个孩子。"当迪克·莫塔来到公牛队执教时，他把莫塔惹急了。1990年，当公牛队想把丹尼·安吉从萨克拉门托国王队招至麾下时，他们之间的隔阂使公牛队未能如愿。克劳斯在前期一直很顺利，比如1971年NBA选秀中，他在第三轮选中了克利夫·雷。后来，克利夫·雷见到克劳斯时说："嗨，你不是在校园里随着我到处转的那个人吗？"克劳斯是篮球领域中第一个认识到需要打探球员个人隐私的人。他曾经在俄克拉荷马大学藏在树后观察克利夫·雷会和谁接触。当时，克劳斯放言肯尼迪·麦金托什成为1971年的状元秀，他还说吉米·柯林斯能在20世纪70年代超越内特·阿奇博尔德。于是，莫塔对他渐渐失去了信心。克劳斯后来去了太阳队做了球探，直到莫塔离开之后，他才返回到公牛队，担任球员人事部主任。

乔丹加入公牛队时，他对克劳斯一无所知，但是他们的关系迅速恶化。乔丹给克劳斯起了"面包屑总经理"的外号，因为克劳斯衣领上经常有甜甜圈的碎屑。1990/1991赛季，乔丹确信克劳斯没有能力招募来自己认为球队需要的那些有经验的球员。

当克劳斯走进更衣室时，乔丹带领球队像母牛一样护犊子（其他球员则哼起了《绿色庄园》的曲子）。在1988/1989赛季，乔丹大肆游说把新泽西篮网队的巴克·威廉姆斯交易来的想法。而且，乔丹对克劳斯在1987年选秀中选到的霍勒斯·格兰特也不太感兴趣，他从不认为格兰特能够成长为一名负责任的球员。乔丹极力游说球队签下的威廉姆斯，也是由乔丹的经纪人大卫·法尔克代理的球员。不过，篮网队仍然对关于伍里奇的交易怒火中烧——交易达成两个赛季后，伍里奇染上毒瘾，离开篮网队成为自由球员，所以篮网队不肯轻易成全公牛队。然而，克劳斯极不情愿在交易中出让首轮

## 第 2 章　1990 年夏天

选秀权,最终,威廉姆斯去了波特兰开拓者队。在乔丹率队打进总决赛之前,威廉姆斯在1990年就已经做到了。那一年,公牛队在5场比赛中就被活塞队击败了。

乔丹对奥克利与卡特莱特的交易也不感兴趣,他不理解球队为什么会招来卡特莱特这样的老球员,然后,在下个赛季又通过首轮选秀签了3名球员(公牛队自己的选秀权、通过交易伍里奇获得的第六顺位选秀权、通过交易布拉德·赛勒斯获得的第十八顺位选秀权)。他开始越来越怀疑公牛队对于夺冠的想法是不是认真的,或者他们是不是只想保持体育馆的上座率。乔丹经常认为球队管理层罔顾自己处在竞技巅峰的现实,只是满足于让球队参与竞赛,因为球队知道乔丹在当打之年足以吸引观众。球队将努力打造一支能赢球的队伍,这样一来,在乔丹状态下降后,甚至退役之后,他们仍然能保持上座率。乔丹也理解,球队正在做出很大努力,想把一部分聚光灯从他的身上移到队友身上。"我知道他们正在实施'去乔丹化',"乔丹在1989/1990赛季期间说,"所以,我现在必须得到自己应得的。"

尽管乔丹的薪水是全队最高的,但他在夏天对自己的薪水变得越来越憎恨。他知道公牛队的人私下非常恨自己,尤其是克劳斯。因为每个人都把公牛队的成功归功于乔丹,而不是归功于优秀的管理和战略。起初,这个新的团队把乔丹当作公牛队本身进行营销,这个战略非常成功。如今,乔丹觉得市场部的人和队友开始带着嫉妒的眼光看他。乔丹听说克劳斯吹嘘,如果公牛队有哈基姆·奥拉朱旺而不是乔丹,他们应该能得到两个总冠军了。市场部认为,他们的营销策略、酷炫的灯光展,以及在体育馆里活动,对于乔丹系列周边产品3年来的大卖厥功至伟。所以,在1988/1989赛季,当乔丹看到球队推广计划中有一张皮蓬的照片时,他丝毫不感到奇怪。这是球队在乔丹时代第一次将乔丹之外的运动员单独作为球队形象展示的一部分。如今,乔丹又看到球队有意推广南斯拉夫的超级明星托尼·库科奇。公牛队已经向库科奇伸出橄榄枝,希望他能来到美国。乔丹听说市场部正致力于把库科奇招至麾下。公牛队已经告诉库科奇，尽管他们给的薪水比欧洲另一支球队的报价少100万美元，但是他可以通过商业代言很容易弥补这个不足。近年来，乔丹在配合球队开展营销方面变得越来越不合作。所以，球队决定让乔丹为自己感到一些担忧，库科奇即将成为"他们"的球员。

乔丹对库科奇所持的保留态度并不限于市场营销策略。他对朋友说，无论如何，他不期待库科奇成为NBA的球星。"等着看吧，兰比尔会在他脸上来一肘，那时他就不敢冲往篮下了。我知道他看上去不错，但那是和大学生球员相比，他不知道NBA意味着什么。"公牛队还在追求库科奇，不过，甚至连莱因斯多夫都在想，等另一名可以被公牛队作为未来之星予以推广的运动员加入后，将会发生什么呢？"乔丹愿意分享媒体和公众的关注吗？"莱因斯多夫自问自答，"我估计不会。"

克劳斯请求乔丹给库科奇打电话催他来美国。当乔丹拒绝这个请求时，他算是给出了一个答案。"我不和他说话。"乔丹以嘲笑的口吻对克劳斯说。

——

那个夏天，最热门的自由球员是萨姆·帕金斯。他是达拉斯小牛队前锋，来自北卡罗来纳大学。看上去他与公牛队绝配。乔丹喜欢北卡的球员，也喜欢帕金斯本人。帕金斯身高2.05米，体重105千克，场均能得15分，还能抢篮板，在前锋甚至中锋位置都是优秀的防守球员。但是，他已经拒绝了小牛队开出的每年300万美元薪水的合同。乔丹告诉公牛队，他怀疑帕金斯会离开达拉斯，因为北卡罗来纳大学出来的球员都比较忠诚。公牛队管理层还有其他顾虑——乔丹每年的薪酬不到300万美元。尽管他们觉得乔丹的薪水比联盟里的其他几名球员都要低，但是他们知道如果乔丹成为本队薪水第二高的球员，乔丹是无法忍受的。

"乔丹的经纪人法尔克已经准备来敲门问罪了。"菲尔·杰克逊承认。

在1988年早期，当传言乔丹将与公牛队签一份8年2500万美元的合同时，法尔克成功完成了这个看起来具有时代意义的签约。这让其他球星的合约相形见绌，但是这个合约与乔丹的受欢迎程度相比也是不太匹配。印第安纳步行者队总经理唐尼·沃尔什说："我们都该给乔丹分钱，他为联盟做得太多了。"每当乔丹打客场比赛，球队都会多卖出去好几千张票，更不要说他对于芝加哥体育馆上座率的贡献。

在乔丹之前，公牛队平均上座人数是6365人，在乔丹加入球队的第一个赛季，涨到11887人。到了1988年，平均上座人数已达到17794人。公牛队在1990年球票的平均价格是25美元，通过这些数字很容易估算出来，乔丹对公牛队的价值至少是每年500万美元，而这还只是门票收入。

1990/1991赛季，美国全国广播公司（NBC）在竞价中击败哥伦比亚广播公司（CBS），获得NBA的电视转播权，这对于球员而言是一个好消息。根据球员的基本协议，球员和球队老板同意将联盟的收入平分，球员的工资最高可达这些总收入的53%。签了新的电视转播协议之后，在工资帽限制下，球员工资总额比之前预期高很多，球员收入将大幅增长。在1990/1991赛季开始时，乔丹的工资排在联盟第七位，1991/1992赛季升至第三位。莱因斯多夫锁定了乔丹未来6年的合约，现在看来，这对于莱因斯多夫而言真是一笔划算的买卖。

莱因斯多夫知道乔丹希望和其他球员的工资一样。比如，得益于提升了的工资帽，克利夫兰骑士队"飞车手"约翰·威廉姆斯签下大合同。无论走到哪里，乔丹都能感到每年300万美元的工资对他来说太低了。在赛季前的篮球推广活动中，乔丹路过了一张威廉姆斯和他孩子的合照，威廉姆斯穿着一件耐克衬衫，他的孩子穿着乔丹篮球鞋。"他每年能挣500万美元，"乔丹说，"但是他穿乔丹篮球鞋得付给我钱。"尽管莱因斯多夫反对就以前的合同进行重新谈判，但他认为乔丹应该另当别论。事实上，这个8年协议已经是对乔丹刚来NBA时所签的7年630万美元合同进行重新谈判的结果。1989/1990赛季之后，尽管莱因斯多夫感觉没有义务抓紧落实此事，但他还是告诉乔丹，说自己会弥补乔丹的。据说，他们谈过地产项目合伙人计划和其他弥补措施，包括可能在每个赛季开始之前，把该赛季的工资提前以现金形式发给乔丹，以便于乔丹用钱方便。莱因斯多夫知道乔丹对他而言意味着什么。他经常说，乔丹就是篮球界的贝比·鲁斯\*，接下来的几代人都会像莱因斯多夫的爷爷谈论自己见过鲁斯一样，谈论他们见过乔丹。

不过，莱因斯多夫觉得自己有对付乔丹的王牌——乔丹太在意形象了，他不会抱怨只有300万美元的年薪。作为偶像，乔丹得到众多头部企业的代言合同，他也成为他苦心经营完美形象的囚徒。乔丹成为这些产品知名度最高的代言人，因为他的形象无懈可击，长得很帅气，笑容很迷人，他的名字永远与丑闻无关，他也没有不良的习惯，尽管他的第一个孩子是非婚生子。

担心受到公众批评限制了乔丹的很多行为。有一次，队友建议他公开出面反对时任教练柯林斯，因为柯林斯不停批评某些球员，事实上，他正在分裂这支球队。乔丹拒绝了："我不会像'魔术师'约翰逊那样卷入类似的事情。"这就让人们想起了"魔术师"约翰逊造成湖人队解雇教练保罗·韦斯特海德时，"魔术师"约翰逊的形象和代言权益都受到了影响。1979/1980赛季，韦斯特海德带领湖人队夺得了NBA总冠军。但他在1981/1982赛季执教了11场比赛后被解雇。当时球员质疑他的执教方式，约翰逊站出来说了话。对于柯林斯的看法，乔丹和队友是一致的，可是他不愿意做那样的点火棒。

抛开形象不谈，乔丹当然不愿意别人说他挣的钱比萨姆·帕金斯少。公众肯定会把支持的天平倾向乔丹这一边。公牛队对此心知肚明。同时，球队也必须考虑斯科蒂·皮蓬的问题。皮蓬入选了1990年全明星阵容，他在1990/1991赛季的工资却只有76.5万美元，还是按照他的第一份合同给的。当公牛队对帕金斯爱不释手时，乔丹却并不太在意，他确定沃尔特·戴维斯将接受公牛队抛出的橄榄枝。

---

\* 贝比·鲁斯是美国职业棒球大联盟历史上最伟大的球员之一。——译者注

## 第2章 1990年夏天

1989/1990赛季输给活塞队之后，公牛队认清了球队主要存在两个短板。他们需要在前场囤积更多力量型球员，最好有作风硬朗的人。在那个夏天之前，活塞队没能从森林狼队获得里克·马洪，而公牛队有机会得到他。不过，公牛队担心他的后背伤势，并且克劳斯很不情愿拿森林狼队想要的第一轮选秀权去换，所以没有达成交易。杰克逊和森林狼队总经理比利·麦金尼联系过，但比利·麦金尼从公牛队出去的，拒绝和克劳斯来往。

公牛队还需要一个能替补上场的得分手，以此对抗活塞队。公牛队的首发球员在对阵活塞队时通常打得不错，但是公牛队替补球员无法与维尼·约翰逊、马克·阿吉雷和约翰·萨利等活塞队替补球员抗衡。沃尔特·戴维斯是个伟大的得分手，曾经入选全明星阵容，他是公牛队教练组认为能够满足需求的那个人。同时，公牛队还想增加一名高大后卫。乔丹之外的后卫，身高都不到1.88米。这就是为什么公牛队拒绝得到活塞队自由球员维尼·约翰逊。如果有一名高大后卫和乔丹并肩作战，将会使活塞队面临无法对位的问题，正如雄鹿队因为拥有杰伊·汉弗莱斯、阿尔文·罗伯特森和里基·皮尔斯而形成的优势。显然，雄鹿队的实力不如活塞队，但是雄鹿队对付活塞队一直比公牛队做得好。引进丹尼·安吉的呼声也很高，安吉以前是凯尔特人队的球星，他被交易到了国王队。如今，国王队希望由迪克·莫塔负责重建，所以要把安吉交易走。不过，考虑到莫塔和克劳斯的关系，公牛队很难达成交易。然而，没有几支球队喜欢与克劳斯做交易，他貌似在联盟有点名声不好。他喜欢讨价还价，要求还多，而且还不想付出任何代价。

没有比1990年的选秀轶事更能说明问题了。当时，克劳斯想得到亚特兰大老鹰队第二轮第一顺位的选秀权，也就是第三十六顺位的选秀权。老鹰队并不急于选择新球员，所以他们愿意交易这个选秀权。"你愿意给我什么呢？"老鹰队老板斯坦·卡斯滕问。

克劳斯说："什么也没有。"

"那我为什么要把选秀权给你呢？"卡斯滕回应。

"你在第二轮选秀中（第四十一顺位）也可以得到一名球员，轮次决定身价，那时你就不用花那么多钱了。"克劳斯解释道。

老鹰队对克劳斯的这个逻辑毫不感兴趣，寻找高大后卫的努力以获得新泽西篮网队的丹尼斯·霍普森而告终。霍普森是1987年选秀的探花，比皮蓬靠前两名。他在战绩不佳的篮网队表现不及预期，他的投篮命中率低，并与比尔·菲奇发生了几次纷争，菲奇决定把他交易掉。菲奇曾在骑士队、凯尔特人队和火箭队担任教练，他在1989年接管了篮网队。菲尔·杰克逊在北达科他大学读书时，菲奇曾经是杰克逊的教练。他对杰克逊保证霍普森有天赋，在适宜的环境中应该能崭露头角。菲奇认为霍普森在篮网队打球压力太大了，因为他在一支弱队里无法发挥，但在强队可以发挥作用。不过，乔丹心存疑虑。

"当你和一名球员对位时，"乔丹说，"你能从对手的眼睛里看到他的内心，而霍普森恰恰是怯懦的，他缺少勇气。"后来，乔丹遗憾自己没有站出来反对引进霍普森。"尤其当我听说他需要先进行膝盖手术（在加入球队之前的夏天），更是如此。"乔丹说，"之前没有人告诉我那些，如果我站出来说话，他就来不了这里。"

公牛队开始和霍普森谈判时，赛季已经结束了。乔丹急于得到一名高大后卫，然后专心去打高尔夫。所以，当公牛队在工资帽下无法与霍普森谈拢薪酬时（因为电视转播的费用不足，无法提高工资帽标准，直到8月1日以后才可以）。乔丹同意从他1990/1991赛季的295万美元工资里边扣除45万美元，但有一个条件——公牛队必须努力签下沃尔特·戴维斯。"成交。"克劳斯说。

乔丹经常与沃尔特·戴维斯通话。戴维斯将成为自由球员，可以按照自己的意愿选择球队。莱因斯多夫拒绝给球员签约的承诺，同时又允许球员待价而沽。他的做法是让球员试着获得最好的工作机会——"先看看你有哪些机会"——然后进场来谈。莱因斯多夫让乔丹把戴维斯约过来，他们争取达成交易。不过，乔丹没法这么做，戴维斯的妻子对芝加哥心存忧虑。他们一家在丹佛过得非常舒服，孩子们也喜欢自己的学校。"她说芝加哥的匪徒太多了，她不想搬到这里来。"戴维斯告诉乔丹。

乔丹感到震惊："她是不是动作片看多了？"

公牛队能给戴维斯的条件是签约2年，每年工资130万美元，比掘金队的工资高，但戴维斯希望继续为掘金队教练道格·莫打球。乔丹知道那很重要，因为莫也为北卡罗来纳大学打过球，同门师兄弟之间的那种忠诚度依然很强烈。但是，道格·莫被解雇了，保尔·韦斯特海德取而代之，戴维斯非常沮丧，他要想清楚怎样保住35岁的老腿，并适应韦斯特海德的跑动战术体系。那时，戴维斯将会告诉乔丹，他多么遗憾做出了那个决定。

"我很高兴是迈克尔想签下他。"莱因斯多夫说。他知道，如果乔丹认为是克劳斯搞砸这件事情，后果将会是什么样。

———

在印第安纳西北部的拉波特小镇附近，克雷格·霍奇斯买了一个农场，霍奇斯是来自城市的孩子，成长于"芝加哥高地"，住在芝加哥南部40千米外城郊的贫民窟社区。霍奇斯在他所谓的大家庭中长大。"我把爷爷、奶奶叫作'爸爸、妈妈'，我有很多叔叔和姑姑，他们就像哥哥和姐姐，他们都住在附近几个街区。"年轻的霍奇斯说。他的爷爷经营着当地的公园，尽管霍奇斯不知道健身是什么，但他在4岁时就成为健身爱好者。后来，霍奇斯成为优秀的篮球运动员，却没找到合适的升学机会，最终，他去了加州州立大学长堤分校，在泰克斯·温特教练那里得到了奖学金。温特曾经在西北大学工作，听说过霍奇斯。霍奇斯当时身高1.88米，是名出色的射手。能在NBA获得一席之地，主要是投三分球。而且，他也是球队很需要的球员，他非常有正能量，激励着年轻球员，而且在团队里也非常活跃。在高中时代，当球队需要有人站出来时，他总是第一个。后来，他甚至发起了由自己主导的青年组织来帮助有问题少年，不过这没有得到太多的关注。由于他做的这件事没有乔丹的参与，所以也就没什么奇怪的。在大学里，他学的专业是非裔美国人历史，他梦想成为历史老师。"我的想法是坚持不懈，接受良好的教育，"霍奇斯说，"而且我感觉，必须是我利用篮球而不是篮球利用我。"

与任何队友都不一样的是，霍奇斯仅仅把篮球看作人生中的过渡阶段。这就是为什么他开始与非裔美国人企业家合作，他希望能获得合约，一些NBA特许商品的合同。"社区的改变必须通过经济来达成，"霍奇斯说，他对非裔美国人的发展有着强烈的信念，"我们需要商业来为我们提供工作。"有些NBA球员将他视为负面典型。霍奇斯也认识到，即便身边大多数人都是非裔美国人，他毕竟还在白人世界中工作，所以，他对管理层和大众只字不提他的观点。

当1987/1988赛季，乔丹与耐克的第一份合同到期时，霍奇斯曾经试图吸引乔丹参与自己的球鞋生意。"你就想想你能为身边的人提供工作机会和合同。"霍奇斯对乔丹说，但乔丹对此不感兴趣，但乔丹一直想知道霍奇斯是否与抵制耐克产品的组织有关系。1990年夏天的抵制行动令乔丹非常尴尬。他在这里是每个非裔贫民窟孩子心中的英雄，而此时，也许是全美最善良的非裔美国公民组织（至少在中西部）正在指责耐克公司从非裔美国人社区牟利，却很少给予回馈。

此外，霍奇斯还是球员特殊津贴项目的支持者，这个项目旨在为退役球员提供津贴，直到球员年满45岁时退休金计划开始生效为止。在1990年夏天，这个项目起到了效果，开始时听起来很好，不过，这就意味着每支球队在工资帽限制下再签新球员时，就少了150万美元预算。这令球员经纪人感到不安，因为他们能够拿到合同工资金额4%的佣金，显然他们更倾向于更高的工资帽。而且，在工资帽以下有了更多薪资空间后，球队可能对一些合同进行重新谈判，比如乔丹的合同。反对派的领袖是乔丹的经纪人大卫·法尔克，他希望能够得到乔丹的支持。公开来讲，乔丹站在这个立场显然比较尴尬——以其他不走运的球员为代价，获取自己收入的提升，但是，这件事被争执弄得一团糟，从来没能开诚布公。在那个夏天晚些时候，霍奇斯得到风声后给法尔克打电话。而法尔克告诉霍奇斯："你知道乔丹反对这个提议，他希望这项提议被否决。"霍奇斯是公牛队的球员代表，在即将召开的联盟会议上代表球队投票。霍奇斯听到了字里行间的警告——如果你反对乔丹，你在球队的位置将岌岌可危。但是，他认为这个提议比自己更重要。"如果乔丹觉得有问题，让他给我打电话。"霍奇斯对法尔克说。乔丹从未打这个电话，霍奇斯和绝大多数球员代表一样投了赞成票。当霍奇斯走出会场时，他笑得非常爽朗，但他有一点点担忧。他在朋友那里开玩笑说："要知道，乔丹现在可能想把我交易走了。"

坦白来说，即便这意味着他要再次背井离乡，霍奇斯也并不在意。看上去他好像有这个机会，但永远不会再有了。在1988/1989赛季后期，霍奇斯来到公牛队的第一个赛季，道格·柯林斯让霍奇斯打首发，并把乔丹变成控球后卫。这个变化帮助公牛队在历史上首次取得西部客场之旅的四连胜战绩。当时，乔丹打出了生涯中最好的几场比赛，创下连续7场获得"三双"的纪录。公牛队赢得了11场比赛中的10场，其中有1场是战胜了金州勇士队。霍奇斯记得时任勇士队教练是唐·尼尔森——NBA最好的战略家。唐·尼尔森对他说："公牛队还是想到了这一点，在乔丹作为新人加盟NBA的第一天，我就把乔丹看作控球后卫。"

乔丹作为控球后卫在中路，而不是当作得分后卫放在边路，对手将很难有效对他进行包夹。不过，乔丹跟柯林斯确认了这个变动只是暂时的，这个赛季之后，他更愿意担当得分后卫的角色。为什么呢？公开的原因是他当控球后卫太累了——他防守个子小、动作快的球员有点困难，导致他筋疲力尽。事实上，乔丹对队友得分的能力有很大的疑虑。他说："我怎么能既是第一传球手又是第一得分手呢。"后来，菲尔·杰克逊放弃了助理教练提出的把乔丹变成控球后卫的建议。分散球队的得分任务是杰克逊的主要目标之一，他认为乔丹的传球并不是始终如一的优秀，过多地让乔丹负责控球传球，不利于分担他的得分任务。

其间，在1989年3月对阵金州勇士队的比赛中，霍奇斯踝关节受了伤。之前的6场比赛，他三分球31投22中，场均得到18分，几乎是生涯场均得分的两倍。此后，他错过了常规赛后面的比赛，伤病还影响了他在季后赛的发挥。直到下个赛季，他还未真正地恢复到以前的水平。由于霍奇斯在1989年赛前训练营仍然步履蹒跚，约翰·帕克森进入了首发阵容，司职控球后卫。霍奇斯则遭遇了职业生涯中的低谷。

球队始终不认为霍奇斯真的出现问题。医学检查报告只是提到霍奇斯有些软组织结节，还说他能克服这些问题。公牛队愤怒的另一个原因是霍奇斯将在1988/1989赛季之后成为自由球员，球队担心这让开拓者队有机可乘，从而失去霍奇斯，当时，开拓者队准备为霍奇斯提供一份4年260万美元的合同，然而，现在霍奇斯打得不好。他总说身上有些地方不对劲，但他没有从球队得到回复。公牛队总是这样子，已经出了名，比如，1987/1988赛季对斯科蒂·皮蓬背部的问题轻描淡写，直到赛季结束后才开始重视，并确认了皮蓬的确需要手术。

与戴维斯的谈判失败后，球队打电话给霍奇斯，让他去见队医，以便队医一次到位确认他的状况。当时是7月中旬，霍奇斯计划学一周的高尔夫，然后与家人一起旅行，但是，公牛队尝试把霍奇斯打包交易，换回一名射手或者能抢篮板的球员。

队医最终确认霍奇斯需要进行踝关节手术，增加一名新球员的计划又泡汤了。

———

自由球员的选择并不多，而且公牛队已经拒绝了阿德里安·丹特利，因为菲尔·杰克逊认为他的打法不适合自己建构的全队跑位和快下的概念，丹特利的经纪人大卫·法尔克不肯罢休。在公牛队失利后，他每年都在与莱因斯多夫和克劳斯的电话中暗示，如果公牛队拥有丹特利，就不会输掉比赛。新泽西篮网队的珀维斯·肖特是名得分手，他能适应公牛队的打法，助理教练约翰尼·巴赫在金州勇士队担任主教练时曾经执教过肖特。不过，公牛队认为肖特这些年来已经上场太多，无法胜任这项工作。放弃夏洛特黄蜂队的罗伯特·里德也是这个原因。公牛队在上个赛季曾经考虑过他，但最终放弃了。

就在那时，公牛队开始和亚特兰大老鹰队的克里夫·莱温斯顿谈判。莱温斯顿不是得分手，他在亚特兰大以"超级空间"著称，当他投球时，会用很多小伎俩。而且他很活跃，能打小前锋，能作为斯科蒂·皮蓬的替补。彼时，公牛队已经放弃了查尔斯·戴维斯，有足够的钱（外加乔丹的贡献）把霍普森交易进来。但在克劳斯谈论霍普森作为皮蓬替补的可能性时，教练认为霍普森在适应球队方面会有很大的困难。

莱温斯顿很享受"好消息"这个昵称，他非常友好。但他却不是莱因斯多夫偏爱的球员类型。"我看过老鹰队的比赛，但我甚至不记得看到过他。"莱因斯多夫对杰克逊说。不过莱因斯多夫把球队的人事问题交给了克劳斯和杰克逊。克劳斯也不太在意莱温斯顿，而是想和他曾经偏爱的球员乔·伍尔夫谈谈，当时伍尔夫是受限的自由球员。但是，杰克逊尽力为莱温斯顿游说，他相信莱温斯顿。尽管莱温斯顿的身高只有2米，却对防守和篮板有帮助，也能适应杰克逊开放式的打法。杰克逊认为公牛队必须采取这种打法，但克劳斯投了反对票，他认为霍普森作为替补小前锋是可以的。杰克逊则表示不敢苟同，而且他从助理教练那里得到了额外的压力。教练组认为公牛队如果不扩充实力，无法夺得总冠军。仅凭增加霍普森，他们无法应对下个赛季的比赛，哪怕只是因为这会影响乔丹的士气。杰克逊不太愿意与克劳斯争执，他曾经目睹过克劳斯和柯林斯关于交易球员的纠纷。后来，柯林斯越过克劳斯去找莱因斯多夫，甚至希望莱因斯多夫解雇克劳斯。长远而言，其后果对于柯林斯是致命的，因为莱因斯多夫压根就不愿意柯林斯当教练，是在克劳斯推荐下，才雇用了柯林斯。然而，一年之后，这个冒失人却想解雇他的恩人。

可能在柯林斯与克劳斯的争执中，关于里基·皮尔斯的争议给杰克逊留下的印象最深。雄鹿队这名极具天赋的得分手在1987年是个刺头，他要求重新对合同进行谈判。雄鹿队想交易他，不过，接触了和皮尔斯类似的戴利、伍里奇和欧德汉姆之后，克劳斯不愿意再要另一个公认的刺头，这种球员可能会口无遮拦。克劳斯拒绝交易布拉德·赛勒斯去雄鹿队，柯林斯脸色铁青，大声抱怨和控诉，说克劳斯可能使他丢掉工作。这是柯林斯常见的做法，当球队失利后，他要么抱怨克劳斯，要么抱怨球员。

"我曾亲眼看见这个团队因为里基·皮尔斯差点分崩离析。"杰克逊在会议上对助手说，"所以我不会因为莱温斯顿让这种事情再次发生。"

最终，杰克逊以比较柔和的方式让克劳斯看到了明摆着的事实——公牛队需要帮助。"杰里，"他对克劳斯说，"你将毁掉这桩交易。"克劳斯没有毁掉这桩交易，但是关于莱温斯顿的谈判，揭开了NBA江湖边缘上的一角。

关于莱温斯顿正处于一场财务危机的状况，公牛队一无所知。莱温斯顿需要在9月的最后一天前往银行里存20万美元，否则他的债权人将采取行动。在此之前，他每年能挣42.5万美元，足以维持生活，尤其是他外出比赛时不用付房费，每天还能得到55美元的餐补。尽管球员收入颇丰，1990/1991赛季，他们的平均薪酬达到100万美元，但他们往往非常吝啬。他们已经习惯了像球队追捧的高中和大学生明星球员那样，由球队包办一切，以至于他们不会考虑自己来支付，特别是当需要付小费时。有些教练，比如阿尔·阿特尔斯在金州勇士队时，习惯走进球队在旅途上光顾的饭店，留下50美元作为分享给服务员，因为他知道球员们不会给小费的。

即便如此，球员们经常会发现自己身处财务危机之中，尤其是他们想和队友攀比时。就像莱温斯顿想和老鹰队的多米尼克·威尔金斯攀比。威尔金斯拥有12辆汽车，喜欢乘坐豪车从家里去球馆。于是，莱温斯顿也养成了这个习惯。威尔金斯年薪数百万美元，对他来说，这没关系，但是，对于莱温斯顿的收入水平而言，这就是另一回事了。莱温斯顿在亚特兰大饱受挫折，因为多米尼克永远不会分享高光时刻，莱温斯顿在那里只能争抢篮板，他从未有过耀眼的得分纪录。事实上，控球后卫道格·里弗斯有一次告诉他，教练麦克·弗拉泰洛曾经下令，在快攻时永远不要把球传给莱温斯顿。老鹰队在选秀中签下摩西·马龙和雷吉·瑟乌斯之后，情况就更糟了。

所以，莱温斯顿决定在自由球员市场上找找机会。莱温斯顿是球队的球员代表，联盟官员告诉他，如果有更多的球员尝试这条路线，这对于自由球员的经纪机构来说将是一件好事。莱温斯顿盘算着老鹰队应该也开始行动了，他随时可能被交易。所以，通过自由球员市场或许他能选择适合自己的球队。活塞队、步行者队、掘金队、尼克斯队都对他感兴趣，但是莱温斯顿决定加盟芝加哥公牛队。

克劳斯给莱温斯顿的经纪人罗杰·基尔申鲍姆打了电话，说公牛队有意签下莱温斯顿。不过，首先还要解决一些问题，包括戴维斯的事情。莱温斯顿期待拿到一份4年560万美元的合同。为什么不呢？老鹰队为他提供了一份4年400万美元的合同，并且基尔申鲍姆认为莱温斯顿是公牛队所需要的老将。当戴维斯的交易泡汤后，甚至乔丹都说希望球队签下莱温斯顿，他给莱因斯多夫打了电话，说了这件事。所以，莱温斯顿和基尔申鲍姆认为这就给交易上了保险。不过，这是他们的第一个错误。

公牛队不愿意冒险与一名30岁的球员签长期合同。当然，这个交易对于莱温斯顿是很合适的。

"我们期待的工资是一年130万美元或者140万美元。"基尔申鲍姆对克劳斯说。"这不是问题，"克劳斯说，"钱不是问题。"基尔申鲍姆和莱温斯顿的第二个错误是小看了莱因斯多夫的商业头脑。虽然莱因斯多夫喜欢体育，但他首先是名商人。在职业生涯的早期，他是芝加哥律师事务所的律师，是当地几名医生的代理人。他们经常在房地产交易中上当，莱因斯多夫说："我会看着他们的眼睛说，这些交易都是狗屎。"但这没有用，他们还是进入了房地产交易中。最终，一名医生说："既然你这么聪明，为什么不整合资源干点大事？"于是，他就这么做了，缔造了他的房地产帝国和巴克尔公司。尽管他很关心在"一垒和三垒线之间发生了什么"，以及在"边线和短线发生了什么"，但他对底线的坚守从不动摇。

当克劳斯没有对基尔申鲍姆提出的薪酬要求表示异议时，莱温斯顿几乎已经确认他要去芝加哥了。事实上，克劳斯告诉莱温斯顿不用费心去和其他球队接触了，公牛队言出必行。所以，当活塞队签下特里·罗林斯时，莱温斯顿并不心急。但这时活塞队几乎没有薪资空间签下莱温斯顿。接下来，球员工会为先发津贴的计划进行了投票，实质上这意味着步行者队没有机会签下莱温斯顿。因为步行者队需要更高的工资帽才能签他，但他仍然不着急。甚至本来可以超出工资帽的限制重新签下莱温斯顿的老鹰队，也不得不放弃签约权，在选秀中首轮选中鲁米尔·罗宾逊。因为莱温斯顿是老鹰队的自由球员，根据NBA的规则，老鹰队至少在赛季的前两个月无法与莱温斯顿签约了。

直到此刻，莱温斯顿仍然确信他能去芝加哥。但是他没有在两件事上商讨条件，其中之一是公牛队对斯科蒂·皮蓬工资的担忧。皮蓬在竭尽全力争取一份新的合同，尤其是在8月他的好朋友霍勒斯·格兰特获得了一份续约合同，新的合约是球队3年付给他600万美元工资。但是，格兰特正处于4年协议的最后1年，而皮蓬6年的协议才刚过了3年。公牛队有一些调节杠杆，但是他们知道如果皮蓬比自己的替补挣钱还少，皮蓬不会有什么好的反应，而莱温斯顿有可能做皮蓬的替补。

对公牛队而言，更重要的事情是签下库科奇。他在1990/1991赛季不会加盟公牛队。在此之前，克劳斯从未去欧洲考察球员，然而，湖人队引进弗拉德·迪瓦茨的成功使他重新思考了一番。在1989年的选秀中，杰克逊曾经敦促克劳斯看一看迪瓦茨，但是克劳斯和大部分NBA总经理一样，怀疑欧洲球员能否在NBA赛场上发挥水平。后来，他认识到自己的错误，1990年春天，他前往欧洲考察库科奇，被告知这是欧洲最好的球星。他回来之后就对此事着了迷。

当时，他得知库科奇只有22岁，目前还不想到NBA打球。不过，公牛队确信库科奇将是那个能和乔丹成为完美搭档的球员。"伟大的球员要和伟大的对手同台竞技，库科奇将成为伟大的球员。"克劳斯说。于是，他准备立即签下库科奇，那就意味着在1990/1991赛季的工资帽下，他们必须留出200万美元的空间，以防库科奇突然准备签约。

针对这种交易，NBA要求在协议签下之后，球队第一年付给库科奇的薪酬必须就归入当年的工资总额。那就意味着公牛队最早也得在1990年12月28日才能与他签约。公牛队希望邀请库科奇来芝加哥考察，期待公牛队主场狂热的篮球氛围有助于改变库科奇的决定。公牛队寄给库科奇一件队服，上面印有库科奇的号码。同时，球队与芝加哥市斯拉夫社区进行了接触，准备安排一名翻译加入球队作为助教，在比赛期间坐在替补席上。

在当时的工资帽之下，公牛队需要留出那么多的钱，他们是否考虑以每年130万美元的工资签下莱温斯顿很值得怀疑。当谈判拖延之后，莱温斯顿的其他机会相继离去。在8月末，莱温斯顿确信自己犯了错——安全起见，他本应接受老鹰队的合同。算了吧，现在看来，他要去欧洲打一年球，然后在1991年的自由球员市场上再经历一番混战。

"从一开始公牛队就面临着钱的问题，"莱温斯顿说，"克劳斯总说：'你不需要和其他人谈，我们会处理好你的事，不要担心。'我是开诚布公的，但他说球队很有钱，也很有诚意，所以我就放弃了其他选项，而不是让他们互相竞争。在商言商的话，这不是一个好的选择。但是，这的确在某种意义上帮了我，我认识到谁是朋友，谁不值得信任。"

如今乔丹介入了，他将成为莱温斯顿的好朋友。由于罗德·希金斯和查尔斯·奥克利已经离队，他和莱温斯顿的关系好过其他人。而队员们谈到莱温斯顿总是略带嘲讽："你今天亲了多少次乔丹的屁股呢？"随着赛季的推进，某些人一如既往地这样说。但莱温斯顿看出来在公牛队谁说了算，所以他不想再犯傻。虽然乔丹告诉他要价不要少于100万美元，但是莱因斯多夫有自己的想法。

9月，莱温斯顿进行最后一次谈判。一周之前，基尔申鲍姆来到芝加哥，他没有其他的篮球客户，也不太习惯体育界的谈判，他把自己看成莱温斯顿的好朋友，并不断告诉公牛队签下这么一名好球员对球队很重要。莱因斯多夫甚至都笑了——基尔申鲍姆在此事上太意气用事了，他觉得基尔申鲍姆不是在为客户谈判，而是在尽力帮助朋友，这不是做生意的方式。生意就是生意，基尔申鲍姆永远不会懂。公牛队给莱温斯顿开出了每年75万美元的工资，这要低于皮蓬，莱因斯多夫盘算着，这样既可以暂时稳住皮蓬，也能在工资帽之下为球队留出180万美元的空间争取签下库科奇。基尔申鲍姆对此感到震惊："那我可怎么跟莱温斯顿交代呢，他会怎么说我？"

"如果你能拿下更好的合同，那我乐见其成。"莱因斯多夫说。

每个人都知道，莱温斯顿做不到，至少在NBA的球队中，他没有其他的选择。尼克斯队如果不先做个交易，从而在工资帽下留出空间，就没法与他签约。掘金队已经决定签下伍尔夫。9月30日的还款截止日期马上到了，莱温斯顿决定去欧洲打球，并且给克劳斯打电话说了这个决定。

公牛队知道莱温斯顿会同意的，因为他告诉乔丹自己不想去欧洲打球。所以，当克劳斯接到电话时，他表示非常"意外"。他与莱因斯多夫拥抱在一起，然后酝酿了一份协议。公牛队提供一份2年210万美元的合同给莱温斯顿，不过，在1990/1991赛季只付75万美元的工资，同时承诺莱温斯顿，如果在一个赛季后，球队与他解约，将另付40万美元作为补偿。这就意味着如果公牛队一年后不再留用莱温斯顿（其实他们也没想留用他），他在芝加哥打球这一年将得到110万美元。如果公牛队选择留用他,莱温斯顿在下赛季得到210万美元。达成协议后,公牛队马上打20万美元到莱温斯顿的账户上。

10月的第一个周五训练营开营了,乔丹自然是明星。他从高尔夫球场归来,耳朵上戴着1只钻石耳钉。卡特莱特看了眼耳钉说,如果他是球队老板,他不会允许乔丹戴耳钉,他很可能指的是钻石。球队召开了新闻发布会,公布了将与莱温斯顿签约两个赛季的消息。签约的条件并没有透露,但真相却不胫而走。一名广播电台记者问莱温斯顿,他拒绝了老鹰队的400万美元合同之后,却以不到100万美元的工资和公牛队签约,对此事怎么看。"好新闻。"莱温斯顿面无表情地说。

1990/1991赛季的公牛队已经集结完毕,他们的精彩表演即将开始。但前面还有很多动荡不安的状态出现。

# 第3章　1990年10月

菲尔·杰克逊很想知道，有乔丹在球队，他怎么能赢球？

公牛队还不是赢家，至少还没能赢下NBA总冠军。

在球队历史上，这支公牛队已经成为最成功的球队之一。在1989/1990赛季，他们赢下55场比赛，连续第二次闯进东部决赛。在此之前，只有迪克·莫塔教练率领的那支公牛队在20世纪70代早期取得过这个战绩。公牛队最近的成功，在很大程度上归功于乔丹——如果不是全部。

"我不能忍受失败，我痛恨那些能够接受失败的人，不过，当我来到公牛队之后，不得不学会应对失败。"乔丹有一次说，"但我发誓，只要我在公牛队打球，我们就要打进季后赛。"

截至目前，公牛队已经按乔丹的方式走了6年。尽管他们没有彻底失败，但是他们也并没能真正取得胜利，活塞队挡住了他们前进的路。1991年，他们还想再接再厉，而其他球队，尤其是西部球队，状态也越来越强。

杰克逊想不起来哪支拥有联盟头号得分手的球队拿到过NBA总冠军。自从1954/1955赛季NBA采取24秒回合制之后，那样的事情只发生过一次，1970/1971赛季，密尔沃基雄鹿队在卡里姆·阿卜杜勒-贾巴尔的带领下拿到

## 第3章 1990年10月

的。杰克逊想到了他以前在尼克斯队的队友沃尔特·弗雷泽、厄尔·门罗和威利斯·里德。如果可以的话，他们中的任何人都能在一场比赛中拿下25分或30分。但是，通过分享球权，每个人都参与其中，尼克斯队的队友实现了"攥指成拳"——他们不会被防守球员欺骗或者包夹，因为他们总是在寻找处于空位的队友，也总能找到。乔丹的打法使防守变得太容易了。

"我知道这将是一个热门话题，我将被架到火炉上。我感到担忧，的确如此。"杰克逊后来承认，"但是公牛队经历了乔丹每场得三十六七分的时代，却仍未能成为顶级球队。乔丹必须得如此多的分，其他人只能得8分到10分的打法，从长远来看不利于我们获胜。我感到球队对此已经精疲力竭，为了找到能和乔丹配合好的球员，我们已经交易走了6名控球后卫。为了适应他的打法，我们不得不把球员的位置调来调去。"

这种情况必须叫停了。杰克逊决定，现在到了乔丹去适应别人的时候了。杰克逊也不认为这样做会限制乔丹的伟大，他仍然有意把乔丹当成武器，尤其是在比赛后期。他并不像乔丹所说的那样，只是想把乔丹变成平庸的球员。"即便你把小提琴家雅沙·海菲兹放到乐队，他仍然是有特点的演奏家，"杰克逊说，"乔丹仍是我们战术体系里与众不同的队员。"

杰克逊并不是在一夜之间做出这个决定的，他不是那种说风就是雨的人，他是深思熟虑、善于内省的人。不过，杰克逊很少在家里讨论球队的问题，回到家之后，与4个孩子玩闹对他来说是一种从工作中解脱的方式。他的妻子琼偶尔在5点钟起床时，发现他躺在床上戴着眼镜。

"菲尔，你既然醒了，为什么不起床？"她问道。

杰克逊会回答："我正在想问题。"

"那就把你的眼镜取下来。"

"我戴着眼镜想问题会更好。"

如果手里有个飞钓轮，那就更好了，在那白雪皑皑的国家公园的冰山脚下，他的鱼饵在佛拉特里德湖里摇动。杰克逊用1972/1973赛季尼克斯队夺冠的奖金，在蒙大拿州大陆分水岭买了3.6公顷土地，并建了一幢别墅。每个夏天他都会回到那里，那是离他童年家乡很近的地方。1990年的夏天，他很晚才回到那里，因为克劳斯非要拉着他去看在西雅图举办的友好运动会，去看看库科奇，然后又看看公牛队夏季联盟的训练。最终，杰克逊还是回了家，他没有像往常那样为了内心的宁静，一次次攀登位于大陆分水岭的层峦叠嶂，因为他在打球的年代，腹股沟和背上留下的伤不允许他再这样做了。但他仍然喜欢那个地方，那就是伊凡·多伊格在《天边的小屋》和《英国小溪》等书里面描写得最为生动的、真正的蒙大拿。杰克逊会一连多日行走在茂密难行的森林里和峻峭的山脊上，或拿着一根钓竿在清澈小溪的主水道旁蜿蜒前行。这让他有时间尽享那片土地的美好，思考球队在1990/1991赛季面临的问题。公牛队仍然不是本应该成为的球队。当媒体把球队称之为"乔家军"时，或许他们是对的。杰克逊和球队的其他人痛恨这个暗示，但是他知道这种称谓不无道理，而乔丹对此好像不以为意。如果公牛队还想成为一支真正的队伍，他们必须叫停这种现象。

主要的改变将来自对三角进攻战术的使用，尽管乔丹和后来的批评者对这个战术体系若即若离，但是，为了乔丹，为了那些需要一个战术架构的球员，这个体系必须坚持下去。乔丹需要学会在球队的框架下打球。在杰克逊的蒙大拿别墅，在清新的空气和广阔的天空下，一切似乎都有可能。

———

在训练营开始的几周前，杰克逊给乔丹打电话，试探了一次又一次，但是乔丹仍然在高尔夫球场打后9洞。杰克逊有很多问题需要和乔丹讨论，包括在即将来临的赛季采用什么战术体系，以及关于乔丹不应该再热衷赢得"得分王"的想法。

杰克逊想要采用的体系，是他在上个赛季已经开始在使用的体系。他的助手泰克斯·温特已经对这个体系进行了改良。温特在30年前曾经写过一本书来阐释这个体系，在书中他将其称之为"三角进攻战术"。这个战术体系依赖快速传球和很少的叫位，所以这个概念并不复杂。球员快速传球，同时跑向球场的某些点位，他们行动的趋势取决于防守者的行动。由于不是采用固定的战术，而是运用某种趋势，所以防守者无法预测他们下一步的行动。这就是为什么这个体系对于有些球员而言比较难。

在杰克逊执教的第一个赛季，他将这套进攻体系循序渐进地引入球队。这套体系的优点在于当防守者准备夹击本方球员时，任何球员都可以在任何时候移动到空位，通过快速传球之后他就能在空位投球。在乔丹这样的球员看来，这个体系有其不利的一面，那就是理论上这套体系使得约翰·帕克森、比尔·卡特莱特和乔丹有了同样多的投篮机会。

乔丹经常心怀不满地说"进攻机会均等"这样的话，不过事实上很难办到，杰克逊也从来没有想要这么做。他把最好的球员带入比赛中，绝不是为了让他变得与其他几位球员一样，所以乔丹仍然有大量单打的机会。即便其他球员在三角进攻战术的框架内合理发挥，杰克逊还是会"销毁"这套系统，在球场上留出空间，让乔丹去单打。三角进攻战术体系是运动进攻战术，在这个系统里，球员在不同的位置构成三角形。在防守球员轮转的时候，他们作为进攻方也进行位置的变换。当然，杰克逊也会用掩护和挡拆，但是三角进攻战术的安排会一直在这里，球员永远都可以依赖这套体系。在20世纪50年代，温特率领的"小兄弟"堪萨斯州立大学队对阵张伯伦领衔的"大哥大"堪萨斯大学队时，这套进攻体系曾经发挥过作用，不过，有人怀疑这套战术体系或许仅能用于大学篮球系统，对于个子高大的职业运动员而言，是否过时了。

杰克逊认为，重要的事情在于公牛队要有一个体系。是金子总会发光。他说，迈克尔总可以找到机会得分，如果他能在三角进攻战术下打球，他还有望找到更容易的得分方式。

更重要的是在这套体系下，其他球员也能找到更容易的得分方式。

"坦白而言，我不喜欢球队现在打球的方式，"杰克逊到达球队之后，如此表达自己的印象，"我不想挑起乔丹和球队的纷争，不过，我有更好的办法让他为球队做出更大的贡献。现在打法主要是队友把球传给乔丹，大家散开，乔丹进攻，然后每个人都站在那里看他单打独斗。对方球员都会冲向乔丹，他可能利用非常出色的技术突破，也可能摔倒在地板上擦伤。但是，他要这样摔倒多少回？他这不是把自己置入危险的境地，在冒不必要的险吗？

"当我们场上还有这么多球员，而且他们能够站出来帮助球队时，我们不希望看到乔丹在48分钟的比赛中拼尽全力，却只能迫近比分，而不是赢球。如果你们在三角进攻战术下打球，乔丹和队友会掌握一定的路线规律，在关键的时候，队友能找到他，他们在各自的位置上也能做出贡献。

"这个体系利用传球和投篮，是我们心目中干净的打法。你在接球两秒之内没有投篮机会，就把球传出去。所以，当你投篮的时候，就不会面临那么大的防守压力。我们基本的想法是，希望能在当下做的事情上走得更远一些。我们不希望用单枪匹马运球突破的方式打败活塞队，因为他们太擅长防守这样的打法了。"

10月的第一个周，乔丹有点恼怒，他给杰克逊打了电话，今年他将比往年更加认真地参加训练营。失利像阴影一样萦绕着他的内心，不过他怀疑改变能否发生变化。一定程度上，他相信自己正在达到或者已经达到"魔力"的巅峰。"是的，"比赛即将开始时他说，"人们可能觉得已经看到了我的巅峰，不过对我而言，那可能还算不上。防守者不会让我像以前那样冲到篮下，每个人都想让我在外围投篮。当活塞队开始痛扁我的时候，每个对手都开始以那种方式对付我，所以我无法在前场创造性地打球。但今年我第一次感觉这是个严重的问题，因为我太想拿冠军了。在此之前，我放松了一下，也享受了夏天在野球场的快乐时光。现在，这对我来说就是个正事了。

"我要证明那些评论家是错误的。或许我们以前没有机会赢得总冠军，或许我们这次连这个机会都没有。但考虑到球队没有任何伤病，是自我进入

NBA以来最强的阵容,所以我希望看到管理层能动真格。然而,至今我还没看到他们动什么真格。我希望看到队友们在季后赛中能有更认真的态度,以前好像都是在玩闹,有点像'我们已经打进季后赛了,那我们就尽情享受吧'。今年这么做可不行,现在我们必须认真起来了,因为只有认真我们才能赢。"

当乔丹站在综合体育馆的教练办公室时,乔丹和杰克逊终于迎来了彼此的谈话。乔丹的耳朵上带着闪闪发光的钻石耳钉,但是他笑容里的光芒很快就退去了。

"乔丹你看,"杰克逊说,"这个赛季我们将坚持采用这种打法。"

乔丹感到震惊。

"我觉得我知道自己该怎么做,"乔丹说,"但我不确定他们是否知道。"

乔丹经常觉得队友像卖报纸的摊位那样"可靠"——当你的兜里只有25美分时,什么也给不了你。

"你一定要记住,这些队友或许不如你期待的那么有天赋,但是他们已经足够优秀了,这也是我们在当下的情境中所拥有的最好阵容了。如果我们采用这套体系,每个人都有机会发挥所长。他们没有你那样的单打能力,但他们能取得一定程度的成功,甚至在关键时刻也能发挥出应有水平。"

杰克逊又一次提到了20世纪70年代的尼克斯队,以及他们在赛季结束时拥有了多少撒手锏。

"一支球队只靠一个人得分是没法赢球的。"杰克逊说,因为当对手觉得有必要的时候,他们就可以阻止那个人。活塞队对公牛队就是这么做的。

"但那是队友本应得分的时候。"乔丹说。

"那不行。"杰克逊说,乔丹的队友必须在这个体系下打球,所以他们就应该得到那些机会,而不是总在计时器上只剩几秒时仓促出手。当出现空位时,他们能拿到球,而不是在他们没有空位之后。公牛队有帕克森、格兰特和卡特莱特等优秀的射手，他们在职业生涯中都有50%以上的命中率。皮蓬对某几种打法已经炉火纯青，这是大家第三年在一起共事，球队现在要利用团队优势。杰克逊说："一个团队难道不是为了共同目标而聚在一起的一伙人吗？公牛队所能做的最好的事情就是每个人都传球，这样球队就能在球场上的任何位置制造威胁。"

"我们要作为一个团队得分，要作为一个团队不停得分，去赢球。"杰克逊表示。

如果乔丹不去争夺今年的"得分王"，这或许是个好主意，杰克逊补充道："没有这个必要。"杰克逊还说，他会限制乔丹的上场时间，可能降到每场比赛36分钟到37分钟，可能比皮蓬还少，甚至可能比格兰特还少。

乔丹没有作声，这场谈话结束了。

"好吧，"杰克逊自言自语，"至少我已经提醒了他，他知道球队会坚持这套体系，且看看他接下来会怎么做。"

——

杰克逊和他的前任一样，对乔丹的球技赞叹不已。不过，他拒绝把乔丹和上一代球员对比，他只说乔丹是那个时代最优秀的篮球运动员之一。杰克逊不是个夸夸其谈的人。他一度认为自己是上帝之子。他在1967年被尼克斯队选中，刚到纽约时，他对教练瑞德·霍尔兹曼说自己想成为牧师。杰克逊的父亲是五旬节教牧师，他的母亲是布道者。他们笃信当时颇具神秘色彩的北美五旬节教。彼时，这个浪潮席卷了中西部的高阶层人士。杰克逊还记得自己参加教堂服务，教徒们讲某种不为人知的语言，他的妈妈总是为世界末日的到来做准备。他家里没有电视机或任何娱乐用品，也不相信常规药品。

不过，杰克逊一家相信竞争，他清晰地记得在周日晚上与家人在餐厅桌子上打牌。杰克逊期待成为伟大的运动员，他非常有运动天赋。在他成长的地方蒙大拿州，他首先在棒球方面出类拔萃，然后是篮球。在大学里，他师从北达科他大学比尔·菲奇教练。杰克逊能得分，后来以防守见长，他长长的胳膊经常胡乱摆动。他的胳膊太长了，以至于菲奇面对球探时玩了一个小把戏，他让杰克逊坐在通用别克轿车后座的中间，展示不用起身就能打开前边两个车门的能力。杰克逊的步态比较怪，后来腹股沟手术又放大了这个特点，其他动作优雅的运动员使他相形见绌，而当时动作优雅是体育界的时尚。在尼克斯队训练时，球员通常都要当心杰克逊，因为杰克逊训练非常努力，有时看上去会失控。或许这就是杰克逊仍然是公牛队球员比尔·卡特莱特最大支持者的原因。

杰克逊很少看电视上的娱乐节目，也很少读报纸上的体育报道。总决赛第一场比赛开始前的几分钟，他还可能坐在办公室里看《纽约时报》上的填字游戏，这也是他在旅途中所偏爱的打发时间的方式。他有些玩世不恭，有一天晚上，球队在亚特兰大打比赛，他们得分很低。由于在比赛之前乔治·布什总统在当地演讲，他说布什的防卫系统造成他们很多球都没投进——有时他会心不在焉，逃避重点。

杰克逊有着11年成功的NBA生涯，他主要效力于尼克斯队。不过比起场上表现，人们对他在20世纪60年代和70年代早期在球场外的混乱生活，印象同样深刻。他蓄了胡须并成为素食主义者，他参加世界地球日和反战集会。他写了《独行侠》，在书中他谈了吸毒问题和队友的因果报应。他做过关于神秘主义和宗教信仰的实验，他是那个时代各种"主义"的大仓库。他认为由于自己的"声望"，他连续多年被投票反对担任教练工作。他先是在美国大陆篮球协会执教5年，取得了极大的成功，1984年带领奥尔巴尼队获得了冠军，并在1985年获得了年度最佳教练荣誉称号。但是他没能引起NBA球队太多的关注。

杰里·克劳斯在1985/1986赛季想把菲尔·杰克逊请到公牛队担任助理教练。斯坦·阿尔贝克是公牛队时任主教练，杰克逊去面试时蓄了胡须，看上去好像在吃麝鼠，还戴了一顶他引以为豪的大大的厄瓜多尔稻草帽，帽檐上有一支很大的鸟毛。杰克逊想给阿尔贝克讲一个关于热带鸟的故事，而且这支羽毛就是从那只鸟身上取下来的。由于波多黎各的太阳很毒，杰克逊长长的清瘦的脸几乎都成了黑色的。然而，他在波多黎各执教时，头发长得更长。

"不，我不认为这是个好的选择。"阿尔贝克对克劳斯说。

杰克逊几乎要放弃了。他已经在美国大陆篮球协会执教4年，当时他想知道自己能否在NBA获得机会。或许他也该加入企业组织，获得一份真正的工作。

"很多人早早就放弃了，"谈到他20世纪60年代那些激进的朋友时，杰克逊说，"他们都做过探索，当发现不但挣不了钱，还会成为离群索居者时，他们开始加入企业组织。但我从来没有，我一生都在追求篮球，我一生都在追求不用付出惨痛代价的篮球事业。

"我的职业运动生涯结束后，我做过电视节目编导和篮球教练（那是在20世纪80年代），然后，我在加拿大有了一个健身俱乐部的事业。1983年，我以自己的方式回到篮球界，成为美国大陆篮球协会奥尔巴尼队的教练。我住在伍德斯托克，那里是一个有利于享受自由的好地方，还是一个思想开放、拓展思维的地方，人们在那里进行创造性的体育和艺术工作。尽管我认识到我并非毫发无损地从美国大陆篮球协会出来。但是我知道自己必须去顺应其他的地方。"

1987年夏天之后，杰克逊决定放弃篮球，他知道篮球界即便没有他也一样。因为杰克逊受到的教育是一辈子都要保持谦逊，这个座右铭一直在爸爸的桌子上，是一个硬纸板做成的人形，有一对小小的脚和一个用气球做成的大大的头。杰克逊领会的意思是头脑不要太膨胀，如果头脑太膨胀了，人就会穿不上鞋子。

"我和妻子进行了一番讨论，我决定把命运交给上天，然后辞职，"杰克逊回忆道，"我已经当了三四年教练，现在我要重视个人的生活了。我的孩子长大了，他们要上大学了，我必须供他们上学，所以我得找另一份工作。"杰克逊决定要么去学法律学位，要么回到学校做心理咨询的工作——这是他大学所学的专业。

巧合的是，1987年10月，公牛队助理教练吉恩·利特尔斯被夏洛特黄蜂队聘为球员经理。当时，那个赛季马上就要开始了，公牛队可遴选助理教练的范围很小，因为大多数人都有合同在身。

这时，杰克逊的朋友开始找他，并给公牛队打了电话，因为他知道杰克逊与公牛队面谈过。这个电话提醒了克劳斯，他转而给杰克逊打个电话说起这个工作。克劳斯征求了道格·柯林斯的意见，确认他同意接受这个曾经的嬉皮士之后，并通知了杰克逊。

"人生就是如此幸运和出乎意料，"杰克逊说，"我意识到这是最后的机会，我必须保持谦逊，穿着正式，刮掉胡子，准备好回归体系内。我能做到这点，我曾经是兄弟会（西格玛·阿拉法·伊普西龙兄弟会）的成员和大学的学生领袖（1967年杰克逊曾入选美国大学生名录）。所以，当我必须像模像样时，我知道该怎么做，我知道规则。我是名好牧师的孩子，当我是个年轻人时，我也曾经西装革履，所以返回到那种状态不是问题。该是顺应的时候了，我不能总是做反派。"

———

杰克逊还是球员时，他崇拜公牛队在防守方面的能力。不过，就像现在这支公牛队在进攻中依赖一两名球员一样，杰克逊时代的公牛队也是这样子。当时球队的核心是公牛队队史伟大的前锋鲍勃·洛夫和切特·沃克。杰克逊认为篮球就是集体运动，不可能是别的。1967年他来到纽约后，他告诉霍尔兹曼，他认为尼克斯队的球员既自私，又没有在霍尔兹曼的前任迪克·麦克奎尔手下得到很好的训练。不过霍尔兹曼对团队打法的强调最终使球队迎头赶上，并带领球队获得了两次总冠军。

这应该也引起了当时的那个布鲁克林男孩杰里·莱因斯多夫的关注。莱因斯多夫买下公牛队后，他说想看看时任教练凯文·朗格利的执教方式，然后再决定是否换教练。

"凯文·朗格利必须让我信服,他能像瑞德·霍尔兹曼那样执教一支球队,"莱因斯多夫说,"纽约尼克斯队在瑞德·霍尔兹曼执教的时代是篮球运动的典范,完全是无私的篮球,那就是芝加哥公牛队该有的样子。"

朗格利认为莱因斯多夫就是个"搅屎棍",于是他继续围绕乔丹打战术。在1984/1985赛季末他被解雇了,不仅因为他固执地坚持以乔丹为核心,还因为他故意输球以获得更好的季后赛主场优势。在"球迷日",当公牛队离开球场时,主场的球迷居然以大喊"杜兰""杜兰"的方式嘲笑公牛队——"杜兰"指代杜兰大学篮球队在比赛中"放水"的事件。

乔丹对莱因斯多夫的理论也不以为意。他所知道的就是当他来到公牛队之后,朗格利对他成为超级巨星厥功至伟。乔丹坚称他的第一个赛季和他的第一个教练使他的球技得到升华。1984/1985赛季,乔丹还是新人,场均获得28.2分,更重要的是,他被朗格利塑造成为占据掌控地位的明星球员。朗格利立刻让乔丹主导了进攻。"我认为,与我遇到的其他教练相比,我和他更能心心相通,"乔丹说,"他是名对球员负责的教练,他喜欢我的打法,想让我成为领袖。但我不想那样做,我不想和达夫·科尔津、考德威尔·琼斯以及史蒂夫·约翰逊等老队员一团和气,我只想一往无前。"

朗格利强调让乔丹一打一,简直是他在NBA打球时的翻版,他给了乔丹展示能力和获得信心的机会。

"事实是我不知道自己能变得多么优秀,我也不知道对阵职业球员时该怎么做。"乔丹说。他从来没有把NBA当回事,在他心里,NBA只是另一个打球的地方,他也从来没有特别喜欢NBA的比赛,即便他在联盟待了几年之后仍是如此。他说他很少看比赛,他认为那些比赛很无聊,而且他怀疑在自己退役之后是否还会到现场看NBA的比赛。但乔丹说,朗格利做出让他去检验自身能力成色的决定,使他证明了自己可以成为伟大的球员。"那是我在这个联盟里获得的最重要的东西——信心。"乔丹说。

## 第3章 1990年10月

朗格利在1985年被解雇之后，斯坦·阿尔贝克成为主教练，不过，这名头发像丛林一样的教练却很难与杰里·克劳斯相处得来。尽管大家都认为阿尔贝克知识渊博，是篮球领域的专家，但克劳斯对阿尔贝克的执教技术却不以为然。阿尔贝克经常不允许克劳斯参加球队会议，他认为克劳斯的搅局令自己深感痛恨。在之后的年月里，当阿尔贝克去克劳斯的母校布莱德利大学执教时，他讲了很多克劳斯的糗事，而且他还会把这些事情告诉乔丹，而乔丹又会告诉队里的其他球员。

乔丹在1985/1986赛季第三场比赛中脚骨折之后，经过治疗，他要求提前归队，而球队却不想让他这么做。阿尔贝克在乔丹和克劳斯之间两面受气。管理层希望乔丹坐在替补席上，因为管理层认为乔丹已经缺席了50多场比赛，很难再帮助到球队。乔丹指控克劳斯不想赢球，以便球队能在下一次选秀中占据有利位置。最终，他们达成协议，允许乔丹可以在每场比赛中的有限时间内上场。有一场比赛，离比赛结束只有3分钟时，阿尔贝克应该按照时限把乔丹换下来，但当时公牛队还有取胜希望，所以阿尔贝克让乔丹多打了3分钟。俱乐部对阿尔贝克说，如果再发生类似事情，他就会被解雇。几场比赛之后，克劳斯的话言犹在耳，阿尔贝克在离比赛结束只有30秒时把乔丹换了下来，而公牛队以一分之差输掉了比赛，乔丹大怒。当公牛队在季后赛中以0比3连续输给凯尔特人队之后，尽管乔丹在比赛中曾创造单场得到63分的奇迹，阿尔贝克仍然被解雇了。

杰克逊来到公牛队时，乔丹从来没听说过这个人。他对20世纪70年代的尼克斯队也有所知晓，但是他对比赛又有着机敏的洞察力，他相信那个时代已经结束了，当今的球员能做20年前的球员做不到的事情。乔丹说，现在的比赛和泰克斯·温特执教时，甚至和菲尔·杰克逊执教时有点不一样了。他们的观念对于个子更高、速度更快、跳得更高的球员并不适用。对于有创造力的球员而言，没有必要走老路。杰克逊可不这么想。1987年，杰克逊作为道格·柯林斯的助理教练加入公牛队几周之后，他就在教练会议上解释了由于团队篮球的哲学，当时尼克斯队的成绩非常好。

"我们在纽约有一个大拇指规则，"杰克逊说，"其意义在于球星能使他的队友变得更好。这是我们的信念，也是我们评价球星的标准。弗雷泽和里德会帮队友抢篮板球，在防守中为队友协防，让队友有机会打得更坚决，因为他们能给对手制造威胁。弗雷泽会用他的能力为队友打开通道，戴夫·德布斯切尔也会这么做。"

柯林斯听了几秒钟。他不同意杰克逊的观点，他知道乔丹也不会同意。只要有人愿意听，柯林斯就会抱怨自己没能力让公牛队打跑动进攻。"你知道谁是阻止我们'跑起来'的最大障碍吗？"柯林斯会这样问，接下来他浅笑一下，摇摇头，"迈克尔·乔丹，他就是这样的人。他不会放弃球权。"

不过，当时柯林斯并无权做任何事。乔丹几乎或者完全不尊重教练。在柯林斯执教公牛队第二个赛季的一次赛季前的分队赛上，乔丹愤怒地离开了训练场，并指控柯林斯在故意说错比分，让乔丹所在的"队"输掉了比赛。柯林斯为了尽快停息纷争，在第二天的训练中甚至当着媒体的面亲吻了乔丹，以表示他们又是好朋友了，但是柯林斯已经犯下了致命的错误。

乔丹知道自己做得很不好，甚至有点小孩子气。但他在与媒体和公众打交道这方面很有策略。乔丹经常像个故意找批评的小孩，他会把事情做得很过分，直到有人来惩罚他。杰克逊来到公牛队之后很快就看出这点，他利用乔丹的这种心理扮演"父亲"的角色，他可不容忍乔丹的小孩子脾气。当柯林斯对故意耍小孩子脾气的乔丹屈服时，乔丹认识到两点，一是他想做什么就可以做什么而不会遭到任何惩罚，二是他可以不尊重教练。

乔丹和柯林斯的权力斗争在1988/1989赛季对阵活塞队的季后赛中达到了顶峰。在东部决赛的第五场比赛中，乔丹只出手8次，公牛队输掉了比赛。在下场比赛中，公牛队被彻底击败，淘汰出局。比赛结束后，问题如雪片般飞向乔丹和柯林斯，大多数都是关于包夹战术，而得到的都是标准化回答。然而，柯林斯和乔丹却不这么认为。柯林斯对乔丹说他投球太多了，前4场比赛中他的出手次数占了全队投球次数的31%。柯林斯认为必须有更多的球员加入进攻，唯此球队才能有效得分。而乔丹通常把这种建议视为批评，于是，在第五场比赛中，他以仅出手投篮8次的方式作为回应。

这全是因为傲慢。尽管乔丹有了名气和声望，有时他的表现却依旧像那名没能进入校队的高二学生。他仍然记得，尽管自己的好朋友也在球队打球，但他不想为那支球队欢呼。"我希望他们输球，以证明不把我选入球队是错误的。"乔丹回忆道。直到多年之后他仍然这么想。即便是作为年轻的职业球员，乔丹也曾承认："我首先想到的是自己，然后才希望我的球队成功，但我想成为球队取得成功的关键因素。"

这种自豪感使他获得了超凡的成就。乔丹把只有一个人防守他视为对自己的侮辱。在1989/1990赛季公牛队对阵骑士队的比赛时，他豪取69分，只因为当时骑士队在整场比赛中都坚持一对一防守乔丹。在1990/1991赛季，记者问乔丹，谁在防守他这方面做得最成功。"没有人谈得上成功，"乔丹说，"每支球队都用两三名球员来防守我。"

"哪名球员最强硬呢？"记者追问道。

"我从来没有真正遇到过这么一个人，"乔丹再次重申，"我猜你可能会说乔·杜马斯，但是一个人从来没能防下我。"

在那场得到69分的比赛之后，乔丹甚至和骑士队球员进行了一场简短的公开辩论。当时骑士队球员说："如果像你那样单场出手37次，得分多也没什么了不起的。"

乔丹还击说："如果没有得到那么多次出手机会，我就没办法投那么多球。"

在公牛队，关于乔丹的好胜心是传奇性的。1984年，和乔丹同样是新人的罗德·希金斯在乒乓球比赛中击败了乔丹。之后，乔丹买了一张乒乓球桌苦练，然后就成为全队打乒乓球最好的人。他在大学时就打高尔夫球，在1990年，他打出了令他名声大噪的"6个差点"的成绩。他在打牌时像凶神恶煞般的迈克·泰森一样，想以"击倒对手"的方式结束比赛。他痛恨失败，他总是把此事上升到人格因素。

另一个令人难忘的关于乔丹好胜心的事例发生在1988年。当时，公牛队的对手是爵士队，乔丹抢断，打到前场，在约翰·斯托克顿的头上扣了篮。即便在客场，乔丹的扣篮也总是得到欢呼，尤其是在乔丹每年只去一次的西部球队。当时爵士队的老板拉里·米勒就坐在中场的第一排，当乔丹经过时，他向乔丹喊道："你为什么不找个跟你个子一样高的人隔扣呢？"

几个回合之后，乔丹又一次抢断，然后他带球冲到篮下，但这次防守他的人是2.13米的梅尔·特平。乔丹略微加速，简直像是抓住了特平的衣服，腾空而起，然后隔扣了这名强力中锋。

当乔丹跑回防守时，他转向米勒喊道："他（特平）够高了吧。"所以，当菲尔·杰克逊向柯林斯谈论他关于球星、球队打法和分享球权的理论时，柯林斯看着杰克逊说："为什么你不去亲自告诉乔丹这些？"

"好的，"杰克逊热情地回答道，"我会说的。"

于是，杰克逊就直接找乔丹谈了。当时乔丹只知道杰克逊是个看上去很怪的人，他移动起来就像他把衣架留在了衣服里。杰克逊对乔丹说了尼克斯队和沃尔特·弗雷泽的事情，以及自己对于球星应该怎么帮助队友的观点。

杰克逊记得，乔丹客气地说了声谢谢，然后就走了。乔丹记得，他随后转了转眼珠，觉得杰克逊是个怪人。"让'黑珍珠'厄尔·门罗看上去有范儿，比让布拉德·赛勒斯有范儿容易多了。"

可是，现在是1990年，杰克逊是主教练了。乔丹有些拿不准，但是他喜欢杰克逊，并因为杰克逊对篮球的精通和领导球队的方式而对其报以尊重。"他是优秀的教练。"乔丹在和杰克逊交谈之后说："我会听从他的安排。但是我不想改变自己的打法，我想只要能赢球一切都好说，如果输球，我就要投篮了。"

这几乎是对信心的投票。"如果我是教练，我知道自己会做什么。"这

第 3 章　1990 年 10 月

个赛季开始几周后,乔丹说:"我会评估球队的优劣势,然后善加利用。我们的优势在哪里是非常明显的。"

——

10月的第一周,球员们开始从各地返回综合体育馆,也就是他们训练的健身俱乐部。乔丹和以往一样,说他在高尔夫球场上也能恢复体能:"我会在球场走路而不是乘坐电瓶车。"期间,乔丹还去欧洲为耐克做了一场营销旅行。现在,他正在谈论公牛队的合同结束后去欧洲打球的事情,或许他和耐克将共同拥有一支球队。乔丹所到之处,无不受到顶礼膜拜。经纪人保证他每年能在欧洲赚1000万美元,那样,他就可以买下一块属于自己的高尔夫球场了。

公牛队最终为1990/1991赛季的比赛集结好了队伍,查尔斯·戴维斯和埃德·尼利走了。公牛队把杰夫·桑德斯(1990年首轮选秀选下的球员,后来被证明华而不实)交易到了迈阿密热火队,条件是如果当时成绩较差的热火队留下他,就要为他付薪水。桑德斯在那里待了一周,未能留下。公牛队希望留住来自北卡罗来纳大学的自由球员斯科特·威廉姆斯。杰克逊认为斯科特比桑德斯的速度快,具有在前锋和中锋位置上做替补的能力。而桑德斯没精打采的方式,使他经常成为被嘲讽的对象,队友们经常戏称桑德斯是"睡不醒的桑德斯",认为他从来不是强力中锋合适的替补。而且,乔丹希望球队拥有一名来自北卡罗来纳大学的球员。当沃尔特·戴维斯不能来的时候,公牛队同意签下威廉姆斯。克劳斯在选秀前曾经密集地考查过威廉姆斯的情况,选秀一结束就把目标对准了他。

所以,首发和替补12个位置的人员就满了。乔丹、皮蓬、格兰特、卡特莱特和帕克森是首发五虎,加上轮转替补阿姆斯特朗、金、珀杜、霍奇斯和新加入的霍普森、莱温斯顿和威廉姆斯。格兰特整个假期都在训练,看上去很强壮,他增长了大约10千克的上身肌肉。卡特莱特和帕克森在做完小手术之后,已经开始训练,霍普森也如此。莱温斯顿回到了芝加哥,最终准备与公牛队签约。金和阿姆斯特朗是1989/1990赛季的新秀，他们认为自己在这个赛季甚至可能成为首发球员。

斯科蒂·皮蓬在想，他应该让公牛队知道，没有他的球队将会是什么样子。

皮蓬驾驶着那辆价值8万美元的黑色梅赛德斯离开了阿肯色州汉堡市，这是离路易斯安那州边境大约15千米的地方。他驶向经纪人兼朋友吉米·塞克斯顿在孟菲斯市的办公室。这个夏天，皮蓬与母亲埃塞尔在一起度过的。尽管他很快就适应了快节奏的NBA生活，有了新车、新衣服和丰富的夜生活，但他在夏天总是喜欢回到汉堡的家里度假。他的父亲普雷斯顿在当地的纸厂工作多年之后，由于严重的中风而瘫痪，离不开轮椅。在1989年春天的季后赛期间，他的父亲去世了。皮蓬是兄妹12个人中最小的，从小到大，父母和哥哥姐姐都对他照顾有加。所以，家对他来说总是一个拥有甜蜜回忆的地方。

"我家很穷，"皮蓬回忆，"但我拥有的爱并不少，我会为姐姐照看小孩、洗碗碟或者跑腿。看上去总有一些需要我去做的事情，但是我们不缺吃少穿。"

皮蓬在NBA中的一鸣惊人或许是公牛队中最成功的故事之一。当然，乔丹在高二的时候也没能进入校队，帕克森为了进入校队不得不留级一年，克雷格·霍奇斯没能如愿在老家拿到大学文凭，格兰特在大学时还在考虑当名水手。"来自佐治亚州斯巴达镇的队员，几乎没有机会去NBA打球。"格兰特当时这样想。

来自阿肯色州汉堡市的孩子几乎也没有这种机会，尤其是那些大学时代的目标是成为橄榄球队经理的人。"我喜欢与这些孩子们在一起，我真的很喜欢，"皮蓬说，他丝毫不觉得拎起一堆脏衣服是低下的工作，"因为那样我就可以出去闲逛，而我又不会因为打球而受伤，我拥有最好的工作。"

"很多人在小时候总是崇拜职业运动员，小时候我就很喜欢橄榄球，

## 第3章 1990年10月

直到现在也如此。我没有打橄榄球，因为我不具备打橄榄球所需的体形，可是我想尽可能地离近一点。我不能说当时我有成为篮球运动员的雄心壮志。"皮蓬补充道。

读大学并不是皮蓬家的首选，皮蓬的11个哥哥姐姐中只有一人上了大学。不过，家里人都敦促皮蓬去读大学，每个人都希望最小的弟弟成为最好的。家里很缺钱，皮蓬也没能得到奖学金。皮蓬在高中四年级时才进了学校篮球队，不过在汉堡那并不是了不起的成就。教练唐纳德·韦恩把皮蓬作为可能的替补球员候选人推荐给了唐·戴尔。唐·戴尔是康威城地区中阿肯色大学的篮球教练，这个地方在小石头城北边。韦恩觉得皮蓬有潜力，但他获得的成就太少了，以至于没有人愿意给他奖学金，于是戴尔帮助皮蓬获得了经济上的资助。

"我对此感到非常高兴。但我并没有认真地想过打篮球。我上大学的目标是成为橄榄球队经理。"在高中，皮蓬是得分后卫，这对于他的发展非常重要。就像朱利叶斯·欧文，他作为小个子球员领略了篮球运动的艺术，后来，他长高了。在大学，他最终打遍了5个位置。皮蓬在高中时只是身高1.86米，体重68千克的控球后卫，所以当他在大学一年级长高了大约10厘米之后，他成为进攻悍将。他是非常稀有的球员，能够在球场的一端抢篮板，运球过整场，然后在前场以强力扣篮终结战斗。当时在NBA，只有少数几个球员能够经常做到这点。

皮蓬准备进入中阿肯色大学时，前面这些想法几乎没有进入过他的大脑。皮蓬没去过什么地方，生活变化特别快，他一夜之间成了令人望而生畏的运动员。他既有协调性又有天赋，只是个子小一点。于是他开始练习举重，努力变得强壮。他改变了食谱，如前所述，在大学一年级他的身高就长了大约10厘米。大一期间他打了20场比赛，不过平均每场比赛只能出手4次，场均得到4.3分、2.9个篮板。然而，当他大二回到学校时，他不仅仅变得更好了，而是比每个人都更强。

"我在大一期间什么都不是。"在1990/1991赛季成长为肌肉健硕、身高2.03米、体重100千克的悍将的皮蓬回忆道。他看上去还是那么纤细，鼻子又长又平，有棱有角的面部特征让他看起来像名强悍的勇士。"那时，作为大二的球员，我比任何队友都要优秀得多，包括大三和大四的球员，整个夏天我都在打球，所以在我长身体的时候从未失去协调性。"

他在大二时，场均数据突然增长到了18.5分和9.2个篮板，投篮命中率56%，得分大多数来自扣篮。皮蓬在大学是优秀的三分球投手，但他作为NBA全明星球员的弱点，还是投篮。或许是因为他冲击篮板时的爆发力太强，对于边上的球员是个威胁，所以球探在报告中建议皮蓬多做外线投射。与乔丹不同，乔丹在大学时只是名具有投手潜质的人，毕业后，才变成NBA最好的得分后卫。皮蓬的投篮非常有特点，但他的手肘松软，手腕也是软的，这将限制他的发展。即便如此，他拥有统治联盟的天赋。大学三年级时，他成为全美大学校际体育协会总决赛的选手，当时他场均得19.8分和9.2个篮板。在大四那年，他场均得到23.6分和10个篮板。

NBA很可能认为，如果你是名优秀的球员，优秀到可以打职业篮球，在高中毕业时一定会有人注意到你，你将会去重点大学。中阿肯色大学不属于重点学校，而NBA的球探看到球员在低水平比赛中得到很好的数据时总是将信将疑，所以他们对皮蓬不太感兴趣。而皮蓬对此也没有很高的期待。他在当地大学已经成为名人，他对此感到非常开心。但是NBA大学生球探部的主任马蒂·布雷克关注到了皮蓬，发出一份报告，指出皮蓬拥有成为优秀球员的潜质。公牛队采纳了这份报告。

克劳斯派最得力的助手比利·麦金尼去查看皮蓬的情况。麦金尼在皮蓬身上发现了克劳斯所喜欢的特征——胳膊长、手大、动作快、弹跳力强。不过，麦金尼这个日后将去明尼苏达森林狼队短暂出任总经理的人说，他没法断定皮蓬究竟有多么优秀，因为比赛的强度太低，或许可以在第二轮选秀中选他。克劳斯认为他或许得到了一颗裸钻，盘算着他能够欺骗任何人。但是，皮蓬在对阵全美顶尖高手的全明星新秀挑战赛中表现抢眼时，这支潜力股的价值开始飙升。当时NBA所有球队的管理层都看了那场比赛，可是克劳斯仍想把皮蓬引到陷阱里，不过最终他将感到绝望。在选秀之前，他想让皮蓬的经纪人吉米·塞克斯顿带着皮蓬去夏威夷待几周，公牛队会为他支付所有的费用，这将使其他球队觉得皮蓬不靠谱，那时他们就不再选他了。"谢谢你，杰里！不过我们就想在这里待着。"塞克斯顿告诉克劳斯。

在这些全明星比赛中，一个球员的价值升高或降低非常有戏剧性。在一次这种场合中，一个典型的克劳斯传奇故事横空出世。1988年，克劳斯看上了丹·马尔利——从中密歇根大学成长起来的小子，最终入选了1988年奥运会美国男篮国家队，并在第一轮选秀中被太阳队选中。克劳斯在选秀开始前找到丹·马尔利，想让他假装受伤。

"这样我们就可以在第三轮选秀中把你选中。"克劳斯说。

马尔利看着克劳斯，觉得他是个神经病。

"我想如果在首轮被选中，我能挣到更多的钱，克劳斯先生。"马尔利说。

克劳斯在皮蓬身上同样用了这一手段。尽管他建议的夏威夷之游泡汤了，公牛队在那场选秀中拥有第八和第十两个选秀权，不过克劳斯知道皮蓬肯定在第八之前就被选走了，因为萨克拉门托国王队拥有第六选秀权，该队已经急于把皮蓬签下来。所以，当拥有第四选秀权的洛杉矶快船队选中来自乔治城大学队的雷吉·威廉姆斯后，克劳斯与拥有第五选秀权、也希望选择威廉姆斯的西雅图超音速队达成了交易。交易的内容是交换当年选秀的次序，超音速队因此得到第八选秀权和1988/1989赛季的第二轮选秀权，以及在1989/1990赛季交换第一轮选秀权次序的权利。克劳斯如愿得到了皮蓬，以及当年的最佳经理奖，因为他在后几轮选秀中还选中了格兰特。

皮蓬在人生中第一次拥有了一些钱，然而，却不是拥有足以扭转人生走向的能力。他是第五名被选中的新秀，位于大名鼎鼎的大卫·罗宾逊、阿蒙·吉列姆、雷吉·威廉姆斯和丹尼斯·霍普森之后。在他之后，是参加了全美大学生比赛、来自重点大学的球员，比如北卡罗来纳大学的肯尼·史密斯和洛杉矶大学加利福尼亚分校的雷吉·米勒。

所以，皮蓬想要，甚至请求公牛队给他签一份6年510万美元的长期协议。公牛队欣然同意，因为克劳斯对皮蓬有点着迷。他不仅把皮蓬看作潜在的全明星球员，而且看成惊天的发现，这是他比同侪优秀的范例。每名总经理都想做到这点，但是很少有人像克劳斯那样孜孜以求。他是对的，因为后来当公牛队交易球员时，只有乔丹和皮蓬被认为是不可交易的。

离开汉堡市之后，皮蓬甚至都不确定他能在NBA打球。他的经纪人塞克斯顿记得皮蓬曾问他，如果他在新秀赛季之后被交易，他能从合同中得到多少钱。

"他需要安全感，"塞克斯顿回忆，"那是他最关心的事情。"

尽管他只是农村来的街头小子，有点狂野，有时还不负责任，可能被品行不端的人利用，但皮蓬在花钱这方面却特别保守。皮蓬初中时，父亲因病失业，他两个哥哥患上致残的疾病，这让皮蓬对攒钱养老非常着迷。现如今他有了一些钱，他再也不想没有钱。"当他签下合同时，他首先谈的是年薪，而后才谈买新车。"塞克斯顿说。

"上完大学之后，我决定只要做一件事，那就是赚钱帮助家人。"皮蓬说，"我想给妈妈一些我希望她能拥有的东西，我觉得这就是机会。"

于是皮蓬开始定期往家里寄钱，给母亲买了一辆新车，建了一幢大牧场式的房子，以适应父亲坐轮椅的需要。此后几年，皮蓬在休假时总是回到那里，房子非常舒服。"对我而言，这是最舒服的房子，"皮蓬说，"我坐在那里就知道我们都能享受它，这让我感觉非常好！"

不过现在，当他的队友回到芝加哥开始为1990/1991赛季备战时，皮蓬的感觉不太好。他离开汉堡市的那座大房子向东驶去，经过了美国82号公路的米斯特和底比斯，他驶入密西西比，再驶向孟菲斯、田纳西，在那里

## 第3章 1990年10月

他将与塞克斯顿碰面。10月1日，训练营开营前的几天，皮蓬做了一个决定："我准备在外面待几天，看看他们会说什么。或许整个训练营我都不会参加。"

皮蓬对球队付给斯泰西·金等队友的高额薪水勃然大怒。在他眼里，金又懒又缺乏体育精神。整个夏天，他都在听说关于莱温斯顿的谣言。谣言说公牛队愿意每年付给他100万美元。皮蓬不由得想，这家伙有什么好处，他能打我的位置替代我吗？他们签下莱温斯顿是想让他替代我吗？

皮蓬在1990/1991赛季的薪水是76.5万美元。他还有两个无保障合同，届时公牛队可以决定是否继续用他，那两年的薪水分别是110万美元和125万美元。在他1987年签约的时候，这是非常诱人的薪酬，但是NBC电视协议对薪酬的影响给之前的交易带来了冲击。雷吉·米勒将与印第安纳步行者队签下5年总薪酬为1600万美元的合同。在1987年的选秀中位置更要靠后的雷吉·刘易斯被凯尔特人队签下，眼下他将与凯尔特人队签下一份年薪300万美元的合同，而皮蓬接下来的两个赛季还没有保障。皮蓬买了一份数百万美元的商业保险，他担心保险会很快消失，所有的这些将成为镜花水月。

他在新秀赛季就有这种担忧，当时他场均能得8分，上场时间大约有20分钟。从赛季的中期开始，皮蓬的腹股沟和腿部经历了伤痛，队医却不认可这个问题。训练师马克·菲尔告诉皮蓬，他只需要做些拉伸。大家的想法就是，皮蓬是个癔症者，皮蓬自己却不这么想。他也知道，如果自己表现不好，将遭遇职业生涯的滑铁卢。有时前往体育馆的40分钟车程中，他不得不休息两三次，下来走走路或者是做做拉伸，因为他无法在车里再坐更久。他以前从没有意识到双脚离自己多么遥远，他将再也够不着自己的双脚了，那时的他扣篮比穿袜子还容易。不过球队坚称，他没有什么大问题。在芝加哥工作已久的马克·菲尔已经听惯了球员的各种借口，他也已经成为球队的"纪律官"。他告诉皮蓬："你只是又弱又懒！"皮蓬很难忘掉这句话。

最终，球队认识到皮蓬需要做一场手术，他这才在新秀赛季结束后进行了手术。他承认，当他躺到床上时，他怀疑自己是否还能接着打球。"我很害怕，"他回忆道，"我想，那可能就是我职业生涯的尽头了。"

不过，皮蓬全面恢复了，并在第二个赛季的12月成为首发球员。如今他成了全明星球员，然而像金、霍普森和卡特莱特这些球员却个个比他挣钱多。公牛队至少还可以再用他3年，而且不用支付与其身价相匹配的薪酬。那个夏天的大多数时候，皮蓬都在芝加哥训练，他的动作更快了，弹跳力更强了，甚至投篮命中率都得到了提升，他感觉到柔韧性也更好了，身体更强壮了，但他得到的薪水太少了。

在他往北行驶的过程中，他想到了一个计划，他想去孟菲斯找间房子躲上几天，那样的话公牛队就找不到他。他很乐于听到克劳斯因为找不到他而在当地媒体面前惊慌失措。他的愤怒，如同大多数公牛队球员在合同年的愤怒一样，一切指向了克劳斯。

皮蓬开始嘟囔着想在1989/1990赛季要一份新合同时，克劳斯去找了皮蓬，说球队有政策，当球员还有3年合同时，球队不会重新就合同内容进行谈判。皮蓬对克劳斯大加诅咒。后来他告诉塞克斯顿他不会再与克劳斯说话了。克劳斯在那个夏天的早些时候，对约翰·帕克森也采用了相同的手段。当时埃德·尼利与太阳队签了一份合同，大约每年70万美元。克劳斯知道帕克森和尼利是好朋友，所以他警告帕克森合同到期后不要期待那么高的薪水。帕克森不想闹事，但他请自己的律师给莱因斯多夫打电话，请求不要再让克劳斯跟他说话，任何事都不可以。

克劳斯还以同样的方式激怒了霍勒斯·格兰特，以至于格兰特在季后赛的前夕要求被交易。在1989/1990赛季的磋商中，格兰特的经纪人塞克斯顿（和皮蓬一样）把A.C.格林拿出来对比。而克劳斯说格兰特和A.C.格林不一样，格兰特不配拥有大合同。当塞克斯顿把克劳斯的话告诉格兰特之后，敏感的格兰特除了以牙还牙伤害克劳斯之外，什么也想不到。

但是，莱因斯多夫非常精明。他知道克劳斯惹怒了球员和他们的经纪人，克劳斯会给球员提出条件差得可笑的合同，让他们发怒。最初，克劳斯告诉格兰特，他的薪水永远也别想超过80万美元，而莱因斯多夫最终在3年的合同里给格兰特多付了600万美元。克劳斯会不公平地将球员与联盟的其他球员对比，并告诉球员公牛队很想尊重合同恪守信用。与克劳斯，球员没有讨价还价的余地。

这时，莱因斯多夫就会介入谈判。他不动声色，但很聪明，他向经纪人和球员保证公牛队非常珍视他们，俱乐部会找到解决问题的办法。无论克劳斯最终的出价是多少，莱因斯多夫都会为球员往上提一提。他令人很舒服，他会让克劳斯闭嘴，通常是当着经纪人的面。这是莱因斯多夫屡试不爽的策略，最后连经纪人也看出来这究竟是怎么回事。

"有人告诉我这就是公牛队的行事方式，"公牛队新人莱温斯顿的经纪人罗杰·基尔申鲍姆说，"但是克劳斯太让人为难，让人发疯，让你永远无法忘记。"

接下来莱因斯多夫会参与其中，给出一个貌似慷慨的报价，交易很快就会达成。这个价格是莱因斯多夫从一开始就想给的价格，经纪人和球员很高兴和一个通情达理的人做交易，于是他们就会接受这个条件。

但是皮蓬已经受够了克劳斯，他不会再与克劳斯谈话，这次甚至也不会再与莱因斯多夫谈。"麻烦这个干什么。"他对塞克斯顿说。塞克斯顿敦促皮蓬返回训练营，说他要想谈个好条件，首先他必须要在那里。如果不是这样的话，莱因斯多夫绝对不会答应的。

皮蓬很固执："让他们看看没有我，他们能赢多少场。"

然而，塞克斯顿说服皮蓬给莱因斯多夫打了个电话，至少通知他自己不会参加训练营。莱因斯多夫感到震惊，他不容置喙地说："皮蓬必须参加训练营，他有合同在身。公牛队会照顾到他的利益，但是他必须参加训练营，这是义务，请遵守合同，事情必须这么办。"

皮蓬说那是一份垃圾合同，他无意遵守合同。但他又说自己会考虑一下，然后就把电话挂了。

"问题在于我很想参加训练营。我在休赛期也刻苦训练，我希望展示我所能做的，而不是在边上坐着。"皮蓬说。

塞克斯顿劝说皮蓬，指出再度入选全明星队对他而言很重要。很多人认为他之前的表现只是昙花一现，尤其是他在季后赛出现眩晕之后。同时，耐克已经给了皮蓬一份球鞋代言合同。塞克斯顿说，毁约可能让耐克感到尴尬，并损害皮蓬商业代言的机会。最终，皮蓬改变了主意。"我将去参加训练营，"皮蓬告诉塞克斯顿，"但他们最好赶快行动起来。"

———

公牛队参加表演赛的主要目的是赚钱。由于拥有乔丹，他们在这点上做得非常好。尽管乔丹并不需要上场打球，但是杰克逊认为必须让他上场打打。"我知道人们来这里是为了看他，我们的目的不只是打篮球，我们是在娱乐行业。"杰克逊说。"他们想看乔丹。"很大程度上，常常令人难以置信。在加拿大温哥华，孩子们像蜘蛛吊在球队的大巴车上，只为了看眼乔丹。在西雅图，他们在大巴车周围放鞭炮迎接球员。表演赛经常安排在没有NBA球队的城市，所以安保工作经常很差。有NBA球队的城市和NBA球队经常下榻的宾馆，已经学会了如何应对"乔丹现象"。而今年，公牛队去了纳什维尔、爱荷华、温哥华和教堂山等，无论球队走到哪里，都有大批的人围观，相比之下，只有几千人能在现场看表演赛。

公牛队打得很好，在比赛中经常领先30分甚至35分。"我们坚固如城墙，有时非常具有压倒性，"杰克逊承认，"不过我们不可能整个赛季都如此强大，我们成功的关键是运用战术体系，促使每个人都认识到这个体系，不过这需要花点时间。"然而，杰克逊也乐于循序渐进。他反复尝试不同的组合，这个赛季，他将如法炮制。他让替补球员组成一个队，然后加上乔丹或者皮蓬或者他俩。他会挤压进攻，这样乔丹就会被包夹，就会以闯入死角而告终。乔丹在死角没法投篮，可是这时杰克逊就会让他投篮。他用言语攻击挑战格兰特，用奖励鼓励皮蓬。"这是一个必须持续拓展实力的篮球俱乐部，"杰克逊对教练说，"我们必须给他们一些概念，把他们置于不利的情境，增加他们的经验，这样他们就会更有心理弹性。不仅在训练中如此，在比赛中也是如此。他们必须从球队的整体视角去看清形势，然后找到应对之道，整个赛季都是如此。"

乔丹仍然是史诗级的杰出人物。公牛队在西雅图圣多美市吸引了2.5万余人观赛，在圣彼得斯堡（佛罗里达州西部城市）太阳海岸的"巨蛋"球馆也吸引了这么多人，莱因斯多夫曾差点把白袜队挪到这里。在最后时刻，一份新的体育馆协议说服他留在了芝加哥。莱因斯多夫很欣赏圣彼得斯堡对体育的热情，并问对方自己如何能还他们的人情。"把公牛队带到我们的'巨蛋'。"对方告诉他。于是，公牛队就把第一场篮球赛安排到了10月18日，在新的体育馆对阵西雅图超音速队，这成为当地报纸的头条新闻。像很多大牌球星，当球场上的灯亮起来之后，乔丹开始打球，无论他状态如何，无论比赛如何中规中矩，观众和观众对于他的期待总会使他充满活力。他知道球迷们喜欢看他突破防守后的扣篮、底线撕裂式扣篮，转身后的滞空上篮。

后来，乔丹明白这种打法与杰克逊的理想战术背道而驰。

"我甚至希望有时我们能这样打比赛，迈克尔·乔丹像马奎斯·海恩斯那样运球，所有人都闪出道路，我们可以做一次哈林环球旅行者篮球队那样的反跑，然后在24秒结束前由乔丹把球扣进去。那样，我们就可以让观众在一个回合中看到乔丹运球、传球和扣篮，"杰克逊有一次开玩笑说，"或许，如果我们向另一支球队请求在比赛中'全力配合'，然后就没有了真正的对抗和胜负，他们将让出一条路，让我们'上演好戏'。"

乔丹在圣彼得斯堡可没有这么想。当时，他的投篮频频"打铁"，7投0中，甚至他的上篮总是涮筐而出。

球迷们变得躁动，杰克逊感到有必要把乔丹留在球场上，让他在一场没有意义的表演赛里打了35分钟。乔丹也感觉自己必须得分，在下半场公牛队前5次球权中，他运球过人、投篮，队友站在那里无助地看着。队友经历过这种场面，他们知道自己几乎将摸不着球，公牛队最终以大比分输掉了比赛。当时超音速队的塞戴尔·斯瑞特连续命中了几个跳投。

乔丹出手18次，相比之下比尔·卡特莱特出手仅有3次。尽管超音速队的奥尔登·波利尼斯和迈克尔·凯奇都是纯正的前锋，但打的位置却是中锋。

"我有种担忧，那就是我在联盟将永远像现在这样打球，直到退役，永远也拿不到一枚戒指。我只想赢球，"卡特莱特后来说，"乔丹太有天赋了，他能够为球队做很多。但我总在想，除非他做出改变，否则他会让我们都没法拿到总冠军。"

# 第4章　1990年11月

11月2日　主场对阵76人队

11月3日　客场对阵子弹队

11月6日　主场对阵凯尔特人队

11月7日　客场对阵森林狼队

11月9日　客场对阵凯尔特人队

11月10日　主场对阵黄蜂队

11月13日　客场对阵爵士队

11月15日　客场对阵勇士队

11月17日　客场对阵超音速队

11月18日　客场对阵开拓者队

11月21日　客场对阵太阳队

11月23日　客场对阵快船队

11月24日　客场对阵掘金队

11月28日　主场对阵子弹队

11月30日　主场对阵步行者队

没过多久,公牛队就发现自己并不像想象得那么好。

在对阵费城76人队的比赛开始前,乔丹送给巴克利一枚钻石耳钉,上面刻有巴克利的球衣号码"34",就像乔丹现在戴的刻有"23"的耳钉。里克·马洪曾经告诉乔丹,巴克利之前看到了乔丹戴着耳钉的照片,他是在训练营看到的,而且他非常喜欢这张照片。于是,乔丹就为巴克利选了一枚。"或许我给他送点礼物,他就不会打我了。"乔丹开玩笑说。

事实上,他俩早就是好朋友了。1989/1990赛季结束后,乔丹在费城参加名人高尔夫巡回赛,巴克利一直陪着他,给他当球童。"查尔斯是个好哥们,是个在一起非常开心的哥们,他总能让我开心。"乔丹如此解释"雾都孤儿"和"小扒手道奇"为什么能混到一起,联盟中的"老好人"和"捣蛋鬼"为什么能相处甚欢。"我们是朋友,"巴克利说,"因为联盟中大部分人是傻瓜,我不想和他们浪费时间。"

随着赛季的推移,他俩将展开关于得分王的较量,其中一人可能会经常给另一人打电话,嘲笑对方现在落后了多少分。开局出师不利后,进入12月,乔丹首次在得分排行榜上获得领先,并一直守住了领先优势。其间,他一直按照杰克逊制定的法则打球。珀杜记得乔丹赛前坐在更衣室里曾说,巴克利在那个晚上需要砍下45分才能超过自己。"他无论如何也是做不到的。"乔丹说。然而,巴克利做到了。于是,乔丹在下一场就拿到了赛季最高的42分,与巴克利齐头并进。

和联盟里的绝大多数球员一样,乔丹研究自己的战术和数据。因为,球员最终能得到的报酬,取决于数据。球队总是要求他们打团队篮球,但是在谈判期间,个人数据却总是被视为衡量个人价值的标准。几乎没有哪名NBA球员不知道自己的数据,以及联盟中绝大多数球员的数据。在1988/1989赛季,柯林斯让乔丹改打控球后卫时,他开始拿到"三双"。随后,这就变成了一场竞赛,他想看看自己能否超过"魔术师"约翰逊,因为约翰逊在联盟的"三双"排行榜上总是遥遥领先。在比赛中,乔丹会向记分员确认自己还需要得多少分、抢下多少个篮板球、送出多少次助攻，才能拿下"三双"。后来联盟得知消息，下令记分员在比赛中不得向运动员透露这些信息，而乔丹在打球时总是在心中记着他的得分。1989/1990赛季后期，在一场势均力敌的比赛暂停期间，芝加哥体育馆篮球架上方的记分板上显示乔丹的总得分是38分。"去告诉他们重新数一下，我的得分应该是39分，"乔丹告诉训练师马克·菲尔，"我罚球的分数是单数，所以我的得分肯定也是个单数。"

虽然他们的个性迥异，但乔丹喜欢巴克利的豪爽，也尊敬他的能力——有人说巴克利的能力使他成为比赛中不可阻止的运动员。乔丹有时伶牙俐齿、绵里藏针。比如，当他看到在联盟中挣扎的新人斯泰西·金拿着箱子走进更衣室时，乔丹笑着说："我希望在箱子里来个跳投。"还有一次，球队在亚特兰大打球，当他看到替补球员查尔斯·戴维斯给家人和朋友分球票时，乔丹说："他们不需要买票看你坐在板凳上，他们到你家里也能看见这幕。"

巴克利心直口快，有什么说什么，他很少担心外界是否能听到他的嘲讽。他的一切都展示在大众的视线中。就像在1989/1990赛季季后赛中，他用大拇指向教练吉姆·莱纳姆打手势，让教练赶快把迈克·戈明斯基换下去。当时，他是联盟中被罚款最多的球员。有次，他说他考虑把自己一年的工资都捐赠给无家可归的人，与此同时，他又担忧"那样的话，他们就会比我住得还好"。在1989/1990赛季，他和尼克斯队的马克·杰克逊遭到罚款，因为他俩为谁能在尼克斯队与76人队的比赛中投下制胜球打了赌。特派员把巴克利叫进办公室，给了他轻微的警告——问他是不是想挨罚了——"想要赌点钱吗？"

比赛失利后，巴克利形容那是一场令人回到家里想揍妻子的窝囊比赛。谈到拉里·伯德时，他说："只要有拉里·伯德，我顶多是排在倒数第二的防守球员。"在比赛中，只要有人听，他就会喋喋不休。有一次，他甚至让主裁判托米·努涅斯做出判罚——"因为你知道莫和拉里不会响哨的。"

071

"查尔斯心里有什么就会说什么，"乔丹说，"我喜欢他，因为看上去我就是那个好哥们，他就是那个坏哥们，他说了很多好哥们想说却没有说的话。我喜欢他，当我们在一起时，常常令我发笑。"

不过，巴克利在比赛中可不是闹着玩的，尽管他和乔丹的交情深厚，但他想让所有赛前的预言家看到——东部联盟不仅仅是活塞队和公牛队之间的对抗。在芝加哥的揭幕赛中，他全力发挥，砍下37分，超过了乔丹的34分，而且他还抢下10个篮板。76人队以124比116的比分轻松获胜，半场的时候，76人队就建立了19分的领先优势。

第二天，公牛队造访华盛顿，客场对阵子弹队，他们在季前赛中轻松战胜对手。但本场比赛临近结束，公牛队却落后1分，然而，乔丹在最后一刻投出的绝杀球被封盖了。现在，公牛队遭遇两连败。

公牛队期待乔丹能在最后时刻力挽狂澜，毕竟谁能忘掉1988/1989赛季季后赛首轮比赛中，公牛队对阵骑士队第五场比赛时，乔丹令人震惊的传奇表现呢？当时，乔丹豪言赢球，柯林斯担心输球被解雇。在该场比赛第四节时，双方交替领先了10多次，然而，骑士队的拉里·南斯和克雷格·埃卢打了一个很漂亮的挡拆战术，骑士队领先1分，此时，离比赛结束只剩下3秒。

柯林斯叫了暂停，把大家召集到一起团团围住，在战术板上为达夫·科尔津安排战术，每个人都在四处张望。替补前锋杰克·哈利说，那是一生中最激动的时刻。柯林斯看到每个人好像都在皱眉，他解释说骑士队肯定想不到他会安排把球发给科尔津。这时，乔丹一拳将战术板打掉，低声怒吼："把那个该死的球给我！"

柯林斯看了看乔丹，按照乔丹的期待做了战术安排，乔丹打进了那个令人惊叹的滞空跳投，赢下了比赛。哈利说："这就是我所说的'接管'。"后来，哈利去了篮网队。

"接管"，乔丹在球场上就是干这个的。而杰克逊曾经训练球员（包括乔丹在内）动起来，把球传给跑到空位上的球员以发动攻击。在对阵子弹

## 第4章 1990年11月

队比赛的决胜负时刻，克雷格·霍奇斯跑到了三分线弧顶，那是他最擅长的投射点。然而，4名子弹队球员包夹乔丹，封盖了他的投篮。这种情况发生后，有些球员开始怀疑下场比赛中会不会再度发生。在凯尔特人队110比108险胜公牛队的比赛中，当比赛还剩20秒时，乔丹投失了1个中投。接下来，凯尔特人队的罗伯特·帕里什投篮不中，应该由乔丹防守的布莱恩·肖在乔丹的头上抢下了篮板，并在终场哨响前投篮绝杀，凯尔特人队赢下了比赛。

一周前，在公牛队出征前的午宴上，每名球员都在讨论总冠军。管理层也说，拿总冠军的时候到了。媒体也认为公牛队是四五支最具竞争力的球队之一，最有希望拿下总冠军。

然而，公牛队连输3场。

在这样的开局之后，乔丹告诉记者，他已经谈过此事，并决定在进攻中打得更坚决。那么，他和谁谈这件事的呢？"我和自己谈的。"乔丹说。

在前9天的比赛中，公牛队取得3胜3负的战绩，其中两场赢下的是NBA新军——明尼苏达森林狼队和夏洛特黄蜂队。有些人开始担忧，但杰克逊却不以为然，他是个有耐心的教练，很适合执教当代的球员。基于自己的运动经历，他可以很好地与这些球员沟通，尤其是那些球星。而很多教练却不具备这个条件。很多教练之所以失败，在于他们失去了球星的尊重，因为那些球星会质疑一个个子矮、从来没有打过篮球的人能不能理解他们正在做什么。这也是金州勇士队的唐·尼尔森为什么能如此成功的原因。在杰克逊成功的背后，还有另外一个原因——他不会因为球队的失利而责备球员。与此相反，前任教练柯林斯恰恰就是栽在这个问题上。"比赛的结果不是柯林斯赢，就是我们输。"珀杜回忆，柯林斯的说辞总是教练团队做了所应该做的，是球员令人失望，所以输了球。当赢了球时，说辞就变成了教练们做了非常精心的准备，他们在赛前是多么努力地看比赛录像、分析录像。

柯林斯也曾经是名伟大的球员，他在费城76人队效力时曾3次入选全明星阵容。他充满热情、充满激情，而且非常努力，甚至拼搏到近乎疯狂。他的性格特质使他成为卓越球员，同时也把他推向了高度情绪化的边缘，这是把双刃剑。这种强烈的情感，最终导致他难以留在教练的岗位上。

当斯坦·阿尔贝克在1986年被解雇后，克劳斯认为当时在NBA电视节目中做评论员的柯林斯能很好执教这一代球员，因为他在此前不久就是名精英球员。

"你指的是电视评论员那个哥们吗？"莱因斯多夫将信将疑地问道，"让他来当我们的教练？"但克劳斯非常狂热。最初，他确实是对的，柯林斯满怀激情，他让乔丹自由发挥，乔丹场均能砍下37分。而随着时间推移，公牛队却未能成为NBA的豪强。柯林斯开始变得近乎绝望地独断专行，在比赛中的每个回合，他都发号施令，私下里还说乔丹不能带领全队打快速突破的转换进攻。

在1988年，球队交易来了卡特莱特，并在选秀中选中范德比尔特大学的中锋威尔·珀杜。克劳斯声称，球队将于20世纪90年代成为联盟的门面。柯林斯发现自己身处极大的压力之中，当时他需要开发一种低位的战术体系，但他并不知道如何去做，因为他从来没有研究过这个位置，也没有打过这个位置。

1988/1989赛季，当时管理层都期待球队能赢——他们此前已经打破了单个赛季赢球50场的纪录，他们拥有乔丹，而且现在已经弥补了没有强力中锋的缺憾。柯林斯为此几乎崩溃，神经比钢丝绷得都紧，他很快生起了疹子。而且球员意识到，当柯林斯焦虑时，他既睡不好也吃不好。柯林斯的脸日益消瘦，那烫过的、孤儿安妮式的头发在某天会掩盖他的愤怒，第二天则会掩盖他的泪水。

在一次表演赛上，乔丹和其他球队的球员坐在一起聊天。当话题聊到教练时，每个人都能讲出一些故事，从多米尼加·威尔金斯说他的教练麦克·弗拉泰洛魔鬼式的愤怒，到以赛亚·托马斯说他和查克·戴利教练唇枪舌剑的顶嘴，每个人都笑得不可开交。而乔丹说："你们可能觉得与教练存在问题，怎么说呢，我的教练每天都在哭。"听到这句话，球员们都沉默了。

最终，克劳斯和柯林斯成为死对头。克劳斯批评柯林斯的鲁莽草率，柯林斯给莱因斯多夫打电话，要求把克劳斯从客场比赛的途中送回家，或者让他不要进更衣室。柯林斯的疯狂让周围的每个人都感到无法承受、精神耗竭，所以他必须走人了。

杰克逊永远都令人难以揣测。与柯林斯的方式不同，他让球员感到高深莫测，但是他的球员却喜欢他、尊重他。在训练中，他是能开玩笑的教练，而接下来就会以最严厉的措辞对球员的表现提出批评。对一些球员而言，杰克逊是心理学大师，他能用一系列手段来达到目的。"让球员努力拼搏是一件非常重要的事情，我会采用一切手段。"杰克逊说。

"菲尔总是在影响你。"克雷格·霍奇斯说。

在菲尔·杰克逊执教的第一个赛季，11月年度客场之旅的前两周，杰克逊开始送书给球员。这个赛季，他送给斯泰西·金《浮华》，因为金身价高，而且说话速度很快。他送给新人斯科特·威廉姆斯《柏油娃娃》，送给威尔·珀杜《霹雳上校》，迈克尔·乔丹得到《所罗门之歌》，年龄偏大的比尔·卡特莱特得到的是《生命中的不可承受之重》。杰克逊把自己视为这些年轻人的导师，同时也是教练。考虑到NBA的赛季战线拉得很长，他试图打破常规。这就是为什么球队会乘坐汽车从西雅图去波特兰，而不是乘坐飞机——杰克逊认为他们能够欣赏沿途的风景，恰恰与此相反，球员们在路上都睡了。杰克逊在大巴或飞机的旅行途中，有时也给球员们做心理测验。不过许多队员一边马马虎虎地应付，一边戴着耳机听歌。杰克逊有时怀疑，如果他接触的这代人无法理解"为什么生活在池塘边的梭罗没有滑水设备或浮潜设备"，自己是否能走进他们的心里。球员们经常觉得杰克逊太独裁了。

"我必须花很多时间思考人生，"杰克逊说，"我还记得父亲从教堂信众的角度思考，因为牧师的职责是提醒每个人，就像身为牧羊人要关注自己的羊群，我则是关注我的球队。你不能总是站在教练的立场上看待他们，你必须把他们当成团体，并以相应的方式与他们发生联结。哪怕一句话都不说，有时眨一眨眼或者在他们肩膀上拍一下，就能与他们心灵相通。"

"篮球是一件非常脆弱的事情。作为教练，我们总有办法让每个人从身体上都调整好。然而，即便如此，倘若没有群体的本能反应和随机应变，如果球队不能合而为一，那首发队员就只是场上的5个队员，这种纽带与联结就是一件非常脆弱的事情。毫不夸张，团队联结和统一几乎是一件非常神圣的事情。一定意义上，整体这个词的定义就来自这里。所以，你要不断尝试去打破常规。"

杰克逊也不是个夸夸其谈的人，他能通过他所传达的信息，让球员们昂首挺胸，同时内心紧绷着弦。

公牛队在1989/1990赛季季后赛中连续两场输给活塞队时，杰克逊决定为第二天的会议亲自剪辑个小视频。第一个镜头是乔·杜马斯掠过乔丹夺得一个篮板，接下来是电影《绿野仙踪》的一个片段，里面的小锡人在说自己没有心脏。球员们大笑起来。接着比尔·兰比尔通过挡拆晃过皮蓬轻松上篮，随后是顶着脑袋的稻草人。更多的球员笑了起来，但没有刚才那么剧烈。最终是以赛亚·托马斯持球突破，一路上干脆利索地晃过了约翰·帕克森、比尔·卡特莱特和霍勒斯·格兰特，杰克逊在此处插入了懦弱的莱恩祈祷自己有更多勇气的动画片镜头。直到此刻，有些球员还在咯咯地笑。

"他在讽刺我们没心没肺，没有勇气，也没有脑子。"帕克森怒气冲冲地说，房间突然静得掉根针都能听到响声。

"在我看来，我的一个功能就是拓展球员的生命，使他们成为既有知识又有运动技能的综合体，"杰克逊说，"这就是一个人类行为科学的实验室，却不是小白鼠和实验研究。你知道，思想能建构、能架桥。我喜欢思考这些球员，并想象他们通过策略能变成更好的球员，我会考虑通过让他们看小说、视频和球评去鼓励他们，激发他们。如果你总在想你要是拥有其他的球员该多好，你就会企图除掉其中的一些球员，或者不信任他们。那么，不是你变得恨他们，就是他们会变得恨你。在这样的情况下，我们不可能有收获的。"

"我喜欢比赛的刺激作用，这是激动人心和充满竞争性的活动。投身必须靠直觉做决定才能生存的境地，一定意义上就像站在冲浪板上的运动员。"杰克逊说，"在正确的时间做出正确的决定，并有效应对竞争压力和比赛需求，是种非常了不起的理解力。我总是把篮球当成一种现代的事情。但是，既要拿出男子汉气概面对竞争，又要和团队互动，几乎使它成为一架在高空飞翔的飞机，能把你从平凡的生活中带出来。有时，我希望我们能在没有观众的体育馆中比赛，打一场你不犯任何错误的完美比赛，或者也许会犯错误，但是这种错误可以忽略不计，而不是那么严重，所有的事情都做得恰逢其时，每个决定都做对了，每个人都能在当机立断这件事情上出手不凡。"

———

在球队向西出发，开启7场客场之旅时，莱因斯多夫在质疑每个人的决定。他确信，得益于球队在休赛期的操作，公牛队有机会拿下总冠军。然而，球队的表现特别差，因此，他给正在客场比赛旅途中的杰克逊打了个电话，问他出了什么问题。"我的球队一直是慢热的球队，"杰克逊向莱因斯多夫解释，"即便在美国大陆篮球协会，我也是喜欢把球员放到球场上，让他们寻找自己的角色，学会在压力下做出反应，有时让他们自由发挥，看看他们在不同的情境下会怎么做。我喜欢让他们在球场上找到自己的空间和位置。"

杰克逊在会议中也总是这样跟队员说。他暗示，他在某种意义上可能会拿这些球员做些试验，让他们在球场上自由发挥，甚至把他们置于危机中，在决定胜负的时刻，可能不叫暂停，而是看看球员们是否应对。这将建立他所期待的那种心理契约。他的助教并不是那么有信心，有时巴赫认为杰克逊有点怪异，温特心中也有些疑虑。

尽管杰克逊向莱因斯多夫做了保证，事实上，杰克逊也有些担忧，不只是因为球队感受到了管理层的期待，还有很多外部因素。帕克森和卡特莱特在赛季后将成为自由球员，公牛队还没找到合适的交易人选，他们与卡特莱特提出延长1年合同的要约，给出的条件是1990/1991赛季的工资为150万美元，但卡特莱特拒绝了。两年前，公牛队得到卡特莱特时，教练们认为他有两个坚实的优点。或许还有第三个，就像巴赫所说的，他就像只在寻找墓地的大象。当然，这是当初的想法，而卡特莱特却让他们都大吃一惊——他在休赛期间所做的两个膝盖手术都非常顺利，他比以前，特别是前两个赛季中的任何时候都移动得更快。与此同时，珀杜除了作为替补上场打几分钟之外，看起来很难为球队提供更多的帮助。至于帕克森，公牛队并不打算与他续约，因为他们一致认为帕克森现在已经30岁了，他的球技很快将会下滑。克劳斯希望阿姆斯特朗在1990/1991赛季末能够成为首发球员，同时，球队要用原本将付给帕克森的工资，去为库科奇付薪酬。如果他们能得到库科奇，帕克森就无足轻重了。莱因斯多夫在前一个赛季给帕克森发了20万美元的奖金，因为他认识到每年32万美元的薪水对于首发控球后卫而言太低了。他喜欢帕克森，也愿意与他续约，但球队的管理层，尤其是克劳斯坚决反对。莱因斯多夫让克劳斯自由裁量。还有皮蓬，他希望能与球队重新签约。对于他的收入只能在队中排到第六这件事，他感到非常愤怒。

然而，最大的问题是杰克逊想把乔丹安排进一个协作的攻防体系中，并且仍然能够赢球。他需要球队在乔丹不大包大揽的时候赢球。

———

公牛队客场之旅的首场比赛在盐湖城。盐湖城人杰地灵，既有摩门教堂也有壮观的瓦萨奇山脉。这里好像永远是冬天，山脉上总是覆盖着白雪，像只巨大的毯子。11月，公牛队共有14天的客场旅程，是整个赛季中客场之旅最长的1个月。比赛通常从这里开始，在球队中打下一个印记，象征着这个又长又熬人的赛季的开始。不过,公牛队将在这里得到休整。爵士队刚去了趟日本东京,在那里和太阳队打了两场比赛,这使得教练杰里·斯隆感觉好像是在打赛季的第五十场比赛,而不是第五场。他的球队表现非常不好,在球队回来后不久,他大发雷霆,并把球队总经理关在了更衣室门外。他在赛前向公牛队教练吐槽,说他敢肯定自己很快会被解雇。斯隆不再像以前以击败公牛队为荣。他曾是公牛队的教练,不过在1981/1982赛季被解雇了。或许他是联盟在乔丹到来之前最大牌的球星——此前他是唯一将印有他号码的球衣退役的球员。他凶猛的打法使自己成为成功的篮球运动员,而做教练对于他而言却是灾难。有一次,他把椅子砸到了拉里·克恩,因为他觉得拉里·克恩在球场上无精打采。他开始在爵士队当助理教练,当克莱登退位后成为主教练,他的球队是公牛队的克星,因为以卡尔·马龙为首的球员能在半场打出有统治力的比赛。

这是一场折磨人的比赛,两支球队都很擅长投射。爵士队在上个赛季以50.5%的命中率领先全联盟,公牛队的命中率是49.8%。然而,两支球队当晚的命中率却降到了40%,因为比赛节奏很慢,简直就是摔跤比赛。爵士队是联盟中球风最硬朗的球队,和斯隆凶猛的形象非常相符。比赛开始时,霍勒斯·格兰特佩戴着一副起医疗作用的眼镜,以纠正视力,后来,他把眼镜扔掉了,因为卡尔·马龙总是把他的眼镜挤掉,然后抢篮板,无助的格兰特则只能笨手笨脚地把眼镜扶正。"如果他在球场上杀了人,我都不知道裁判会不会吹他犯规。"格兰特在比赛结束后控诉。

不过,在乔丹投中超远的跳投之后,更衣室里兴高采烈,公牛队以84比82赢下了比赛。在全队摇摇欲坠之际,乔丹挽救了公牛队。皮蓬和格兰特两人共出手25次,只投中了5球。帕克森即便谈不上超凡绝伦,也是一如既往,而且他在比赛即将结束时用一个跳投追平了比分,这才成就了乔丹的英雄壮举。爵士队总经理拉里·米勒还记得一年前的一场比赛,那场比赛,帕克森得了27分,不过,爵士队在最后40秒得了7分,并以1分的优势赢得比赛。

"你投篮投得真好。"米勒边说边在公牛队的更衣室跳来跳去，让球员们觉得很奇怪。

"你知道我现在是名自由球员了。"帕克森迅速回答道。

这番谈话让帕克森感到自己很合群。后来，他在宾馆走廊里解释他为什么想换球衣号码。"我想把球衣号码换成99号，"他喊道，"那样的话我就不会被吹那么多犯规了，因为裁判不知道怎么做出99的手势。"

帕克森哈哈大笑，而他在裁判心中的声誉却毫不可笑。他比很多与其对位的后卫速度都慢，所以他经常被戏谑，然后就以犯规而告终。由于他移动慢，跳的速度也慢，很多裁判形成了"如果有非正常的身体接触，那么帕克森一定是肇事者"的印象。尽管在职业生涯的绝大多数时间里，帕克森都被看作边缘球员，但那也没有用。

在NBA比赛中有很多非正常的接触，裁判倾向于以能影响比赛的方式判罚，就像NBA的其他方面一样，联盟里边存在一个"球星系统"，像乔丹这样的明星比帕克森这种边缘球员被吹犯规的次数就要少得多，而帕克森则比新来的球员被吹犯规的次数要少一些。帕克森痛恨裁判认为他只是比新手好一点点的想法，因此也就不难理解了。

一场比赛中，裁判休·霍林斯响了哨，乔丹还以为是吹他犯规，于是转过身来。"不要担心，"霍林斯说，"我不会吹你犯规的，迈克尔。"接下来，他就转身喊了一句："5号（帕克森就是5号），阻挡。"

"这些明星光环效应让你苦不堪言，"帕克森说，"我是名非常优秀的防守球员，而只要稍有差池，那就是1次犯规。我也知道我该识趣地闭上嘴，但是当你在场上时，这些事情就会干扰你。"只不过更多的时候，帕克森会因为大声抗议判罚而把事情搞得更复杂。

"他已经有了挑战裁判的恶名，"杰克逊说，"裁判不喜欢他，所以他很可能要学会接受那些判罚，吞下苦果。"

## 第4章 1990年11月

不过，如果帕克森那样做的话，他或许都无法在NBA生存。事实上，如果他一生中都做那样的事情，他可能连NBA都进不了。

甚至约翰·帕克森都无法真正知道自己的强硬来自哪里。但他就是有这种强硬，这种强硬使他得以从地板上一跃而起，带着可能让其他队员休息一周的伤病去比赛。他的倔强定义了自己的生涯，使他成为NBA球员。帕克森的父亲老吉姆在20世纪50年代曾经在NBA打过几个赛季，他身高1.98米，在当时已经算是个子很高了。他打得也很好，平均每场能为辛辛那提皇家队得10分，在球队里是仅次于克莱德·拉弗莱特、杰克·特威曼和莫里斯·斯托克斯的第四名优秀球员，而上述3名球员都是全明星球员。

不过那时在NBA打球，并不意味着能大富大贵。艾尔·比安奇当时在为锡拉丘兹队打球。他还记得去韦恩堡的旅程——火车不从城中穿过，所以他们不得不在这座城市以北50千米的地方下车。有人安排十几岁的孩子驾驶着四五辆车接他们。球员们则乘着这些孩子们的车到市里，然后给他们几美元和球票作为回报。当时联盟里只有8支球队，没有人憧憬美好未来。

小吉姆·帕克森出生时，老吉姆做了个决定。当时他的妻子身体不太好，他不想出差打球。于是他在两个赛季之后退役，成为保险经纪人。他当时并不知道大儿子将在圣母大学打破自己在篮球领域的纪录，成为开拓者队的明星球员，并且是队史上首名获得10000分以上的球员，而后在凯尔特人队结束了自己的职业生涯。

很多NBA球员成长在单亲家庭，有些还在艰难谋生。与那些球员不同，约翰·帕克森在俄亥俄州过着简单的中产阶级的城市生活——院外有整齐的篱笆，子女绕膝，定期去教堂，教堂离得也不远，还有篮球场。球员们经常把帕克森叫作朝九晚五的职业运动员，因为他过着商人的生活。当时，很多球员都去夜店，即便主场比赛时也如此。而人们经常看见帕克森骑车带着孩子在商场周边转悠。外出打球时，如果他不能从代顿找到老朋友一同前往，他会在房间里开开心心地享受服务，在宾馆的电视上看电影，甚至他的好朋友也大致如此。

当帕克森和乔丹打得火热时,他身边净是那些叫嚷着索要签名的十一二岁的小孩子。"至少有人会注意到我。"帕克森说。

他那豪勇王子般细细的褐色头发自然下垂,蓝色的眼睛深邃而迷人。几年前,他把胡子剃掉了,现在当他微笑时,他的上嘴唇会微微一皱。他一直都是典型的美国人,从他可靠的后仰跳投到曾是他中学恋人的妻子。他经常带着妻子乘坐垫有干草的大车郊游。他有两个儿子,玩偶这个词好像就是为形容他两个儿子的模样所创造的。

长大之后,约翰·帕克森成为家里的顶梁柱。他比大哥吉姆小3岁,因为他的生日正好在学校招生限定的日期之前,他总是班上岁数最小、个子最矮的学生,所以他并不是篮球队的队员。当他八年级的时候,父母决定让他留级,他进入了印第安纳州罗灵普雷里的军事学校,当他返回到代顿的学校系统时,他发现和他打球的孩子和他的个子差不多。他在阿拉特大主教高中成为顶级球员,这所学校位于俄亥俄州凯特灵市。"如果没有那样做的话,我根本不可能成为职业球员。"帕克森坚信。

大学时代他在圣母大学打篮球,大四的时候场均得到17.7分,成为全美二队的球员,同时他还是全美学术院校一队的球员。在NBA选秀中,他被圣安东尼奥马刺队在首轮选中,但他并没有得到太多的上场机会,因为乔治·格文和约翰尼·摩尔当时已经在球队。在他进入球队的前两个赛季,约翰·卢卡斯和阿尔文·罗伯特森也进入了球队。在1985/1986赛季开赛之前,他作为自由球员被公牛队招致麾下,但球队对他的能力持怀疑态度,这使他忧心忡忡。

开始约翰·帕克森是凯尔·梅西的替补,之后成为史蒂夫·柯尔特的替补。1986/1987赛季结束时,他成为首发球员,场均能得11.3分,那个阶段是他职业生涯的巅峰。随后,公牛队先后签下了塞戴尔·斯瑞特、罗里·斯帕罗、萨姆·文森特,以及克雷格·霍奇斯,于是约翰·帕克森又成为替补球员。不过，当1989/1990赛季开始时，帕克森成为首发球员，并且整个赛季都作为首发出场。1990/91赛季初期，球队私下讨论让阿姆斯特朗首发，但最终还是坚持让帕克森首发上场，霍奇斯现在降到了第五后卫，其他人更要往后排。

在1990/1991赛季的初期，帕克森说："我很高兴经过了这么多年，以及球队尝试了这么多后卫之后，我仍然是首发。"

帕克森是个现实主义者，他清楚谁能接受自己的局限，找到自己的角色，谁就能拥有较长的NBA职业生涯。更重要的是，他比别人更好地意识到——想在公牛队做首发的控球后卫，唯一的方式就是取悦乔丹。公牛队总是说如果和乔丹打对角的话，你必须是名伟大的射手，因为乔丹经常能够吸引对方的2人或3人包夹，所以对角上的后卫必须有跳投得分的能力。帕克森能做到这点，斯瑞特、梅西、文森特、霍奇斯和阿姆斯特朗都能做到这点。然而，乔丹经常说，他最希望和帕克森搭档。帕克森和其他人的差别在于，帕克森是最服从乔丹的球员。很多人都怀疑，乔丹能否和一名强悍、能杀到底线的控球后卫（比如凯文·约翰逊）做个好搭档。克劳斯总说想签下凯文·约翰逊，但是约翰逊需要球权才能有效发挥作用，而乔丹也要掌握球权，而且乔丹以犀利的眼神击穿了很多想要忽视他的队友。帕克森深知这点，他往前场传球的首选通常是乔丹，然后他会后撤，寻找定点投篮的好位置。如果乔丹需要他投篮，他能够不辱使命。

有一次帕克森的儿子瑞安看完比赛后说："爸爸，我看你投篮的次数不太多呀。"

"孩子，你要习惯这点。"帕克森回答。

但是，如果说帕克森学会了在场上怎么应对队友，他在场下却没有学会怎么应对公牛队的管理层，尤其是1989/1990赛季和1990/1991赛季，当时他是联盟中待遇最低的首发球员。"我最大的问题是我太现实了，我总是关注我不能做什么，而不是我有多重要，"帕克森说，"其他球员总是说自己如何不可替代，我知道自己是可以被替代的，他们也是可以被替代的。"帕克森在1991年末签下了一份为期3年的合约，年薪33万美元。他没有经纪人，自己进行谈判。而公牛队给他画了大饼——当他退役后，将帮他成为电视解说员。在1990/1991赛季之后，这种可能性似乎越来越渺茫，帕克森决定回到老家代顿，凭自己的能力找工作。

于是，帕克森雇用了乔丹的经纪人法尔克。这时帕克森开始看到很多阴谋。当他告诉公牛队他聘用了经纪人，而这名经纪人不是别人，正是不好对付的、克劳斯非常鄙夷的法尔克时，帕克森注意到自己的出场时间缩短了。他开始疑惑这种改变是不是管理层要求的，公牛队球员总是怀疑管理层是不是在控制他们的出场时间。萨姆·文森特感觉当他与球队谈判，要求根据出场时间给予激励时，他突然发现自己在第四节反复被替换。帕克森还记得查尔斯·戴维斯曾经在1989/1990赛季告诉自己，戴维斯问杰克逊为什么没机会上场时，杰克逊说这是管理层的要求。现在，帕克森确信公牛队不会再与他签新合同，而且帕克森猜测下一份合同将是自己最后一份合同。他需要成为首发球员，获得好看一点的数据。此后他决定，但凡他上场，每次拿到球就要出手投篮，以提升自己的数据。这个想法是皮蓬告诉他的，皮蓬也计划这么做，因为他也要就新合同与公牛队谈判。

不过帕克森无法坚持实施这个计划。"我总是说我想这么做、我想投篮，而当我上场之后，如果时机不对，我就不能这样做，"有一天帕克森遗憾地说，"我改不了这个毛病了。"从某种意义上讲，他是名太纯粹的篮球运动员了，以至于他无法做到利己。

———

同时，菲尔·杰克逊的问题在于，他正与一群太追求自身优秀，而不追求团队优秀的球员在一起。乔丹还没有改变打法的迹象。为了球队的未来，杰克逊期待看到一场乔丹不能疯狂砍分的比赛尽快到来。幸运的是，对阵金州勇士队的比赛即将上演，比赛地点是奥克兰市。

## 第4章 1990年11月

1985年乔丹在奥克兰脚骨骨折，在随后几个赛季，他讨厌并恐惧奥克兰的体育馆。1986年，乔丹承认害怕在那里打比赛，那场比赛中，他30投11中。1987年，他在那个体育馆得到了该赛季开赛以来的最低分16分，这个得分远远低于他进入NBA以来的平均得分。

乔丹曾经试图克服逢"奥"不胜的魔咒。1989/1990赛季，他感觉自己成功了，他带领公牛队轻而易举赢下了比赛。那场比赛中，他得到29分和14个篮板。然而，1990/1991赛季那个晚上的开局，对乔丹而言并不美好。刚到体育馆他就听说了令两队震惊的消息，湖人队球星詹姆斯·沃西由于召妓被拘捕，沃西是乔丹在北卡罗来纳大学的队友，也是联盟中最受尊敬的球员。沃西接触了应召服务，点了两名应召女郎。然而，据说那两人是便衣警察，两位女郎到达沃西在休斯敦的宾馆房间时，逮捕了沃西。

事情发生在当晚比赛之前，乔丹大为震惊，他不停问记者这是不是真的。"他们回家后会怎么说？"这是乔丹最关心的问题。几名球员开始对这件事开玩笑。"你可能会认为他已经对两人包夹感到了厌倦。"其中一个人说。另一个人说："这给赛前餐赋予了新概念。"

任何职业运动员的生活中都充满了诱惑，出于这个原因，霍勒斯·格兰特在外出比赛时总喜欢带上妻子，不过公牛队要求格兰特不要这么做。在NBA流传着一个古老的笑话。

问题：关于外出比赛这件事，最难做到的是什么？

答案：当你在门口与妻子吻别时，能够不笑出来。

此事让公牛队教练想起了几年前发生的一件事。一名职业棒球运动员在产房外等待妻子生产，当孩子出生时，每个人都感到震惊。球员和妻子都是白人，但宝宝却是个黑人，原来妻子出轨该球员的队友。不久，那名队友就被球队交易了。球队说在那个位置上有很多人才，他们要为一名潜力球员腾出位置。

乔丹为沃西和他的家庭深感遗憾。因为乔丹知道，沃西的生活将永远不可能回到从前。

"这是我最担忧的事情，"乔丹说，"从小到大，我一直都在做积极的建构，我知道我犯下的任何错误都可能让我以前的努力付诸东流，毁掉我未来的生活。人们期待他们的榜样几乎是完美无瑕的。我想自己是最接近被视为偶像的，一生中几乎没有瑕疵。一个人很难过上这种生活，这比打篮球难得多，这是我最重要的事业。"

但是那天晚上乔丹的任务是比赛，勇士队在前三节比赛结束时以7分的优势领先，不过公牛队在末节一度把分差缩小到6分。传球次数很多，不总是到乔丹那里。当他第四节回到赛场上时，他手感冰冷，而且非常愤怒。他抗议对他吹罚的1次犯规，当克里斯·马林连续罚丢两球时。乔丹对裁判杰克·马登说："你看，骗犯规的人投不进吧。"裁判已经习惯了乔丹的这种玩笑，通常一笑而过。但是这个赛季，乔丹显得更加较真了。"这不是违体吗？""带球撞人居然不是犯规！"或者，真就像杰克逊和乔丹在赛季后期影射的那样——裁判对公牛队的球星缺乏保护。乔丹在末节投了2次球都没投进。公牛队输掉这场比赛之后，赛季总成绩变成4胜4负。乔丹在本场比赛中的发挥差到了冰点，出手12次得到14分，而其余首发球员至少也都出手10次，这在乔丹进入公牛队7个赛季以来都是极为罕见的。

赛后，乔丹勃然大怒，他进入更衣室时，往凳子上踢了一脚。他对媒体评价比赛时也发了脾气："杰克逊是教练，我必须听他的，他选择那样打比赛，我就只能那么做。我猜他们觉得前6年我都没有拿到总冠军，都没有达到他们期待的成绩，所以他们认为只有每个人都参与进来，才能获得成功。"乔丹字斟句酌，说话很慢，很有分寸，但是他的声音几乎有些颤抖。

"接下来我看到马林对我犯规，"他说，"我的表现不及格，原因就是我得不到队友的传球，然而我必须接受教练关于战术的解释。"杰克逊察觉了乔丹是多么愤怒，比赛结束后，他找到乔丹，让他别在10分钟之后的发布会上乱说。当时，气氛非常紧张，克劳斯通常会在球员回到更衣室之后的一两分钟内进去。但这次杰克逊没让他进去，杰克逊想单独和乔丹谈谈。

在比赛结束很久之后，勇士队教练唐·尼尔森从更衣室经过时，和乔丹开玩笑说："我希望他们永远这样用你。"

乔丹和老朋友罗德·希金斯去了当地的夜总会。希金斯如今在勇士队打球，乔丹对球队新的进攻体系大加抨击，直到深夜。

"我恨这种打法，"乔丹说，"明天那帮记者在报纸上又会说我发挥不佳，说对手让我哑火了。当我第二天在报纸上读到这些时，我就非常痛恨。我无能为力，但这又不是我的错！"

第二天球队奔赴西雅图时，乔丹充满怒气。当天下午的训练中，他的情绪丝毫未变，仍然怒火中烧。

"他只是传球，甚至应该出手投篮时也传球。"后来，格兰特这样评价。格兰特有些开心，他开始想象自己在下一场比赛中将获得一些投篮的机会。像NBA的很多球队，公牛队的进攻不是由强力前锋发起，前锋的职责是抢篮板。格兰特认为自己可以成为进攻体系的得力角色。他在夏天苦练背身单打技术，跳投精准，而他在一场比赛中的出手机会一般只有七八次，大多数是抢下前场篮板后的二次进攻。他喜欢新的进攻体系，但是乔丹显然不喜欢。乔丹不会对任何人说一句话，在两小时的练习中他只是传球，中间可能投了一两次篮。

———

在表演赛中，公牛队和超音速队交手三次，赢了两场。输掉的那场比赛中，超音速队新秀后卫加里·佩顿打得很好，他对《今日美国》记者皮特·韦克西说，他可以防守任何人的进攻，包括乔丹。当晚这俩人碰巧在西雅图的夜店遇上了，佩顿挑衅乔丹："我也是百万富翁了，我也要买法拉利和特斯塔罗萨了。"

"没问题，"乔丹说，"我得到这些都不用花钱。"

乔丹喜欢这个回应，但此事在他心里并没过去，挑战总会激发乔丹的斗志。如果这种挑战是关乎比赛，那就更好了。在公牛队即将对阵超音速队的晚上，乔丹从包里拿出了一张《今日美国》，上面有佩顿在赛季前说的话。B.J.阿姆斯特朗看到了，他是个爱思考的人，喜欢研究别人，尤其是乔丹。"你观察最聪明的人做什么，你就会从中学到一些。"阿姆斯特朗说。当阿姆斯特朗观察乔丹时，他简直难以置信——这哥们是NBA最优秀的球员，为什么对一个新秀说的话如此在意呢？

乔丹走出更衣室时，他发誓："我要给这个乳臭未干的小子一点厉害尝尝。"

佩顿第一次拿到球，乔丹直接抢断，持球突破，上篮造犯规。佩顿第二次拿球，乔丹又抢断，持球一路杀到篮下，扣篮得分，公牛队6比0领先。佩顿第三次拿球，乔丹破坏了他的运球，斯科蒂·皮蓬冲过来抢断，击地传给比尔·卡特莱特，上篮得分。后来，超音速队教练K.C.琼斯把这个新秀换下了场。公牛队以116比95的比分轻松拿下了胜利，乔丹在前三节就得了33分，并且有7个抢断。这是他喜欢的那种比赛，他笑傲群雄，能让他开心好几天。他正在往单场50分的目标努力，至少接近50分，再加上几个球迷们喜闻乐见的大风车扣篮。不过杰克逊早早把他换了下来。第四节比赛，乔丹在上场27分钟之后坐在板凳上，首发球员中他只比帕克森上场时间长。他终于认清了那个他曾经考虑过却不敢信以为真的现实。他扭头对替补席上的阿姆斯特朗说："他不想让我赢得'得分王'。"

公牛队紧接着移师波特兰，在那里，11月的天空永远是阴云密布，这样的"天气"也在公牛队的头顶上挥之不去。他们既不能刺穿城市上空的阴云，也不能对开拓者队的篮筐狂轰滥炸。公牛队112比125落败，这场失利又揭开了旧伤疤。开拓者队成为公牛队本该成为的那种球队，他们得到了巴克·威廉姆斯和丹尼·安吉，并闯进了总决赛。乔丹曾经说服管理层把这两人签下，但遭到拒绝。现在，没有人再关心开拓者队曾经在1984年的选秀中忽略了乔丹，而且开拓者队又可以狂虐了公牛队。

## 第4章 1990年11月

此外，霍勒斯·格兰特已经做好准备，他要痛击斯泰西·金。格兰特在金那里感到了压力，不过不是金的打球能力。这名入队两年的强力前锋来到训练营时身体就超重了，金几乎重125千克。而且金曾经对朋友说他将如何开启自己的新旅程。格兰特认为管理层准备用金替代他作为首发，早些时候，格兰特曾经被移出首发阵容，并且没有再让他返回首发阵容。格兰特问为什么时，杰克逊说："我想让那个胖子恢复体形。"这个理由显然不能让格兰特信服，他认为肯定另有原因。

同时，斯泰西·金对球队的管理决策也有质疑。尽管他来到球队时超重15千克，并且在第一个赛季也没有努力提升能力，但金认为自己理应成为首发球员。只是在这段西部客场之旅中，他19投7中，在对阵开拓者队的比赛中，他5投1中。

格兰特听到了关于斯泰西·金的传言。公牛队把金招致麾下时，格兰特的双胞胎哥哥哈维曾经告诉他，金打球不努力，而且非常懒惰。他是对的，新人入队时经常超重，热火队的格伦·赖斯和马刺队的肖恩·埃利奥特在新秀之年也如此。但是，一年的比赛和失望通常会"说服"他们在下个赛季保持体形。不过，金却是个例外。而且金还抱怨缺乏出场时间，他对阿姆斯特朗说，在1990/1991赛季之后他想离开公牛队去欧洲打球。这次金可是大意了，他不知道自己无法和NBA毁约，然后去欧洲打球。

格兰特的朋友皮蓬曾经公开向金吼叫，他既是为格兰特出了气，也是为自己出气。"那个狗屎怎么能比我挣钱还多。"皮蓬说。和格兰特一样，帕克森认为自己首发的日子快到头了，他在休赛期的脚踝手术不太成功，他感到担忧。他的脚踝又酸又痛，移动也不灵活。"我原本有机会获得大合同的！"他心想。

卡特莱特也感到挫败："我感觉我们没有什么目的。"他已经决定在赛季之后将离开芝加哥，除非公牛队开出的条件比其他球队都好。那时他将成为不受限制的自由球员，这意味着他可以与任何球队签约，他总是有在加利福尼亚结束职业生涯的想法。他的妻子曾经多次谈到想回到那里,他的亲朋好友也都在加州。他希望加入金州勇士队,为唐·尼尔森打球,因为他很崇拜唐·尼尔森。当他在NBA的第二个赛季结束后,尼尔森也曾想要把他签下,当时尼尔森在密尔沃基雄鹿队,并且有优先选择权,而且答应了要把他签下来。

卡特莱特已经厌倦了乔丹的那种打法。尽管杰克逊在比赛中总是催促球员把球传到内线,但卡特莱特的投篮机会却变少了,几乎比联盟里任何首发球员的机会都少。他喜欢杰克逊的进攻观念,但他无法忍受乔丹对这种进攻体系的忽视。所以,他认为赛季后新的机会可能会到来,他将在其他球队获得总冠军。他认为公牛队有获得总冠军的天赋,但他不确定乔丹和队友对进攻体系所持的不同观念,是否还能让他们获得总冠军。

乔丹几乎没有停止对进攻体系的抱怨。"如果我之前在菲尔手下打球,"乔丹对朋友说,"我将无法获得现在所拥有的成就。他会把我逼疯,让我疑惑自己该如何像其他新秀球员一样投入这个体系。说到底,泰克斯·温特以前赢得过什么荣誉呢?"

当杰里·克劳斯听说了乔丹的话之后,他愤怒得几乎无法说话。克劳斯把温特视为神一样的人,并经常推荐温特进篮球名人堂。几个月之后,当公牛队拿下总冠军之时,克劳斯立马跑向温特并喊道:"你做到了!你做到了!"

温特师出名门,他的老师是南加利福尼亚大学的萨姆·巴里和普渡大学的"猪仔"兰伯特,两人皆为篮球界的传奇教练。在NBA诞生之前,大学生篮球是运动之王,那是双手投篮和模式化打法的时代。在20世纪50年代,温特在堪萨斯州取得了极大的成功,并当选年度全美最佳教练,但是他在职业篮球上成就不多,只是在圣地亚哥和休斯敦短暂做过主教练。在一定意义上,克劳斯是温特的信徒,他将温特奉为篮球界伟大的导师。在公牛队很多人看来,温特对克劳斯几乎有着斯文加利式的控制术。如祖父般和蔼的温特

## 第4章 1990年11月

在多年前就是克劳斯的朋友，只要克劳斯去了城里，他们都一起聚聚。温特会给克劳斯上上课，谈谈他的观念。克劳斯发过终生之誓："只要我在管理球队，泰克斯·温特就永远不会失业。"克劳斯在1985年3月取代罗德·索恩成为公牛队总经理之后，温特是他聘请的第一个人。

温特是个人物，却又是个招人喜欢的人，也是杰克逊最爱的人。主教练批评他的怪异，就好像批评他怪异却可爱的叔叔。温特在赛前的表现显得他还像是穷苦的得克萨斯少年，他经常在赛前冲进媒体接待室吃东西、拿东西，好像有人要把这些东西抢走。还有人曾经见过他在球场内走来走找一张废弃的报纸。一位朋友记得，火箭队在20世纪70年代早期从圣地亚哥迁到休斯敦之后，温特就开始执教火箭队。当时火箭队想说服强悍精明的纽约野球选手吉米·沃克，让他相信火箭队是打球的好地方。"吉米，你会喜欢这里，"温特说，"这里有全世界最好的咖啡。"

乔丹的打法和温特的想法水火不容，乔丹的"跑车"只能坐一两个人，而温特的"大轿车"能装得下每个人。乔丹喜欢拿着球阅读防守，当防守球员逼近他的时候，他会做动作，没有人来得及看清乔丹撕开防守的方式，他可以左冲右突晃过两三名球员，然后跳起来，"砰"一下来个扣篮。但是，乔丹不怎么为队友创造机会。杰克逊极力想改变这一点，而他没有从球员那里得到多少帮助。球员们认为乔丹永远不会变，他们屈服这个现实了。

10月21日在太阳队打比赛之前的几天，球员在训练中有一搭无一搭，似乎厌倦了三角进攻战术，因为这个战术要求球员们根据持球人和球的位置随机而动。

突然，温特把球砸向墙壁喊道："这不是进攻，你们打球不努力，你们不想让这套体系运转起来！"

球员们好像只是耸了耸肩。他们知道，如果乔丹不适应这套系统，他们即便适应了也没有用。

乔丹不适应这套系统，在终场哨声响起，公牛队在感恩节前夕不敌太阳队，他疯狂出手了32次，只得了34分。

———

作为公牛队球员，意味着很多事情：通常是名声，大部分是财富，以及再也不用切感恩节的火鸡了。NBA的日程是体育界最紧张的日程之一，球队背靠背在不同的城市比赛，甚至在5个晚上到4个地方比赛。梭罗曾说，为了数一数桑给巴尔岛有多少只猫而寰游世界不值得。在美国旅游，尝试接受不同的房间服务也没什么意思，但这是NBA球员生活中最耗时的一部分。很多情况下，这是无聊的日常。这和旅行还不同，有了包机之后，旅行的效率提升了很多，去客场比赛的日子变成了这样：从上午10点训练到中午1点吃午饭，睡个短觉（绝大多数NBA球员都有睡短觉的习惯，这有助于在紧张的比赛中保持良好的状态）；紧张的比赛是晚上7点半到9点半，很多球员在下午做力量训练以保持状态。公牛队在外出比赛时经常带着体能教练，可能是艾尔·费尔迈尔或埃里克·赫兰。

在那场感恩节的比赛之前，公牛队在菲尼克斯待了3天。这种事情的发生，是因为在11月的最后一段时间里，公牛队管理层把体育馆租给马戏团。于是，NBA让公牛队在那个时段进行西部客场之旅，所以队员在感恩节永远都不会在家里。有几年球队全体人员在一起聚餐，但是在1988年这个习惯没有延续下去，队员们不愿意在一起聚餐。公牛队已经成为一支令人绝望的队伍。乔丹几乎不和任何队友交往。在任何情况下，他也很难出去，因为他太有名了。他喜欢请朋友来一场马拉松式的牌局，或者偷偷出去打高尔夫球。在诸如菲尼克斯这些城市，他有希金斯这样的朋友，他可以去熟悉的夜总会。乔丹就是与队友们不怎么来往，他甚至会错过球队在赛前都应该参加、用以增进感情的保龄球比赛或圣诞节聚会，他宁愿为此交罚款。格兰特和皮蓬关系很好，但格兰特是个电视迷，喜欢待在房间。在这个赛季末，公牛队在季后赛赢下活塞队之后，许多球员出去庆祝，格兰特却回到家中和岳父一起又重新看了一遍比赛。他在比赛后总是马上回家，看半小时的体育新闻。

## 第4章 1990年11月

他也有可能和皮蓬一起吃饭。帕克森在NBA打球时有些朋友，在很多城市也有圣母大学的校友，他却喜欢独处。卡特莱特也喜欢独处，喜欢看电影，当他在房间里看电影感到厌烦时，他就去电影院看电影。同时，他还必须对膝盖进行冰敷，每天都要坐上几小时。在菲尼克斯，他每天都出去看电影，然后安静吃饭。霍奇斯经常参观清真寺，他也去看电影。尽管他和卡特莱特是朋友，但他们喜欢的电影类型不同，所以总是各行其是。阿姆斯特朗和霍普森成为好哥们，他们有时也会加入斯泰西·金的活动。威廉姆斯倾向于独自逛商场。逛商场是很多球员喜欢的消遣方式，球队把宾馆订在步行就能去商场的地方。珀杜与赫兰是好朋友，他们经常在训练后一起吃饭。莱温斯顿很喜欢群聚，他有时加入乔丹的圈子，他在联盟里到处都有朋友。

那几天菲尼克斯的天气很热，几名队员在游泳池打发时间。杰克逊和其他教练也喜欢去游泳池，他们通常在早上碰面，然后训练，看录像，之后分开去吃饭或者看电影。这几天轻松而不激烈，这是球队少有的在外地却没有比赛的一段相对较长的时间，但又不能当成一个吃住一流的假期，因为没有和孩子在一起。

唯一能改变状况的就是赢球。公牛队107比109输给了太阳队，凯文·约翰逊像只鱼左冲右突，并在哨响之时跑投命中。杰克逊仍然认为球队打得不错——只是以微弱的差距在客场输给了具有冠军实力的球队。比赛结束之后，克劳斯在更衣室外大肆抱怨裁判吹错了1次防守犯规。他挥着手像个落水的人，全身痉挛，怒火中烧。他向记者发怒，质疑裁判的判罚，要求助理教练给NBA执行官罗德·索恩打电话。

"杰里，"太阳队总经理杰里·科兰杰洛说，"放松一点，你这么激动会得心脏病的。"

科兰杰洛不是开玩笑，因为克劳斯的脸已经完全绛红了。

"嘿，你可是没有像我们这样被别人攫取比赛的胜利，"克劳斯向他叫道，"滚开点！"

这是本赛季克劳斯第三次打电话给联盟，抱怨裁判的判罚不公。

球队对于胜利的期待正在遭受重创。

———

公牛队飞往洛杉矶去对阵快船队的路上，杰克逊想活跃一下气氛。"如果我们客场比赛一场也赢不了，"他告诫道，"莱因斯多夫先生将取消我们的专机。"他说话的口气显得举重若轻，但与球队专机起到的效果相比，他的话无法引起球队在客场表现的明显提升。杰克逊把这架飞机称为"能飞的豪华轿车"，飞机上的休息厅配备了舰长座椅和休息用具，有助于球员得到更好的休息。尤其是在需要快速赶往目的地时。在此之前，他们将不得不乘坐最早的航班出发，以便参加第二晚的比赛。

球队专机的出现就像是公牛队管理层抛出的一个非常矛盾的谜题，因为管理层在其他方面对球员可谓是斤斤计较。当管理层在差旅费上成倍增长预算，以使球员感到舒服时，球员工资到账的时间却经常要晚一周甚至更多。在欠款方面，比如应按日补发的补贴，公牛队是联盟付款最慢的球队之一，却不是事出有因。这些行为激怒了球员。

在洛杉矶的比赛"大戏"之外还有另一场戏。谣言满天飞，传闻快船队准备交易伊赛亚·托马斯，后来被确认这是错误的。但是有件事是真的——快船队老板唐·斯特林近乎疯狂地希望签下一名能上头条的球星，以和同城球队湖人队的"魔术师"约翰逊相媲美。有一个他想签下的球星——正穿着公牛队23号球衣。

为此，斯特林在1987/1988赛季给莱因斯多夫打过电话，当时公牛队即将被活塞队以4比1击败。前3个赛季，公牛队在10场季后赛中输了9场，而乔丹都在队内。那时流行一个理论，由于乔丹单打独斗的方式让其他球员无法做出贡献，所以公牛队将永远无法夺得总冠军。柯林斯总是告诉他，只要乔丹在公牛队就成不了总冠军。莱因斯多夫也常对朋友说，关于篮球他只知道两件事，你要做好防守并打好配合才能赢。他知道自己能拥有一个，因为只要乔丹主导得分，他就可能拿不到另一个。

然而，球迷们喜欢乔丹，对于莱因斯多夫而言，这就意味着钱。莱因斯多夫坚信，他永远都不会交易乔丹。更何况，由于威胁把棒球劲旅白袜队搬出芝加哥，他已经变得不受欢迎了。他知道如果再交易乔丹，自己将无法在芝加哥立足。不过，白袜队仍有可能从芝加哥搬到佛罗里达，所以在当时来看，他都有可能搬走。由于这个原因，莱因斯多夫认为可以考虑把乔丹交易到快船队。

斯特林给的条件是任意5名队员或选秀权，快船队没有公牛队心仪的队员，不过快船队拥有前6个选秀权中的两个机会。克劳斯喜欢身高2.24米的里克·施密茨——当时，他是很有声望的球员。另一次高顺位选秀，公牛队可能会选堪萨斯州的后卫米奇·里奇蒙德。乔丹在后期将会把里奇蒙德当成强有力的对手，这就会使公牛队拥有施密茨、奥克利、皮蓬和格兰特，而且他们还有机会选择一名控球后卫，可能是德保罗大学的罗德·斯特里克兰。或者，既然他们已经有了板凳深度和选秀权，可以再交易一名控球后卫。克劳斯一直想签下凯文·约翰逊，他还考虑过拿奥克利或者格兰特与骑士队交换约翰逊（当时约翰逊在骑士队）。这样公牛队的首发五虎将是约翰逊、里奇蒙德、皮蓬、施密茨、格兰特（奥克利）。

公牛队管理层对此事可谓是绞尽脑汁，他们几乎确信，与球队继续拥有乔丹相比，这次交易能更快拿到总冠军。在最后关头，莱因斯多夫坚定了立场，乔丹是不可被交易的，商议到此为止。

公牛队好像拿出了本赛季最大的劲头，轻而易举击败了快船队。帕克森拿下26分，皮蓬拿下"三双"，6名球员得分上双，乔丹12次出手拿下14分。杰克逊感觉非常好。或许这个进攻体系终于起作用了，或许乔丹已经准备适应这个体系。有几名球员认为这是球队近7年来打得最好的一场比赛。

但是第二天晚上，在公牛队对阵丹佛掘金队之前（这是公牛队西部客场之旅的最后一场），杰克逊注意到有些不同寻常。乔丹在赛前早早就来到了赛场上，练习投篮。乔丹以前从来不参与赛前的投篮练习，他喜欢放松放松，为朋友发发球票，与记者聊聊天。但是，由于其他球员被要求在赛前练习投篮，公牛队找了不太好的借口——乔丹的球迷将会影响球队训练。这骗不了其他球员，因为他们知道在赛前的投篮练习中，根本就不允许球迷进场。不久，助理教练温特称之为"模仿者"的皮蓬，也开始不参加赛前的投篮练习了。

由于乔丹在赛前不练习投篮，在比赛开场时，他的投篮总是觉得不舒服。所以，他在开场时通常会阅读防守，看看双人包夹来自哪里、整个的防守体系是怎么运作的，然后把球传出去。无论如何，这就是杰克逊希望的。

杰克逊看到乔丹来到赛场热身时，他猜乔丹可能想在对阵掘金队时砍下100分，甚至创下单场200分的纪录。掘金队的新阵容在防守上非常差。乔丹明白杰克逊绝不允许这种事情发生。杰克逊甚至被这种想法伤害了。"那不是篮球。"他说。

乔丹在前半场得了18分，全场得了38分。公牛队获胜，比分是151比145。

当球队返回芝加哥后，杰克逊注意到乔丹一直在参加赛前的投篮训练，突然之间，他在比赛中比以前更早出手。在对阵子弹队的比赛中，他第一节就拿下15分。11月底对阵步行者队的比赛中，他在第一节轻松拿下20分。次日晚上，乔丹在对阵骑士队的比赛中，第一节拿下13分。在之后对阵尼克斯队和开拓者队的比赛中，首节分别得到15分和16分。乔丹在首节的平均得分，总是比其他球员整场比赛的得分还要多。杰克逊本以为自己想出了全队球员需要遵守的法则，而乔丹正在改变这个法则。

对于队友和教练而言，乔丹的背叛显而易见。在当下的进攻体系中，乔丹认识到他出场的时间和出手投篮的机会都不如以前，他非常不开心。他和其他队友完全不相容。有几名球员认为乔丹只关心赢下"得分王"，而乔丹认为自己要对球队的胜利负责。如果他不这么做，谁能呢？这仍是公牛队经典的"先有鸡还是先有蛋"的问题。

"如果我不在状态，我无法中途下场，然后在比赛末段上场，还能够延续火力赢得比赛，"乔丹对助理教练巴赫解释他开局先下手为强的策略，"我不可能在一场比赛中只出手12次然后还能绝杀比赛。"

通常来说，巴赫是杰克逊的忠诚士兵，但这次不知为何就夹在了主教练和球员中间。他鼓励乔丹在比赛开场时就早早发挥，而这与杰克逊的比赛计划背道而驰。这对于乔丹当然是好事，他把巴赫称之为自己的私人教练。"当我有困难的时候，我就会找巴赫教练求教。"乔丹说。

同时，乔丹告诉记者，这是新的战术，也就是要打得更有侵略性。尽管他在随之而来的陈述中掩藏了他的动机。

"以前我总是能打上40分钟，现在不行了，"他解释道，"所以，以前我可以慢热，然后逐渐进入状态。现在，我的上场时间和出手机会少了，所以我决定要在有限的上场时间内取得更多的得分。"

杰克逊曾长期研究哲学，他知道要想有小鸡必须先孵蛋，而不是把蛋打碎。所以当有人就乔丹的理论问到他时，杰克逊微微一笑说："我发现随着年龄的增长，我现在更有耐心了。"

# 第5章　1990年12月

12月1日　客场对阵骑士队

12月4日　主场对阵太阳队

12月7日　主场对阵尼克斯队

12月8日　主场对阵开拓者队

12月11日　客场对阵雄鹿队

12月14日　主场对阵快船队

12月15日　主场对阵骑士队

12月18日　主场对阵热火队

12月19日　客场对阵活塞队

12月21日　主场对阵湖人队

12月22日　主场对阵步行者队

12月25日　主场对阵活塞队

12月27日　主场对阵勇士队

12月29日　主场对阵超音速队

## 第 5 章　1990 年 12 月

公牛队正在"驶向"赛程中相对平静的一部分。12月的14场比赛中只有3场是客场比赛。第一场比赛是客场对阵骑士队，那天晚上，骑士队首发后卫马克·普莱斯赛季报销，无法登场，骑士队被迫派上了约翰·莫顿（他是上个赛季全联盟最差的射手），以及从美国大陆篮球协会引进的自由球员杰拉德·帕蒂奥（他在好几支球队都没待住）。公牛队在第一节就领先了17分，第三节打了一半时就领先了30分，比赛胜负已定。由于NBA扩军，越来越少的NBA比赛在最后时刻才能分出高下。天才的分流削弱了很多球队的实力，造成了很多"平庸球队"，如公牛队拥有天才球员的球队，在很多夜晚都能轻松取胜。

在回芝加哥的路上，乔丹愉快地开着骑士队的玩笑。面对骑士队时，乔丹斩获了很多胜利，30分钟得到了32分，在数据榜上一骑绝尘。他对年轻球员漫不经心的指导，包括对阿姆斯特朗说："这是你能予取予求并大获全胜的比赛。"

霍勒斯·格兰特摇了摇头。

他和乔丹在几年前成为对头，他是公牛队第一个挑战乔丹的球员，不过不是公开的。那是一次在比赛结束后乘飞机的返程中，两人剑拔弩张。那天乔丹得了18分，不太开心，他受到了打击。格兰特，公牛队的强力中锋，只拿下1个篮板，也没有对乔丹形成保护。乔丹喜欢嘲笑格兰特，他觉得格兰特不太聪明。但格兰特就像伤口那样敏感，最终厌倦了这种嘲笑。

"去你的乔丹！"格兰特还嘴说，"你关心的只是你的分数，谁还不知道呀，你除了自己之外什么都不关心。"

"你这个白痴。"乔丹向格兰特吼叫，"每场比赛你都掉链子，你太愚蠢了，你都记不起这些比赛，我们球队就不该有你这样的人！"

两人唇枪舌剑，其他球员都惊呆了。乔丹冷嘲热讽，格兰特对那些唇枪舌剑是左挡右挡，直到两人被队友分开。赛季结束后，乔丹希望管理层交易掉格兰特，换回巴克·威廉姆斯。当赛季进入第二个月的时候，格兰特比乔丹更关心这个事。在对阵骑士队的比赛中，格兰特只上场20分钟，比其他首发球员都要少。他将此看作一个预兆，他的上场时间正在缩减。他感到球队正在想把金挪到首发位置上，以匹配他在选秀中的高顺位。杰克逊成为主教练之后，由于格兰特的速度，杰克逊为格兰特构造了一个拓展的角色——他是全队跑得最快的球员，杰克逊常想让格兰特甩开对方前锋，跑到后场投篮。然而，格兰特是公牛队最优秀的篮板保护者，所以他必须留在前场抢篮板。同时，他还不可避免被赋予了防守对方最佳进攻前锋的责任，这使他难以快速突破到后场。即便他可以做到，这也没有用，因为乔丹要占球权，而且他看着格兰特很不爽。

"我有一个梦"，在那个赛季晚些时候，几名球员去参观了亚特兰大市小马丁·路德·金中心，格兰特在返程的大巴上唱道，"我要拿到球。"

虽然难以如愿，但这无法阻止他尝试。格兰特或许已经成为球队最努力的球员。在休赛期的每一天，他都在体能教练艾尔·费尔迈尔的指导下训练。格兰特现在能举起的重量和橄榄球锋线的防守球员相当。1987年选秀中，当格兰特在第十顺位被选中来到公牛队时，他被教练称为"3.5号位"——他有大前锋（4号位）的身高，却没有爆发力和力量胜任这个位置；作为小前锋（3号位），在进攻中又不够敏捷，无法通过得分来解决战斗。最终格兰特体重达到105千克，拥有了肌肉发达的体格，而他在新秀赛季时，体重只有95千克。

对NBA的适应，格兰特迎来了挑战。他来自佐治亚城的乡村，在单亲家庭长大，小时候，他的梦想是成为海军士兵。"我在电视上看到宣传片，海军需要征召一些能干的人。我对漂亮的军装和武器，以及一切都非常着迷。"格兰特回忆说。他不是名好学生，但他慢慢成为优秀篮球球员，他和双胞胎弟弟哈维·格兰特争取了在克莱姆森大学的奖学金。"我们是'成对出售'。"格兰特说。但是格兰特比哈维领先一步进入校队。当哈维第一年没能进入校队后，他开始逃课，最终转学到了俄克拉荷马大学，并成为斯泰西·金的队友。

哈维最终增加了格兰特的挫败感，不过他是无心的。每年他们都在一起打球，格兰特具有统治力，无论中学、大学还是在哈维加盟子弹队的前两个赛季，格兰特是更耀眼的球星，他的场均得分总是更高的。关于这对双胞胎兄弟的笑话，就是格兰特爱摆谱。"他比我大9秒钟，"哈维解释说，"所以他认为他可以对我指手画脚。"由于子弹队缺乏天赋球员，哈维成为球队的重要球员，场均得到近20分，在1990/1991赛季甚至被认为是联盟进步最快球员。"我只有一次看上去能得那么多分，"格兰特说，"走着瞧！"格兰特在公牛队每场能出手8次，大约是乔丹总出手次数的1/3，但哈维在子弹队场均得到16分到18分。"我永远没有机会发现自己能够成为何种球员。"格兰特说。

格兰特正在进步。1989/1990赛季，他的场均得分上升到了13.4分，场均拿下8个篮板，包括在对阵活塞队的激烈比赛中，他连续6场拿下10个以上的篮板。但是，他想在进攻中有所斩获，他认为自己如此努力，值得拥有一次机会。与此相反，巴赫却在准备让他成为巴克·威廉姆斯的翻版。威廉姆斯不是得分手，而是蓝领球员，隐蔽地干了很多脏活。巴赫对格兰特传递的信息很明确——你去抢篮板，去防守，让别人出风头得分。当格兰特以每年200万元美元的薪酬签下3年的续约合同时，他曾经认为一切都会如意。在1989/1990赛季，他是公牛队薪酬最低的球员之一。他还受限新人合同，当时他作为巴克利的替补签的合同。当他成为首发之后，他认为自己拿的薪酬太低了。他的挫败感使他在赛季晚些时候要求被交易出队。

格兰特或许是公牛队最不极端利己的球员，当然也是最受欢迎的球员。杰克逊在赛季晚些时候将会运用到格兰特的这些特质，因为他知道球员们总是跟格兰特打得火热。

面对球迷们，格兰特没有假模假式的明星架势，他以热情回报球迷，他真正体现了惠特斯麦片盒子上所写的广告语——"努力工作、忠诚信任、支持和谦逊"。他的性格非常温和，褐色的眼睛充满真诚，笑得也很开朗。他总是直言不讳，快言快语。随着1990/1991赛季的进行，他更是如此。

当格兰特来到公牛队时，他就像匹小野马。为了帮他增重，公牛队在他的新秀赛季不得不专门雇了厨师，因为他总是在快餐店吃饭，没有营养。而他深夜的"菜单"才是最令球队头疼，他就是NBA所说的那种"跑者"，在每个城市都频繁光顾夜店。公牛队对格兰特的习惯深感忧虑，最终他们把塞戴尔·斯瑞特交易了，球队认为他喜欢逛夜店的做法既害了格兰特又害了皮蓬。

格兰特和皮蓬像一对打不散的铁哥们，1987年，他们在纽约的NBA选秀大会上相遇。两人都被公牛队选中后成为朋友，即便只是为了互相保护。那时新人在NBA总是受到欺负。菲尔·杰克逊替代柯林斯成为公牛队主教练之后限制了这种行为，新人不再帮老队员拿行李，但老队员们经常戏弄新人，老队员们曾在一个晚上将几乎1000美元的食品和礼品记到格兰特和皮蓬的账下。

二人手足情深，如同希腊神话中的双胞胎英雄卡斯托尔和波吕克斯。在比赛的中，他们是巨人；在后来的冒险中，他们是合伙人。

他们一天能给对方打上10多个电话，即便在有比赛的日子也如此。他们买同款的梅赛德斯-奔驰S级轿车，格兰特是白色的，皮蓬是黑色的。他们为同一家赞助商开同一款用来展示的小轿车。他们住在芝加哥北海岸地区的同一个小区里，相距只有几百米远。他们结婚的日子前后不过几周，并互相做了对方的伴郎。他们都有儿子（这不是计划中的），买的狗是同一个品种，经纪人是同一个人，在夏天一起度假。在每场客场比赛期间，他们都一起出去。在公牛队的年刊里写道，当皮蓬被问及："如果你想去月球的话，你会带着谁？"皮蓬回答说："霍勒斯·格兰特。"

尽管他们还是好朋友，但格兰特个人正在发生一些变化，他们有点貌合神离。皮蓬离婚了，格兰特开始担心自己也会离婚。"我和妻子有很多问题，"他承认，"其中很多是我的错，我待人不公，尤其是对妻子。"所以，在妻子的帮助下，格兰特开始信仰基督教。

"我的信仰开始失去。"格兰特说。后来，他成为赛前去教堂做礼拜的常客（所有NBA球员在赛前可以参加）。"我必须做一些事情，所以我把自己交给了上帝。他赋予我太多，但我无所回报。他原本可以把篮球天赋给别人，但他给了我，可惜我没有利用好这份天赋和我的身体。他赋予我这些，可不是希望看到我成为这个样子，他赋予我这些，是为了让他的名字因为我而得到颂扬，让我成为年轻人的榜样。"

对于格兰特而言，那就意味着留在家里。他不再去和队友经常光顾的夜店，在客场比赛时也留在房间阅读。皮蓬的日程有点不太一样，所以他们在一起的时间变得少了，而且他开始以批判的眼光看待他的这个朋友。格兰特脑子里经常闪现出一个特殊的问题——"为什么皮蓬这么想成为乔丹那样的人？"他百思不得其解。

皮蓬与乔丹走得越来越近了。在球队的飞机上，皮蓬和克里夫·莱温斯顿挪到了乔丹附近的座位上。莱温斯顿进入公牛队之后就像苍蝇见了蜜汁黏着乔丹。但是皮蓬心里还装着他的合同。在他差点停工之后，他决定提升自己的数据，因为那是公牛队衡量他的标准。"他们总是讨论赢球，"皮蓬说，"如果我不得更多的分，他们就不会给我更多的钱，今年我要追求自己的数据。"

皮蓬开始仿效乔丹的打法，正如温特所注意到的，这就减少了其他球员的机会，并且就谁应该投球这件事，皮蓬和乔丹形成了冲突。

"球队必须多传球。"格兰特在克利夫兰接受采访时对记者说。他并没有提到任何人的名字，但是这个信息对他的队友却很明确。"冠军球队有很多值得我们学习的地方，比如凯尔特人队、湖人队和活塞队。我们只有这样做才能获得总冠军。"格兰特说。

―――

12月4日，公牛队以155比127的比分轻松击败了太阳队，这是他们连续第六场获胜，并且都是大比分获胜。太阳队教练科顿·菲茨西蒙斯对这场比赛的评价是："与公牛队前几个对手相比，至少我们咬住比分的时间更长。"

在第四节的绝大部分时间里，公牛队的首发球员没有上场，由克雷格·霍奇斯、威尔·珀杜、斯科特·威廉姆斯和克里夫·莱温斯顿接管了比赛。不过，比赛结束后，乔丹的话有些尖刻，他在第四节打了一段时间，和丹尼斯·霍普森、斯泰西·金和B.J.阿姆斯特朗配合。他对皮蓬抱怨："我讨厌在场上和那些'垃圾'配合，他不给你传球。"

霍奇斯听到了这段对话。尽管他不是特别有天赋，但他对自己的角色很骄傲。

"嘿，我可不是垃圾球员，"他对乔丹说，"我在联盟打比赛的时候，你还在琢磨怎么把短裤穿上呢。"

"嗨，我不是在说你，霍奇斯。"乔丹打断霍奇斯，并很快就让他消了气。

僵局打破了，尽管公牛队连续赢球，但球队的矛盾却愈发明显。

下场是对阵尼克斯队，这意味着公牛队又能轻而易举获胜。公牛队的阵容克制尼克斯队。1988/1989赛季季后赛中，公牛队淘汰了尼克斯队。当时尼克斯队处于巅峰状态，而如今前任教练里克·皮蒂诺用紧逼战术调教出来的球员只会打半场比赛，球队缺乏阵容深度，前两个替补上场的是新人杰罗德·穆斯塔夫和布莱恩·奎因内特。乔丹对位穆斯塔夫，他予取予求，带率领公牛队以108比98的比分获胜。比赛中，乔丹一次次的精彩表现令球场观众呼声震天。

杰拉德·威尔金斯在乔丹面前背身单打，跳投命中。这种事情一般会激怒乔丹，因为他痛恨自己遭到无视。乔丹几乎总是会与这样挑战他的对手单打，这次也不例外。这意味着乔丹将忽视进攻体系，会令教练抓狂。不过，教练没有干预，因为乔丹总是能得分，而乔丹的队友则感到非常失望。

"不同之处在于，"B.J.阿姆斯特朗说，"当我们进攻时，如果有人针对你，你不能以牙还牙，而是必须遵守战术，乔丹就不用。他比任何人都优秀。但是真不愿意看他那样做，却什么也不对你说。然而，如果你这样做的话，可得小心点了。"

乔丹在接近三分线的区域往罚球线的右侧运球，他胯下运球，1次、2次、3次，又退了回来。威尔金斯不看球，而是盯着乔丹的眼睛。突然乔丹把球运到左手，晃过了威尔金斯。在这个动作之后，乔丹就变得难以阻止了。"他以迅雷不及掩耳之势突破防守，有时其他球员甚至都看不出来他是怎么做到的。"约翰尼·巴赫赞叹。在乔丹迅猛结束运球之后，很少有球员能快速移动脚步回防到位，再去面对面防守。

乔丹面前2.08米的新秀穆斯塔夫，身体矫健。穆斯塔夫跳了起来，乔丹跳得更高，然后扣篮，现场球迷为之疯狂。

替补席上，菲尔·杰克逊教练笑了。

你很难读懂杰克逊，他有种奇怪的幽默感。在比赛前，他有时在办公室一边画绞刑之索，一边看时政新闻。他的计划中没有让乔丹运球10秒钟，然后飞向罚球区，顶着4名对手扣篮。但是，他又无法拒绝欣赏这种现象级的运动表现。作为退役球员，他对这种充满怒气的回敬有一些理解。

杰克逊非常喜欢尼克斯队，当然这里指的是老尼克斯队，他曾经是其中一员，他有一件全世界可能绝无仅有的皮衣，公牛队队徽在衣服一面，尼克斯队队徽在另外一面。对他而言，那段尼克斯队岁月代表着篮球的涅槃——无私的打法、年轻人之间的纽带。杰克逊曾经有机会回到尼克斯队担任助理教练。里克·皮蒂诺受聘作为主教练时，许给他一个职位。当时，他还在美国大陆篮球协会苦苦挣扎，不过，杰克逊不太看好尼克斯队的管理架构，所以他不想签。当海湾与西方工业公司买下尼克斯队之后，皮蒂诺和管理层起了冲突，人事动向变得越来越诡异。"这些人什么都不懂，对篮球一窍不通，对凝聚球队和整合球员的天赋一窍不通，"管理层说，"让我们签下斯潘塞·海伍德，他起不到什么作用，所以我们该签下鲍勃·麦卡杜。我们以弗雷泽、里德、赖尔登和杰克逊为核心打造了球队。赖尔登和杰克逊都是名不见经传的球员。你就是从这群难以形成团队的队员，或在第二轮选秀中签下的队员组成了球队。你无法签下一些球星来组队。"

杰克逊或许躲开了尼克斯队管理层，但是公牛队管理层也有"怪人"，他就是杰里·克劳斯。

在应对克劳斯的偏执方面，杰克逊比公牛队任何教练都有成效。他有时不得不离开办公室，去公共电话亭接电话，因为克劳斯担心有人偷听他们的谈话。选秀前，杰克逊被要求用假名字在芝加哥的饭店里订了房间，这样一来，只有克劳斯能找着他。克劳斯威胁杰克逊，如果团队中有人泄露了消息，他可以炒掉球队的任何人。然而有一次，透露的消息是克劳斯自己失言说出的。

"杰里·克劳斯把NBA视为地下行动，"有位球队小股东说，"他改变主意时都要钻到橱子里。"

所以，尽管指挥着张伯伦退役后最具统治力的进攻力量，同时还要为NBA版的"大反派莫里亚蒂教授"工作，总体而言，杰克逊为这份工作感到激动。"我正在度过一段伟大的时光，"他对朋友说，"这非常有意思。"

在第二个晚上，杰克逊没有感到异常，不过，公牛队以101比109输给了开拓者队。开拓者队状态火热，在联盟的排名遥遥领先，公牛队替补球员不堪一击。第二节，霍普森只投中1个球，而开拓者队替补球员在第二节上场的时候把3分的优势扩大到了12分。第四节，公牛队一度以1分领先，但是疲惫的乔丹已经出手28次。他造成了1次失误，之后又疯狂持球突破，闯入3名开拓者队员的"铁桶阵"中，投篮未能命中。接下来，克莱德·德雷克斯勒在前场击败乔丹，轻而易举命中投篮，此后公牛队再也没能占据上风。

杰克逊擅长外交辞令，他说这是一种尝试。现在公牛队知道了自己还要取得多大的进步，才能与联盟最佳球队对抗。开拓者队球员丹尼·安吉的话更直接："我们队更加均衡，每天晚上都能有不同的球员站出来，带领球队前进，我们拥有更多的武器。"

下一场比赛更加艰难，公牛队不敌雄鹿队。过去3年，甚至在雄鹿队的主场，公牛队都很有统治力，曾在1989/1990赛季季后赛击败雄鹿队。两队以往在常规赛的17次交锋中，公牛队获胜15次，这使雄鹿队教练德尔·哈里斯非常郁闷。尽管他想保持镇静，并在赛前会议上淡化比赛的重要性，但他几乎在每次对阵公牛队的比赛中都会得到技术犯规。讨论公牛队时，他的脖子会僵直，说话磕磕巴巴。当公牛队将对阵活塞队时，杰克逊也如此。他仔细研究活塞队的比赛，以至于球员们总是在想活塞队将会做什么，而不是针对活塞队实际打法。公牛队之于雄鹿队，就像活塞队之于公牛队。

今年，雄鹿队恢复了元气，在主场连赢了10场。弗兰克·布里克考斯基负责抢篮板，保证了雄鹿队二次进攻的效率。雄鹿队99比87击败了公牛队。乔丹得了31分，但他在关键时刻被替换下场。出场39分钟，因为杰克逊不让他上场，乔丹非常愤怒。比赛期间，乔丹几乎不愿意休息。杰克逊费力才让他下场。杰克逊深知乔丹在季后赛末段会精疲力竭，因为整个赛季以来，乔丹的压力太大了，所以杰克逊把乔丹的上场时间缩减到了每场比赛36分钟或者37分钟。

有些愤怒的乔丹在赛后爆发了。杰克逊告诉记者，失利是因为地板太滑了。记者问乔丹这个问题时，他否认了这个理由。记者问阿姆斯特朗时，乔丹在更衣室的另一个对角喊道："不要找借口。"

"我痛恨菲尔·杰克逊的那种做派，"乔丹在事后说，"我们糟糕透了，这才是真正的问题。"乔丹认为一部分问题在于泰克斯·温特主张的三角进攻战术。比赛期间，温特近乎恳求地对杰克逊说："乔丹和皮蓬都在疯狂向篮筐冲击，这破坏了三角进攻战术，他们必须传球。"

卡特莱特有自己的看法，他相信温特的三角进攻战术。他在球场内外的存在感都在增强，杰克逊尝试在特定位置给卡特莱特球权，让他发挥。而卡特莱特所犯的每个错误都会被乔丹抓到。那个晚上，第三节卡特莱特在底线接到传球，当他转身攻击篮筐时，被吹了走步违例。公牛队叫了暂停，当球员走回场边探讨对策时，乔丹对卡特莱特大发雷霆。

"你必须把球给我。"乔丹要求。

"可你身边有两个防守球员呢。"卡特莱特打断了乔丹。

"其中一个是弗雷德·罗伯茨。"乔丹迅速回击。

乔丹和卡特莱特曾经发生过争吵，不过这个赛季是卡特莱特在公牛队的第三个赛季，他们好不容易握手言和了。乔丹甚至对卡特莱特开玩笑，说自己在训练中吃过肘击的亏。有一次，乔丹还问卡特莱特在四人对抗赛中是否肘击过其他球员。

现在，卡特莱特对乔丹诸如此类的话可以一笑置之。他刚到公牛队时，尽管他很快认识到他们的区别，却没有预料到自己与乔丹之间会产生问题。乔丹快言快语，而卡特莱特却深藏不露。乔丹是热情的，卡特莱特是独来独往的。卡特莱特的山羊胡染了一抹白，让他看起来有点怪异。他有着像鹿一样温和而伤感的眼睛和小头颅，当思考问题的时候，他经常用那双大手捧着脑袋，其中一个问题就是如何应对乔丹。

卡特莱特是个明星球员。在旧金山大学读大四时，他是全美数一数二的内线。NBA选秀中，他和乔丹一样，也是以第三顺位被选中的，那是在乔丹进入NBA的5年前。新秀赛季，卡特莱特场均得到21.7分，8.9个篮板，并入选了全明星阵容。第二个赛季，他场均可得20.1分和7.5个篮板。他和"魔术师"约翰逊和拉里·伯德同年加入NBA，可是名声就像浓烟一样，避开了身高2.16米的卡特莱特——他能看见甚至能闻到名声，但他却抓不住。卡特莱特没能入选美国国家队，没有经历过公牛队在芝加哥市乔丹举行的那种推广活动。"乔丹来了"，广告这样说，广告之后上演的是1941年的纽约经典电影。有人将卡特莱特描述为如仙鹤般优雅，中锋是NBA中的"珍禽"，卡特莱特是其中之一,不过他不太像名明星球员,卡特莱特甚至也不把自己当成明星球员。有时,他发现自己也会惊叹乔丹和皮蓬的飞身扣篮——"想成为人物,想当明星球员,岂不是意味着就要做到这些?"就像电影《肮脏的哈里》中的那个人所说,卡特莱特知道自己的局限。当里克·皮蒂诺取代胡比·布朗成为主教练后,他也知道自己在尼克斯队的时间不会长了。

"如果你碰巧是篮球球员,"卡特莱特离开尼克斯队后说,"那很遗憾,因为里克找的不是篮球球员,他想要的是能跑能跳的田径运动员。"卡特莱特知道他不属于那类球员,但是你无法说他"不是篮球球员",因为他的动作中没有田径运动员的痕迹,卡特莱特深谙篮球运动。这些年,他在尼克斯队教练胡比·布朗的手下努力学习。他的尼克斯队接近伟大,他们与凯尔特人队在东部半决赛大战7场。不过,卡特莱特经常遭到批评,他很少在扣篮、盖帽或篮板方面统治比赛。他的投篮姿势有些怪异,他跳投的姿势就像握着一把斧头,往下砍。他把球放在耳朵后方,然后缓缓举起,再正对篮筐,然后屈膝蓄力,将球投出。前5个赛季,他场均能得到18分,这足以让他成为联盟中投篮命中率最高的球员之一。遗憾的是,他的脚骨折了两次,几乎错过了两个赛季。当他被天赋更好的帕特里克·尤因替代后,他成为尼克斯队的替罪羊。不过,卡特莱特从未失去睿智或者观察力。他学的专业是公共管理,他的父亲是农场工人,母亲是家庭妇女,但他的观点却毫不保守。

"当然,这对所有人都是好事。"他内敛地笑着说。尽管无法确定他是不是认真的,但是他的确很认真。"必须在孩子入睡后做这件事,可能是午夜。可以在有线电视进行直播,从中挣点钱,以雇用更多的安保力量。这有助于阻止犯罪,这种做法非常好,它会起作用。"

卡特莱特喜欢扮演来自远方的硬汉,但他的心肠很软。卡特莱特的家看上去像路边旅店,他穷困潦倒的朋友们经常一住就是1个月,而卡特莱特却不会要求他们去找工作。

当卡特莱特治好脚伤返回球队后，他得不到太多的上场时间。那时尤因已经适应了球队。布朗尝试了卡特莱特搭档尤因的双塔战术。拥有哈基姆·奥拉朱旺和拉尔夫·桑普森的火箭队在1985/1986赛季西部决赛上给湖人队带来大麻烦之后，这种打法渐成风气。突然之间，所有球队都有"双塔"。而尤因不想打前锋，当布朗教练被解雇之后，卡特莱特成为替补球员，作为尤因的替补。他不喜欢这样，但他开始习惯这种安排。

"这就像让你退休，"卡特莱特回忆，"我或许能在对方的替补中锋上场时打上20分钟，这几乎不像打比赛。"每场替补的20分钟时间里，卡特莱特平均能得11分，投篮命中率54%。在他为尼克斯队效力的最后一个赛季（1987/1988赛季），命运对他很不友好，然而命运对他的家庭更不友好。卡特莱特是个坚韧的人，对批评几乎不会反驳。"我知道我能做什么，我最在意的人知道我能做什么，所以谁会在乎其他人怎么想。"他这样说。

他的能力经常受到质疑。《纽约客》曾经批评卡特莱特脆弱。《纽约邮报》专栏作家彼得·韦克西给卡特莱特起了"药罐子比尔"和"傻瓜比尔"的绰号，因为卡特莱特总是受伤，而且在"伤病名单"上的时间太长了。卡特莱特在刚签了新合同之后不久受了伤，然而，他的儿子贾斯廷的问题更为严重。贾斯廷患有罕见的心脏病，需要做手术才能保命。手术很成功，他可以度过正常的童年。从那时起，卡特莱特的生活中有了很多惊恐的时刻。对于这些，公众和媒体一无所知。有个故事是那段时间的鲜明写照，贾斯廷在做手术，卡特莱特和妻子谢里在手术室外站着等待。当时卡特莱特的腿刚做了手术，还挂着拐杖。不巧的是，卡特莱特的一根拐杖碰到湿滑的地方，拐杖从他的腋下滑了出去，他巨大的身躯随之倒下了，趴在地上。另一根拐杖碰到了谢里，谢里倒在了他的身上。当他们的孩子在为活下来而奋斗时，这两个人趴在那里，努力为站起来而奋斗。

"这就是我生活的写照，"谢里努力帮他站起来时，他对谢里说，"我碰到的每件事都会异常困难。"

## 第5章 1990年12月

卡特莱特恢复之后，总是传来关于交易他的谣言，但卡特莱特从未抱怨过。然而，1988年他被交易到公牛队之后，他的确对朋友说过："如果尼克斯队今年赢不了的话，那就有意思了。"

"事情看上去就像他们找一个人代替我，就能赢球。如果今年他们再输了，又该责备谁呢？"

"里克·皮蒂诺、艾尔·比安奇、尤因、马克·杰克逊、海湾与西方工业公司，谁能拥有尼克斯队？约翰·林赛、埃德·科克……请说出你的选择。"

尼克斯队用奥克利交易卡特莱特的那天晚上，乔丹正在泰森对阵斯平克斯的亚特兰大拳击现场。记者见到乔丹后问："你怎么看待这笔交易？"

"什么交易？"乔丹问道。当乔丹被告知情况后，他震惊了，因为他已经适应了奥克利——这名来自弗吉尼亚联合大学第二分校的又高又壮的孩子，并将其视为自己的小兄弟。这个肩膀宽阔、胳膊粗壮的小兄弟，给了乔丹其他队员无法给予的安全感，奥克利已经成为他的保镖。

那些日子里，乔丹通过冲击篮筐来表明自己的观点。其他人的理解是，如果你把乔丹撞倒了，你迟早会被奥克利干掉，这使得对手望而生畏。乔丹也将奥克利置于自己的羽翼之下。在奥克利的NBA新秀赛季，乔丹就把他作为自己的人带到全明星赛场，并且和他一起驾车去体育馆比赛。奥克利偶尔会抱怨缺少投篮机会，很多人将此视为他对乔丹的嫉妒，事实上这并不是全部问题。奥克利希望成为全明星球员，那就意味着他要得分，所以，被排除在进攻体系之外令他难受。虽然他和乔丹走得很近，但奥克利认识到管理层正在做什么。管理层正在围绕乔丹营销，教练的更迭主要取决于球队这名最伟大的球员。"当他们阻止了乔丹后，我们无法力挽狂澜，因为我们整个赛季没有机会出手，指望我们突然就能得分根本不现实。"奥克利愤怒地对道格·柯林斯说。奥克利被交易时，他也不对媒体掩饰自己的心情。几名球员感到此事传递的信息很清楚——哪怕是拐弯抹角地说乔丹的不是，那你也得走人。尽管如此，奥克利的情绪爆发并没有影响他和乔丹的感情，因为乔丹需要奥克利胜过奥克利需要乔丹。交易之后，两个人仍然经常打电话，在第二个赛季，奥克利没能如愿入选全明星阵容，他倾诉的对象还是乔丹。

"拿奥克利和谁做交易？"乔丹心想。比尔·卡特莱特？乔丹对卡特莱特的表现毫不在意，并立刻想到现在谁将是他的"保镖"，不是跌跌撞撞的卡特莱特，也不是当时体重只有95千克的格兰特。谁能代替奥克利进入首发阵容呢？"我无法理解用一名24岁的球员交易一名34岁的老球员。"乔丹说。事实上，卡特莱特当时31岁。

更严重的问题是卡特莱特的膝盖伤势。"我问他的情况怎么样时，他总是说为比赛做好了准备，"菲尔·杰克逊说，"你甚至无法阻止他练习，因为他会说他需要为比赛保持状态。"直到1989/1990赛季季后赛，卡特莱特的膝盖伤势仍然很糟糕，以至于他无法屈膝在车内坐几分钟。在球队大巴上，他的座位必须放平，但他从未和别人提起此事或者抱怨。因为行动受限，他只是在训练时表现得比较糟糕。即便处于这种状况，他比替补中锋威尔·珀杜和斯泰西·金也要强得多，所以他必须留在球队。

与此同时，乔丹好像特意强调卡特莱特的笨拙，开始"往卡特莱特脚下扔香蕉皮"。他曾经在赛季前声称，由于奥克利离队，他不得不专注于抢篮板。乔丹知道卡特莱特不是反应迅速的球员，于是，他在带球冲向前场时，给卡特莱特一个不看人传球。毫无意外，球会从卡特莱特的手中弹出，然后出界。"他已经给我造成了太多的失误。"乔丹对记者说，而且他还故意让卡特莱特听见。此外，卡特莱特失误后，乔丹还会望着柯林斯厌恶地摇头，摊开双臂，手掌向上，似乎在说："我还能再做什么呢？"

卡特莱特拒绝与乔丹决裂，他可能永远无法赢得球迷的尊重，但他的确希望赢得队友的尊重。在公牛队，队友开始称呼卡特莱特"指导"，如同教师一样。杰克逊注意到了这点，那年，球队从西部客场比赛回来之后，他任命卡特莱特为副队长，和乔丹搭档。

"教练们总是说，如果你想知道如何处理这些事，学学卡特莱特就行了，"杰克逊说，"他是移动较慢的老队员，但他的技术很好。他的步法是全队最好的，我们会让球员观察卡特莱特的移动、站位、阅读进攻。每个人都叫他'指导'，但是我没有听见乔丹这样叫过他。"

不太可能，因为他不认为卡特莱特能在空荡荡的体育场里投篮命中。

实际上，卡特莱特并不在意乔丹的想法，他心心念念的就是赢球，无论他得30分还得3分，都没有关系。他信奉努力工作、闭上嘴巴、为球队力所能及。他不太理解为什么乔丹的错误总是被媒体原谅，并将其视作竞争者的求胜欲。难道其他人没有努力去争取胜利吗？没有人像他那么想赢吗？或者因为其他人没有天赋，就不配赢球吗？在更衣室，乔丹也喜欢贬低卡特莱特，他会以粗野夸张的方式，模仿卡特莱特怪异的投球方式。当卡特莱特在旁边时，他的队友强忍着才能不笑出声来。卡特莱特会往别处看，然后谴责乔丹不成熟。

但是1988/1989赛季，乔丹做得太过分了。他对公牛队的慢热非常愤怒，在11月初去西部比赛的路上，他找到克劳斯请求做交易。"我需要帮助。"他对克劳斯说。克劳斯解释说公牛队存在工资帽问题，乔丹对此既不懂也无心去听。所以，乔丹做出了决定，其中就有他将不得不自己接管比赛，而在此时，他不允许卡特莱特把事情搞糟，尤其是在比赛末段。

乔丹告诉格兰特、文森特和皮蓬3名在比赛末段经常在场上的队友，要求他们在比赛最后4分钟里不要把球传给卡特莱特——"如果你们再传球给他，你们就永远无法得到我的传球。"突然，柯林斯的战术被忽略了，乔丹带着球一次次冲向篮筐。谁能抱怨？因为公牛队开始赢球了。然而，卡特莱特最终知道此事，他没有对任何人说或者做任何事。直到那个赛季晚些时候，他决定跟乔丹谈一谈。

于是，他们进行了沟通。"我不喜欢你说我的那些话。"卡特莱特对乔丹说。

乔丹瞪着他。

"如果我再听说你告诉队友'不要把球传给我',"卡特莱特话中有话地说,"你也别想再打篮球了。"

这件事就这样过去了。1989/1990赛季之后,卡特莱特经过手术治疗,移动能力更好了,乔丹开始接受卡特莱特。他认识到威尔·珀杜和斯泰西·金都无法胜任球队中锋,或许卡特莱特能帮助公牛队。他的盖帽和篮板不是那么优秀,乔丹想到,但他能得分。无论对方中锋是否害怕卡特莱特疯狂的肘子,他们似乎都不敢在卡特莱特面前为所欲为。

杰克逊喜欢卡特莱特,但他意识到问题——乔丹这种速度快的球星很难与卡特莱特顺利配合。杰克逊给了乔丹建议:"当你给他传球时,你必须把球冲着他的面部传过去,否则他就接不住。"

"我想乔丹能认可比尔的表现。"杰克逊在任命卡特莱特为副队长的时候说。

乔丹的确做出改变,卡特莱特无法处理球时,乔丹不再给其传球;乔丹可以传球时,他的确会把球朝着卡特莱特的面部方向抛。杰克逊知道必须小心对待两人,他立下规矩,在队内分组对抗赛时,他从不把两人分到不同的组。"菲尔知道,如果被逼无奈的话,我会把乔丹干翻!"卡特莱特说。

———

输给开拓者队和雄鹿队之后,公牛队开启了一波连胜。可是,每个人都知道怎么回事。他们赢了快船队40分,而快船队没有派主力球员本杰明和查尔斯·史密斯上场。他们赢了骑士队18分,在首节取得了36比5的领先。骑士队的表现令人大跌眼镜,首发后卫丹尼尔·瓦伦丁和杰拉德·帕蒂奥在比赛中没有得分。公牛队击败了热火队,赢了9分,热火队中锋罗尼·塞卡利缺席。

唯一的趣事发生在对阵热火队的比赛中,热火队新人威利·伯顿封盖了乔丹的一次投篮,然后他开始嘲笑乔丹。乔丹当时感冒了,本来只是在串联比赛。紧接着"二年级学生"格伦·莱斯火上浇油,说热火队将在主场羞辱乔丹。这可不是明智的选择,这番话似乎激活了乔丹。当热火队把比分逼近95比96的时候,乔丹从伯顿手里抢断并扣篮。接下来,乔丹封盖了亚历克·科斯勒的投篮并把球传给皮蓬,皮蓬快攻上篮得手。随后,乔丹又抢断了谢尔曼·道格拉斯,遭到犯规,两罚两中。突然,离比赛结束只有两分钟时,公牛队领先了7分,比赛就此结束了。赛后,热火队主教练罗恩·罗思坦告诉伯顿和来斯,再也不要对乔丹说垃圾话了。

———

尽管连胜三场,但每个人都知道球队存在问题。"我们并不是靠实力取胜,"乔丹在对阵热火队的比赛之后说,"我们只是击败了实力弱的球队。"

教练们讨论了替补球员的情况,因为替补阵容一次次把领先优势拱手相让。杰克逊找不到合适的搭配,他曾经把替补球员作为单独的单元,后来,他决定还是让替补球员与首发球员多配合配合。

斯泰西·金从训练营回来的时候,他仍然超重,比他正常的比赛体重110千克超重了15千克。队友们给他起了"甜果汁""面团男孩"等外号。他看上去就像在队服里边还穿了一件大衣。阿姆斯特朗对自己的替补角色感到挫败,在夏天,他努力训练提升了球技。杰克逊喜欢约翰·帕克森的进攻打法,以及他与乔丹的配合。杰克逊认为阿姆斯特朗带球太松散,所以表现比较差,球技也在下滑。丹尼斯·霍普森和克里夫·莱温斯顿继续在进攻中挣扎。霍普森想掩饰在休赛期进行膝盖手术之后动作的缓慢。杰克逊仍然考虑如何把5名后卫融进比赛,他想多使用克雷格·霍奇斯,事实上,他主要用霍普森,因为他担心霍奇斯的防守能力。

"霍奇斯走下球队大巴,对手立刻开始背身单打他。"杰克逊在会议上开玩笑说。教练们把霍奇斯称为"高速公路14号"。因为有"每个人都在14号公路下来"这句话,而14号正好是霍奇斯的球衣号码。泰克斯·温特说公牛队应该放走霍奇斯，让他找适合的球队。

"嘿，我们有时可能还需要他，"巴赫说，"你要记得，他没准哪天能为我们赢下比赛，你不要那么轻易放弃。"

此时，还有更重要的事——奥本山宫殿球馆的活塞队。

———

赛前，球员们在更衣室非常放松，模仿着上赛季东部决赛第七场被活塞队击败的样子。阿姆斯特朗挥舞着手，在黑板前以夸张的形式说："这是谁？"每个人都会意地笑了。

他在模仿克劳斯。1990年6月，当公牛队在第七场比赛中输球之后，克劳斯一边往地上扔纸，一边敲打着黑板，告诉球队他再也不想面临这种境地了。当时，克劳斯在疯狂咳嗽，并尝试着清清喉咙，所以球员们没有听清楚他到底在说什么。有时，教练担心公牛队太松散了，他们很年轻，喜欢开玩笑。然而，这种幽默又经常有种硬邦邦而尖刻的锋利。他们可以拿任何事情开玩笑，经常毫无顾忌，从女朋友到妻子，再到他们的长鼻子和有趣的耳朵。

赛前，助理教练把对手的战术画到了黑板上，NBA的赛前准备工作已经变得如此细致，助理教练约翰尼·巴赫和吉姆·克莱蒙斯——第三助理教练也是最年轻的助理教练，主要负责此项工作。一旦对方的教练打手势安排战术，公牛队教练团队马上会进行"破译"并告诉球场上的球员。有次，热火队的谢尔曼停下来听教练的指导，乔丹喊道："他想打高位挡拆。"

球队还会剪辑对手的比赛录像，并在更衣室的电视上播放，但是，公牛队球员并不总是认真对待。卡特莱特和帕克森通常会认真观看，乔丹多半时候也会认真观看，而年轻球员很少这样，于是，这天晚上，公牛队就得到了教训。

在奥本山宫殿进行的比赛和以往一样。公牛队首节领先，但节奏很慢，这有利于活塞队。公牛队需要跑起来，在势头上压倒活塞队，可他们做不到，活塞队统治了篮板。在这种局面下，活塞队取得领先只是时间问题了。第二节比赛，公牛队被打得溃不成军，最终以21分的分差输掉了比赛。乔丹获得了33分，而其他队友的得分是个位数，皮蓬16投2中，霍奇斯、霍普森和莱温斯顿一共出手15次，只投中1球。替补球员在三节比赛中出手15次，却颗粒无收。

格兰特出手8次，对于乔丹和皮蓬不给队友传球也不组织进攻的打法，他大发雷霆。"这么打，我们永远赢不了强队！"当他急促走向球队大巴时说。替补球员认为，这是将球队失败归咎于他们。五上五下的换人方式被改变之后，这事情就更加糟糕——替补球员上场时间少了，出手机会也少了，因为乔丹和皮蓬都不把球传给他们。当他们出现失误时，他们就要当球队失利的替罪羊。霍普森心想，整场只有3次出手，怎么可能场均得到15分呢？

随后，杰克逊思考了如果一周之后的圣诞大战，公牛队还是不能击败活塞队，人员和阵容上将会发生怎么样的变动。回程路上非常安静，球员们的眼睛模糊而忧郁，乔丹在车上打开数据统计表问皮蓬："今天晚上头疼吗？"

———

下一个对手是湖人队，而公牛队仍然在为战胜活塞队做准备。教练组观看了比赛录像（这已经是NBA球队惯常的赛后做法），他们对活塞队粗野的打法更加愤怒。克里夫·莱温斯顿被维尼·约翰逊踢到了腹股沟，活塞队又一次被裁判允许以更粗野的方式比赛。教练组认为这是活塞队的风格。杰克逊愤怒地说："裁判已经习惯他们打球的方式，默许他们在规则允许的范围内对抗激烈一些，因此活塞队可以在比赛中采取更强硬的对抗方式。"

公牛队感到挫败，他们认为必须做一些事情，于是，他们决定向联盟申诉，就像活塞队几年前通过那种策略减少了乔丹上罚球线的机会一样。克劳斯和杰克逊向联盟执行总裁罗德·索恩强烈控诉——如果活塞队被允许这样打球，公牛队将无法与活塞队竞争。他们还寄去了录像带。

同时，杰克逊鼓励球队增加身体对抗。"你必须让他们吃点苦头。"在对阵活塞队的比赛之后，杰克逊对格兰特耳提面命："我们对阵活塞队的时候，你必须攻击他们，攻击任何人，用拳头回应他们，把他们打得无法比赛，一定要造杀伤。"格兰特认真听了，但他的内心有些犹豫，那不是他希望的比赛方式。巴赫也同意这点："的确，我们需要干翻三五个人，谁将承担这个任务呢？"

公牛队也可以飞，但他们也可以像鸟一样无害。

———

对阵湖人队显示了公牛队全速前进时可以多么出色。对于湖人队而言，公牛队太快太强了。乔丹和皮蓬都只差一个助攻就能拿到三双的数据。他们造成对手失误，持球冲向前场，一次次抢到球权。乔丹、皮蓬和格兰特组成可能是联盟最快的二、三、四号位"铁三角"，这是公牛队的终极优势。同时，比尔·卡特莱特也把弗拉德·迪瓦茨"欺负"得毫无招架之力。第四节，当湖人队把比分逼近只有3分时，乔丹、皮蓬和格兰特联手砍下球队最后24分中的22分。

第二天，公牛队轻松战胜步行者队。首节比赛，公牛队就取得了14分的优势，本场比赛约翰·帕克森手感火热，拿下23分。公牛队半场领先20分，然后有所松懈。步行者队发起反击，而公牛队以皮蓬和乔丹为核心重新集结。步行者队把比分追至103比104时，皮蓬和乔丹在第四节连续拿下7分，最终，公牛队以10分的优势获得胜利。

公牛队的目标是活塞队，下场比赛在圣诞节那天，对手就是活塞队。对此，杰克逊有了一个新的想法。

公牛队，尤其是乔丹，知道球队需要更多的得分才能击败活塞队。他们一度希望霍普森或者沃尔特·戴维斯能救场。但是戴维斯决定留在丹佛，不过他被摆上了货架，公牛队正在讨论是否把他交易过来。霍普森似乎没法在公牛队体系下找到自己的位置，而且，他一直憎恨教练团队，他和杰克逊之间竖起了一堵墙。随着赛季进行，这堵墙只会越来越高大。一年前，杰克逊产生了让金打首发的想法，他希望金融入进攻系统，让格兰特替补。但是，在那个赛季大多数时候，格兰特的情绪比较脆弱，因为他的合同谈判不顺利。杰克逊担心格兰特会将此视为削弱谈判筹码的行为，所以，他还是坚持用格兰特首发。

如今，格兰特已经签下一份3年的新合同，杰克逊认为是时候做出改变了，或许格兰特作为替补上场能得更多的分，而且杰克逊喜欢用格兰特对位约翰·萨利，因为约翰·萨利给公牛队制造了很多麻烦。杰克逊还在想，金首发没准能有更好的表现，替补上场正在打击金内心强大的自我，他已经两场比赛没有得分了，他三分之一的投篮被封盖了。金说他可能这一辈子都得不了分。金有些绝望，他告诉巴赫想换一下球衣号码，以改变他的运气。而巴赫说在赛季中不能这么做。于是，金换了时髦的发型，在耳朵上方剪了几个几何图案。杰克逊看到其中一个是三角形，问他是否想通过这个暗示自己理解进攻战术。杰克逊感到自己需要金，而且他一直认为，如果给金足够多的上场机会，金能够得分，也许场均能达到15分左右。所以，在对阵活塞队的比赛中，他决定让金首发上场。而金对于打小前锋感到不安，甚至他很少能发挥出色。

球员之间开始传小道消息，关于金的那位神通广大的经纪人大卫·法尔克。小道消息称，法尔克威胁球队，要求球队派金首发上场——"否则我们将在媒体上把公牛队搞臭。"实际上，法尔克仅跟克劳斯谈论过金的数据，于是，谣言四起，格兰特却相信了这些谣言。

格兰特有很好的理由去相信谣言。当金刚到公牛队时，他非常自信和健谈，他给自己起了一些外号，例如"天空""珍珠"。他学的新闻专业，有个非常棒的故事：他是来自俄克拉荷马的孩子，父亲曾经两次前往越南执行任务，为了扑救威胁到军火的大火，金的父亲全身泡在水里。金的母亲非常强硬，要求她的孩子要受到良好的教育。当俄克拉荷马大学采用一些有争议的招生政策时，他的母亲对报社记者说："我不想让我的孩子去俄克拉荷马大学，我希望他能看懂禁止通行的标志。"

即使在俄克拉荷马大学，金一开始就在学术上遇到了困难。在一年级时，他还失去了校队球员资格；在二年级时，他苦苦挣扎。不过，随着对手防守重点去阻挡哈维·格兰特，他慢慢发挥出色，成为显赫一时的得分手。对他的批评是球风太软了，在职业球探的词汇体系里，那就是他在抢篮板方面有所欠缺。尽管他场均能抢10个篮板，但他守不住内线。他以适合自己快攻风格方式打球，所以他不必像职业球员那样进攻篮筐。随着选秀的临近，这些都被忘记了。他被视为公牛队未来的强力中锋。而现在，他只能给霍勒斯·格兰特当替补。不过，在金到来之时，这已经被明确了，金的回应也很得体。不过私下里，他吹嘘自己将要成为首发球员。金的女朋友遇到格兰特的妻子唐娜时，她口无遮拦地说："我男朋友将替代你丈夫的工作。"

唐娜是名害羞而敏感的芝加哥南部女孩，当霍勒斯还是新秀球员时，他们在当地一家俱乐部相遇并一见钟情，那场相遇让她激动大哭。圣诞节这天，广播介绍金是首发前锋，而且金的女朋友在看台上嘲笑唐娜，唐娜又哭了一场。"我告诉你，"金的女朋友莉萨从唐娜所处的太太团身后6排的位置说，"我的男朋友是首发球员，格兰特将再也无法得到首发位置。"最终，杰克逊不得不把两名球员叫到办公室，要求他们让自己的女人冷静下来。

圣诞大战，公牛队击败了活塞队，他们也变得彪悍了。格兰特在第四节推倒乔·杜马斯，被驱逐出场。他是横行霸道者？那时，公牛队已经领先12分，比赛大局几乎已无悬念。公牛队球员投篮很准，52%的命中率，以前在奥本山宫殿球馆，他们没有这样的准星。格兰特有效地压制了萨利的火力。萨利往往在常规赛表现一般，在季后赛却发挥神勇。不过，金有失水准，7投2中只得了6分。公牛队主要赢在打法富有侵略性的第三节。他们不能封盖对手投篮，也不是善于抢篮板的球队，但他们依靠防守创造了机会，以自己的快攻遏制了对手。第三节，底特律17投4中，只得了14分。公牛队从半场落后5分变为领先9分，之后就掌控了比赛。

对于这场胜利，公牛队并没有真正庆祝，他们此前在主场也赢过活塞队。在1989/1990赛季东部决赛中，他们曾经在主场连胜3场，但那又能证明什么呢？

"在主场我们本来就该赢，"霍奇斯说，"正如埃迪·墨菲所说的那样，'给我展示一下你的能力，来这里，旺德·史蒂维，你来控制方向盘，你来开'。这才是本事，我们还没证明什么！"

公牛队市场部工作人员有些失望，因为在圣诞节这天，他们希望球员们能穿公牛队红色队服，但是联盟拒绝了这个请求。他们希望球队像去年万圣节那样穿绿色队服，但杰克逊不同意。他们想再次在体育馆内放鞭炮，在这个赛季的早些时候他们曾经试过。但球员抱怨，如果放鞭炮，芝加哥体育馆年久失修的梁上会掉下来碎片，球员会被打到。这是杰克逊不得不经常与管理层发生的争斗。"这些戴着面具的人、跳舞的布鲁斯兄弟和到处漂浮的软式游艇算什么？"杰克逊会说："为什么不能把注意力集中到比赛上。凯尔特人队就是这样做的，他们做得非常好！"

"不，"市场部的人员告诉他，"这就是NBA，这是非常精彩的安排！"

———

两天之后，公牛队在金州勇士队那里几乎没遇到什么麻烦。除了乔丹和皮蓬，这场比赛每个人都变成了观众。最新的全明星投票结果已经出来了，在球迷为东部联盟两个前锋位置所投的票中，皮蓬名列第五位。皮蓬在赛前研究了自己的数据，尽管他的数据不错，但他知道伯纳德·金在手术之后，将会入选全明星阵容，多米尼克·威尔金斯和凯文·麦克黑尔总是全明星队教练的宠儿。球迷肯定会把查尔斯·巴克利和拉里·伯德选为首发球员，教练们不会选3名以上的前锋。"我在投票中一定要占据一席之地。"他说。

于是，他开始持球往篮筐猛冲，上半场结束时，他出手11次得了15分，比乔丹还多1分。

"'将军'可不喜欢这种局面。"当球队带着14分的领先优势，在中场休息期间离开球场时，霍奇斯小声对帕克森说。

下半场比赛中，前7次投篮乔丹独占6次，他在第三节得了18分。然而皮蓬不愿意放弃，当公牛队以105比85的比分领先时，他又得了14分。

"比赛成了他俩的了，"替补上场后只得了1分的格兰特说，"这两个人予取予求，我们都没什么事了。"在替补席上，温特威胁要离场。

"他们不采用三角进攻战术！"温特对杰克逊说，"如果我们不采用这套体系，那我就走了。"

乔丹和皮蓬自私吗？后来有人这样问杰克逊。

"我们更愿意把他们称为得分手而不是自私。"杰克逊说。

最终，杰克逊让皮蓬在第四节休息了好一段时间。全场比赛结束时，他得到了职业生涯新高的34分，而乔丹得了42分。美联社有线电台的记者归纳了媒体没在比赛报道中突出皮蓬的"辩词"后总结道："他们通常只会关注得分最高的那个人。"

斯泰西·金又一次获得首发机会，但是金10投1中只得了2分，杰克逊不得不承认这次试验是失败的。对阵超音速队的比赛中，杰克逊决定继续启用格兰特作为首发，去和肖恩·坎普对位。"格兰特比金跳得高，能坐到金的肩膀上。"杰克逊对助理教练说。

对阵超音速队的比赛又一次毫无悬念。首节比赛首发队员为公牛队取得了38比27的领先，上半场结束时，超音速队把比分差距缩小到8分。第三节结束时，公牛队领先了17分。公牛队把替补球员换上去时已经领先了29分，但是没有机会派斯科特·威廉姆斯上场。这名新来的自由球员在训练营和这个赛季的早期表现令人感到意外。他没能在选秀中被选中，因为他肩膀出了问题，球探认为他需要做手术，但公牛队签下了他。尽管糟糕的意外令他的

## 第 5 章　1990 年 12 月

肩膀几次脱臼，但威廉姆斯依然坚持打完这个赛季。在赛季晚些时候，他发挥非常好，所以杰克逊会在斯泰西·金甚至格兰特之前派他上场。

然而，杰克逊通常按照先来后到的规矩，威廉姆斯必须等轮到他的机会。1990年12月最后一场比赛，公牛队在对阵超音速队时领先了将近30分。杰克逊终于让他准备上场了，他在记分台边等待时，没有人犯规，表也没停，比赛就这样结束了。

后来，威廉姆斯在更衣室哭了起来。

乔丹对他耳语了一番。球队把这个新人安排在了乔丹旁边，因为是乔丹帮助球队把他从北卡罗来纳大学招了过来，并希望他为公牛队效力。但是新人坐到乔丹旁边容易迷失，1989年的新秀杰夫·桑德斯就更难了。因为他懒惰的态度，乔丹不太在意他。行动缓慢、说话缓慢的桑德斯坐在离乔丹不到3米的地方，乔丹经常贬低他。有一次桑德斯在练习中抢下篮板扣篮，乔丹大喊："嘿，这个什么也干不了的人一定累坏了吧。"在赛季前，公牛队把桑德斯交易到了热火队，后来热火队也不要他，他去了美国大陆篮球协会。然后黄蜂队跟他签了一份10天的合同。"很可能是12天，"乔丹听闻后说，"桑德斯需要两天清醒。"

不过，乔丹喜欢威廉姆斯，也同情他。乔丹知道问题出在哪儿，不仅因为威廉姆斯没能在这场一边倒的比赛中上场。"假期对他而言很难过，"乔丹说，"我没怎么和他说话，我通常会请他到家里吃饭或者跟他一起做些事。"

三年前，也就是1987年的12月15日，威廉姆斯的父亲阿尔在他加利福尼亚州的车库里等待前妻丽塔。丽塔是保险经纪人，下班后她驾车回家。身为百货商店经理的阿尔在丽塔没下车的时候开枪击中了她的头部，然后将枪口转向自己，开枪自杀。

斯科特·威廉姆斯身高2.08米，体重108千克，是加利福尼亚州哈森达高原高中的球星。比尔·科斯比代表UCLA（加利福尼亚大学洛杉矶分校）

招募他。托米·拉索达、卡里姆·阿布杜勒-贾巴尔和约翰·伍登也对他伸出了橄榄枝。UCLA不希望失去这名当地的天才球员。在乔丹、詹姆斯·沃西和萨姆·帕金斯等校友的帮助下，迪恩·史密斯和北卡罗来纳大学赢了，威廉姆斯成为迪恩·史密斯从西海岸招募的第一个新秀。威廉姆斯在大学的表现低于预期，尽管令人满意，但他被J.R.里德抢了风头。当谋杀和自杀发生时，斯科特·威廉姆斯进入了北卡罗来纳大学后的第二个赛季。那时，高年级学生统治着比赛。

"显然，这对他有影响。"迪恩·史密斯说，"经历了这种事情，没有人能像以前一样。"

威廉姆斯从未能达到他在高三时场均14.5分和7.9个篮板的数据，他从铁定的首轮秀跌落至未被选中。悲剧发生后，他的哥哥搬到了北卡罗来纳，这样他俩就能互相慰藉。身体强壮、喜欢笑，有着深蓝色眼睛的威廉姆斯变得孤僻了，他经常在校园里漫无目的地逛来逛去。

威廉姆斯从不谈论父母的死亡，他更愿意回忆父亲是怎样募集资金支持他的校队，使他们获得州篮球比赛的冠军戒指。母亲是怎么样放下工作去观看他的比赛。当兄弟俩准备进入小联盟棒球队时，母亲怎样帮他们进行投球击球训练。

他在痛苦和失望中打球。他说，现在他能应对任何问题，这些事情怎么也比不过曾经的悲剧。关于这件事他什么都没说，事实上也没有必要说。

当其他球员更衣时，威廉姆斯擦了擦他的眼泪。当时是12月29日，球队在1月3日之前不再有比赛了。接下来的两天，球队将会放假，元旦那天，球员归队进行小强度的练习。公牛队现在的战绩是20胜9负，和上赛季29场比赛之后的战绩一样。上赛季，公牛队获得了55场胜利，是球队历史上第二好的战绩。

杰克逊照例喝了杯啤酒，抽了根烟。格兰特拿皮蓬的鞋开玩笑，皮蓬就拿阿姆斯特朗的科隆香水开玩笑，公牛队更衣室里乱哄哄的。更衣室里的黑板上草草地写着——"1月1日中午见"。霍奇斯很快离开了，而霍普森在缓慢穿上衣服，他的位置在更衣室的角上，以前达夫·科尔津的位置。之前比赛结束后，达夫会在位置上坐上一小时。出于某些原因，霍普森也常常是最后离开更衣室的人。

除了霍普森和乔丹，队员们都无心逗留。帕克森的儿子来看比赛了，帕克森很快就和儿子一起离开了。乔丹通常会耐心接受20分钟的采访，记者和电视台的技术人员会争抢位置。采访结束了，乔丹转向眼睛仍然红着的新秀。

"走吧，我们一起吃点东西。"乔丹温和地说。

## 第6章　1991年1月

1月3日　客场对阵火箭队

1月5日　主场对阵骑士队

1月8日　主场对阵篮网队

1月9日　客场对阵76人队

1月11日　主场对阵老鹰队

1月12日　客场对阵黄蜂队

1月14日　主场对阵雄鹿队

1月16日　客场对阵魔术队

1月18日　客场对阵老鹰队

1月21日　客场对阵热火队

1月23日　客场对阵篮网队

1月25日　主场对阵热火队

1月31日　客场对阵马刺队

## 第6章 1991年1月

休斯敦和职业球星的关系怎么样？

1990/1991赛季，詹姆斯·沃西由于召妓被拘留。几年前的季后赛中，超音速队的戴尔·埃利斯和凯文·威廉姆斯由于在酒吧打架被拘。同样是在休斯敦，几名来自纽约大都会队和波士顿红袜队的棒球运动员由于深夜在俱乐部打斗被关进了警局。1991年早期，华盛顿红皮队的里奇·桑德斯在从一家夜店前往另一家夜店时，被控肇事逃逸。

休斯敦的夜店特别多，很吸引职业运动员，很多职业运动员认为休斯敦的警察就喜欢迫害他们。公牛队管理层就曾警告球员，不要到休斯敦的夜店，那么做有可能成为警察下手的目标。

公牛队于1月2日（周三）来到休斯敦，周四他们将在这里进行比赛。根据NBA的规则，如果球队没有比赛，就要在比赛日前一个晚上到达将要进行比赛的城市。每个人都要尽力避开麻烦，至少在比赛开始前。

在1989/1990赛季，杰克逊执教的第一个赛季，公牛队在休斯敦遭遇了惨败，公牛队在第一节就落后了20分。今年也没什么不同。公牛队被火箭队的快攻突破打蒙了，半场落后8分，三节之后落后20分。在公牛队防守体系中，乔丹或皮蓬中的一人必须回到后场阻挡快攻，但是在第二节两人谁也没去承担这项任务——两人都执着于前场进攻，在后场毫不设防。

赛后，杰克逊罕见发了火。当他看到皮蓬和格兰特的经纪人吉米·塞克斯顿在走进更衣室时，杰克逊瞬间爆发了。"除了媒体，其他人不许进来，"杰克逊说，"你们给我出去。"

塞克斯顿环顾四周，感到震惊。他想解释来更衣室只是通知格兰特和皮蓬赛后在哪儿碰头。更衣室里，乔丹正坐在座位上与重量级拳击冠军伊万·霍利菲尔德聊天，杰克逊并没有对他们下逐客令。

稍后，格兰特在与火箭队传奇球星凯文·墨菲吃饭时充满愤怒。格兰特在这场比赛中仅仅出手10次，乔丹和皮蓬加起来出手40次。墨菲告诉格兰特，如果他继续和乔丹在一支球队打球，他将永远无法充分发挥自己的潜能。这句话真是火上浇油。格兰特说自己努力了，看着乔丹和皮蓬得了那么多分，而自己却没有机会，这让他难以接受。这个赛季早些时候，格兰特曾经尝试多得分，但是引起了杰克逊的愤怒。"我明白自己的角色，"格兰特说，"我并不是想以自我为中心，但我有天赋，有技术，我当然想多得点分。人们关注数据，他们对好的防守、积极跑动以及挡拆并不太了解。我认为我可以通过获取更多的得分，为球队做出贡献。"

这场比赛中，当格兰特下切到底线后，他落位到防守者的前面，而不是后面，这与乔丹的战术意图相悖。乔丹大喊格兰特跑错了位置。"闪开！"乔丹喊道。格兰特对此非常不满："你就不能闭上嘴，换种打法吗？"这并不是针锋相对，格兰特只是表达自己的诉求。而平时，格兰特很少在球场上说话。

"我现在该怎么办呢？"格兰特过了一会儿问墨菲，"我已经要求交易，但球队和我签了新的合同，我现在为什么还去要求交易呢？"尽管如此，公牛队还是把格兰特的合同放在了心上。由于斯泰西·金未能打出水平，格兰特的重要性增加了。格兰特新一轮的3年合约是他的第二份合同，1993/1994赛季他过完29岁生日后，将成为自由球员，公牛队将无法要求他继续留队。所以，即便塞克斯顿和合伙人小凯乐·罗特经常对莱因斯多夫说延长皮蓬的合同，在那个赛季，莱因斯多夫却丝毫不为所动。当他们谈皮蓬的合约时，莱因斯多夫会一如既往地把格兰特的事情提上来。"你知道，"他说，"我们必须谈一谈格兰特的合同。"

然而，塞克斯顿深知格兰特的想法。"不要跟我说他们给了什么条件，"格兰特说，"3年后我只想离开这里。"

在那个1月多雾的夜晚，真正的愤怒来自火箭队。火箭队明星中锋奥拉朱旺被卡特莱特的铁肘撞伤后，送进了医院。在NBA，这并不稀奇。两个赛季前，卡特莱特被罚了款（不过，后来这笔罚款被撤销了，因为他的行为没有被定性为故意）。当时，他把格雷格·凯特和弗雷德·罗伯茨撞伤，两人都被肘击面部，不得不离场。罗伯特·帕里什和伊赛亚·托马斯也遭到了不同程度的肘击，托马斯对此非常愤怒。助理教练马龙试图阻止托马斯与卡特莱特打架时，托马斯开始推搡马龙。卡特莱特在打球时经常挥肘。在他冲向篮筐时，他经常"以肘引路"。这种做法并不少见，但是卡特莱特太凶狠了，对手们发现自己很难应对。

公牛队认为球队拥有卡特莱特是潜在的优势。因为绝大部分中锋在与卡特莱特对位中，达不到赛季平均的得分水平。赛场上，对手不想与卡特莱特对位，因为他们无法预测会发生什么。杰克逊说，尽管奥拉朱旺脸上的伤会导致他缺席两个月的比赛，但这显而易见是出自无心的接触。可是，考虑到奥拉朱旺对球队的重要性以及卡特莱特的名声，火箭队管理层非常愤怒。

火箭队总经理史蒂夫·帕特森给NBA运营总监罗德·索恩打了电话，要求对卡特莱特进行禁赛。随后，帕特森给了媒体一些录像带，上面记录着卡特莱特把几名球员撞得无法比赛的镜头。在罗伯特被卡特莱特撞得晕过去，无法继续比赛之后，雄鹿队前教练德尔·哈里斯也曾经剪辑过这样的录像带。公牛队教练心想，帕特森应该是从哈里斯那里获得了素材，因为哈里斯现在已经执教火箭队了。在1月晚些时候，格雷格·凯特再次遭到卡特莱特肘击，下巴上不得不缝了针。雄鹿队的杰克·西格玛不得不缺席与公牛队的第四节比赛，因为他的鼻子被撞破了。而结果就是公牛队获胜。

"猜猜是谁的铁肘？"比赛结束后西格玛说。

这次事件导致更多电话打给罗德·索恩。

"不能再这样了，"罗德·索恩给卡特莱特打电话说，"你就不能戴个护肘吗？"

卡特莱特感到震惊，整个职业生涯中他都这样比赛，他认为护肘会限制他的状态。而且戴上护肘，就好像对裁判打旗语一样吸引裁判的注意。

"我会尽可能注意。"卡特莱特告诉索恩。

索恩给杰克逊打了电话，杰克逊会让卡特莱特戴上护肘吗？"不！"

杰克逊说，"卡特莱特不想戴着它，公牛队也不会要求他这样做。"杰克逊认为有些球员想中伤卡特莱特，以削弱他的威胁性，以便能占到便宜，他们是自己撞上去的。索恩说，他会留意卡特莱特的表现，因为控诉声越来越大了。

"有什么大不了的，"格兰特说，"平时训练中他也是这样对我们的。"

在火箭队折损大将的那场比赛的第四节暂停期间，约翰尼·巴赫开始在战术板上胡写乱画，他画了一系列墓碑石，下面写着名字——"奥拉朱旺""凯特""罗伯茨""帕里什"和"托马斯"。

在顶部标题区，他写道——"卡特莱特国家公墓"。

———

接下来，公牛队返回主场，在1个月内第三次对阵骑士队。骑士队的情况不太妙，他们选了来自美国大陆篮球协会的球员亨利·詹姆斯，他在该协会的得分榜上领先。"你是谁？"在比赛的暂停中，乔丹好奇地问道。公牛队在第一节只得了14分，落后5分，在第二节结束时落后11分，然后逆转取胜。这次逆转，主要由于阿姆斯特朗替补上场之后得了18分，并送出8次助攻。但是，这种表现只会让这名长着娃娃脸的球员更加受挫。

1个月前，阿姆斯特朗找到克劳斯，要求被交易。他说自己在训练中的表现远超约翰·帕克森，所以，他应该成为首发。如果公牛队不在意他，就请把他交易走。

克劳斯将此事转告杰克逊，杰克逊把敏感的阿姆斯特朗狠狠训了一顿，这导致他在随后几周更加忧郁。杰克逊告诉阿姆斯特朗比赛和训练完全不是一回事，他根本就没看到问题的实质，他应该在第二阵容中成为领袖并积极得分。"我不会把球队变成以你为核心，"杰克逊对他说，"你运球太多，总想着投篮，帕克森知道怎样组织进攻。你想成为首发，但是你还差得远呢，你的防守达不到我的要求，你也不想帮助别人获得投篮机会。这就是为什么乔丹和皮蓬不想和你一起打球。"

阿姆斯特朗认为继续待在公牛队，情况也就这样了。新秀赛季时，他的自信心就受到打击，因为在其控球后卫的生涯中，他第一次拿不到球了。如果不能从乔丹手里拿到球，就很难跑出复杂的进攻战术，而乔丹并不是太在意这些新人。"我永远都不知道我该成为什么样子？我该做什么？"阿姆斯特朗说，"我想知道，我能在NBA打球吗？"他参加了公牛队的夏季联赛，并成为球队主力，他认为自己已经做好了准备，但这样的事情并没有发生。他想他在其他球队可能会好过一些。

但是，他似乎必须服从。

珀杜也想和杰克逊谈一谈。他上场机会不多，每场比赛只有几分钟，最终，他决定和杰克逊谈一谈。杰克逊告诉珀杜这是因为缺乏合适的搭配，他将来能得到机会。

"他们肯定觉得我很蠢。"珀杜说。他可不蠢，他以拥有联盟最大尺码的脚著称。他的移动很慢，人们期待他说话像"傻瓜派尔"，但他很聪明。在这个赛季，幸运眷顾了他——公牛队小股东告诉他，他使克劳斯看上去更好了。"你不认为我对此感到厌恶吗？"珀杜讥讽道。珀杜认为时间是他的朋友。最近，珀杜经常听卡特莱特说，由于卡特莱特将成为自由球员，1990/1991赛季之后，他希望离开公牛队回到加利福尼亚老家，在那里结束自己的职业生涯。

"那时，球队将不得不用我，"珀杜说，"我想有些谋生的办法还不如这个呢。"

而迈克尔·乔丹甚至也厌倦了自己的角色。

记者打断了乔丹的训练。罗德·索恩打来电话，希望记者让乔丹给他回个电话。罗德·索恩想知道乔丹是否愿意参加夏洛特全明星扣篮大赛，但索恩找不到乔丹。当然，这太正常了。乔丹在1988年首次获得常规赛MVP后，他忽略了NBA管理层的几十个电话，那些电话要求他参加颁奖典礼，那时他正在打高尔夫。

"我收到了他的消息,"乔丹说,"但我不想给他回电话,我知道他想做什么。"

索恩希望乔丹参加扣篮大赛,因为全明星赛在夏洛特举行,当然也因为乔丹不仅是NBA头号象征,也是篮球这项运动的头号象征。乔丹早已决定不参加扣篮大赛,1988年芝加哥全明星赛,他赢了扣篮大赛冠军。现在,他可能会失利,因为大家都期待他获胜,都期待他做得更精彩绝伦。所以,他宁愿去打高尔夫。

1989年全明星周末,乔丹不想参加扣篮大赛,他略施小计。为了让索恩不再打扰他,当索恩给他打电话时,他说要把奖金增加到2万美元,而以前是1.25万美元。几天后,索恩给乔丹打电话说:"成交。"乔丹感到震惊。"我会考虑一下。"乔丹说。除了可能从扣篮王的宝座上跌下,乔丹发现在全明星周末之后总是非常累,影响此后比赛的发挥。"现在,是时候让一些孩子从替补中脱颖而出,有个新的开始了。"乔丹心想。NBA宣布乔丹同意参加扣篮大赛时,乔丹给公牛队管理层打电话,让球队说他受伤了,没法参加比赛。没问题!在离全明星赛还有几天的时候,乔丹受了点小伤,公牛队说他们不想让乔丹冒险,以免伤势变得更严重。

1990年,NBA管理层妥协了。这次乔丹会去参加三分球大赛吗?当然,他会尝试一下,他觉得那很有趣,压力也没那么大,可能有些新的体验。那个赛季,乔丹投了很多三分球,但是,三分球大赛中,他感到紧张,获得了历史以来最低的5分,他已经受够了全明星周末的这些比赛。

在很多方面,乔丹都已经受够了。

1月早些时候,他急切地对队友说:"再打5年我就不打了。我现在简直度日如年,好像在蹲监狱。我厌倦了被NBA利用、被记者利用、被每个人利用。"

作为职业篮球运动员,对乔丹而言,打篮球不再意味着有趣。每个人都想得到些什么。他拥有很多，却没有时间做自己喜欢的事情。乔丹又帅又多金，性格也好。毕加索曾经说过，别人可以把他的口水当成伟大的艺术品。在篮球场上，乔丹也被如此。他的每个变化都能吸引人们。甜美的生活变得阴郁了。乔丹在NBA红得发紫，但他的周遭还是充满了怀疑和憎恨。

现在的乔丹，不再是要求在合同里写下"热爱比赛条款"的乔丹了。那个条款让他在比赛中想出场多长时间就出场多长时间，而不会受到球队的限制。如今，这个条款早就已经消失了。休赛期乔丹也不再那么频繁打球了，他只会应其他球员的邀请打一些慈善比赛，或者为赞助商打比赛。

在乔丹职业生涯早期发生的一些事情，开始改变他对篮球的热爱。"我很快认识到打篮球只是一桩生意，我要从中尽可能多地挣钱，然后就可以离开了。" 1月，乔丹说出了这样的话。他感觉自己就像巴赫的雇佣兵。同时，他对管理层越来越不满。"他们对赢球并不太感兴趣，"乔丹会说，"他们只想卖球票，而我就可以做到。他们不会通过交易把球队变得更好。还有他们花费所有精力来追逐库科奇这个孩子，我痛恨这些。"乔丹认为媒体也占据了他太多的时间，而且还中伤他。他感到队友是太沉重的负担了。如今，他已经有两个孩子。一切的一切都令他太难以承受了，他最想做的就是打高尔夫。

西德尼·蒙格里夫能理解他。蒙格里夫是20世纪80年代伟大的NBA球员，在1988/1989赛季之后就退役了，而如今，他又复出为老鹰队打球。几天后，公牛队将遇到他。蒙格里夫看过乔丹的录像，能在乔丹的眼神里看到当年自己的样子。

"你打上10年球，比赛、旅行、胜利、失败，一切的一切。"蒙格里夫说。他在巅峰期不仅是明星球员，还是NBA直言不讳的发言人。"8岁时，篮球吸引了我。尤其当你打球多了，你开始感受这种喜爱，你一直打，你否认自己不想再打了。但是，你会发现自己对周围的一切都变得越来越吹毛求疵，队友、教练、管理层、媒体……你的注意力不再聚焦于整个赛季，你的精力受到影响，周围的一切都越来越吸引你的注意。我休息了一年，我连篮球比赛都不看，我打网球和高尔夫，这是10年来我第一次按照自己的规划生活。我的膝盖有问题，我不再是以前的明星球员了，我的角色越来越不重要。我不能说自己在35岁时不想打球，我不能说自己不怀念每场打三四十分钟，得二三十分的日子。我休息了一年之后，我的想法完全不同了。我认识到在NBA打球是多么美好。现在，我认为我会再打上个三四年。"

乔丹对NBA的生活没有那么眷恋，他关于再打5年的说法掩盖了深层次的怀疑。当他与大卫·法尔克讨论在1990/1991赛季之后能否退出至少一年时，他就已经走得太远了。"然而，这里有两个问题，"他说，"一个问题是我的商业代言。我告诉法尔克，如果他能够找到方式，让我有源源不断的商业代言费用，我就会接着打。当然，公牛队很可能会提出诉讼。另一个问题，我更担心的是，如果我退出1年，我可能再也不想回来了。"

———

1月8日主场对阵篮网队的比赛，第三节公牛队领先了24分，并不是特别令人开心，紧张刺激的事情在之后发生。篮网队逐渐把24分的分差缩小到了10分，杰克逊不得不让乔丹回到比赛中，乔丹愤怒了。本场比赛，乔丹得了41分，而队友杰克·黑利赛季以来一直在替补席上挥舞着毛巾为公牛队加油助威："迈克尔总能让我激动不已。"

赛后，乔丹的话在替补席制造新的"暴动"。"我们的替补球员来到赛场，好像并不是为了提升技能，"乔丹对记者抱怨，"他们主要为了提升自己的数据，而不是学会怎么与队友配合，他们像在单打独斗，这是他们需要做出改变的地方。"

主要替补球员阿姆斯特朗、金、霍普森、莱温斯顿和霍奇斯却不这么认为。他们在场上时，他们认为自己在采用三角进攻战术，而乔丹和皮蓬却没有。每场比赛他们上场两三次，一共出场12分钟到15分钟，也就是他们每次上场几分钟，几乎没有机会流畅比赛，所以，他们能得到的就只是批评。

他们也不喜欢从杰克逊那里听到的话。乔丹爆发之后，他们要求教练和队员一起开个会。杰克逊告诉莱温斯顿和霍普森（他俩是抱怨声最大的两个人）："你们要么愚蠢，要么无法在场上合作。但是当你们一起在场上时，什么都不会发生。"杰克逊还说，"人生并不意味着绝对公平，球队对你们和对乔丹、皮蓬有不同的规则，他们上场就是为了得分，你们不是，你们扮演替补角色，这就是球队期待你们做的事情。"

"杰克逊不理解真相。"阿姆斯特朗心想。他喜欢杰克逊，认为这名教练又睿智又有趣，他喜欢为杰克逊打球，他也知道自己的朋友霍普森非常自我。霍普森曾经是大学联赛的球星，篮网队的头号得分手，他认为自己在1989年选秀中应该是状元秀。莱温斯顿在亚特兰大老鹰队时，甚至与多米尼克·威尔金斯发生了冲突，因为他希望能分享威尔金斯的球权。这些人都是在第一轮选秀中以高顺位被选中的，认为自己有资格获得首发机会。事实上，他们还认为自己有能力成为球星。杰克逊必须看到这点，即使不是在比赛中，至少也是在他们的抗辩中。阿姆斯特朗认为那场会议没有取得任何实质性效果。

杰克逊理解NBA里有多少球员把自己看作球星，这些人在加入NBA之前都曾经是球星，但是在NBA他们必须接受自己的角色。他认为阿姆斯特朗还有救，但是霍普森和金就不太确定。杰克逊担心这三人在飞机、大巴上交往过密。几周后，杰克逊找到阿姆斯特朗。"这些队员身上有太多负面的东西，可能会影响你，"他告诫道，"你应该加入另一个小团体。"阿姆斯特朗依然对两人友好，但是在飞机上，他开始挪到距离另一些球员更近的公共区域。这个赛季接下来的时间内，他都这么做。

———

当球队奔赴费城时，公牛队爆发的时刻到了，76人队遭遇伤病潮。公牛队的客场战绩不太好，仅仅2胜6负。76人队主力球员里克·马洪因伤缺阵，而且76人队刚刚交易了迈克尔·戈明斯基，换回了阿蒙·吉列姆。杰克逊认为这利好公牛队。吉列姆被称为"黑洞",一旦球传给他,吉列姆肯定不会再把球传出来。巴克利不得不扮演前锋的角色,但他不喜欢打这个位置。

公牛队保持健康,至今没有一名首发球员因伤缺阵,直到全明星赛前夕,公牛队只有4场比赛有首发球员缺阵,在常规赛结束时,只有20场比赛有队员因伤缺阵。在一定程度上,这得益于球员的年轻。杰克逊则认为这也归功于进攻策略的英明,公牛队很少让进攻停滞,所以球队就不用采取孤注一掷的打法,而那种打法容易导致伤病。当该理论传到乔丹耳朵里时,他笑了:"菲尔·杰克逊产生了一些盲目的想法!"

公牛队完成了赛前投篮练习,准备返回去开赛前例会。例会上,他们将研究球探关于76人队的报告。这时,查尔斯·巴克利穿着大衣走进了公牛队更衣室。当时大约是晚上6点40分,比赛时间是晚上7点30分,巴克利刚到球馆,还没有走进主队更衣室。而公牛队要求所有球员都要在6点之前到达,否则就会被罚款。76人队教练吉姆也制定了相应制度,但是巴克利从来不遵守。

"伟大的球员或许是无法阻止的,"当杰克逊看到巴格利和乔丹说话时,他说,"但是巴克利没有纪律性,如果对方有这种球员,你就很容易战胜他。"

这个晚上公牛队拥有乔丹,当然就能赢球!在过去的6场比赛中,乔丹第三次得到了40分。76人队在比赛末段把分差迫近到了1分,而阿姆斯特朗跳投命中,公牛队把比分优势扩大到了3分。随后,卡特莱特接连跳投命中,76人队哑火了。这是一场很重要的胜利,甚至是关键的胜利。教练认为公牛队需要在客场击败强队,在两个月之前击败爵士队和凯尔特人队的比赛之后,他们还没能做到这点。公牛队可能因为对方伤病而获胜,但是这也算。

之后,公牛队回到主场击败了老鹰队,所有首发球员的得分都上双。格兰特、皮蓬和卡特莱特都抢到10个篮板。帕克森和卡特莱特在最后两分钟投中了关键球，当时，老鹰队刚刚把16分的差距缩小到了1分。

下场是去夏洛特市的客场比赛，对乔丹之外的其他人而言，这场比赛相对容易。在那里，乔丹总是受到欢迎，就像球迷在欢迎荣归故里的英雄。乔丹在比赛前的下午从没能睡觉，因为他在接待老朋友。比赛中，公牛队予取予求，第三节开始就取得了19分的领先优势。在离比赛结束还有9分钟时，黄蜂队把比分差距迫近到了7分，这时，乔丹大杀四方，包揽了球队最后14分里的12分。

接下来，雄鹿队将造访芝加哥。未来25天，公牛队将有10场比赛，其中9个客场。打完这10场比赛，将进入全明星周末。1990年12月雄鹿队在主场击败了公牛队，但如今的雄鹿队正在苦苦挣扎。在中部赛区领先了近1个月后，雄鹿队让出了榜首位置，现在以落后半场比赛的劣势屈居公牛队之后，排名东部第三。

乔丹和皮蓬运用他们的绝技，抢断后妙传给对方扣篮。最近，他俩不太信任卡特莱特，往往只是打双人配合，并且把帕克森只看作危急时刻的救兵。第三节，他俩联手拿到19分，公牛队领先10分。第四节，公牛队至少也保持6分以上的优势，最终以110比97的比分获胜。

公牛队已经连胜6场，而教练组知道球队并没有那么好，球队整体的防守和机动性使他们得以在危机时侥幸取胜。现在离赛季结束尚早，还有时间提升。赛季进行到中段时，球队的状态不错。

但是，杰里·克劳斯却在火上浇油，而球员并不了解其中缘由。

公牛队球员越来越恨球队对库科奇的追逐。每个人都听到了关于他能成为超级明星的故事，但他们认为克劳斯对库科奇的着迷只是黄粱美梦，这只会浪费大量的真金白银。公牛队已经给库科奇开出了6年1530万美元的条件。球队在工资帽下小心翼翼地留下了180万美元。这样一来，如果库科奇决定来NBA，公牛队就能马上与其签约。这使公牛队成为全联盟待遇最低的球队之一。皮蓬要求重新签约，乔丹也希望拿到更高的工资，不过，他不太确定自己能否拿到。帕克森和卡特莱特还没有续约。管理层给一名还没有得到检验的欧洲球员开这么高的工资，而且还会抢走他们的上场机会，公牛队球员当然不会感到兴奋。

球队给了乔丹6盘库科奇比赛的录像带，想让乔丹看看库科奇多么有天赋，但是乔丹拒绝了。

1990年12月，克劳斯去了南斯拉夫，见到了库科奇，给了他一个截止日期，要求库科奇必须在1月末做出决定。这是克劳斯3次前往国外的第一次。同时，也是公牛队至少5次"最后期限"中的第一次。

而这不足以使身高2.08米、体重90千克的库科奇下定决心。1月的最后期限过去了，他并没有做出决定。当媒体关于公牛队给库科奇开出的条件到处传播，而自己的谈判却毫无进展时，皮蓬非常不满。乔丹也不太高兴，甚至告诉法尔克，如果公牛队签下了库科奇，请法尔克运作关于他的交易。乔丹认为库科奇将会失败，因为公牛队对其能力的拔高，以及承诺他首发控球后卫的地位，这都会给库科奇带来难以置信的压力。乔丹对莱因斯多夫说，公牛队应该交易库科奇的签约权，给球员一些实惠。同时，乔丹也怀疑库科奇会不会来公牛队，尤其是克劳斯去南斯拉夫之后。

"如果你想让一名天赋球员加入球队，你该派什么人去呢？"乔丹在更衣室里笑着说，"库科奇可能认为我们每个人的脸上都有甜甜圈的渣渣。"

然而，对杰克逊而言，这不是个笑话，他看到了球队的愤恨情绪，他不只是针对库科奇（杰克逊认为库科奇有朝一日将成为堪当大任的球员），而是针对公牛队管理层。他认为库科奇是在利用公牛队的诚意，以增加自己与意大利和西班牙球队谈判的筹码。克劳斯请杰克逊给库科奇打电话，保证他能得到出场机会。杰克逊勉强答应了，然而，杰克逊打了电话之后，克劳斯突然情绪失控了。

翻译得不太准确，当杰克逊听到库科奇犹豫的声音之后，他忍无可忍。"听着，小子，"他说，"太过分了！别占着茅坑不拉屎！"

## 第6章 1991年1月

1月16日，公牛队去了奥兰多，开启了8天4场比赛的旅程。当球队大巴车抵达球场时，天气很好，阳光明媚，可没过多久大家就想到了沙漠。离比赛开始还有30分钟时，有消息说美国开始空袭伊拉克，海湾战争已经爆发。那天晚上，球员们省略了看球探录像的环节，每个人都观看了电视上关于战争的报道。乔丹的哥哥驻扎在德国，他猜想哥哥可能会打来电话说"我们能轻松取胜"。等战争的第一时间报道闪过荧屏后，乔丹说："我们会让他们知道，他们没法给我们搞破坏。"他说完这番话之后，很显然他还在思考这个问题。这种情绪分散了大家对比赛的注意力。

对克雷格·霍奇斯而言，这是一个内心矛盾的时刻。他信仰伊斯兰教，很同情伊拉克，但他知道自己必须保持沉默，以保护他的家庭。事实上，他在球队非常受欢迎，经常与帕克森、格兰特谈论宗教和政治。

如今，任何人想专注于比赛都非常困难。第三节末，魔术队领先7分，在离比赛结束还有9分钟时，双方打成了平局。此时，魔术队控球后卫萨姆·文森特（曾为公牛队效力）"超常发挥"，令人永远难忘。他7次单打，都没让队友碰到球。当文森特投丢了3个球，4次失误之后，公牛队领先了10分。最终，公牛队以98比88的比分获胜。不久，文森特的首发位置就被给了斯科特·斯基尔斯——他的大学队友。

海湾战争的阴霾一直萦绕在球员的心头。在战争之前，萨达姆·侯赛因威胁如果美国敢进攻伊拉克，他就会派出刺杀小分队。在第一个暂停时，霍奇斯往看台上看了看，对格兰特说："你知道'将军'（乔丹）被视为美国的财富，如果他们想刺杀任何人，那可能就是他。"格兰特和霍奇斯挪得离乔丹远了几步。后来，这个消息传开了。在比赛将近结束时，杰克逊站在乔丹边上喊战术，而其他球员都避开了。

第二天，公牛队前往亚特兰大，多亏球队有包机，没有受到更严格的交通管制的影响。而很多球队不得不在机场等好几小时才能起飞。

这场比赛对公牛队来说并不精彩。公牛队在第二节中段领先了10分，而转瞬间又被老鹰队的快攻压制了。在半场结束时，公牛队只领先1分。杰克逊很欣赏老鹰队教练鲍勃·韦斯的指挥艺术。韦斯好像在把一盘散沙般的球员聚起来打比赛。就像柯林斯对乔丹，韦斯的前任麦克·弗拉泰洛曾经告诉管理层，只要多米尼克·威尔金斯在，老鹰队就永远赢不了球，因为威尔金斯太自私了。弗拉泰洛在1989/1990赛季后被辞退，主教练换成了韦斯。韦斯让威尔金斯多抢篮板球，把摩西·马龙变成了更随和的角色球员，这令联盟中的每个人都大吃一惊。而且，他还把斯珀特·韦伯变成了进攻非常有威胁性的控球后卫。面对这些工资比他高三倍甚至更多的球员，韦斯运用的唯一方式就是——如果球员不按他说的做，他就减少球员的上场时间。约翰·帕克森对此深有同感："对球员而言，最重要的两件事就是上场时间和钱。"

老鹰队在第三节逐渐接管了比赛，第四节开始就击溃了公牛队，最后，老鹰队114比105获胜。乔丹得了30分，格兰特又抢了10个篮板，而公牛队替补球员的得分以20比47落后。公牛队的罚球得分以15比29落后时，杰克逊感到非常受挫。这场比赛乔丹出场41分钟，出手28次，但是主裁判达雷尔·加勒森和助理裁判只让乔丹上了两次罚球线。

比赛还剩下59秒时，公牛队落后13分，尽管如此，杰克逊还是叫了3次暂停。杰克逊痛恨加勒森对球场上的乔丹时不时表现的霸凌行为。他告诉助手："我会尽可能让加勒森不要执裁我们的比赛。"

在广播台，NBA的前教练科尔开玩笑说："一名生命垂危的教练说的最后一句话是，'嘿，我现在只剩下一次暂停机会了'。"

加勒森像个"小独裁者"，他痛恨乔丹这样的球星。尽管杰克逊很欣赏加勒森的职业态度，但是他非常不愿意加勒森执裁公牛队的比赛，因为加勒森与乔丹发生过多次冲突。这是本赛季第二场由加勒森执裁公牛队的比赛，两场比赛公牛队都输了。第一场是12月对阵雄鹿队的比赛。加勒森的儿子也

第6章 1991年1月

在裁判队伍中,加勒森花了很长时间告诉他怎么站位。杰克逊是NBA最喜欢争吵的教练之一,他在比赛中花了很多时间针对判罚尺度与裁判辩论,他通常很幽默,这就让他不至于吃到太多技术犯规。公牛队对阵活塞队的比赛中,当沃利·鲁尼因为B.J.阿姆斯特朗冲撞约翰·萨利而判前者犯规时,杰克逊跳出来说:"看在上天的分上,沃利,阿姆斯特朗只有48千克!"

杰克逊对球员说,球队状态下滑的迹象显而易见。而球员并不太信服,毕竟他们已经连赢了7场。那天晚上,杰克逊难以入睡,他所看到的迹象令其辗转反侧。

———

乔丹也没有睡好,他一向睡眠时间不长,这是阿道夫·希弗随队出差的原因之一。希弗在北卡罗来纳大学时就是乔丹的老朋友。乔丹跟他以及弗雷德·惠特菲尔德、弗雷德·卡恩斯(两个毕业于北卡罗来纳大学的商人)走得很近。他们经常陪乔丹一起外出比赛。乔丹精力充沛,在外出比赛时,希弗和两人经常陪他打牌到深夜。乔丹不太能耐得住无所事事。对于伟大的篮球运动员而言,这很常见,这也是他们喜欢超速的原因之一。查尔斯·巴克利告诉朋友,他希望某天在以241千米/小时的速度开车时死去。曾和乔丹一起开过车的朋友都对他避免了这样的命运感到惊讶。乔丹会以112千米/小时的速度沿着辅路开向芝加哥体育馆,然后在停车场骤然急刹停车。目击者说,他们经常看到乔丹在十字路口冲过停车标志,几乎是在测试他的反应是否足够快,是否能让他躲过来车。看来,具有这种运动能力的人需要不断接受挑战。

自从罗德·希金斯和查尔斯·奥克利被交易后,乔丹在球队的朋友不多,所以他和那些能跟得上他的日程、适应他躁狂症的人形成了小圈子。乔丹和队友关系一般,这并不奇怪,因为他们相处非常难。和乔丹一起出去就像和摇滚歌手米克·贾格尔一起穿过中学。在1988年的表演赛中,公牛队新球员安东尼·琼斯说:"和乔丹在一起,就好像跟着摇滚明星。"1990/1991

赛季，卡特莱特和霍奇斯在餐馆坐着，一个男孩子走过来，递给卡特莱特一张纸。"卡特莱特先生，我已经等了5年了，"他恳求，"你能帮我要一个迈克尔·乔丹的签名吗？"

签名对球员来说是件令人头疼的事情。乔丹不经常给队友签名。当他这样做的时候，他希望队友投桃报李。这就是教练们不再找他索要签名的原因。但凡和公牛队打交道的人，都会受人之托找乔丹要签名，教练们也是频繁受人拜托，而乔丹终究想得到某种回报。"拒绝这种请求，有助于我和他维持关系，"杰克逊解释，"那样，他就不能把我当成有求于他的人。"乔丹想让朋友上球队的包机或大巴车时，杰克逊能够对乔丹说"不"。在杰克逊之前，别人无法阻止。在球队的管理团队中，巴赫跟乔丹关系最好，当他看到乔丹如何运用签名带来的特权时，他同样也不再帮人找乔丹要签名了。

"我经常要乔丹的签名，"皮蓬说，"现在，我也厌倦了，我有我自己的骄傲。我告诉那些找我帮忙的人'我不想求他'。我就是不想找乔丹签名了。"

乔丹是不同于其他人的球星，无论技术还是商业价值。人们对他实际收入的估计有高有低，因为他们猜测乔丹的市场团队普罗舍夫公司为了拿下客户可能会虚夸。1990/1991赛季，乔丹很可能除薪资之外再赚1000万美元。他发布了几部录像带，这些录像带都上了排行榜，他超过了阿诺德·帕尔默和杰克·尼克劳斯，成为美国最挣钱的商业代言人。这就是为什么乔丹能够拒绝出席每小时1.8万美元的商店开业典礼，以及每小时2.5万美元的周末商业论坛，他准备用这些时间打高尔夫。这些也使乔丹倾向于与队友拉开距离。帕克森曾经得到代言机会，因为公司想要"三剑客"形象。皮蓬成为全明星球员之后，得到每年20万美元的球鞋广告代言。但是，霍奇斯连续获得全明星三分球大赛冠军，却从未得到过任何代言机会。卡特莱特经常受邀去做公共服务的播报员，他很乐于参加。乔丹不一样，每个人都知道这点，所以，有时队友很难接受他。

聪明的斯泰西·金看出来发生了什么。"他们制造了一个怪物。"他评论道。

然后，又有了"乔丹法则"的术语，报纸和杂志用这个术语指代活塞队阻止乔丹得分的方式。而对于球员，"乔丹法则"意味着特权。就拿感冒来说，12月乔丹打电话说他病了，不能来参加训练。杰克逊派训练师奇普·舍费尔到乔丹家里，带他去看病。

一周后，约翰·帕克森打电话说他感冒了，呕吐了一个晚上。杰克逊说，让他来训练，然后训练师和队医做个评估。这个法则就是，如果你病了，训练师必须看到你。帕克森随即被送回了家，但没有人安排训练师去他家里。

球队对乔丹和其他球员有着不同的规则，这在公牛队都不是新鲜事。有人可能会问，既然如此，乔丹岂不是会认为自己有单打特权，而不是融入球队的战术体系。如果他想制造这样的氛围，有什么信号能让他知道不可以呢？如果管理层给了乔丹"场外可以有特权"的印象，他为什么不会认为在球场上他可以享有特权呢？

与此同时，这种故事特别多，两难困境仍然存在。乔丹是最好的球星，他为球队做了这么多，难道他不应该受到特殊对待吗？其他运动项目里的超级明星难道得不到特殊待遇吗？

乔丹总是最后到达球队大巴车的球员。当球迷聚集在大巴车周围时，他不愿意坐在大巴车上等别人，大巴车总是等他。一次乔丹上了车，但队友罗瑞·斯帕罗在宾馆大厅里有事，斯帕罗走出宾馆时，大巴车已经开走了。1988/1989赛季，乔丹因腹股沟拉伤而不得不缺席一场比赛时，球队在他家里安装了治疗仪。如果其他球员受伤了，想得到治疗就必须跟着球队。

与"乔丹法则"有关的最广为人知的事情发生在1988/1989赛季。彼时，公牛队在圣诞节前抵达了夏洛特。主教练道格·柯林斯说第二天即平安夜可能不会安排训练。但是，当公牛队爆冷输给黄蜂队之后，柯林斯在黑板上写道："11点在综合体育馆进行训练。"

"没门儿。"乔丹说。

第二天，球员在大巴车上等候去机场，他们要在假期的混乱中乘坐商业航班回家。乔丹没在车上，柯林斯有点焦躁，而且乔丹不接电话，于是，柯林斯派训练师马克·菲尔去乔丹的房间。乔丹告诉菲尔，他不想回芝加哥训练，因为柯林斯生气了。他还说，如果回到芝加哥训练，他将不得不再开车回到北卡罗来纳，按先前计划过圣诞节。最后，他说菲尔可以把这些话直接转告柯林斯。

菲尔如实转告了柯林斯，柯林斯让他先回来。柯林斯妥协了，他对菲尔说："告诉乔丹只要他去机场，自己就会取消训练。"

"我5分钟之后到，"乔丹说，"就这样吧。"

大巴车开走了，队员们刚到候机厅大门，乔丹就出现了，柯林斯也到了。他眼里充满焦虑，说今天是平安夜，作为奖励，他决定取消训练。

乔丹转身就走了。帕克森注意到，乔丹连袜子都没穿。12月不穿袜子去芝加哥？队员们立刻知道为什么训练被取消了。

柯林斯永远都没找到应对乔丹的办法。1989/1990赛季，乔丹的朋友随着球队大巴车一起外出比赛，为他们订房间。但是，管理层对其他球员说，他们不允许带着朋友或者家人一起，更别提让球队负责食宿。杰克逊在1988/1989赛季成为主教练之后，叫停了这些做法。不过，球员在亚特兰大拿到房间表时，他们看到希弗和提姆·格罗弗的名字。

格罗弗是乔丹的私人体能训练师。又一次特事特办，按"乔丹法则"操作。球队其他11名球员在体能教练艾尔·费尔迈尔和埃里克·海兰德的指导下训练。海兰德甚至跟着球队出长差，一路上帮球员进行体能训练和常规训练，帮球员寻找健身房。而乔丹和格罗弗总是单独另找一家。乔丹在1989/1990赛季开始单独进行体能训练，他在家里的地下室购置了一套体能训练设备，后来又通过队医请了格罗弗。乔丹以前从未进行体能训练，他总开玩笑说，他在训练营之前的例行训练包括在高尔夫球场走路。乔丹也经常快餐，不过，这些年他不再吃了。公牛队队医约翰·赫弗伦说，乔丹极具天赋，所以他可以忽略其他人都必须遵守的养生之道。

不过，乔丹发现自己在季后赛末期会有些体力不支，而他又想多打一些背身单打的战术，所以，他决定变得更强壮，以便在比赛中对抗。于是，他开始练习举重。在1990/1991赛季，他将体重增长到了95千克。

为什么乔丹不跟着球队的体能教练训练呢？

公牛队官方给出的原因是乔丹可能会引起太多人在训练房围观，拥挤不堪。

这是真正的原因吗？没有人确信。据推测，这与乔丹强烈的竞争心有关。

球队更衣室是有个性的，有些球队比较严肃，有些球队比较轻松。公牛队球员经常口无遮拦，甚至有点人身攻击。在格兰特谈判的那段时间，乔丹经常嘲笑格兰特的合同多么糟糕，说格兰特都不愿意付钱给孩子买支铅笔。当谣言说皮蓬希望拿到跟乔丹一样的合同，甚至超过乔丹时，格兰特告诉乔丹，皮蓬恐怕要包揽所有投篮。他们还拿乔丹的光头开玩笑，说如果乔丹需要贷款烫个发，他们很乐意帮忙。

所以，实质性问题可能是体能训练会变成竞争，而乔丹可能输。据训练师费尔迈尔说，格兰特卧推的重量可以和橄榄球队锋线球员媲美。威尔·珀杜，这个乔丹并不尊重的人，也已经练了很长时间举重，费尔迈尔认为乔丹需要练几年才能达到珀杜的水平。

"如果乔丹和我较量，因试举更重的重量而受伤，球队会高兴吗，"珀杜说，"他们有可能责备我。"

所以，公牛队的"乔丹法则"传递了确切的信息——乔丹和队友不一样。不过也没有离谱当球队周六包机去迈阿密时，乔丹可以带着随从上球队包机。希弗和训练师格罗弗将不得不在迈阿密与他会合。

周日的训练非常差。年轻后卫阿姆斯特朗在训练中几乎没什么热情，打得非常糟糕，杰克逊冲他吼了好几次。如今，杰克逊近乎绝望地催促克劳斯与小牛队交易，他希望得到控球后卫德里克·哈珀。他对克劳斯说："如果可能，把金、阿姆斯特朗和霍普森都交易了。"克劳斯提出把帕克森交易到雄鹿队，换取一个首轮选秀权，然后再以选秀权和球员打包的形式从小牛队把哈珀交易过来。

不过，克劳斯处于困境，金、阿姆斯特朗和霍普森的价值下跌。"如果你不让他们上场，我就无法交易他们，"克劳斯对杰克逊说，"如果你想交易他们，就要给他们上场机会。"同时，阿姆斯特朗认为自己经常无缘无故成为杰克逊针对的目标，而有时自己是对的。比如，乔丹在投篮不进时，想抢篮板补扣。本赛季初期，这个战术发挥了几次作用，并且赢得了球迷的欢呼。当乔丹想尝试这个战术时，他会让阿姆斯特朗后撤。这本来该是乔丹的工作，阿姆斯特朗的职责是尽早与对方控球后卫对位。按乔丹的意思，他不得不后撤，保持攻守平衡。这时，杰克逊在替补席大喊："去前场，阿姆斯特朗，去前场，该死的，你在做什么呢？"

乔丹让阿姆斯特朗不要在意杰克逊的命令，按他说的去做。

阿姆斯特朗很快失去了信心。最终，他让经纪人亚恩·特勒姆给莱因斯多夫打了个电话："B.J.很受困扰，他不知道该听谁的。球队的超级球星让他往东，而教练让他往西，他该怎么做呢？"

"你告诉他，让他听教练的。"莱因斯多夫说。

但阿姆斯特朗不太确定。

———

周一早上7点，杰克逊被克劳斯的电话吵醒了。"你看报纸了吗？"克劳斯问道。即使杰克逊会去看报纸体育版，他在迈阿密也看不到芝加哥的报纸。而克劳斯会去研究关于公牛队的报道，他对负面报道深为恐惧，而今天的报道则令他惊恐——斯泰西·金抨击球队。"如果公牛队认为他不能打球,那好,请把他交易到他能打球的地方,因为和他同年的新秀都能获得上场机会,而他却没有。另外,请不要再把比赛失利归咎于替补球员。"

报纸上的报料还有很多。克劳斯想和金通话,杰克逊说他会和金谈一谈,他知道克劳斯只会把事情搞砸。

"你真的宁愿为篮网队或者快船队这样的球队打球吗?"杰克逊问金。

"当然了。"金回答道。

杰克逊懂了,他很失望。"如今,在职业比赛中,挣钱的唯一方式就是有漂亮的数据。"后来,杰克逊对朋友说。在这个方面,他甚至尝试帮助自己的球员,所以,他会默许皮蓬经常略显自私的打法。他知道皮蓬想得到新的合同,平心而论,他不能不让皮蓬这么干。他认为金也能够在公牛队证明自己,而金显然不这么想。

1月21日对阵热火队,公牛队轻松取胜。缺乏经验的热火队球员毫无惧色,可惜他们在第三节连续7次进攻中失误了5次。公牛队借势领先了14分,并赢下比赛。

金出场22分钟,是这个月以来他出场时间第二长的比赛。他打得不错,拿到9分、5次助攻。这就惹怒了替补中锋威尔·珀杜,因为他在这场比赛中只打了2分钟。

今年是珀杜的第三个赛季,他正在耐心等待机会。第一个赛季,他几乎没有上场机会。柯林斯和克劳斯对于珀杜的使用互不相让,于是,他在这场控制权争夺战中成了牺牲品。杰克逊曾经给了珀杜机会,但他认为珀杜的防守太弱,没法给予太多上场时间。乔丹在训练中甚至想揍珀杜,这也没用。那是1989/1990赛季的训练中,珀杜阻挡。他通常就像一根超过2米的意大利面,但这次,他很强硬。乔丹过来了,期待珀杜像以前那样让路,不料,砰的一声,他直接撞上了珀杜,差点像同比例的卡通人物那样滑倒在地板上。乔丹停下来狠狠盯着珀杜,并向他打去,一下、两下,擦着耳朵冲珀杜挥舞了两拳。珀杜的膝盖软了一下，但他坚持站住了。

"你这个该死的，比赛中阻挡怎么不这么强硬？"乔丹喊道。

每个人都停下了。幸好训练刚开始，还没有人从体育馆的玻璃幕墙往里看。这次事件后，杰克逊要求球队给体育馆装上窗帘，以便训练时能保持隐私。他的解释是球员需要集中精力，而事实却是"我们不能让外人看到这种事情"。珀杜的上场时间越来越少，12月底，他为此与杰克逊谈话。他已经准备好把自己的遭遇报料给媒体，不巧的是，当时他的父母正好在城里，他不想让父母担忧，他必须等待时机。然而，金抗议了，就得到了更多上场时间，看起来这是行之有效的方式，所以，珀杜也向媒体报料。

珀杜没有上场时间，他认为这是不对的，他告诉《哈罗德日报》的肯特·麦克迪尔："我不想在比赛的最后1分钟上场，轻松获胜。"珀杜还想知道为什么卡特莱特能得到那么多的上场时间——在最近一场比赛中，他打了44分钟，然而他状态明显下滑。球队在想什么？"我在这里就是打酱油，"珀杜说，"我感觉球技下降了，这是毫无疑问的。"

替补球员的问题并未到此结束，霍普森也成了令教练头疼的球员。两周前对阵76人队的比赛中，杰克逊安排他上场。霍普森去技术台检录时晃晃悠悠。霍普森经常这样走路，当时他看上去就像在遛弯。在他到达技术台之前，杰克逊对他吼道："拿出认真的态度！"公牛队说要交易他，但没有球队想接他每年93万美元的合同。杰克逊认为霍普森优柔寡断，在赛场上迷失了，霍普森却责备球队。"他们说我应该得分，但我每场比赛只有两次出手机会，"霍普森向好朋友阿姆斯特朗抱怨，"最开始我是后卫，现在我打前锋。以前我是得分手，现在却要我防守，谁知道发生着什么！"

此外，尽管教练有时对新人斯科特·威廉姆斯非常感兴趣，但没有人知道他发生了什么。巴赫在球队的圣诞聚会上告诉莱因斯多夫，威廉姆斯将比金还优秀，这令莱因斯多夫感到震惊。因为莱因斯多夫许给金6年800万美元的合同。尽管他对克劳斯通过欺诈的方式将威廉姆斯作为自由球员签了下来感到开心,他非常不愿意听到这些。比赛之后,威廉姆斯已经不去洗澡了,很显然这是对缺少上场时间的抗议。威廉姆斯说自己比金和珀杜要强,应该获得上场时间。他经常长时间盯着杰克逊和巴赫,却一句话也不说。杰克逊开始感到忧虑,他向球员打听威廉姆斯是不是出了什么问题,是否需要心理咨询。杰克逊对这个孩子没有特殊想法,但巴赫有。巴赫的儿子是加利福尼亚州的警察,他给儿子打了个电话:"给我一支枪,我们这里有个孩子,可能有一天会走进教练办公室大开杀戒,我要早做准备。"

公牛队开始触底,想快速爬出泥潭很难。

——

最近几天开始传出小道消息——公牛队和掘金队已经同意交易沃尔特·戴维斯。由于掘金队这个赛季表现糟糕,戴维斯希望离队。他每隔几天就和乔丹打电话,打听情况。公牛队派出了球探,连续观看了掘金队4场比赛,很多人认为戴维斯将成为公牛队冠军拼图上的最后一块,乔丹也这么想。他经常强调公牛队替补球员需要得更多的分,显然,霍普森无法做到。公牛队1月22日前往新泽西,准备参加与篮网队的比赛时,掘金队打来了电话。一场交易即将达成,但不是和公牛队,这场交易将是开拓者队拿出德拉岑·彼得罗维奇,篮网队拿出未来首轮选秀权,掘金队希望得到篮网队的选秀权,这样他们将得到更高的选秀位置。公牛队应该怎么做呢?

克劳斯联系了莱因斯多夫,球队需要在大名单里为戴维斯腾出位置。但莱因斯多夫不太愿意交易霍普森,因为即使放走了霍普森,他在1991/1992赛季至少还要付给霍普森90万美元。霍奇斯是在同一个赛季签下的,工资是每年70万美元。此外,球队目前也还不想交易威廉姆斯。除了帕克森和卡特莱特,每个人都有长期合同,而帕克森和卡特莱特又是首发球员。在1990/1991赛季之后,公牛队只欠克里夫·莱温斯顿一份40万美元的买断合同。"着手去做吧,"莱因斯多夫说,"告诉菲尔,如果他想要戴维斯,我们会交易莱温斯顿。"

球队来到新泽西之后，克劳斯给杰克逊打了个电话："必须现在就去交易，掘金队准备采取行动了，所以如果你想要戴维斯，我们就去努力吧。"

杰克逊和教练组讨论了戴维斯和莱温斯顿的优劣势，最后决定不同意进行交易。杰克逊说，莱温斯顿在季后赛或许能发挥作用。他对霍普森也有同样的看法。戴维斯的防守存在太多问题，在对阵活塞队的最后一分钟他能防住谁呢？

这个消息是公牛队来到体育馆时宣布的，当时乔丹正站在入口处，准备进行赛前投篮练习。另一边，两队十几岁的孩子刚好结束了比赛。乔丹听到后，非常愤怒。这时，两个小孩跑过来，其中一个跳着撞了乔丹一下并大声呼喊："我摸到乔丹了。"

"我要给莱因斯多夫打电话，"乔丹怒火中烧，"克劳斯把每件事都搞砸了，他什么都做不了。我们得不到沃尔特·戴维斯，也得不到拉萨尔·汤普森（步行者队前锋，当时传闻他将会加盟公牛队）。他胆子太小了，没有人想和他做交易。只要他在这里，我们什么都做不成。回去之后，我会告诉莱因斯多夫，如果他想留下克劳斯，那好，把我交易走。事情必须有个了结。"

比赛也没能改变乔丹的情绪。公牛队输了，以95比99的比分输给了13胜26负的篮网队。捅向乔丹心头的刀子不但很深，而且还旋转了一下。在公牛队以90比88领先的时候，雷吉·瑟乌斯拿下了篮网队最后10分中的8分。乔丹两次跳投未中，瑟乌斯抢断了一个传给乔丹的球并得了分，一切都发生在最后的95秒钟。

乔丹痛恨瑟乌斯，比痛恨联盟中任何球员的程度都更甚。乔丹也不喜欢诸如尼克斯队的马克·杰克逊这样的"表演者"。他总是对瑟乌斯摆着臭脸。当瑟乌斯想打手犯规时，他会以类似手刀的方式飞快地把瑟乌斯的手打开。打手是防守乔丹的常用方式，乔丹通常会把防守者的手推开，而面对瑟乌斯，他的反应就像空手道的击打。

"在我第一年进联盟时,他就想对我下黑手。"当乔丹有次被问到为什么不喜欢瑟乌斯的时候,乔丹说。

"我讨厌瑟乌斯打球的方式,"乔丹在另一次谈话中说,"瑟乌斯是自私的球员,总是欺骗裁判,并吵吵嚷嚷。"实际上,这都不是真正原因。公牛队里人尽皆知的故事是,在乔丹遇到妻子胡安妮塔之前,瑟乌斯跟她短暂交往过。无论如何,乔丹从新泽西回家时非常愤怒。周三,当球队集合训练时,他还没有消气。

记者拦住乔丹,问他关于戴维斯的交易,乔丹又开始抨击克劳斯:"如果我是总经理,我们的球队会更好。"

报纸上充满了乔丹和克劳斯不和的故事,这不是公平的较量。大家都喜欢乔丹,厌恶克劳斯。克劳斯对莱因斯多夫讲这件事时,声泪俱下。他说:"老板必须采取措施,这种事情不能再发生了,球员不能这样说话。"所以,莱因斯多夫不得不出面斡旋。同时,莱因斯多夫告诉克劳斯,不要与乔丹挑起争端,他会以自己的方式处理这个问题。

第二天,对阵热火队的比赛几乎一边倒。公牛队开战10分钟之后就领先了17分,于是让替补球员上场。唯一的坏消息是卡特莱特在摔倒时伤及臀部,之后上场打了9分钟又受伤了。最终,他不得不因伤缺席几场比赛。不过,公牛队的好运仍在延续。这是他们第三次对阵热火队,即便热火队全力应战也不是强劲的对手,而他们的核心罗尼·塞卡利已经有3场比赛都没有上场。公牛队与约翰尼·道金斯、里克·马洪缺阵的76人队交了手;对阵骑士队时,马克·莱斯与约翰·威廉姆斯缺阵,和快船队交手,班尼特·本杰明没有上场;还和没有达雷尔·沃克的子弹队交了手。这还只是名单的一部分。公牛队的对手不是有伤兵就是劳师袭远。伊赛亚·托马斯的手腕做了手术,赛季余下的常规赛中基本上没出场。拉里·伯德的背部受伤了,继续因伤缺阵。或许这是公牛队占尽优势的一年,一切事情都有利于他们。好运在朝着公牛队微笑,但没有人报以微笑。

对阵热火队赛前，杰克逊下达了封口令。他说，如果球员想谈论球队的问题，他们首先要与杰克逊谈。杰克逊知道，偶尔的叛逆是好的，但是现在有点过了。

赛季晚些时候，有人问起杰克逊1月和2月的这段时光。"我们的确遇到了难关，"杰克逊承认，"但这是每支球队都会遇到的。"不过，他也知道伟大总是来之不易。

最终，约翰·帕克森为这场闹剧画上了句号。帕克森可能比公牛队任何球员都更委屈，球队对他比对任何人都更冷酷无情，只有斯科特·威廉姆斯的工资比他少。他是球队忠诚的球员，显而易见，赛季结束后，公牛队甚至没有留下他的意愿。克劳斯还在和教练说托尼·库科奇下个赛季将会来NBA打控球后卫。

"我从来都没有见过这种情况，"帕克森说，"我们在赢球（如今，公牛队29胜12负，将打破赛季57胜的纪录，首次与活塞队并列中部赛区第一），却没有人感到高兴。我在马刺队时，无论赢得分区冠军，还是仅仅赢下37场比赛，队友们仍然热爱比赛。他们不仅喜欢打比赛，而且非常快乐。现在，除了我之外，没有人想待在这里，而球队却不想要我。每个人都想去其他地方打球，因为没有人高兴。球员希望得到更多的出场时间、更多的投篮机会或更多的钱。他们想把队友交易走，想解雇管理层。如果我们没赢会怎么样呢？很可能就不是这样。是吗？"

# 第7章　1991年2月

2月1日　客场对阵小牛队

2月3日　客场对阵湖人队

2月4日　客场对阵国王队

2月7日　客场对阵活塞队

2月11日　主场对阵老鹰队

2月14日　客场对阵尼克斯队

2月16日　主场对阵篮网队

2月18日　客场对阵骑士队

2月19日　主场对阵子弹队

2月22日　主场对阵国王队

2月23日　主场对阵黄蜂队

2月26日　主场对阵凯尔特人队

1月31日对阵马刺队的赛前90分钟，乔丹坐在凌乱不堪的客队更衣室小隔间的前方。他感觉自己是155年前阿拉莫对抗入侵者的最后一名守卫者。

他很少情绪不振。乔丹拿着随身携带的便携式CD机，戴着耳机。他戴着墨镜，或许在睡觉。两个月来，这是他第一次没有在赛前练习投篮。今天早些时候，在投篮训练时，他什么也没说。

"'将军'怎么了？"霍奇斯问格兰特。两个人朝屋子对面的乔丹看去，霍奇斯说："他今天非常不对劲。"

"我不知道，"格兰特回复道，"可能是家里发生什么事情了吧。"

一定意义上格兰特是对的，乔丹低落的情绪源于他在芝加哥的对话，但是并非和他的家人，而是和公牛队老板杰里·莱因斯多夫，这次谈话是由于乔丹在新泽西抨击克劳斯引起的。莱因斯多夫被迫公开回应，这让乔丹很不舒服。不过，莱因斯多夫对克劳斯的支持是模棱两可的。莱因斯多夫说："迈克尔·乔丹显然是有史以来最伟大的运动员，他很可能是有史以来体育领域最伟大的三名运动员之一，其他两人是杰克·拉莫塔和穆罕默德·阿里，你战胜他们唯一的方式是干掉他们。迈克尔就是这样的人，但他仍然是一名球员。坦白来说，球员对教练的工作不太理解。他们对如何达成交易也不太在行。如果迈克尔知道我们想达成什么、我们遇到了哪些陷阱和问题（球队在沃尔特·戴维斯的谈判过程中），他很可能就不会感到如此受挫，但他不知道。我们无法向每位球员解释管理层的每项行动，我们也不能选出一名球员，让他成为总经理顾问。"

乔丹对莱因斯多夫的态度并没有感到惊讶，他喜欢莱因斯多夫，并崇拜他的商业能力。除此之外，乔丹也欣赏莱因斯多夫的高尔夫水平。事实上，乔丹刚刚成为莱因斯多夫在体育用品生意上的合伙人，投进了自己的钱，他可不会轻易这样做。莱因斯多夫想通过允许乔丹入股的方式推迟对他合同的谈判，但是联盟得到了风声，除非乔丹投进自己的钱，否则他拿到的分红还要归于公牛队工资帽之下。

然而，乔丹对于莱因斯多夫的总经理选择仍然不敢苟同。他对朋友说，他在戴维斯交易事件之后的爆发，并不仅仅出于挫折感和情绪。

## 第7章 1991年2月

几个公牛队小股东找到乔丹，支持克劳斯应该滚蛋。根据最初的协议，莱因斯多夫是球队管理合伙人，对球队的运作有最终决定权。由于公牛队是NBA最挣钱的球队，所以小股东们无法指控克劳斯管理不善或违背责任义务。小股东们认为只有乔丹发怒，才能让克劳斯走人，所以他们找了乔丹。

"我会给莱因斯多夫一些压力，让他对克劳斯采取措施。"他还说，"这件事情没完。我要让那家伙卷铺盖卷走人。"他说这些话的时候眼神坚定而冷酷。

莱因斯多夫给乔丹打电话，让他动身前往圣安东尼奥之前去自己北海岸的家里。这是莱因斯多夫第一次邀请球员来家里。莱因斯多夫告诉乔丹，他认识到克劳斯有其自身的劣势，但他相信克劳斯足以胜任。"我们在第一军团，"莱因斯多夫说，"杰里干了一些漂亮的事，他在选秀中选中了皮蓬和格兰特，他还让我们拥有了中锋（卡特莱特）。"莱因斯多夫知道克劳斯那种秘密行事的方式可能令人厌烦，他也知道克劳斯不是球队理想的代言人，但是他认可克劳斯的综合素质。球队正在赢球，那问题到底在哪呢？

乔丹坚称，克劳斯除选秀交易之外没有任何能力，他的人格短板使他既无法做成重要的交易，也无法帮助球队获得问鼎总冠军所需要的球员。"他不是好的伯乐，"乔丹说，"公牛队应该请公牛队退役球员做总经理。"

"你是指像埃尔金·贝勒那样的人？"莱因斯多夫问道。贝勒是NBA名宿，然而这些年快船队都拥有首轮选秀权，但球队在他的管理下仍然停滞不前。

"整个夏天，我都在和NBA总经理们打高尔夫，"乔丹说，"他们告诉我，他们不想和克劳斯做交易，因为克劳斯总是占他们便宜，想空手套白狼。这就是我们什么事也做不成的原因。"

"杰里做的交易很划算。"莱因斯多夫解释。

乔丹认为尽管球队获得了成功，但克劳斯治下的球队缺少获得总冠军的实力。克劳斯最近首轮选中的珀杜、阿姆斯特朗和金对球队帮助不大。格

155

兰特打得不错，但你无法信任他，皮蓬也如此。"你知道在我们的两场硬仗中，他并没有出现。"乔丹指的是皮蓬在季后赛对阵活塞队最后一场比赛上著名的受伤和偏头疼。乔丹还向管理层发出了警示，请他们妥善对待霍普森，霍普森在球队的要求下甚至放弃了对工资的诉求。另外，球队为什么在托尼·库科奇身上花这么多精力呢？公牛队不需要库科奇，他对球队没有帮助。乔丹还认为教练关于球队不需要沃尔特·戴维斯的决定是错的，球队需要替补球员上场得分，到了季后赛之后，每个人都能看到这点的重要性。如果没有戴维斯，是不是可以签下托尼·坎贝尔或者拉萨尔·汤普森？公牛队还需要一名前场球员。

"是这样，"莱因斯多夫对乔丹说，"你的这些话对球队没什么帮助，我们正在准备做几个交易，但是每次你站出来批评总经理，给人的感觉就是杰里必须做些事情。这使得我们很被动，因为他们认为我们近乎绝望，所以他们就想占我们的便宜。"

莱因斯多夫对乔丹没太不留情面，他认为两人关系很好，不过，他有时必须采取强硬的态度。几年前，乔丹曾经和莱因斯多夫谈过对球队的打法不满，要求交易球员。他希望把霍勒斯·格兰特在内的几名球员交易出去，他甚至准备公开表示他的抱怨。"你希望人们像看伊塞亚·托马斯那样看你吗？"莱因斯多夫说。

这句话让乔丹哑口无言了。最近，托马斯因为撺掇球队拿阿德里安·丹特利换来马克·阿吉雷的事情饱受争议，媒体把托马斯视为被宠坏、搅屎棍一样的球员，对他口诛笔伐。莱因斯多夫知道他这句话的威力，因为他知道乔丹对托马斯的感觉，他也知道乔丹能看出来托马斯受到了怎样的谴责。乔丹果然闭嘴了。

"想象一下，你这么做会让队友怎么想？"莱因斯多夫补充道，"球队队长说他们不够优秀时，他们会怎么想呢？这样一来，我们怎么能够激励他们发挥出最高水平。你抨击队友时，我们怎么做交易？你说他们不够优秀时，其他球队还想要他们吗？"

乔丹被驳得无言以对。他知道莱因斯多夫是正确的，他不知道他该说些什么。他认为公牛队所做的事都错了，但是莱因斯多夫的话很有道理。这时，乔丹感觉很渺小，就像一名在校长办公室里的小学生。最终，这场谈话切换到了轻松的话题，乔丹很快就告辞回家了。他的谈话没产生效果，事情还是原来的那个样子，球队不会做交易。乔丹心想，克劳斯太害怕了，而莱因斯多夫又太满意了。乔丹和法尔克打了电话，让他检查明年是否可以解除合同？

———

公牛队客场战绩不佳的问题在圣安东尼奥延续。球队无法指望卡特莱特防住大卫·罗宾逊，因为罗宾逊比卡特莱特速度更快，跳得更高。公牛队的优势在于整体速度快，能有效地包夹对方核心球员。公牛队球员从不同地方疯狂包夹罗宾逊，进入第四节时，公牛队82比75领先。替补球员上场之后，罗宾逊大杀四方，带领马刺队在末节的前4分钟打出13比2的高潮。公牛队丧失领先优势，乔丹对替补球员的表现非常愤怒。杰克逊使球队进入轮换模式，替补球员在第四节先上场，但乔丹认为公牛队在此时总是被狂虐。"我们取得了领先，他们丧失了领先优势，然后我们不得不为此擦屁股，"他对替补席上的巴赫说，"我们不能总是这样做，告诉他（杰克逊）让我上场。"

当乔丹重新上场时，比分是84比88，乔丹连续打进3球，公牛队扳平比分。但是，公牛队无法防住罗德·斯特里克兰，他摆脱防守，打进两球。乔丹在企图抢断时犯规被罚下，此时，离比赛结束还剩两秒，公牛队落后2分。最终，公牛队以102比106的比分失利。

杰克逊说，乔丹在比赛末段累了。乔丹22投只有9中，获得了36分，是公牛队得分最多的球员。乔丹说自己不累，他希望在第四节能早点上场。

本场比赛，罗宾逊得了31分和17个篮板。很多人认为，罗宾逊已经是联盟最佳球员。尽管，他不如乔丹那么有统治力，但是球员一致罗宾逊是更好的队友。罗宾逊在一次采访中也谈到了这点，当时公牛队正好也在当地。他无意贬低乔丹，但传递的观点却很清晰。

"乔丹在更大程度上是伪球迷喜欢的球员，"罗宾逊说，"他的扣篮、弹跳、运球非常华丽，如果你对比赛了解更多，你会更喜欢我做的努力，那才是球队取胜之匙。"

罗宾逊与乔丹对比的这番话，使公牛队球员想起罗德·索恩讲过关于朱利叶斯·欧文的故事。欧文在ABA篮网队效力时，他的队友科恩在比赛中曾遇到问题，对自己的表现不满意。但他是球队的得分手，非常重要。欧文告诉时任助理教练索恩，他会帮忙解决这个问题。

当晚，欧文拿球后面临包夹，他就把球传给科恩，由科恩跳投或者扣篮，科恩得了30分。比赛结束后，记者问科恩为什么能从困境中挣脱。科恩充满自信，告诉记者他是如何恢复了状态，又是如何将火力延续。欧文在这场比赛中得了12分，有些记者想采访欧文，欧文则建议他们去采访那天晚上的明星。

"你认为迈克尔·乔丹会这么做吗？"格兰特心想。

第二天晚上，公牛队移师达拉斯对阵小牛队，公牛队信心满满。小牛队正在苦苦挣扎，甚至将无缘季后赛，法特·利夫和罗伊·塔普雷由于膝伤赛季报销。

这次，乔丹又没有参加赛前投篮练习，他坐在电视前，反复观看两队的赛前分析视频。他戴着那副墨镜，没有和任何人说话。

"有些事情在困扰你吧。"巴赫说。一整天都没有人和乔丹说话，最终巴赫走到乔丹身后，想倾听他有何问题。巴赫也知道球队需要一场胜利，因为下场对手就是湖人队。杰克逊也非常关心乔丹："你必须回到现实世界里。"

乔丹仍然盯着屏幕。

## 第7章 1991年2月

"唉，我不想回到这个世界。"他低声说，甚至都没有转头去看一眼巴赫。

乔丹看见的是替补球员又一次发挥不佳，无法在第四节开始时保持领先优势。公牛队变阵，最终以11分的优势取胜。然而，面对弱队，球队打得并不轻松，这个事实显而易见。乔丹和队友仍然疏远，皮蓬正在担心合同的谈判，格兰特、卡特莱特和帕克森出手机会更少了。当球员走出赛场时，他们低头垂肩，无精打采。对公牛队而言，在得克萨斯的白天波澜不惊，夜晚却充满了愤怒和憎恨。

球队客场对阵湖人队时，教练讨论了他们能做什么，讨论了球队凝聚力的缺失，杰克逊决定在周日早上与球员谈谈话。巴赫认为需要杀鸡儆猴。他对杰克逊说："交易一个人，让他们警醒一下。"

克劳斯来达拉斯观看了德里克·哈珀的比赛。赛后，巴赫找到老朋友、小牛队助理教练鲍勃·祖菲拉托。巴赫执教勇士时，祖菲拉托是他的助理教练。克劳斯告诉巴赫，他这是执行秘密任务。而巴赫说自己不能背叛朋友，他可以和祖菲拉托谈，但不能对其不利。

巴赫从祖菲拉托那里听到的消息并不令人振奋。塔普雷和利夫伤愈归队后，小牛队还想卷土重来。小牛队给出的交易条件是除了斯泰西·金、B.J.阿姆斯特朗之外，还要加上选秀权，才愿意交易哈珀。所以，这个交易看起来不容乐观。

关于交易的话题令球员不安。"我希望交易截止日期（2月21日）赶快过去，"帕克森在2月3日对阵湖人队的赛前时说，"即使我失去首发位置，我也想早点知道。"

球队在2月2日抵达洛杉矶之后，阿姆斯特朗会见了亚恩·特勒姆。特勒姆以肯定的语气告诉阿姆斯特朗，现在有几支球队对他很感兴趣，包括快船队、湖人队、步行者队、子弹队、勇士队、76人队和老鹰队。重要的是，阿姆斯特朗希望找到一支他能成为首发的球队。这是他4年合同中的第二年，如果他想拿到下一份好合同,下个赛季,他必须成为首发,无论在哪。

"我来到公牛队,我就不再是原来的我,"阿姆斯特朗对经纪人说,"我想要的就是一个机会。霍勒斯不打首发之后,斯泰西·金得到了机会。如今,威尔·珀杜将要得到机会(卡特莱特的臀部伤病发作,杰克逊决定在对阵湖人队时派珀杜首发),但是他们没有给我机会。我能带领球队,我以前也总能做到这点。然而,教练总是说我难堪大任,所以我必须离开公牛队。"同时,金在对球队进行长篇谴责之后,在减重方面却无所建树。归队之后,他只得到了零星机会。现在,他认定自己在其他球队会好过一些。乔丹对金的愤怒与日俱增。普罗舍夫公司的两位客户身处一队,却几乎不说话。法尔克打电话给乔丹,问金究竟哪里做错了,乔丹告诉他,金简直是一塌糊涂。然而,法尔克告诉金,有几支球队想签下他,现在是离开公牛队的好时机,他会尽力帮助金达成交易,但他不确定克劳斯能否做成这笔交易。

基于上述原因,杰克逊在周日对球员说的那番话就毫不奇怪了。

"你们这些球员并不团结,"杰克逊赛前早餐会上对球员说,"这个赛季的赛程刚刚一半,你们就不能像一支球队打球。你们虽然人都在这里,却没有球队应有的凝聚力,你们都在为自己着想。"

对阵湖人队的比赛清晰证实了杰克逊的话,湖人队主力"魔术师"约翰逊在第三节由于脑震荡离场,但是湖人队仍然以99比86的比分获胜。"魔术师"在快速退防时被队友特里·蒂格绊倒,然后,又被踢到头部。他倒在地板上时,他的头被撞了。

皮蓬在上半场得了18分,对阵湖人队时,他总是发挥很好,因为他比詹姆斯·沃西快了很多。他在上半场15投9中,而下半场只投中了5球。事后,他非常愤怒。"我想队友没有意识到我打得这么好,"他说,"球根本传不到我这来,我很不开心。球传到了某些人的手里,但他们玩不转。"乔丹在下半场是控球后卫,但他几乎不给皮蓬传球,因为皮蓬在上半场得了18分,而他只得了9分。乔丹也很愤怒,第四节开始他就出场了,当时湖人队打了一波11比4，重新控制了比赛。乔丹想带球进攻，而杰克逊一直要求他打三角进攻战术。所以，他认为是进攻乏力导致球队输球。公牛队将比分迫近到86比89时，替补约翰逊的托尼·史密斯运球上篮得分，而随后克里夫·莱温斯顿外线投篮没能得分，于是，胜利的天平就倾斜到了湖人队。"我们好像没有把正确的投篮机会给正确的人。"乔丹说。帕克森把球传给珀杜，乔丹因此向帕克森叫嚷："他拿到球什么也干不了，不要把球给他。"珀杜11投只有2中。6名替补球员上场60分钟合计只得到了4分。珀杜作为首发球员做得相当不错，抢下了11个篮板，不过，他没能像卡特莱特守住中路，而且对位的中锋弗拉德·迪瓦茨找到空位，砍下12分并抢下13个篮板。

比赛结束后，球员很快去了机场，他们要动身前往萨克拉门托。所有人都认为会在那里轻松获胜。在萨克拉门托，公牛队首节就领先了17分，半场结束领先22分。拉尔夫·桑普森因为膝盖的伤势几乎被国王队放弃了，但他以侵略性的打法在下半场迎来了爆发，国王队把分差缩小到了4分。不过，公牛队又续上了火力，以11分的优势赢下比赛。

乔丹仍然因为和莱因斯多夫的会谈而愤怒，他有点钻牛角尖了。最终，巴赫对他说："球队需要你，你一定要振作起来，你现在传递的是错误的信息。"

"我就是做不到，教练。"乔丹回答。

早些时候，巴赫也感到愤怒。他是有奉献精神的退役军人，由于海湾战争进展顺利，美国进入了一种充斥爱国主义的狂热。球队开始以各种形式的美国国歌庆祝胜利。当晚，有个球员用口哨吹奏了一曲美国国歌。巴赫的颈动脉开始发紧，尽管他立正，显而易见，他因为这种不尊重行为而变得越来越愤怒，他的眼神简直要杀死吹口哨的球员。

"我猜下一次可能会有5个人出来一起放屁。"当口哨结束后，他吐了口唾沫。

这时，烟火开始燃放了。

对阵湖人队的比赛，莱温斯顿只打了10分钟，比赛季平均出场时间多了一点，而在对国王队赛前，他又一次因为在观看比赛录像时乱说话而受到警告，他对此感到愤怒。他很难融入球队，他是糟糕的传球手，杰克逊很快对他失去了信心。在进攻中，莱温斯顿为侧翼球员的传球不是被抢断，就是扔到观众席上，甚至有人说，球迷得到的传球都比队友多。这种挫败感在萨克拉门托终于爆发了。

"他们为什么把我带到这里，"比赛期间，他在替补席爆发了，"如果不想让我上场，为什么要签下我？我到底为什么在这里？"

莱温斯顿继续自言自语，队友都头扭向另一侧。

"这里到底怎么了？让我上场！我没有出场机会，到底是怎么回事？我为什么在这里，谁在导演这场戏？我想走人，让我走吧，让我离开这个鬼地方！"

"莱温斯顿，"霍普森低声说，"菲尔会听见你的话。"

"该死的菲尔，"莱温斯顿喊道，"谁在意呢？他又不让我上场，让他把我放走吧。"

这场"演讲"几乎持续了30分钟。

随后一次暂停，杰克逊对球员说："我们要利用空位，我们要把球传起来，传给有空位的人。"

"我有空位。"皮蓬说。他对自己在对阵湖人队下半场只有5次出手耿耿于怀。

"把球传给你时，你投不中球。"杰克逊回敬了皮蓬一句。

皮蓬冲向杰克逊，格兰特跳到两人中间。

"好了，好了，"格兰特对皮蓬说，"我们先好好比赛，我们上场比赛吧。""他以为他是谁，这样对我说话，"皮蓬向格兰特吼道，"他最好别再对我这样说，否则我跟他没完。他说的话是什么意思？"

这时，没能上场的卡特莱特把身体靠向体能教练埃里克·赫兰。"我喜欢球队的凝聚力，"卡特莱特说，"你呢？"

替补席上，乔丹坐在一端没有与任何人说话。这不仅是对这个特殊夜晚的意见表达，即使在主场，乔丹也总坐在公牛队替补席的一端，与队友拉开距离。很多方面，这代表着乔丹和公牛队其他人在天赋和交流上的沟壑。

杰克逊要求霍奇斯或者霍普森替换乔丹上场时，公牛队替补席有时像音乐会上的凳子，球员从板凳的一端匆匆站起身来。"没有人喜欢挨着他坐下，听他抱怨和要回到场上的喊叫声。"卡特莱特解释道。

他们还能从比赛中获得乐趣吗？

之后，公牛队将在底特律与活塞队比赛。记者关心的不是公牛队和国王队的比赛，而是下一场公牛队在"宫殿"能赢球吗？

莱因斯多夫查看了一下数据统计表和主场比赛日程。"这个赛季要结束了，"他心想，"我们能不能在底特律打败缺少伊赛亚的活塞队呢？"

———

杰克逊认为已经到了能打败活塞队的时候了。托马斯的缺阵有一定影响，他是伟大的球员，他改变了打法帮助球队获得胜利。托马斯显然技高一筹，但他放弃了一些投篮机会，帮助乔·杜马斯和其他球员，活塞队整体实力因此获得了提升，成为冠军。尽管如此，托马斯依然是联盟最佳后卫之一，而且他随时都能突破公牛队后卫的防守。然而，现在杜马斯将成为控球后卫，杰克逊可以让公牛队后卫与其对抗，让他无法进攻，迫使把球传给维尼·约翰逊。约翰逊不是全明星球员，杰克逊觉得可以对付他。

杰克逊希望1990年12月与活塞队比赛后的情绪爆发，能够得到联盟的注意，公牛队或许因此改变此前在裁判方面的被动。有件事令他很关注，那就是活塞队替补席前面的篮筐。公牛队教练检查过那个篮筐，认为活塞队做了手脚。篮圈边沿后面通常装着的一片泡沫橡胶似乎不见了。杰克逊研究了活塞队的录像，他注意到，无论何时只要活塞队向那个篮筐投篮，他们的内线球员就会提前准备冲抢篮板。活塞队是掩护和冲抢篮板最好的球队之一，而这次却有所不同，他们似乎预知会投失。客队有机会选择进攻方向，杰克逊和很多教练一样，喜欢让球队在下半场转移到自己替补席这边防守。而这次，他做出了改变，下半场，他让活塞队在自己替补席前防守。

事实上，这种策略在NBA并不罕见，这也是杰克逊总是随身带着压力计的原因。

"以前我经常笑他，"巴赫说，"最近几年，我认识到这很有必要。"比如1989/1990赛季在迈阿密，赛前，杰克逊检查比赛用球的气压，发现篮球的气压远远低于比赛规定。难道这只是无心之错？不太可能。篮球的气压不够时，球员就无法快速运球，比赛节奏就降了下来，而像热火队这种缺乏天赋的球队对阵喜欢快速进攻的球队（诸如公牛队）时，就希望放慢节奏。于是，杰克逊要求把篮球打足气。也有可能是反其道而行之。杰克逊曾逮到湖人队想偷偷换用气压高于规定的篮球比赛。为什么呢？"魔术师"约翰逊喜欢高位运球，而且气压高的篮球运球轨迹就会长，像湖人队擅长打快速反击的球队就会从中获利，尤其在主场。

杰克逊知道关注什么，这并非出于偶然。1973年，他在尼克斯队争夺冠军的比赛上打过球。尼克斯队被认为是有史以来最聪明的球队之一，上述的这些策略并没能实现"青出于蓝而胜于蓝"。

"我们通常会给球放气，因为我们的身高不占据优势，不想要长篮板。"杰克逊说。他还补充道，他的大多数队友腰上都带着球针，只要有机会就给球放气。"这也有利于我们的进攻，因为我们喜欢传球。当对手运球时，篮球自然无法很快弹起来。用一个贴切的词来形容此事，就是'比赛策略'。"

这只是公牛队无法在客场赢球的一些原因。比如，公牛队在波特兰时，他们发现篮球偏软。为什么呢？因为开拓者队喜欢冲抢篮板，而气压小的篮球会在篮圈处停留的时间稍长，恰恰有助于他们抢进攻篮板。然而，论进攻方式，公牛队也喜欢快速进攻。在华盛顿比赛时，球馆光线往往比较弱，公牛队的投球命中率则比较差。在洛杉矶，篮板悬挂的方式非常别扭，篮板球的球路比较诡异，而主队球员对这种球路比较熟悉。凯尔特人队总是把客队更衣室的温度调得很高，这样做容易导致客队球员疲惫。在职业比赛中，球员必须提防对手的各种伎俩，当在敌意较高的客场尤其如此。

———

这场比赛对公牛队特别有利了。以往公牛队客场对阵活塞队，在快速轮转的攻防中很少能保持高命中率，罗德曼冲撞皮蓬的小动作一向非常粗野，让皮蓬无所适从、杜马斯、兰比尔或者托马斯对付乔丹。可是这次，即使乔丹在第一节8投仅仅3中，公牛队也仅以25比26落后1分，全队命中率达到50%。而罗德曼早早两次犯规，不得不下场。半场结束时，公牛队以44比41的比分领先。活塞队在第二节17投只有5中。

第一个关卡已经通过了，公牛队现在将要向那个偏软、难以投进的篮筐投篮了。兰比尔在第三节故伎重演，他似乎更适合参加世界摔跤比赛——当卡特莱特肘击兰比尔胸部时，兰比尔击打卡特莱特的面部，并就势摔倒了。裁判没看清楚，卡特莱特抗议时，他被驱逐出场了。如果球员既没受到警告也没得到两次技术犯规就被驱逐出场，这是非常罕见的。不过，针对卡特莱特肘击奥拉朱旺，导致后者伤缺两个月，裁判已经警告了卡特莱特。这正是索恩要求卡特莱特带护肘时杰克逊所担心的。替补球员上场之后，并没有害怕，尤其是阿姆斯特朗。没有托马斯的干扰，阿姆斯特朗满怀信心冲击篮筐，并封盖对方的跳投。阿姆斯特朗关注自己的表现和数据，他的发挥也证明自己。在比赛胶着时，他仍然在场上，球员通常将其称为"关键时间"。

然而，活塞队在第四节占据了主导，罗德曼和兰比尔抢到进攻篮板并得分。"往那个篮板上投球，这就是他们的把戏。"杰克逊心想。活塞队在比赛还剩5分钟时领先5分，他们似乎将要获胜了。

詹姆斯·爱德华兹两罚不中之后，阿姆斯特朗跳投得分。活塞队用两名防守球员包夹乔丹，乔丹不得不把球传出去，但皮蓬跳投未中。兰比尔抢到篮板上篮得手，活塞队87比82领先，此时，比赛还剩4分钟。

不过，皮蓬回击了一个漂亮的后仰跳投，接下来，阿吉雷跳投未能命中，皮蓬制造犯规，两罚一中。皮蓬得到20分，开始挣脱"魔鬼的枷锁"。公牛队缩小了比分差距。活塞队再次冲击篮板，兰比尔在抢篮板时制造了犯规，他两罚两中，活塞队89比85领先。比赛只剩下两分多钟了，这时，格兰特抢下乔丹投失后的篮板，把球再回传给乔丹。乔丹运球上篮得分，并制造犯规，打成了"2+1"，比分只差1分了，公牛队88比89落后。此时，戏剧性的事情发生了。

爱德华兹投失，阿吉雷后退抢长篮板时回线违例，公牛队勉强脱险。乔丹获得两次罚球机会，公牛队90比89反超。约翰·萨利想绕过阿姆斯特朗抢前场篮板时，被判进攻犯规。接下来，皮蓬把球传到了界外。边线球发出后，兰比尔三分球投篮，篮球涮筐而出。"嘿，没准是怎么回事呢。"杰克逊心想。当杜马斯接边线球时，乔丹推了他一下，杜马斯却被判犯规。查克·戴利像跳舞一样沿着边线抗议。乔丹两罚两中，公牛队92比89领先，这时比赛还剩下55秒。"我们是主场，"戴利向裁判抱怨，"这是发生了什么事？"维尼·约翰逊跳投命中，把分差缩小到1分。比赛还剩34秒时，乔丹回敬了一个远距离两分。随后，约翰逊投篮没有命中，爱德华兹补篮得分，活塞队又把分差追到了1分。"这该死的进攻篮板。"杰克逊嘟囔道。又一次，乔丹似乎推了杜马斯，而吹了杜马斯犯规，乔丹两罚中一，公牛队95比93领先。乔丹筋疲力尽。然而，活塞队3次进攻，均以失败而告终，比赛结束了。

"终于赢了，"乔丹呼喊道，"我们在这里太不走运了。"杰克逊表示同意。"邪恶力量！"皮蓬嚷道。去机场的路上，大家都兴高采烈。"这里没有什么值得回忆的。"帕克森说。乔丹得了30分，最后2分12秒中得到10分。"关键时刻，"杰克逊说，"他是最棒的终结者。"皮蓬的20分使他忘记了去年的偏头疼。阿姆斯特朗拿到了"两双"，他得了12分，在第四节投了3个关键球无一失手，而在他的干扰下，约翰逊和杜马斯27投只有10中。当球队返回芝加哥开启为期4天的全明星周末时，阿姆斯特朗对球队挥手告

## 第7章 1991年2月

别。乔丹要去夏洛特,阿姆斯特朗留在底特律——他的家乡,他的母校伯明翰区莱斯兄弟高中将在第二天为其举行球衣退役仪式。

——

阿姆斯特朗非常珍惜在家里餐桌前讨论的时光,在这里,他了解了生活,思考自己的错误并着手改正。他是巴巴拉和本杰明·罗伊唯一的孩子。在周围人眼里,他是小本杰明·罗伊·阿姆斯特朗,即B.J.阿姆斯特朗。当他成为艾奥瓦大学的球星时,"娃娃脸"成为形容他最多的词。他来到公牛队时,看上去不过16岁。有一年去参观西尔斯塔,票务员只收了他儿童票的钱。然而,我们喜欢他强硬的态度,他努力打球。不过,他有点敏感,或许因为他是独生子。他褐色的眼睛柔软而招人喜欢,高高的颧骨让他的脸非常有表达力,非常立体。

在艾奥瓦大学读大一时,阿姆斯特朗在训练中的表现比高年级的控球后卫还要好,而他却得不到首发机会。当时,在厨房的餐桌前,阿姆斯特朗获得了建议。

"你必须有耐心,"父母教导他,"你的机会迟早会到来的。"

他听懂了。从母亲那里,阿姆斯特朗懂得了有耐心才能变得强大。在他上高二的时候,母亲患了某种疾病,现在已经离不开轮椅,而她仍然为以前服务的医生工作。对阵活塞队的前天晚上,还是在这张餐桌前,阿姆斯特朗听到母亲的一些话,懂得了一些道理。

现在,他打球的方式和高中、大学时不一样了。他不再果断,而且几乎有点胆怯。他以前敢于突破,富有侵略性。他没有像在艾奥瓦大学成为球星时那样打球,而他当时的打法令他成为NBA首轮秀。"以前那名球员去哪里了?"本杰明·罗伊和芭芭拉充满疑惑。

朋友们针对阿姆斯特朗加盟公牛队这件事告诫了他。阿姆斯特朗从高中时就一直崇拜的伊塞亚·托马斯曾经告诉他,与乔丹打球似乎不那么容易。公牛队告诉阿姆斯特朗,签下他的原因是他的投篮有准星。"和乔丹同场的后卫会得到很多机会，"克劳斯说："看看约翰·帕克森吧，你也可以持球冲向篮筐。"

而阿姆斯特朗的好朋友萨姆·文森特也说，和乔丹在打球很难。公牛队已经换了至少6名后卫，这是有原因的。只有动作最慢、最不像控球后卫的帕克森留下了。"你没法和乔丹搭档打控球后卫。"文森特说。

阿姆斯特朗不关心这些。公牛队有最伟大的篮球运动员，自己会和他配合，或许在新秀年还不行，到了第二年，他感觉自己肯定可以。他看到帕克森跟自己一样，打球都显得很慢。阿姆斯特朗知道自己不是控球后卫中最快的，在他进入NBA的第二个赛季，一定能与乔丹搭档。

阿姆斯特朗承认第一年很难熬。他在任何球队打球都未曾被得分后卫呼来喝去。每次拿到球，乔丹都会跟他要球，并让他闪开。他开始像帕克森和霍奇斯在中距离进行定点投篮，教练很愤怒。教练告诉他，他不必这样做。乔丹可以冲向篮筐而其他人不可以，他为什么就那么特殊？

"我不知道我应该去哪里，"阿姆斯特朗在那个赛季后对朋友说，"我不知道自己该做什么，我在比赛中很犹豫。我从未在没有球权的情况下打球，而我现在就是拿不着球，这太残酷了！"

他还发现后卫们又高又强壮，自己必须变得更强壮，于是，他开始练习举重。职业比赛看上去总是那么容易，球员们好像想怎么得分就能怎么得分，而防守的强度似乎一直很大，可是这些球员得分很容易，堪称真正的进攻机器，所以，自己不得不努力训练。

他努力训练了，他在夏季训练营练习了公牛队所有的战术，而和他同年来的斯泰西·金只参加了几场训练。他喜欢金那种天不怕地不怕的态度和幽默感，但他对金感到担忧。金打比赛不怎么好用，阿姆斯特朗心想，他这个家伙必须学会新的战术。

然而，当新秀赛季结束后，阿姆斯特朗回到底特律和托马斯、乔·杜马斯一起训练时，他们敦促他做新的尝试。托马斯告诉他，无论你认为自己多么优秀，你每年都要在自己的战术体系里添新的东西，否则联盟里的其他球员就会追上你。阿姆斯特朗努力训练，在夏季训练营里令人眼前一亮，他在队内遥遥领先，平均每场比赛能得25分。

那并不是全部，他和队友的命运都维系在乔丹身上。他佩服乔丹的球技。"什么事对他而言都轻而易举，"阿姆斯特朗惊叹，"他能做到其他人能做到的事，并且能够做得更好。从某种意义上，我认为他太厉害了！"乔丹是篮球天才，于是，阿姆斯特朗拜访了母亲为之工作的医生，借了一些关于天才的书，他从图书馆也借了类似的书，他读了不同职业中天才的故事，了解这些天才的世界观、价值观、人生观，了解他们怎么与其他人沟通，以及其他人怎么与天才进行交往。

"如果我更能理解他，我就能与他配合得更好。"阿姆斯特朗说。

然而，这种事情并没有发生。步行者队总经理唐尼·沃尔什看了几场公牛队比赛，他发现了端倪。他喜欢阿姆斯特朗，并告诉公牛队他对阿姆斯特朗感兴趣。他看到了阿姆斯特朗在挣扎，这使他想起了在大学与道格·摩尔在打球的日子，而道格·摩尔就是一名比他更有天赋的得分后卫。

"我得问'摩尔，你想让我去哪里'？"沃尔什回忆道，"你能看到皮蓬和乔丹拿着球予取予求，你也能看到阿姆斯特朗既不知道该往哪儿跑位，也不知道该做什么。这曾经使我感到疯狂——你知道你该做什么，但这些队员太优秀了，你能想到的就是怎么才能不挡住他们的路。"

阿姆斯特朗试着学习，他也在研究卡特莱特，他认为卡特莱特在对待比赛的方式上是最具有职业水准的。他开始看比赛录像，在赛前尽量集中注意力。但是，他又一次听到乔丹大喊让他别挡路，他陷入了迷惑之中。

不过，和父母的谈话令他放松了，让他重新焕发了活力。他曾为自己感到悲哀，他也知道，他让那种情绪影响了比赛。后来，他告诉杰克逊，他已经准备好按教练说的去做。杰克逊告诉他，这个赛季他不是首发。阿姆斯特朗说没问题。在对阵凯尔特人队时，他成为奇兵，在第二节两次撕破凯尔特人队的防线，上篮得分。替补席上，教练组面面相觑。第四节开始，阿姆斯特朗再度得手，紧接着又投进了跳投，那时，公牛队还落后四五分，投失其中的任何一球都有可能导致输球。

周五，阿姆斯特朗英雄般返回高中母校。全明星周末假期结束他返回球队后，后面6场比赛中的3场，他都得到了17分甚至更多，而且场均出场不到25分钟却贡献5次助攻。

直到此时，他并未使教练信服他将成为球队未来的控球后卫，克劳斯还在苦苦追逐托尼·库科奇。然而，阿姆斯特朗开始对球队有所帮助，自我感觉也更好了。

"我心中的那团火又燃起来了，"阿姆斯特朗在全明星周末之后对朋友说，"我曾认为自己迷失了，但我并没有，这种感觉很好。我又喜欢上了比赛，我充满斗志。大学毕业之后，这是我第一次感到自己对球队有帮助，我的未来不是梦！"

———

公牛队球员在全明星周末期间各忙各的，帕克森到医院去除结石，珀杜去了拉斯维加斯，卡特莱特陪妻儿过周末，乔丹和霍奇斯去夏洛特参加全明星周末。霍奇斯参加三分球大赛，乔丹是参加全明星正赛。全明星球员需在周五接受媒体采访，而乔丹自从加入联盟的第一个赛季就没有参加过。媒体通常原谅他，因为他在赛前总是彬彬有礼。这对他接受采访时能敞开心扉，非常有帮助。联盟也不得不原谅他的行为，因为联盟对他几乎没有控制力。但是这次，联盟有了对策——球员可以为家人和朋友要到球票，而联盟要求只能在周五采访结束后发球票，所以乔丹必须参加。

周六晚上全明星周末的高光时刻通常是扣篮大赛，不过，霍奇斯以三分球大赛连中19球的精彩表现抢了风头。这是他连续第二次获得"三分王"的头衔，令很多人仰慕不已。一个赛季以来，霍奇斯一直在为争得三分球大赛的桂冠做准备，因为他的上场时间太少了，他希望自己可以借此获得更多的上场时间。大多数全明星球员去观看了扣篮大赛，当他们发现霍奇斯一个接一个命中三分球时，他们开始和球迷们一起数数。乔丹又一次神秘失踪，他说自己头疼，故意玩消失。

周日的全明星正赛并不特别吸引人。少了因伤缺阵的托马斯，东部没有正牌控球后卫，乔丹不得不在比赛的大部分时间担任控球后卫，他获得了全场最高的26分，但是造成了10次失误。在家里看比赛的杰克逊并不感到惊奇，他认为乔丹已经失去了控球后卫的视野，乔丹似乎不再像以前那样能看见跑到球场边缘的射手。不过，乔丹在面对顶级对手的比赛中依然予取予求的能力令杰克逊叹为观止。他心想，乔丹如此优秀，这在某种程度上是一种奇迹，乔丹就像扫过NBA历史的一颗彗星，一光年才能看到一次。

——

常规赛继续进行，公牛队延续了胜绩。对阵老鹰队的首节比赛，公牛队落后10分，而战至半场结束时，他们取得了领先，最终，公牛队以9分的优势获胜。格兰特没有错过机会，本场比赛他得了23分，阿姆斯特朗得了18分。不过，斯帕德·韦布狂虐公牛队后卫，他得到了职业生涯最高的30分。公牛队内线依然脆弱，尤其是珀杜和金上场时。

有速度、有防守的公牛队势不可当，先后战胜尼克斯队、篮网队、骑士队和子弹队，直到2月21日NBA球员交易截止日期的到来，公牛队豪取7连胜。是他们打得足够好，以至于管理层认为不必采取行动吗？乔丹开始认为，击败活塞队或许是错误的。

"他们现在什么都不敢做，"乔丹在对阵子弹队赛前说，"我们击败了很多弱队，这又怎么样呢？上赛季我们也赢了好多比赛，霍勒斯和比尔在季后赛还能发挥出这种水平吗？如果可以，我们或许还能有所作为，如果不可以呢，那时我们又该怎么办？皮蓬还能延续以前的辉煌吗？还有帕克森，他很忠诚，没说自己想要什么，或许是每年七八十万美元，但球队想哄骗他。还有库科奇的事情。我讨厌这一切，这是我们赢球的最后机会。这个赛季后，这些老球员将成为自由球员，新秀球员无所作为，球队将会发生翻天覆地的变化。莱因斯多夫是个精明的人，他似乎知道在发生什么事，但他什么都没做。我不太理解。我知道将会发生什么。让我们等到最后一分钟，那时他们就会找借口，诸如工资帽或者某人临时变卦，所以，他们没有达成交易。总是发生这种事情，但我每年还是感到吃惊。"

如果乔丹认为公牛队在交易方面不够认真，他就错了。球队和雄鹿队谈论了里基·皮尔斯的交易，和老鹰队谈论了交易道格·里弗斯，他们甚至探讨从篮网队获得雷吉·瑟乌斯的可能性。当这些事情浮出水面之后，乔丹告诉杰克逊，如果公牛队签下了瑟乌斯，他会选择退役。克劳斯和老朋友鲍勃·惠齐特进行了奇怪的谈话。惠齐特是超音速队总经理，克劳斯对他讲了乔丹在球员交易等方面给他施加的压力。克劳斯希望借助两人的友谊，让惠齐特把埃迪·约翰逊交易给公牛队，以此保证他的工作，因为埃迪·约翰逊是名有潜力的替补球员。克劳斯也曾经与子弹队谈过马克·阿拉里或达雷尔·沃克的交易，与马刺队谈过保罗·普雷西的交易，不过，他仍然希望公牛队能签下德里克·哈珀这样的射手。杰克逊则希望签下贝诺特·本杰明。看上去，流言中要来公牛队的球员和想离队的球员一样多。在交易日截止的早上，可选择的名单上又将加上新的名字。

此时，公牛队的战绩是37胜14负，开始把活塞队甩到后面，他们在输球的场次上比活塞队少3场。他们以主场16连胜的成绩打破了纪录。2月，公牛队只输掉了1场客场比赛，那是对阵湖人队的比赛，获得队史单月最佳战绩。是时候品尝胜利的味道了，这像品尝新鲜出炉的面包。也正是此时，皮蓬又一次要求交易。

交易截止日早上来到办公室之后，杰克逊才看到报纸的报道。

"难道胜利不够伟大吗？"杰克逊对温特说。

皮蓬因新合同谈判缓慢而备受挫折。公牛队几乎花了一年时间才最终同意与乔丹签一份新合同。莱因斯多夫相信与皮蓬不用着急，尤其他的合同还有两年，这两年里，俱乐部有决定权。皮蓬从劳埃德那里买了300万美元的残障保险合同以保护自己，但他的内心很不安、很焦虑。

皮蓬几乎每天都要和经纪人、格兰特谈他希望被交易。他甚至开始穿护具。其实，他的背没有任何问题，他觉得假装背部受伤，可以给球队更大的压力。他想，毕竟几年前他做过手术，谁真正懂背部的伤病呢。他开始对训练师奇普·舍费尔说自己受到了背伤的困扰，正在接受治疗。而他还在打球，而且表现非常好。教练们认为他正在成为球星，而大众直到季后赛之后才注意到这点。自从落选全明星阵容以来，皮蓬场均得到18.3分、7.9个篮板和5.9次助攻，投篮命中率为54.6%。对于杰克逊而言，皮蓬是公牛队未来的关键。"这个赛季初，球队在客场打得不好的关键问题就是皮蓬发挥不好。"杰克逊说。皮蓬1月份在客场的命中率不足40%，在客场的场均得分比在主场的场均得分低8分还多。"他必须在篮板球、传球和跑位中打得更好，我们才能赢。"杰克逊说。皮蓬相信自己做到了这些，但是他没有得到任何奖励。

皮蓬的经纪人吉米·塞克斯顿一直对皮蓬家的贫困程度感到惊讶。塞克斯顿的公司为大约50名职业运动员提供服务。他说在去皮蓬阿肯色的家之前，自己从未见识过真正的贫困。那只是一个小棚子，塞克斯顿心想："12个孩子就住在这里？"现在，皮蓬进入个人第四个赛季，他的合同还有两年。在此期间，如果他受了伤，只能拿到60万美元，因此，他变得越来越焦虑了。"当人们看向斯科蒂时，他们看见的是个野孩子，"塞克斯顿说，"他们看到四处乱跑的孩子，一点也不稳定。但是，当他拿到钱之后，做的第一件事就是给妈妈买了房子，他整个夏天都待在那里。他想要年金和保险以及任何能想到的保障，我从没有见过像他这样的客户。"

皮蓬对谈判中的"坏人"克劳斯非常愤怒。此前，克劳斯对皮蓬说："我从不跟任何一个还有两年合约在身的球员谈判。"皮蓬没有忘记，但是，他把憎恨聚焦到克劳斯身上，甚至莱因斯多夫和塞克斯顿的搭档小凯尔·罗特即将达成协议时依然如此。最终，皮蓬再也抑制不住自己的情绪。

他说公牛队背信弃义，球队承诺在圣诞节之前给他一份新合同，现在已经是2月底了。他看着公牛队与托尼·库科奇谈判的每一幕，为什么就不能考虑一下自己的问题呢？他才是帮助公牛队赢球的那个人。

"我曾经很有耐心，"皮蓬说，"我什么也没说，我们球队在赢球，我已经仁至义尽了，但是他们并没有。我的薪资只能排在球队第六位，如果球队不能公平对待我，就该交易我。"

当然，球员们，甚至助理教练泰克斯·温特都和皮蓬处得很好，即使在他愤怒时，关于公牛队的吐槽也都很公道。第二天，皮蓬与二队训练，温特嘲笑他："接着给报纸爆料，明天就该让你去三队训练了。"

听说皮蓬给媒体爆料之后，克劳斯有些惊慌，他给莱因斯多夫打了电话。莱因斯多夫正在亚利桑那州和家人在一起，他们将去佛罗里达看白袜棒球队的春季训练。莱因斯多夫告诉克劳斯，照常把工作干好就行。

虽然交易截止日期过了，公牛队并没能风平浪静。金希望离队，不过他知道了自己的处境。他听说，这个赛季，公牛队差点把他交易到勇士队，以换取萨鲁纳斯·贾斯科维休斯，最近，球队与老鹰队、雄鹿队还有超音速队磋商。2月22日，大部分球员在训练时都很放松，因为交易截止日已经过去了，名单上没有什么变化了。后来，几名球员被视为帮助球队稳定下来的关键因素。金也感到轻松，他在自己的训练服上贴了数字"23"，并在头上戴了发带，以显得勇敢。"现在我能多领几双袜子吗，奇普，"他向训练师舍费尔喊道，"这是你在这里玩得转的唯一方式，你必须喜欢他。"

公牛队与国王队交了手。显而易见，迪克·摩塔知道这是一场遭遇战，他在抵达芝加哥前天晚上参加了演讲，但是他并没有在比赛中出现，他声称自己病了。本来不应该上场的新人杜安·考斯威尔临危受命，他遭到卡特莱特肘击，鼻子破了。巴赫在替补席上画了更多的墓碑。国王队输了47分。乔丹上场28分钟得了34分，皮蓬只差1个助攻就拿下"三双"。

第二天晚上。黄蜂队来到了体育馆，皮蓬大放异彩，他的表现技惊四座。除了乔丹还没有人获得这么热烈的欢呼声，公牛队以21分的优势取胜，皮蓬得到了职业生涯最高的43分。他在运动战中17投16中，本赛季中截至目前，他是单场17次投篮中命中率最高的球员。他也成为首位和乔丹同时上场，得分超过40分的球员。

赛后，乔丹非常有风度，他在更衣室里恭喜皮蓬。格兰特获得了20分和17个篮板，可是几乎被遗忘。他抢的篮板数量比黄蜂队首发锋线加起来的都多。皮蓬告诉格兰特，他认为乔丹在场上有意忽视他，所以，尽管他手感如此火热才有17次出手机会（本场比赛，乔丹出手22次）。这次的情况好像不是这样，格兰特心想。

下场比赛可没有那么轻松，对手是凯尔特人队。活塞队由于球员伤病落到了后面，凯尔特人队在创造东部最佳战绩的征程上比公牛队发挥得更精彩。而且，凯尔特人队在季后赛中还拥有主场优势。正如杰克逊所期待的，凯尔特人队开始受到年龄问题的困扰，1月大部分时间，拉里·伯德背部有伤，凯文·麦克黑尔由于脚踝的受伤而缺阵，他可能缺席对阵公牛队的比赛，似乎在这个缺阵很多场比赛的赛季里又有了一个休整期。巴赫认为麦克黑尔是篮球历史上最伟大的后卫，他的长胳膊能够抢断并未失位的后卫，他的移动几乎无人能够阻挡。格兰特最担心的对手可能是卡尔·马龙，因为后者采用身体对抗的强硬打法，而麦克黑尔也让他非常困惑。"没办法和他打球。"格兰特无奈地说。

凯尔特人队平均年龄大，打法传统，公牛队有速度优势，正处于鼎盛时期，两支风格迥异的球队将上演精彩对决。

格兰特在比赛开始不久就扭伤了脚踝，不过没有问题。伯德几乎不能弯腰，公牛队用克里夫·莱温斯顿与他对位。公牛队在第一节打出了一波21比2的小高潮，比赛就此失去悬念。公牛队继续发挥优势，乔丹封盖、抢断、快攻。皮蓬跟进，连续扣篮三次。他的身体前倾，好像在对手防线上飞。公牛队创造了对阵凯尔特人队有史以来最大的分差。后来，乔丹谈到，刚来联盟时，公牛队根本就无法击败凯尔特人队，而现在能相对轻松击败对手。

半场结束时，公牛队领先了26分。三节结束之后，公牛队已领先了36分，乔丹和皮蓬各得33分。乔丹告诉杰克逊，他还想继续上场，第四节比赛，他和金、珀杜、霍奇斯和阿姆斯特朗都在场上。在公牛队该节的前7次投篮中，乔丹出手6次，他在第四节打了5分钟，整场比赛获得了39分。而皮蓬第四节在替补席上休息。最终公牛队以39分的分差战胜凯尔特人队。

"他不想让我接连两场比赛得分比他多。"皮蓬离场时对格兰特说。他俩都笑了。

皮蓬在最近两场比赛中的成功，本应该令他很开心。然而，这让他产生了一个想法，但并不是一个好的想法。球队计划第二天上午11点30分训练，比平时晚45分钟。大约11点35分，皮蓬打电话说他病了，待在家里。过去几天，几乎每名记者都问了皮蓬关于要求交易的问题，他坚持希望被交易的观点。当他打电话说自己病了，杰克逊问他是不是在表明立场。皮蓬说，他病得很厉害，没法来。杰克逊告诉皮蓬，他将遭到罚款。

"菲尔，我病了，"皮蓬说，"人都可能生病，为什么我就不能生病呢？"可是皮蓬没有生病，他决定缺席几场训练，以在谈判中向球队施加压力。他认为自己能够使克劳斯惊慌，让克劳斯对莱因斯多夫说必须尽快和皮蓬达成交易，否则一切都会成为镜中花、水中月。第二天，报纸和电视将会充满猜测，他们引用皮蓬"朋友"或者"身边人"的话，说皮蓬想给球队传递一个信息。

那天，莱因斯多夫得到了消息。他听说皮蓬在对阵凯尔特人队的比赛中得到33分之后，没有参加第二天的训练，然而，前天晚上他并没有任何生病的迹象。还有消息说，皮蓬在赛后外出庆祝了。

莱因斯多夫给罗特打了电话。

"我相信皮蓬病了，"莱因斯多夫告诉罗特，"但是，如果他没有生病，第二天也不来训练，或者如果他说自己的背伤了，我们之间就结束了。他打到合同期满，我们就不再谈了，一个字也不谈了，直到1992/1993赛季。那时，我只给他合同约定的那些钱，这两年他都别想多拿1分钱，你转告他这些话。"

第二天，皮蓬来参加了训练，他私下告诉队友，如果不是罗特在午夜给他打电话，他还想缺席后面的训练。皮蓬说自己不是在"隔空喊话"，媒体误会了他的意思。他只是病了，不知道为什么每个人都在对此事大做文章，每个人都会病的。他能看到，自从他对交易感到非常不安以来，人们在哪些地方会得到错误的信号，所以，他再也不做类似的事情。

莱因斯多夫和罗特之间的谈判还在继续。

公牛队以11胜1负的战绩结束了当月比赛。如今，公牛队豪取10连胜，在东部领先，突然之间，有望赶上开拓者队在全联盟的最佳战绩。公牛队真的那么无懈可击吗？他们还没有任何交易。自从霍普森在全明星周末之前对阵活塞队的比赛中伤了脚趾头之后，他一直没有打球，教练们认为他太过娇气了。莱温斯顿还没找到自己的角色，尽管他在对阵凯尔特人队的比赛中发挥出色。珀杜也打得更好了，但教练们还是有意签下一名中锋。公牛队希望同时交易金和阿姆斯特朗，也不认同凭借帕克森这样的首发控球后卫，能赢下总冠军。"到底发生了什么？"杰克逊心想。他说："有时我看看这支队伍和对手，我想为什么我们能赢球。"不过，杰克逊也开始认为现在的这支公牛队，就像他记忆中的那支统治NBA的凯尔特人队一样，他们构成的集体比个人的简单相加要强大。尽管凯尔特人队的球员和球星比尔·拉塞尔没有共同点，也不怎么在一起，但他们在球场上非常和谐。公牛队似乎能在球场上同仇敌忾，这就够了。篮球是团队运动，虽然乔丹在进攻中占据统治地位，公牛队还是在像一支球队一样打球，并通过防守和速度赢球。球队内部一定发生了化学变化。

# 第8章　1991年3月

3月1日　主场对阵小牛队

3月2日　客场对阵步行者队

3月5日　主场对阵雄鹿队

3月8日　主场对阵爵士队

3月10日　客场对阵老鹰队

3月12日　主场对阵森林狼队

3月13日　客场对阵雄鹿队

3月15日　客场对阵黄蜂队

3月16日　客场对阵骑士队

3月18日　主场对阵掘金队

3月20日　主场对阵老鹰队

3月22日　客场对阵76人队

3月23日　主场对阵步行者队

3月25日　主场对阵火箭队

# 第8章 1991年3月

3月28日 客场对阵篮网队

3月29日 客场对阵子弹队

3月31日 客场对阵凯尔特人队

2月最后一天的训练，就像几天前公牛队对凯尔特人队的胜利一样，有着标志性意义。

公牛队离NBA历史连胜纪录只差两场。但是，杰克逊准备在3月1日对阵小牛队的比赛时告诫队员，他们并没有赢凯尔特人队30分的能力，不要太骄傲。显而易见，这将是球队的第十一连胜。以前与柯林斯很亲密的巴赫对杰克逊有了更多的尊重。他惊讶杰克逊能以一个笑话或者一句轻描淡写的话，轻而易举应对克劳斯的能力。"别活得太认真，杰里，"杰克逊说，"你不可能长生不老。"杰克逊也很善于像驯马牛仔一样，微妙地平衡公牛队年轻球员的冲劲，同时使他们如同箭在弦上。

杰克逊喜欢测试队员，包括乔丹。有时球员们认为该叫暂停了，但杰克逊并没有。有人认为这是因为杰克逊缺乏判断力，其实这是杰克逊有意检验球员能否闯过难关。公牛队在很多比赛中优势明显，这就使得杰克逊可以拿已经因比赛而疲惫的球员或比赛势头不利于公牛队的时刻实验。

这天在训练中，他决定对乔丹进行特殊的挑战，他表示将不在此次队内分组对抗赛中计分。

乔丹对此无比痛恨，因为他打球就是为了赢。他想，如果不计分，打球的意义是什么呢？必须要决定谁是胜者，乔丹对胜利志在必得。在训练中，他会围绕罚篮、非正常姿势投篮等项目和助理教练或者球员打赌，赌什么都行。有时在赛前，他会坐在板凳上尝试投篮，进一球5美元，他总是能赢钱。"有时，他会对我说，教练，你还欠我两美元，"巴赫说，"那可能是一个月前他在训练中罚篮赢下的钱。"

杰克逊有时会激怒乔丹，如果这有助于激发他的动机。任何情绪，甚至对教练的怒气，都比他在得克萨斯显示出来的无精打采要好。乔丹很配合，训练快结束的时候，他抓住球冲向篮板，一个漂亮的扣篮，然后，他瞪着杰克逊。

杰克逊只是微微一笑。

———

尽管公牛队大杀四方，乔丹仍为球队没能达成交易，以及他没能影响克劳斯或者莱因斯多夫而愤怒。自从1月在波特兰因为戴维斯的交易情绪爆发之后，乔丹再也没和克劳斯说过话。当他听说克劳斯找卡特莱特，问他对潜在人事问题的想法，包括可能签下自由球员阿德里安·丹特利时，他就更愤怒了。

"我会先问卡特莱特或布拉德·戴维斯（克劳斯物色并长期青睐的小牛队球员），然后我才会跟他谈。"克劳斯曾说。

克劳斯还想向卡特莱特明确公牛队希望和他续约，由于其他事项，球队目前还无法为卡特莱特开出条件，也是由于谋划与库科奇和皮蓬的交易，以及球队已经在本赛季提前给了卡特莱特40万美元，以便在工资帽下为库科奇腾出空间。联盟不允许在修改先前合同条款1年内再提出新的条件。卡特莱特的态度一如既往，他主要是在听，并没有说太多。这也是很多人认为克劳斯喜欢卡特莱特的原因——卡特莱特很少质疑克劳斯翻来覆去讲的那些球探时的光荣故事。他会边听边判断，但不会像其他人质疑克劳斯。

卡特莱特希望再有两三年的保障合同，工资每个赛季不低于200万美元。如果公牛队同意了，他很可能留下。他内心五味杂陈，不去其他球队、不和新队友重新磨合对他而言更容易，但是，留给他的时间不多了。如果本赛季公牛队拿不到总冠军，他们可能永远都拿不下。

"对我来说，这支球队没什么令人满足的，"他承认，"最主要的满足感是在得分方面，我们有很多得分手，为了夺冠我会全力以赴。很多时候，我并不太喜欢，但是创造纪录的机会在前面等着我，这种牺牲也是可以忍受的。"

不过，还有一些事情他不怎么多说。比如，卡特莱特曾经暗示希望在家乡加利福尼亚结束职业生涯，只是他并没有过多地解释原因。"雪莉（卡特莱特的妻子）会喜欢我那么做。"他对朋友说，但他没有再详细聊下去。

卡特莱特夫妇和4个孩子住在海兰德公园，那是一栋价值几百万美元的豪宅，地处靠近密歇根湖和芝加哥北海岸的富裕社区。那是百万美元级别的豪宅众多，居民思想却相对保守的社区。

雪莉·卡特莱特是个白人，金发碧眼，她在高中时就开始与卡特莱特约会。有一天，邻居遇见雪莉带着两个孩子。"哦，"邻居说，"你的意思是，这是你的孩子？"

尽管雪莉在芝加哥生活得很舒心，而且她和菲尔的妻子约翰·琼·杰克逊成了好朋友，但是雪莉永远没有真心认为她这种跨种族婚姻会被公牛队球员居住的保守而势利的北海岸社区接受。有一次，她去当地的图书馆，管理员问她是不是这些孩子的监护人。她告诉卡特莱特，如果回到加利福尼亚，他们的婚姻更容易被接受。芝加哥是个比较冷的地方，绝不仅仅是在气候方面。

伊赛亚·托马斯能理解这点。活塞队球星在芝加哥西部长大，但家人坚持让他去维斯切斯特的圣约瑟夫高中读书。该学校位于芝加哥西部25千米的蓝领近郊居住区。他们认为这能让托马斯有机会接受更好的教育，因为当时芝加哥城内的学校已经成为毒品和暴力的巢穴。玛丽·托马斯希望孩子即使篮球技能不够好也依然能有前途。当然，伊塞亚的球技很好。当伊塞亚想在维斯切斯特为母亲买房子时，他发现种族成了障碍——经纪人对托马斯说，有人告诉他，社区居民不欢迎他的家庭。最终，托马斯在附近的克拉伦顿山地区为母亲造了一栋房子。令人讽刺的是，他的房子在比尔·兰比尔童年老家的街对面（比尔·兰比尔是白人球员）。

托马斯在芝加哥长大，多年来他一直参与种族斗争，非常习惯公开表达观点。在北卡罗来纳长大的乔丹从未过多经历这些，所以他决定在家乡上大学。此前，他差点去了南卡罗来纳大学或克莱门森大学，因为这两所大学允许他既打篮球，也可以打棒球，那时，乔丹更愿意成为棒球球员。

"即使现在，人们讨论我最激动人心的时刻，仍会提起北卡罗来纳大学队对阵乔治城大学队的比赛中投中绝杀球，夺得NCAA总冠军。不过，我自认为最大的成就是在贝比鲁斯联盟的球队效力时，与队友一起赢下州冠军，我个人获得最有价值球员奖，"乔丹说，"那是我人生中首次获得较大的成就，人总会记得自己的第一次。我投球像狙击步枪一样准，在7场比赛中打出5次本垒打，并投出了决胜球，让我们获得了总冠军。"

3月1日对阵小牛队的赛前，坐在更衣室里的乔丹正在思考其他的体育项目。他刚刚收到被任命为西部高尔夫协会理事的通知。该协会经营着美国职业高尔夫巡回赛西部公开赛。乔丹对高尔夫的痴迷众所周知，他是第一位被任命为专业高尔夫巡回赛理事的NBA球员。有人很好奇这对乔丹意味着什么。

"这意味着我在美国职业高尔夫巡回赛的任何场地上打球都不用花钱。"乔丹说。

乔丹认为这是个很大的成就，他喜欢那些著名的高尔夫场，每年夏天他都会尽可能多地去不同的球场打球。他打高尔夫的朋友知道，只要他想去，他可以到任何地方打球。他们将乔丹称之为"美国的客人"。他会拜托别人帮忙在电话里说"迈克尔·乔丹今天想去你的球场打球"，球场总会为他开放。"现在，我不用非得找他们的会员一起打球了，"乔丹解释说，"他们总是把我和最差的会员安排在一起，反正我只是个象征。"

在1990年夏天之前，职业高尔夫球曾经因为亚拉巴马州的一家俱乐部而饱受争议。当时，美国职业高尔夫球巡回赛冠军赛在那里进行，那个俱乐部有名会员说他们不接纳非裔美国人会员，这句话引起了抗议的热潮。结果，美国职业高尔夫球巡回赛不得不发动一场旷日持久的运动，以扫除巡回赛中的种族歧视。这是个问题，事实上，美国职业高尔夫球巡回赛选择承办比赛的俱乐部都有排斥性政策。因此，原定在芝加哥巴特勒国家高尔夫球俱乐部举办的西部公开赛，最终挪到了一个公共场地。乔丹和西部高尔夫球协会的成员成为朋友，他想让乔丹成为董事会成员，乔丹同意了，不过他知道这背后真正的目的。

过去几年，尤其是乔丹对高尔夫球与日俱增的热爱，他经历了从未体验过的种族主义。由于他是美国的偶像和平民英雄，他能超越种族的仇恨和隔离。在NBA，朱利叶斯·欧文等人已经为他扫清了道路，非裔美国人超级球星会受到尊重，并被视为美国的英雄和财富。乔丹在非裔美国人无法涉足的地方能受到欢迎，也就是说他在芝加哥北海岸所有排斥非裔美国人的高尔夫球场都可以打球，他所到之处都会为此而进行庆祝。在乔丹去打球的那天，消息会迅速传遍整个球场，当他抵达时，职业高尔夫运动员经常在那里看他挥杆，并免费教他打球。在球场上，会员们会鼓励他一直打下去，以便有机会看到他的比赛。乔丹已经成为忠实的高尔夫球业余爱好者，1990年，他离标准杆只差6杆，也就是说他大约在70多杆或将近80杆的水平上。对他而言，这还不够好，不足以成为职业选手，不过乔丹总是将此视为乐趣和目标。他在球场上就好像领袖，他那个团体的人会追随他的脚步。

还有另一个故事。乔丹曾经考虑加入他家附近的犹太人高尔夫球俱乐部，朋友们私下帮他问了，但俱乐部很客气地拒绝了，他们无法接受乔丹成为会员。"当然，他什么时候想打球都可以来打，但是俱乐部无法破例，你知道的。"

因为乔丹是非裔美国人，他就没法去某些地方，在此之前，这种现实从来没有打击过乔丹。他没有就此深究，但是他受到了伤害。

这就是1990年伊利诺伊州彩票池的资金涨到4000万美元时，球员们为什么在更衣室讨论如果他们中奖了会怎么办。

"我会中途退休，"乔丹笑着说，"我会脱掉球衣离开球场，那时，我开了家高尔夫俱乐部，然后贴上告示，写明'不允许犹太人进场'。"

———

小牛队想以活塞队的方式对付公牛队，比赛节奏慢得犹如堵塞的交通，小牛队球员在球场上好像拖拉机一样慢慢悠悠。公牛队倍感受挫，半场结束时，以39比43的比分落后。第二节比赛，公牛队仅得到12分，但是，小牛队没有罗德曼、托马斯或杜马斯来延续这种风格。公牛队开启了全速转换进攻的模式，乔丹火力大开，第三节独得15分，公牛队最终以109比86的比分轻松获胜。现在，公牛队离球队史上最长连胜纪录仅差一场。

印第安纳波利斯，公牛队的下一站，这不是个能轻松赢得比赛的地方。公牛队在这里已经遭遇5连败，主要是因为他们从来没有想出防守德特雷夫·施拉姆夫的办法。同时，雷吉·米勒在对阵公牛队时总是手很热。当时，球迷都喜欢看公牛队和步行者队的比赛，因为米勒是个疯狂的家伙。霍勒斯·格兰特的缺席对公牛队不利，这是他踝关节扭伤之后缺席的第二场比赛。而对于斯泰西·金而言，这将是更大且更困难的挑战。小牛队锋线在斯泰西·金面前毫无建树，而步行者队却有办法对付他。

赛前，更衣室里充满了关于鲍勃·奈特的轻松谈话，鲍勃·奈特是印第安纳大学的著名教练。有些球员在讨论NBA球员现已获准参加奥运会的事情，皮蓬问乔丹是否希望再次参加。

"我为什么参加？"乔丹回应道。

"为了国家以及所有一切，我觉得是这样。"皮蓬说。

"可是，打了整整一个赛季之后，你会非常累，而且你还要参加高强度的巡回赛和表演赛。"乔丹说。

乔丹还说，1984年他在第一次奥运之旅中获得金牌，尽管令人振奋，但是由于奈特却变得非常困难。"如果我以前知道奈特是什么人，我不确定自己当时是否会参加奥运会。"乔丹对队友们说。球员们洗耳恭听，就像小孩子在营地的篝火旁听鬼故事。"我在北卡罗来纳时就听说过奈特教练，当我

## 第 8 章 1991 年 3 月

咨询史密斯教练时,他建议我参加奥运会。我认为所有教练都会建议球员参加,因为球员为奈特教练打过比赛之后,教练知道你将更感谢他们。"

乔丹说,一次又一次,球队高歌猛进即将击败对手,然后,奈特在中场休息时就是一通胡说。"就好像我们每场都输给对手30分,"乔丹回忆道,"助理教练乔治·拉弗林的那次事情,简直令人不可思议。帕特里克·尤因有点思乡病。拉弗林说,他会找个晚上带着尤因去见约翰·汤姆森(尤因在大学时期的教练)。尤因当天晚上睡得很晚,第二天比赛发挥得不好。奈特在替补席上向拉弗林怒吼,说尤因是因为拉弗林才打得不好。

"奈特吼道:'你这个畜生,是因为你犯了错他才打得像狗屎。是你让他没有睡好,你这个混蛋。'拉弗林反击道:'该死的,他投不进球不是我的错。'这两人就在赛场上互相叫骂。此时,我们已经赢了另一支球队,他们还在互相叫骂。之后两三天,他俩甚至没说过话。"

在奥运会赛场上,乔丹和查尔斯·巴克利成了好朋友。"我们准备去拍合影了,"乔丹接着说,"奈特穿着翼梢鞋就出来了。巴克利开始不怀好意地问在哪里找到了这种鞋。每个人都笑得前仰后合,但奈特没有笑。巴克利继续开着鞋子的玩笑,奈特大骂巴克利。我从未听过任何人向奈特教练说那样的话。第二天,巴克利就失去了上场机会。"

助理教练巴赫也加入了更衣室的聊天。作为军事史专业的学生和海军退役军官,巴赫非常崇拜奈特,巴赫在纽约的福特汉姆大学执教时,奈特在西点军校执教,他们成为朋友。巴赫非常欣赏奈特的独立。巴赫说,每当有少校或者上校在西点军校让奈特心烦意乱,奈特似乎都会给五角大楼的威廉·威斯特摩兰将军打电话,威廉将军是奈特的崇拜者,在军校时也是体育迷。很快,这位四星级上将打电话告诫校官们要懂规矩,不要干涉奈特的工作。"不过,他得罪了太多的校官,威廉也救不了他。"巴赫说。

奈特的事打动了巴赫。他去奈特家里拜访,当他坐下之后,奈特像非常好客的主人一样跳了起来。"约翰,"奈特说,"喝杯咖啡怎么样?"

巴赫还没来得及回答，奈特就嚷嚷妻子给巴赫冲杯咖啡，当时，他的妻子正在给孩子洗澡，说自己分身乏术。

"太不可思议了。"巴赫回忆道。巴赫对孩子也非常重视规矩，有次当他的小儿子把牛奶泼到他身上时，他也往小儿子身上泼牛奶，让其尝尝是什么滋味。

奈特开始向妻子叫嚷，说他有客人，最好赶紧去冲咖啡。他在喊叫，孩子开始哭，然后妻子跑去冲咖啡。

"这件事情背后的一面是，我并不想喝咖啡。"巴赫说。说到这里时，球员们开始捧腹大笑。"不过，事情发生后，我最好把咖啡喝了。"巴赫补充道。

———

比赛形势对公牛队很有利，如公牛队所预料，步行者队开场就用拉萨尔·汤普森攻击斯泰西·金。汤普森在第一节得了11分，超过了他的场均得分。格兰特在慢热之后对于公牛队的重要性可以与乔丹、皮蓬媲美。对阵步行者队时，球队非常想念他，步行者队在鲍勃·希尔的率领之下打得非常好，里克·施密茨和维恩·弗莱明替补上场也表现不错。此外，还有德特雷夫·施拉姆夫，公牛队很难找到与之对位的人。

"我们恐怕要输球。"第三节即将结束，步行者队领先了24分，巴赫对替补席上的杰克逊说。杰克逊认为这是必要的教训，他想看到球队在压力下的状态，他想让乔丹记住米勒在自己面前能得40分，他希望乔丹为3周之后在主场进行的下次交手做好准备。

尽管公牛队以114比135输了球，但公牛队比不可一世的活塞队在中部赛区多赢了6场，与凯尔特人队并列创下东部联盟的最佳战绩。公牛队在按照赢下60场比赛的节奏前进，随后，在对阵雄鹿队的比赛中，公牛队取得新的胜利，在主场赢下18分。

———

## 第8章 1991年3月

有两件事能让公牛队球员团结起来，他们几乎不是一支团结的队伍，他们会让人想起波士顿红袜队的格言"25个人，25辆出租车"。但是，他们有天赋，防守好，转换进攻也很好，这就使得皮蓬、乔丹和格兰特能够战胜球队的弱点。他们投篮非常准，而且能够延续火力。乔丹、皮蓬和帕克森在连续发起攻击的能力，堪称联盟"四大天王"中的三个。

球员在两个方面达成了共识——不喜欢总经理克劳斯，也不信任球队的医疗团队。不是他们觉得医疗团队能力差，而是认为医疗团队偏袒管理团队，而不是球员。

这种冲突导致随队10年的训练师马克·菲尔在1989/1990赛季之后去了雄鹿队，几名球员对此耿耿于怀。霍奇斯在整个1989/1990赛季都抱怨脚疼，然而直到赛季结束后，球队才让他去做手术。卡特莱特也一样，他曾抱怨自己的膝伤，后来，他被诊断为肌腱炎，他也是直到赛季结束后才得以进行手术。皮蓬在新秀赛季经常背疼，可是，直到赛季结束后他才能去做腰椎手术。医疗团队的检查没有揭示任何问题，直到赛季结束后才真相大白。球员对这种模式的担忧与日俱增。所以，球队让丹尼斯·霍普森在脚趾疼的情况下训练，几位球员建议他保护好自己，要多长个心眼。

训练师菲尔被视为管理层的另一个工具。在球队工作10年之后，菲尔对球员以及自称的伤病充满疑心。他通常认为球员是懒人，而球员认为菲尔拒绝对自身伤病给予足够的重视。他们的关系已经如此紧张，以至于在两个赛季里，球员都拒绝分配季后赛奖金给他。

"我记得第一年来公牛队时，我想这些训练师的奖金怎么这么少，"卡特莱特回忆起1989年商讨季后赛奖金分配的会议，"他跟了我们整个赛季，队友们居然不肯给他奖金，这些队友说他一文不值，不过，最终我们同意分给他几百美元。"下个赛季经历了膝伤之后，卡特莱特也加入了拒绝给菲尔奖金的队伍中。卡特莱特的伤势在整个赛季都非常严重，一直到季后赛都如此。他坐着的时候膝盖只能弯曲几分钟。他不能开车，他坐在车里，必须躺在后座上。但是，菲尔告诉他，吃些药片就好了。

尽管格兰特伤得这么重，球队仍然让他参加3月8日对阵爵士队的比赛。

他的左脚踝一直肿着，他很担忧自己的未来。"很多球员因为类似的脚伤需要长时间休养，然而，他们没有完全恢复就复出比赛，导致伤势加重，"格兰特说，"我希望能够痊愈。"教练组，尤其是巴赫，成为格兰特在工作人员中的对头。他们认为格兰特就像个"巨婴"，太宠自己了。

教练组不是力劝格兰特带伤比赛，而是要求他这样做。在他们看来，这就是残酷的季后赛必然的要求。教练组担心用斯泰西·金对位卡尔·马龙会导致球队失利。当格兰特因伤缺阵时，有三场比赛金作为首发派上场，金抢到了1个前场篮板。教练组回看比赛视频时，都震惊了，金上场时间长达84分钟，却只抢下1个前场篮板。"两岁的孩子待在篮下也能比金抢到更多的篮板！"巴赫说。

球员们也将此看在眼上，尤其是乔丹。在对阵爵士队赛前，行政人员带着一些球队纪念品来到训练场，让球员签名，这是两年一度的例行活动。训练结束后，球员们围成圈，把球和纪念品依次传过去，在上面签名。接下来，球队会将这些纪念品拍卖掉，把募集的钱款用于慈善事业。当球员们坐在那里签名时，乔丹开始说话。

"听我说，"他说，"你们听说过一个人，身高2.1米，体重将近118千克，这个哥们如此高如此壮，却连两个篮板都抢不了。他有这样的身板，在球场上跑来跑去，然后他连两个篮板都抢不了。"

球员们尽力忍住笑声，因为大家都知道乔丹在说谁。"这么大号的哥们，"乔丹继续说，"他只得到了一个篮板，难道他就不能多抢一个篮板吗？"

"去你的乔丹，"金最终发话了，"你关心的只有得分，你拿球就投，如果你肯把球传给别人，而不是只关心赢得得分王，队友或许能做成一些事。"

## 第 8 章　1991 年 3 月

"又高又壮的人，"乔丹回击，"3场比赛只抢下1个篮板，还号称'强力前锋'，应该称他为'无力前锋'吧。"

最终，金站了起来，嘟嘟囔囔，骂骂咧咧，他在训练房里漫无目标地大发雷霆："总有一天我会狠狠教训他。咱们走着瞧，我的时代会到来的，我会击败他，让他闭嘴！"

对阵爵士队赛前，杰克逊和巴赫都去做格兰特的思想工作。"你不想一个孩子受到伤害，"杰克逊后来说，"但是，碰到这样的孩子，必须激励他参加比赛。"巴赫对格兰特说了句话，类似文思·隆巴迪关于勇气的演讲。杰克逊告诉格兰特，至少要尝试一下，如果踝关节感到很糟糕，可以随时下场，说话算话。两人一个唱红脸一个唱白脸，使得格兰特不知所措。最终，他说自己会上场的。巴赫在赛前的球探录像中加了一个镜头，画面中有很多尸体横卧在越南海滩上。"这就像一场战争。"巴赫在黑板上写道。"可别再这样了，教练。"帕克森心想。

公牛队开场打得不是很顺，第一节战罢落后了2分，半场结束时落后了5分，第三节中段落后了16分，约翰·斯托克顿多次给空位的杰夫·马龙和瑟尔·贝利助攻。每次公牛队抢不到篮板，他都给马克·伊顿制造了扣篮的机会。公牛队一筹莫展，甚至在观众看来局面有利于公牛队时，他们也没能发挥水平。第二节早些时候，杰克逊让B.J.阿姆斯特朗作为控球后卫上场。斯托克顿在篮下单打他，并打成了2+1。阿姆斯特朗马上回敬了前者两个跳投，而公牛队的球员却暴跳如雷。球迷们正在为阿姆斯特朗喝彩，球员们却让杰克逊把阿姆斯特朗换下。"菲尔，阿姆斯特朗在干什么呢？把他换下去！"皮蓬经过替补席时喊道。乔丹在场上向阿姆斯特朗喊："把球给我！" 公牛队陷入混乱，爵士队趁机打了一波10比1。最终，杰克逊换下了阿姆斯特朗。

"他好像又回到了底特律的那个老球场，" 赛后，乔丹失望地说，"他太紧张了，有点惊慌失措。斯托克顿得分时，他找不到自己的定位了。

这就是为什么斯托克顿能一直予取予求。在训练中也是这样，帕克森对着他投了几个球，他就马上回敬前者，而忘记了球队要做什么。你在训练中这样做或许是可以的，但是在比赛中却不能这么做。"

相比之下，格兰特却能很聪明地干扰卡尔·马龙，让后者21投只中了8球。突然"乔丹时刻"来临，乔丹造成杰夫·马龙致命的第四次犯规，然后就接管了比赛。乔丹在状态最佳时，就像打通任督二脉。他就像有了魔力的人，开始变得出神入化，他的全力以赴，光彩四射，在激情和兴奋之下几乎不可阻挡。当他晃过防守球员时，防守球员就像在做慢动作。这就是球员们偶尔提到的那种流畅状态，在这个时刻，他们全速前进，而周围一切都好像慢了下来，有人称之为巅峰状态。有时，他们会看到防守球员从周围扑来，但是在防守球员到达之前，他们就已经冲了过去。他们冲向篮筐时，好像只有他一个人在球场上，当他投篮时好像有一根绳把球拽进了篮筐。只有伟大的球员才会偶尔有这种时刻，而乔丹却经常出现这种时刻。第三节，他持球突破得了8分，第四节他得了17分。最终，公牛队反超爵士队，以99比89的比分获得胜利。这场比赛结束后，公牛队的战绩是22胜7负。

公牛队的防守非常稳固，有效干扰了爵士队，造成了对手多次失误。而公牛队一向擅长的快攻，使其在分数上建立了领先优势。公牛队赢得了这场势均力敌的比赛，这是逆转之战。而这场比赛真正的重要意义在于赢的方式。对于乔丹而言，这只是季后赛的前哨战。赛后，乔丹在更衣室里感谢杰克逊"坚持站在他这一边"。

对于乔丹而言，这是从他称之为"牢狱"的三角进攻战术中的一种解脱。他就像从马戏场看完表演回到家的孩子，急于回顾当天晚上的那场比赛。当乔丹谈起那场比赛时，他的眼睛频频发光。

"三角进攻战术快搞死我了，"乔丹强调，"我能做的就是跳投，不过，教练最终给了我自由。这是本赛季以来，我第一次不受三角进攻战术的拘束，教练给了我选择持球进攻、扣篮、挡拆战术以及其他有效战术的自由，我有空间并能够采取行动。我认为在常规赛可以不采取这种开放式打法，但是在季后赛必须要这么打。我想，教练只是想让每个人都增强信心。本场比赛不是比尔能应付的，节奏太快了。霍勒斯替补上场后能得分，帕克森也能定点跳投得分，但这种比赛需要我和皮蓬。我认为直到今天教练才挑明这点，但是到那时，我们必须采取这种方式，否则没有任何机会！"

从另一个角度看，与爵士队的比赛可谓险情迭起。尽管公牛队赢了，但球队必须大量使用乔丹和首发球员应对联盟中替补阵容最弱的球队。在此，也要提一下爵士队受到海外比赛的影响。杰里·斯隆此前提过，在日本参加了海外比赛之后，球队在几周前才开始恢复实力。斯隆说，由于球员们在旅程中非常疲惫，归来之后几周根本没有进行正式训练。然而，很快球队又不得不投入充满挑战的NBA赛程。而整个公牛队上上下下，都担心会成为下一个被派出的球队。

公牛队坚决想忽略这种可能。就像小孩，当他不知道答案时，他认为自己不把头抬起来，老师就不会提问。在赛季开始之前，前往欧洲参加麦当劳巡回赛的球队，当赛季的战绩从来没有优于上个赛季。前往日本比赛就更残酷了。拥有乔丹的公牛队，自然是令人瞩目的球队，他们认为NBA总裁大卫·斯特恩很快就会派自己前往日本比赛以示惩罚。为了什么呢？为了敲打他们。

公牛队已经把球队电视转播权转到了芝加哥WGN广播公司，一个所谓的能把公牛队比赛传递到全美国所有有线电视系统的超级站点。NBA对此感到大怒，因为这将造成在更小市场上的竞争。印第安纳州的球迷将来看步行者队的比赛还是迈克尔·乔丹的比赛呢？联盟要求公牛队关闭比赛电视转播，并在5年内逐步脱离芝加哥WGN广播公司。公牛队起诉联盟并打赢了官司，这使他们喜忧参半。位高权重的NBA总裁斯特恩在公开场合从未遭受如此败仗，他在很多方面造就了NBA当前的成功，各支球队的老板因此和他签了一份电视转播合同，每年将给NBA带来几百万美元的收入。

斯特恩被视为市场营销和赛事推广的天才，而他的能力不止于此，他是幕后英雄，操控不同球队的所有权，甚至帮助球队签下球员。快船队老板唐·斯特林说，球队曾经在与选秀状元丹尼·曼宁谈判时，陷入困境。后来，他给斯特恩打了电话，从而走出了绝境。斯特恩与掘金队谈妥了种族问题，提升了联盟形象。当不得不出手时，他把几名较弱的老板逼出了联盟，从而在联盟层面形成了更强大的团队。巴赫总是听说关于"在富兰克林·米利卖掉金州勇士队的交易中，斯特恩处处染指"的谣言。当莱因斯多夫被问及他为什么不像在棒球联盟那样多参与NBA的事务时，他回应道："斯特恩是不会让老板过多介入的。"

然而，没有人抱怨斯特恩，他是NBA的大当家。如果他想的话，他就能让一支球队出问题。公牛队确信，斯特恩很快就会让球队外出参与一些很糟糕、导致球队一年都不顺利的季前赛或开场赛，或者抓住球队违规的机会，罚款或者取消选秀权。公牛度不认为斯特恩会对输掉芝加哥WGN广播公司的官司善罢甘休。克劳斯因此又多了恐惧的理由。

———

只要乔丹到场，比赛就是奥运会级别的热门赛事，即使很多年过去了，也依然如此。老鹰队老板斯坦·卡思滕说，公牛队3月10日到达亚特兰大时，他的儿子要求推迟生日会，因为他儿子不想错过乔丹本赛季可能与老鹰队的最后一场比赛。情况可能是，撑不到乔丹再次出现在亚特兰大，老鹰队就已经淘汰了。最近，老鹰队在主场连赢22场，1月，老鹰队击败了公牛队，而本场比赛老鹰队缴械投降了。半场结束，老鹰队落后了15分，第三节打到一半，他们落后了31分，最终，老鹰队以87比122的比分输掉了比赛。

赛前，更衣室的景象令人伤心。乔丹几乎每周都要和许愿基金会的孩子见面，这个基金会的使命是尽力满足身患绝症的孩子临终前最后的愿望。没有比这个更令人伤心的了。7年以来，乔丹看到了太多，公牛队满足了很多请求。乔丹对孩子们非常慷慨，但孩子们经常过于激动，以至于说不出话来。乔丹会问孩子的名字，和孩子聊聊篮球，他会在纪念品上签名。有时候，孩子们还想见其他球员，但基本上都是为了见乔丹。然而，当天下午来到这里的小女孩很特殊，她长得甜甜的，有着金色的头发，穿着镶有褶边的衣服。她容光焕发，公共关系主任提姆·哈勒姆站在旁边。他处理过几十个类似请求，但眼泪同样在他的眼眶打转。能靠近乔丹让小女孩变得非常激动，她开始哭。"放松，别紧张。"乔丹温和地说。他的嗓音非常有穿透力，小女孩抽了抽鼻子笑了，这既令人心碎，又令人振奋。乔丹不希望她走，他俩坐在那里又聊天又笑，小女孩强忍住眼泪，一直笑。最终，乔丹必须去绑脚了。小女孩站在那里，当她离开时，她一直回头仰脸往上看，乔丹已经是热泪盈眶。

在此之前，球队还有个大事要办，克劳斯坐飞机从纽约赶了过来，他带着球探吉姆·斯塔克与教练组会面。他们认为那个反复无常的新秀斯科特·威廉姆斯状况不妙——他要求进行肩部手术。整个赛季他都痛苦不堪，甚至连朋友关于治疗的建议都不采纳。他几乎无法抬起右胳膊，抢篮板的能力大打折扣，他却不想听手术建议，也不想谈论这个话题。"我要打到这个赛季结束。"他说。如今，他却要求立刻进行手术。10天前同步行者队的比赛加重了他的伤势，他仿佛进入了黑暗世界，将自己关进水牢，谁也无法触及他。教练组怀疑经纪人和他谈过下赛季去欧洲打球的事情。如果他能让公牛队从现在开始运作手术，他就能做好准备。如果休赛期手术，欧洲赛季开始时，他可能还无法从手术中恢复。或者，更糟糕的是，他将不得不自己花钱手术。最终，杰克逊不得不告诉他，NBA没有球队要他时，是公牛队冒险签下了他，给了他机会，如今他的做法则是背叛球队。威廉姆斯的态度变得缓和了，他说自己会打到这个赛季结束。此时，一个人选正在不期而至。

教练组认为有必要看一看还未签约的自由球员阿德里安·丹特利。一年前，球队有机会签下丹特利，而杰克逊认为他不太适合球队的打法。丹特利是身高1.93米的后卫，需要球权和进攻空间，他的打法不太适合杰克逊的三角进攻战术和运动战的概念，而且他的防守也不太好。

或许，拒绝丹特利是球队犯下的错误，杰克逊心想。丹特利曾经在活塞队打球，那是他效力过的第五支球队，当时活塞队正逐步超越凯尔特人队。不过，在活塞队首次夺冠的那个赛季中，球队把他交易出去了，换来了马克·阿吉雷。丹特利谴责伊塞亚·托马斯，他与托马斯结下了梁子。丹特利去了小牛队。小牛队在交易后第一次去底特律时，两个人遇见了，丹特利对托马斯耳语："我知道是你让球队交易我。"他以夸张的形式使劲捏托马斯腿上的肉，同时恨恨地说道："我会记着这件事，只要有机会，我就会要你好看。"

丹特利也许能帮助公牛队。如果1989/1990赛季他在公牛队的话，或许已经击败了活塞队。还会有谁比丹特利更乐于击垮活塞队呢？而且他能够得分。公牛队替补球员执行三角进攻战术不太奏效，杰克逊希望能够打造第二阵容，但是替补球员难堪大用。金作为得分点令人失望，霍普森得不到机会，可能丹特利有点用。然而，教练组也有疑虑，丹特利的经纪人是大卫·法尔克，而克劳斯非常讨厌他，因为法尔克总是绕过克劳斯，直接跟莱因斯多夫谈判。公牛队可以关注丹特利，但是这件事很难做成。杰克逊心想，球队会让丹特利做身体和心理测试，会问他很多难以回答的问题，但又给不了多少钱。这是克劳斯一贯的做法——在追求球员的过程中贬低他。公牛队与莱温斯顿艰苦的谈判中就是这么做的，而克劳斯却还在思考球员为什么说球队不公道。"我们对每个人都很公道。"克劳斯对杰克逊说。杰克逊反问道："你对约翰·帕克森公道吗？"

杰克逊让巴赫跟弗兰克·雷登谈谈，雷登是丹特利在爵士队效力时的教练，他曾说丹特利导致自己无法执教。此时，雷登为NBA广播网工作，也来到了亚特兰大的比赛现场。他没说关于丹特利的好话，不过，他认为丹特利确实能够为公牛队得分，这毋庸置疑。公牛队会做更多的考量。

公牛队认为能够轻松战胜森林狼队，事实上也的确如此。森林狼队像是渐干的油漆，打球方式就好像进入1月还在苟延残喘的苍蝇，移动得越来越慢，然后在进攻时间所剩无几时勉强投篮。公牛队有太多的球员可以对付他们了。公牛队在上半场就领先了23分，第三节结束时已经领先了30分。杰克逊把替补球员派上场。最终，公牛队以131比99的分数轻取森林狼队。乔丹和格兰特上场时间不多，各得20分，阿姆斯特朗得了19分。离比赛结束还有5分钟时，杰克逊又用帕克森替下阿姆斯特朗。队友们开始逗阿姆斯特朗，因为后者的职业生涯最高分是20分，而这次他还不能作为头号得分手出现在体育新闻的头条。阿姆斯特朗并没有觉得好笑。他给经纪人打电话，经纪人后来给莱因斯多夫打电话，想问一下为什么阿姆斯特朗在那个时候被换下。事实上，杰克逊没有什么想法，他不知道阿姆斯特朗得了多少分，也不知道阿姆斯特朗职业生涯最高分是多少分。他对莱因斯多夫说，他认为阿姆斯特朗打球太自私了。

另一方面，阿姆斯特朗对公牛队也产生了影响。森林狼队控球后卫普尔·理查德森告诉阿姆斯特朗，他拒绝了球队每年350万美元的合同。阿姆斯特朗转告了皮蓬，皮蓬和公牛队的谈判加速了。双方就一份5年续约合同的条款基本达成一致，届时皮蓬每个赛季的工资将接近350万美元。而现在皮蓬感到担忧。理查德森说的是实话吗？经纪人曾告诉他，等到夏天他在谈判中的形势会更有利，但皮蓬变得更焦虑了。

据说，两栖体育明星博·杰克逊因为臀部伤病恐将结束职业生涯。不过，他最终与莱因斯多夫的白袜队签约，预计在1991/1992赛季的棒球联赛复出。"如果我发生类似事情会怎么办？我什么都得不到！"在一个深夜，皮蓬在电话中绝望地对罗特说。但是，队友告诉皮蓬行情将会好起来，如果把自己的合同锁定到1998年，那简直太不理智了。而一旦他接受这个合同，那就是事实。罗特认为皮蓬的队友在利用他，想让他不签那份合同，那样的话，留给队友的钱就更多了。罗特认为工资帽导致球员变得更贪婪了，并开始窝里斗了，为了工资帽里既定额度的分配，对别人用尽心机。帕克森和卡特莱特是自由球员，乔丹也想拿得更多，而公牛队还在追逐库科奇。每个人都知道工资帽下只有这么多钱，如果没有新的电视转播合同和NBA球队扩军，工资不会变得更高。所以，皮蓬举棋不定，如果他签约两年后工资帽翻倍了怎么办？如果他受伤了又怎么办？他非常迷茫，甚至近乎绝望。

同时，公牛队在成立25周年这个史诗般的赛季，正在创造新的里程碑。战胜森林狼队的比赛是杰克逊执教公牛队以来的第一百场胜利，他是公牛队队史中赢下百场胜利最快的教练，巧合的是，森林狼队主教练比尔·穆塞尔曼是杰克逊在美国大陆篮球协会里的死对头。NBA成立以来，公牛队已经赢下了1000场比赛胜利，而且正在努力打破NBA单赛季胜场数的纪录。当然，公牛队也会努力赢下队史第二个分区冠军。报社记者已经开始在写这些梦幻般的数字，而公牛队却似乎在解散这支队伍。公牛队以10分以上优势赢下比赛的场次比其他球队都多，他们也创造了单场比赛最大分差纪录。平均而言，公牛队每场得分比失分要多9分，是联盟进攻最强的球队。

"如果我们输球，事情又会是什么样子呢？"杰克逊心想。

甚至公牛队该输球时，也没输，或者不能输。公牛队前往密尔沃基迎战雄鹿队，尽管公牛队稍占上风，但两队通常势均力敌。然而，雄鹿队似乎将在这场疯狂的比赛中大获全胜。比赛还剩5分钟时，雄鹿队领先5分，但最后关头崩盘了。弗雷德·罗伯茨和唐·谢伊斯在公牛队的干扰下造成了失误，帕克森在快速转换进攻中投中了两个三分球。乔丹在离比赛还有5秒钟时两罚全中，公牛队102比99领先。雄鹿队把界外球传给了弗兰克·布里克考斯基，他在三分线边上投篮。球投中了，裁判特德·伯恩哈特站在离布里克考斯基不到1米的地方，做了三分球投篮的手势。球场对面的裁判唐·克劳福德向他示意三分球无效。前场裁判修·霍林斯当时站在右边线，离得太远看不清。

熟悉NBA的球迷想确定裁判执裁的能力有个不成文的规则，那就是把3名裁判制服背后的号码加起来看总数。如果在100以内，这是执裁水准高的比赛。如果号码在100—120之间，在执裁的稳定性上会有问题。数字超过120，球员该犯规时就犯规，因为没有人知道会发生什么。霍林斯、克劳福德和伯恩哈特的号码是42、43和63，合计148，那可能要出现争议了！

公牛队球员开始离开球场。"他们总是告诉我，让你的球队离场，"杰克逊解释道，"因为他们不太情愿让你再回来。"这次，克劳福德毫不犹豫。

回看录像的结果是非决定性的，不过，看起来布里克考斯基的脚趾头踩到了三分线，这将会把3分变成2分，比赛就此结束。而雄鹿队认为回放显示布里克考斯基的脚在三分线之后。NBA裁判在赛后不能和记者交流，记者通过唇语解读克劳福德对伯恩哈特说："他的脚在线上。"伯恩哈特当时离布里克考斯基只有不到1米，但他沉默了，然后，这个球变成两分球，比赛结束了。雄鹿队主教练德尔·哈里斯大发雷霆，他预料到可能输给公牛队的各种方式，但这种方式自己绝对想不到。一名射手在比赛中投中了三分球，然而裁判们却做出了三分球无效的裁决，阻止了加时赛。

3月15日的黄蜂队似乎更加不堪一击，公牛队105比92的比分取胜。乔丹一如既往，为北卡罗来纳的朋友们上演了精彩的比赛，他拿到34分。随后，公牛队移师克利夫兰，骑士队在半场后不久就领先了11分，而公牛队在8分钟内打了一波23比6的小高潮，接管了比赛。最终，公牛队以102比98获得胜利。

"胜利之墙上又添了一块砖。"吉姆·克里蒙斯说。这句话正是这名年轻助教在赛后常用的评价。巴赫更直接，在一场胜利之后，他在黑板上画了一个"黑桃A"，这是军事术语中的"死亡"。士兵们在倒下的敌人两脚之间留下"黑桃A"。又一支球队被击败了。公牛队所到之处到处留下了"黑桃A"。

尽管公牛队战绩辉煌，却很难得到尊重。对手怀疑公牛队整个赛季运气都太好了，即便他们以20分，甚至30分的差距输掉比赛时仍然这么认为。步行者队赢下比赛后，雷吉·米勒的评论非常具有代表性："我们和公牛队一样优秀，如果公牛队没有乔丹，他们究竟还有什么？什么都没有！"

普尔·理查德森在公牛队和森林狼队的比赛结束之后也说了同样的话。他说公牛队在西部也无非比有限的几支球队好一些。几天之后，老鹰队击败凯尔特人队之后，道格·里弗斯说公牛队有着最好的战绩，但凯尔特人队才是最好的球队。雄鹿队助教麦克·卡尔文在那场争议比赛结束后说，公牛队无法获得东部冠军，因为他们的罚篮不太好。骑士队主教练兰尼·威尔肯斯补充道，如果麦克黑尔和伯德身体状况好的话，凯尔特人队能击败公牛队。

公牛队成为联盟公敌。赛季初期，有人说公牛队赢球的原因只不过是对手有伤病。"你们的意思是我们变得好了，而联盟变得差了，不是吗？"有一天，乔丹做出抗议，"算了吧，联盟中有很多伟大的球队，我们是其中之一。"

球队取胜的理由有很多，尤其是经过训练后，公牛队擅长区域联防。杰克逊将比尔·菲奇、莱德·霍尔兹曼和胡比·布朗的执教理念融会贯通，成为伟大的教练。公牛队几乎在每次训练中都要进行4对4的对抗练习，场上4名防守球员在前场阻止4名进攻球员的突破，进攻球员想冲到篮筐之下绝非易事。球员们从中学会了应对压力，而更多的是学会了如何在中场防守，中场就是公牛队取胜的关键。从中场到罚球线是一个回合开始的地方，公牛队就是从那里瓦解对手的进攻，并经常利用对手失误，形成转换进攻，由皮蓬、乔丹或格兰特扣篮得分。格兰特的速度极快，他能够在完成夹击后及时退回防守位置。乔丹和皮蓬能够把对手的球迅速抢断，但是他们很小心。乔丹喜欢赌博式抢断，和他在场外一样，他什么都赌。皮蓬在场外相对保守，场上有顽强的性格，喜欢追逐挑战。他俩在一起就像扑向持球者的章鱼。卡特莱特在内线不是在封盖，就是在制造恐惧，他铁肘乱挥，制造身体对抗。帕克森是定点投篮的杀手。尽管东部球队好像都很痛恨公牛队，有些球员却看到了不一样的事情。"有的球队看到我们就服了，他们害怕了，"卡特莱特在对阵骑士队后说,"我能在对手的眼里看到这种迹象。他们在短时间内挣扎了一下,然后就放弃了,他们没有信心击败我们。我们打得没那么好,但对手吓坏了,就像那些球队以前和活塞队交手时一样。"

―――

麦克·卡尔文是对的,公牛队不是罚球精准的队伍,锋线球员罚球平均命中率不足70%。相比之下,活塞队的罚球命中率在76%以上。杰克逊知道公牛队的罚球命中率不是太高。"坏的机制。"他解释道。他在赛季前为全队制定了78%的罚球目标,后来将此降低到了75%,公牛队也就刚刚达到这个水平。身在佛罗里达的莱因斯多夫在电视上看到了与雄鹿队的比赛,公牛队23次罚球罚丢了7个,也就是这场比赛的罚球命中率不到70%。莱因斯多夫无法理解公牛队本场比赛投篮命中率超过50%,而罚球命中率却没高多少。他给杰克逊打了电话,想得到答案。

杰克逊非常清楚球队的罚球问题很大程度上归咎于皮蓬的错误姿势。皮蓬不是优秀的外线射手,但他的命中率很高,因为他经常扣篮。格兰特罚球命中率也不太高,不过他的中距离投篮更精准。此外,卡特莱特罚球命中率在79%左右,但他没有太多的进攻机会。所以,当他站在罚球线上时,往往找不到感觉。

"正常人不太能理解,"杰克逊向莱因斯多夫解释,"他们不太能理解为什么高个子球员的罚球命中率不高,那是因为身高矮的球员必须罚球准才能打上球,否则他们在比赛中就没有机会。如果他们罚球也罚不进去,就无法多得分,赢下比赛。而高个子球员就不同了,无论他们罚球命中率怎么样,他们都有机会上场,没有人关心他们的罚球命中率。"直到高个子的人成为职业球员才会被关注,那就是因为由个子矮的人为他们发薪水。

当然,威尔特·张伯伦在罚球方面也有问题,这名NBA历史上最伟大的"得分机器"在职业生涯中罚球命中率只有51%。他从来不喜欢讨论自己的罚球,这是一种失败。个子又高又有威胁性的张伯伦,不太愿意听罚球这方面的事情。当他打球时，是个愤怒的巨人。有一次球迷问他："天气怎么样？"张伯伦说："在下雨。"接下来，他往那名球迷身上吐了口唾沫。在公牛队对阵黄蜂队的比赛中，张伯伦最终同意自己的球衣号码在费城退役。他感到有些自卑，对于认识张伯伦的人来说，这可不是熟悉的样子，张伯伦毕竟是经常霸占纪录榜的人。"我因为罚球找了心理咨询师，"张伯伦面无表情地对记者说，"6个月之后，我的罚球仍然一塌糊涂，而心理咨询师却10罚10中。"

杰克逊没太在意张伯伦的小笑话，而当他对格兰特、皮蓬和金说这些事的时候，却非常严肃。他认为三人在场上的专注度都不够高，要求他们去看心理医生，并为三人约定了时间。

"他才是脑子有问题的人。"当格兰特和皮蓬取消预约时，格兰特说。而斯泰西·金压根就没有露面。

———

3月18日，在开局慢热之后，公牛队从第三节压制掘金队，以13分的优势获得胜利。本场比赛中，在杰克逊的调兵遣将下，公牛队替补球员发挥优异，尤其是威尔·珀杜。珀杜如今成为现场观众的英雄，他就像宠儿，每当走上场球迷就会疯狂鼓掌。这好像是喝倒彩，类似20世纪70年代哈索恩·纳撒尼尔·温格进入麦迪逊广场花园球馆时观众给他的喝彩。珀杜是名笨拙的白人，但并不是十足的笨蛋，他仍然在有技巧地打球。他的动作比较机械，投篮之前经常要思考一下，所以投进的也比较少。经过费尔迈尔的训练，他增加了力量。凭借信心，他起跳的能力更强了，不用屈膝也能抢到篮板，而且已经成为有价值的抢篮板"机器"。只是他的四肢永远都不会变得敏捷，防守依然很弱。当他在场上时，对手就会攻击他这个点。他能够对球队有所帮助，但不如卡特莱特，也许他永远都做不到。

卡特莱特的打法的确不太好看，但是没有人愿意冲进三秒区与之对抗。他能把奥拉朱旺撞得伤缺两个月，对身材矮小的后卫又会是何种威力呢？训练中,卡特莱特准备上篮时,他就开始挥舞胳膊肘,队友就会喊道"敌人来袭"或者"飞毛腿导弹准备发射了"。在更衣室里,卡特莱特坐得离皮蓬近一些时,皮蓬会对卡特莱特开玩笑说:"让那些'飞毛腿'离我远一些。"甚至奥拉朱旺和帕特里克·尤因这种顶级中锋,在面对卡特莱特防守时,得分也经常会低于赛季平均得分。

3月20日,公牛队再次对阵老鹰队,并以22分的优势取得胜利。这是球队单赛季第五十场胜利,创造了NBA历史单赛季最快50场胜利纪录。而且从全明星周末以来,公牛队的战绩是18胜1负。老鹰队的胜率开始下滑,不过,很多人认为鲍勃·韦斯应该当选年度最佳教练。"对于一支曾经宁愿传石头也不愿传球的球队,他们现在的打法令人惊讶。"他开玩笑地说,"这些年来,他们第一次开始打篮球,而不是多米尼克·威尔金斯拿球时的'尼克球',也不是道格·里弗斯持球时的'博士球',也不是摩西·马龙持球时的'马龙球'……"

克里夫·莱温斯顿在对阵老鹰队时发挥出色。这个赛季他没有几次上佳的表现,主要因为他无法理解公牛队的进攻体系,杰克逊也不敢派他上场。不过,他在替补席上很积极——对比赛指手画脚——杰克逊总爱这么说。本场比赛他得了12分。老鹰队球员非常不喜欢莱温斯顿。比赛中,莱温斯顿在持球进攻时狠狠地撞倒了约翰·巴特尔。在比赛只剩下几秒钟时,老鹰队落后了24分,球员叫嚷着让韦斯喊个暂停,他们想打个战术,报复莱温斯顿。韦斯说,下次还有机会。

早些时候,小小的闹剧在场边上演了。凯文·朗格利是莱因斯多夫入主公牛队时的教练,如今是老鹰队的助理教练。他坐在老鹰队替补席上,这时克劳斯从旁边走过。其实,克劳斯在赛前常常坐在那里看公牛队球员投篮,当他看到朗格利时,一句话没说就走了。

"他当上总经理的那天我就被解雇了,"朗格利一边回忆一边说,"我非常了解克劳斯,他也知道我了解他,所以他容不下我。"

朗格利在公牛队没有取得太多的成功，永远没有被认为是名伟大的教练。然而，他仍感到非常委屈。

"你看，"朗格利对记者说，"克劳斯在巴尔的摩队时，我也在那里（是得分很高的后卫）。在签下韦斯·昂塞尔德和厄尔·门罗的过程中，克劳斯并没有什么贡献，然而，他总说自己是这些球员的伯乐。他知道我深知这些内幕，所以无法容下我。他是个夸夸其谈的人，其实就是个跑腿的办事员。"

"我和朗格利好多年没说话了，"克劳斯在离开后对记者说，"有些人永远忘不了陈年旧账，但他有什么好说的吗？"

———

公牛队来到费城时，队内出现了不安的情绪。当时，公牛队的9连胜在3月22日被76人队终结。杰克逊在重要比赛中越来越少地依赖替补球员，只有珀杜和阿姆斯特朗能得到上场时间。格兰特上场42分钟，抢下10个篮板，他感到有些疲惫，慢了下来。查尔斯·巴克利"擒住了牛角"。76人队在比赛末段打了一波15比4，以95比90的比分赢下了比赛。乔丹23投只有8中。其他首发球员联合贡献了58%的命中率，这远不足以弥补乔丹控制球权但命中率低的缺口。在3月对阵步行者队输掉的比赛中，乔丹也是23投8中。赛后，皮蓬被问到为何乔丹在最后时刻面临2人甚至3人包夹时4次出手中投失3次。想表现出外交风范的皮蓬说："对手迫使乔丹投了一些球，在往常他不会这样出手的。"尽管如此，公牛队的最后6次投篮中乔丹出手4次。

格兰特在运动战中10投8中，第四节只有2投2中，并感到精疲力竭。卡特莱特9投5中，在第四节一球未中，帕克森也是一球未中。他们以前也有如此经历。"如果乔丹有50%的命中率……算了吧……"帕克森说。当失败开始肆意折磨人时，胜利好像已经无影无踪了。

杰克逊让12名球员都上场了，以保持球队和谐，并找到阵容轮转的方法，但不太奏效。包括卡特莱特在内，首发球员都有些疲惫，但前者至少还

第 8 章 1991 年 3 月

能应付。杰克逊担心他会崩溃,因为他的臀部和大腿都有问题。卡特莱特对朋友说,自己感到疲惫,但不愿意告诉杰克逊。杰克逊跟卡特莱特说过,如果联盟在季后赛之前安排休整,他在4月可以休息一周,而卡特莱特不太喜欢这个主意。为了上场时间,考虑到比赛的状况,他认为自己应该打下去。无论如何,在季后赛中,他应该参与更多进攻,而不是减少。杰克逊说,他们可以就此问题再谈一谈。

如果稍微往前看一看,公牛队并无法责备这些球员。报纸和电视上有很多关于公牛队应该和步行者队重赛的话题,因为雷吉·米勒的评论。很多刊载关于"公牛队除了乔丹以外缺乏天赋"观点的报纸,被贴到了球员更衣室的衣柜上面。在比赛之前,每名公牛队球员都被问及这方面的问题。米勒认为自己的话被断章取义了,在球队来到芝加哥之前,米勒停止了与记者的对话。在比赛中,他每次拿球就会遭遇猛烈的嘘声,不过,他发挥得很好,得到34分。然而,在比赛中,他有很多要说的。

步行者队是一支由喜欢说垃圾话的球员组成的球队,说垃圾话是一些球员在场上激发自己或者在心理上干扰对手的调侃或者方法。公牛队球员不怎么说垃圾话,但是步行者队有两个NBA最敢说垃圾话的球员——雷吉·米勒和查克·珀森。比赛中,米勒带球突破时,皮蓬提前落位,想制造进攻犯规。"起来,你这个黄毛小子!"米勒向皮蓬喊道。下个回合,皮蓬带球冲向米勒,当他想用肘部击打米勒的头部时,把球搞丢了。皮蓬早早陷入犯规麻烦,失误6次,只得了10分。"我本来应该有耐心,在比赛后期去对付他。"皮蓬说。嘲笑和诅咒充斥着赛场。虽然公牛队以11比3的比分获得开局的领先,却直到后期才击败了步行者队。

"我们都被垃圾话给带偏了,"卡特莱特遗憾地说,"我们在早期浪费了太多的精力。"

比赛仍然混乱。由于被判犯规后与裁判争论,德特雷夫·施拉姆夫被驱逐出场。此前,他被卡特莱特的铁肘击中了头部,后来,他因为用推肘的

203

动作阻挡卡特莱特而遭到判罚。随后，查克·珀森也被驱逐出场，这时，他把球抛到地上又踢向看台30排的地方以宣泄情绪。直到他离场时，裁判比尔·奥克斯还在朝他喊叫。由于5名步行者队首发球员中已经有3名离场（维恩·弗莱明因为背伤离场），公牛队接管了比赛，以133比119获胜。这是公牛队主场26连胜，成为NBA历史主场连胜场次第二多的球队。无论在体力上，还是在声势上，公牛队在季后赛中更加强势。另一场火药味十足的比赛正在到来——奥拉朱旺和火箭队将在下周一来芝加哥比赛，这是奥拉朱旺受伤后复出的首场比赛。

火箭队管理层在奥拉朱旺受伤后非常愤怒，除了贴告示悬赏卡特莱特的人头之外，球队把能做的事都做了。而卡特莱特仍然保持冷静，赛前，他在场上见到了奥拉朱旺，并为后者的克制表示感谢。不过，火箭队球员都说卡特莱特是"火箭队最有价值球员"，因为在没有奥拉朱旺那段时间，火箭队15胜10负，最近连赢11场。火箭队球员发现其他队友也很优秀，而不是只能站在场上看奥拉朱旺急转身、运球、投球。这些球员撕开了公牛队的防线，尤其是后卫肯尼·史密斯、弗农·麦克斯维尔和斯里皮·弗洛伊德击溃了公牛队。奥拉朱旺和卡特莱特的对位很快被大家忘掉，因为两人都有所收敛，希望避免另一次争端。此役，奥拉朱旺17投5中，卡特莱特9投2中。

乔丹得到34分，主要归功于上半场之后，他放弃强攻，选择突破上篮，但是他仍然感到受挫。公牛队目前只是冠军的有力争夺者，对于这个事实，他感到不满。"每次我盯防新的对手，对手都会把球传给另一个人，然后就能得分，"乔丹抱怨，"我防守肯尼，对方就打麦克斯维尔这个点，后来，阿姆斯特朗加入防守，防住了一些跳投。霍奇斯为什么不能扩大防守范围呢？皮蓬（17投4中）被戳中软肋，就什么也做不了了。季后赛中，我们将会遇到更多这种情况。"

赛后，媒体赞扬乔丹尽管伤风感冒，却发挥优异。赛前，乔丹在训练室睡了一觉，中场休息时他的头上还敷了毛巾。乔丹生病是因为他在又冷又风大的周末,和朋友通宵打牌之后又去打高尔夫。"我问他为什么,"卡特莱特说,"他说他有点睡不着。我从来没见过病得这么严重的人。"

球员们认为乔丹虚夸了病情,以便给媒体留下深刻印象。半场休息时,当他戴着类似长头巾的毛巾练投篮时,队友们感到震惊。"也许他认为还有人不知道他病了。"格兰特说。

那天在乔丹睡觉时,克里夫·莱温斯顿这个因为追随乔丹而在球队"臭名昭著"的人表现得令人厌烦——他挨着乔丹躺下睡着了,称自己也病了。"克里夫也去打高尔夫了?"帕克森感到疑惑。"我不这么认为,"霍奇斯说,"这是'同情病'。"

火箭队赢了10分,更令公牛队沮丧的是季后赛级别的防守下,球队最近3场比赛中有两场只得了90分,球队替补球员得分就更少了。阿姆斯特朗得了15分,火箭队打出一波9比0的小高潮,锁定胜利时,他投丢了两个关键球。霍普森甚至没能上场,莱温斯顿只打了5分钟,斯泰西·金只打了8分钟。珀杜占用的是金的上场时间。不过,杰克逊认为珀杜作为强力前锋篮板抢得不太好,而且他的进攻游离在球队体系之外。

火箭队以12连胜的战绩成为NBA最强势的球队。公牛队主场26连胜就此终结。这个赛季被火箭队横扫之后,公牛队对阵联盟战绩前十的球队12胜12负,对阵西部六强的战绩仅为4胜7负。然而,杰克逊必须想办法让球队找回状态。月底公牛队还要再战凯尔特人队,他必须让球队向前看。"如果我们不能赢下之后两场比赛(对阵篮网队和子弹队),与凯尔特人队的比赛就毫无意义,"杰克逊说,"这将是对阵活塞队的预演。"凯尔特人队希望超过公牛队成为东部第一,在季后赛相遇时获得主场优势。凯文·麦克黑尔因为脚伤已经缺阵两周了,但公牛队希望见到他。拉里·伯德的动作就像背部有伤的老人,雷吉·刘易斯遭遇了背痉挛的困扰,布莱恩·肖带着踝关节的伤作战。公牛队占据优势,而在此之前,球队还要迎战篮网队和子弹队。

"这是两场重要的比赛。"杰克逊强调,但没人相信他。

## 乔丹法则

杰克逊正在思考公牛队在季后赛的进攻战术，他想把乔丹作为单兵安排在三分线弧顶。"这是每个人都害怕的进攻。"他坦承，而这种打法有悖于温特和克劳斯鼓吹的原则。杰克逊是团队篮球的支持者，他也认识到球队所拥有乔丹的威力。乔丹不喜欢那种可能影响自己发挥的进攻体系，并且拒绝无球内切。大约1个月前，杰克逊得以实施自己的战术——乔丹在接球前往底线跑，以吸引防守者，让持球者更容易进攻。但那也只是一种挣扎。"我必须跟他耍耍花招。"杰克逊承认。所以他劝乔丹采用背身单打，那样更容易获得投篮机会。毫无疑问，乔丹很快成为球队最好的背身单打球员，他在小个子后卫面前能够轻松得分，尤其是他把体重增长到大约95千克。最终，乔丹看透了杰克逊的计谋，随着赛季推进，公牛队那样的打法越来越少。

让乔丹跑底线的困难在于他无球时，他通常向后退，而不是挤过防守。"他本来可以让进攻变得更有效。"杰克逊遗憾地说。然而，杰克逊也需要快乐的乔丹去赢球。他知道乔丹对三角进攻战术下同等进攻机会非常恼怒。但是，今晚对阵篮网队的比赛是实验的好时机。

杰克逊叮嘱了球员关于篮板的问题。在观看录像时，他发现很多球在公牛队替补席前的篮筐涮筐而出，公牛队将先进攻这个篮筐。"这个篮筐有猫腻，"杰克逊在赛前对球员说，"即使球看着能进去也要注意抢篮板。"

半场结束，公牛队抢下了18个进攻篮板，全场抢下了赛季最高的29个进攻篮板。上半场，霍勒斯·格兰特就抢下9个篮板，公牛队以69比56领先。而且比分差距在逐渐增大。"这是乔丹的秀场。"珀杜开玩笑说。

温特在参加NCAA的最终四强赛，每年这个时候，球队允许他作为资深大学教练去执教。克劳斯陪着莱因斯多夫又去了南斯拉夫。杰克逊采取了开放式战术，把乔丹安排在三分线弧顶。乔丹左突右冲，如入无人之境，上半场就得到了28分，第二节最后5分钟独得19分。队友甚至都无所事事。乔丹非常兴奋，30分钟里投了26个球，队友却不太高兴。最终，公牛队以128比

## 第8章　1991年3月

94的比分轻松获胜。这可能进一步影响乔丹和队友的关系，因为在比赛中，他本来可以给队友一些机会，但他并没有。

"他没必要得那么多分。"在评论乔丹拿到42分时，卡特莱特如是说。然而，乔丹并不感到激动，因为杰克逊在第三节之后把他换下场了。

"他在这个赛季不会让我单场拿下50分。"乔丹说。

卡特莱特没法理解。"无论如何我们都能战胜篮网队，"他说，"这是一场我们都能砍下20分的比赛（公牛队其他球员得分都不超过14分），这令我气恼。"

"嗨，霍奇斯。"当20多名记者里一层外一层围着乔丹时，格兰特从屋子的一侧喊道。霍奇斯将此称为"乔丹秀"有一段时间了，这个称谓开始传开。"在今天的'秀场时刻'你准备干什么？"格兰特问道。"我想出去买点爆米花，有人想我吗？"霍奇斯说。

公牛队移师华盛顿，第二天这个地区将有个活动。公牛队从郊区的马里兰去市中心时，斯泰西·金不在车上。大约45分钟之后，他来到了更衣室，说自己去见经纪人探讨推广活动，交通太差，堵车了。杰克逊把金叫到一边，警告他这种做法违反了球队纪律。

杰克逊不知道的是，金并没有去见经纪人，他的经纪人甚至都不在华盛顿。金正在实施自己的小计划。他知道自己在公牛队的日子到头了，所以决心通过各种迟到，强迫球队交易自己。他现在身在曹营心在汉。那天晚上，格兰特脖子很疼，几乎都无法支起他的头，但教练让他打了40分钟。而金只打了8分钟，他认为自己的计划在生效。"我在球队算是没有出路了，霍勒斯受伤时，我都没有上场机会。"金对队友说。

子弹队头号得分手伯纳德·金缺阵，公牛队却只赢下了18分。第二节比赛公牛队打得非常不顺，子弹队制造了很多麻烦，把公牛队17分的领先优势缩减到了1分。杰克逊在赛前要求球员把防线往里收。"这是联盟里三分球最差的球队。"杰克逊说。不料，子弹队在第二节比赛中连续投中4个三分球。"哎呀，失算了。"杰克逊心想。

因为脖子僵硬，格兰特跑起来像头受惊了的牛，他依然得到22分，抢下13个篮板。皮蓬打出了乔丹的水平，令人印象深刻，他突破子弹队的防线拿下22分。而在达雷尔·沃克贴身干扰下，乔丹17投只有7中。

公牛队可以安心准备3月最后一天全美电视转播的比赛，他们轻松赢下两场比赛，而凯尔特人队甚至输给了热火队。在还剩下12场常规赛比赛时，凯尔特人队落后了两场半，他们必须拿下这场。杰克逊在波士顿宾馆大厅的酒吧和记者一起观看NCAA最终四强赛内华达拉斯维加斯大学对阵杜克大学的比赛，他很欣赏内华达拉斯维加斯大学主教练杰里·塔卡尼安的战术，如果不是欣赏他的名声。"他让孩子们打得非常努力。"杰克逊惊叹道。这才是教练要干的事。他认为内华达拉斯维加斯大学的斯泰西·奥格蒙很有天赋，将成为另一个斯科蒂·皮蓬。杰克逊打开啤酒罐的阀门，接了杯啤酒，点了根烟，并拒绝了酒吧服务员向他索要两张周日球票的请求。"为了我和孩子。"服务员操着浓重的新英格兰口音说。

"你的孩子多大了？"杰克逊问道。

"12岁了。"服务员回答。

"我没法帮你，"杰克逊盯着服务员，温和地说，"但你能这么为孩子着想，真是非常棒！"

———

直到现在，公牛队训练师奇普·舍费尔仍然为波士顿花园体育馆感到惊奇。这个著名球馆的橡木地板就像由木材厂的下脚料拼凑而成。"如果你买了新房，"奇普在赛前说，"屋子里有这样的地板，你会说除了地板，房子其他方面都很棒，你会想去换套地板。这真是太糟糕了。地板上有裂缝，有凸起，而且很旧。"

客队更衣室更是惨不忍睹。锡箔包着的管子在球员头上蜿蜒曲折，球员几乎都无法直起腰来。屋里很热，必须不停走动才能避免睡着。"每次来都是这样一些旧家当。"克雷格·霍奇斯说。

"这比原来好多了，"20世纪40年代末期曾在凯尔特人队打过球的巴赫说，"至少现在有了卫生间，我们以前不得不去大厅和球迷共用卫生间，他们会向我们嚷'你这个狗屎'，简直无法相信。现在至少你们在比赛前能待在这里。"

如果说这的条件令人难以忍受，在这比赛更奇怪。而本场比赛则是奇上加奇。这是一场你想挂个条幅的比赛，就像几年前乔丹在比赛中砍下63分逼出了两个加时赛一样，球队又将在这里打加时赛，不过，凯尔特人队将赢下比赛。对于两支球队，这场由全美电视台转播的比赛，都将是非常难忘的。

NBA主队会为客队印制介绍比赛流程的折页，上面写着赛前展示、观赛嘉宾以及中场活动的信息。然而，凯尔特人队印制的折页上几乎所有的类别都是空的，只有一条就是"中场活动"，上面写着"球童把球车推到场地中间"。

不过，凯尔特人队不再是以前那个势不可当的球队。在现有工资帽下，如果拉里·伯德下个赛季拿不到700万美金，他很可能退役。麦克黑尔正如公牛队所期盼的那样，在因伤缺阵6场比赛后回到了赛场，但是一瘸一拐。布莱恩·肖和雷吉·刘易斯都受伤了，他们都带伤上场。在比赛结束之前，他们将在这个又热又人多的球馆里拼尽最后一口气。

凯尔特人主教练克里斯·福特干得非常漂亮，他和在意大利打了一年球之后回归球队的肖重组了凯尔特人队。迪·布朗只是一名新人，但是他也为球队重建立了功。在这场比赛中布朗发挥出色，12投10中拿下21分。然而，公牛队认为球队可能会在凯尔特人队身上栽跟头，因为他们不相信本队后卫们能制造足够的外线投篮威胁。

本赛季伯德采用了很倔强的跳投，即使如此，他的手感很快就热了起来，开始命中得分。当莱温斯顿替补格兰特上场时，伯德两次背身单打他，轻松冲到了篮下得分。上半场结束时，凯尔特人队以53比47领先。金没有上场。中场休息期间，杰克逊复盘上半场比赛时，金心不在焉，在更衣室东张西望。"斯泰西，集中注意力，"杰克逊打断了他，"下半场可能需要你！"

下半场，伯德延续着手感，乔丹则开始还击，但是凯尔特人队的投篮命中率很高。第三节，凯尔特人队22投16中，以86比78领先。第四节，当麦克黑尔投的一记三分球，在篮筐上跳了几跳，然后进筐之后，凯尔特人队以96比82领先。公牛队努力将分差缩小到10分，杰克逊叫了暂停。

"只差5个球，"杰克逊冷静地说，"我们能战胜凯尔特人队。"

这就是公牛队想做的事。乔丹和皮蓬从雷蒙德·钱德勒那里得到了启示——写不下去时，就让人带枪进屋，这样就可以继续写下去了。他俩又是上篮又是跳投，用百步穿杨的绝技，击穿了凯尔特人的防线。公牛队知道自己的力量在于年轻球员的动力，凯尔特人队不够快，无以阻挡他们杀向篮下。离比赛结束还有5分19秒时，约翰·帕克森投中了本场比赛5个三分球中的第三个，这时比分是97比103，公牛队打出了一波13比2的小高潮。比赛还剩55秒时，公牛队领先3分。刘易斯投失了一个跳投，紧接着乔丹上篮也没进——本来这两球可以终结比赛。伯德也投失了三分球，但球弹回了刘易斯的手里，他投中了三分球，于是，比赛还剩下19秒，两队打成110平。这是刘易斯本赛季第一次投中三分球。这只是一场比赛，但是随着比赛变得愈发紧张，其中充满了高光时刻，这天成为特殊的一天。波士顿的球迷被认为是NBA最资深的球迷，但此刻他们的声音也很大，他们兴高采烈，就像一群高中生。

卡特莱特站在右底角把球传给乔丹，但是刘易斯阻挡了后者，裁判没有吹哨，球从乔丹手上出了边线。"在波士顿，这种情况裁判是不会响哨的。"卡特莱特后来认可了这点。比赛只剩3秒了，伯德把球传给了麦克黑尔，然后慢慢悠悠走到场内。公牛队球员被麦克黑尔搞崩溃了，他把球传给伯德，伯德投出超远三分球，球打到了篮圈后部，跳了起来，落在篮筐根部上。照相机捕捉到在伯德背后的几位波士顿记者跳了起来，他们想用身体语言让这个球落入篮筐中。他们渴求的就是伟大的拉里·伯德再度迎来精彩时刻，尽管别人可能并不太在意这个时刻。可是篮球却不愿意合作，加时赛！

在第一个加时赛中，罗伯特·帕里什在犯满离场之前两次跳投命中并上篮再打进一球。这时，凯尔特人队以118比113领先。接下来，乔丹通过罚球追回了两分。帕克森定点跳投，拿下3分，比赛再度打平。这时，离比赛结束还剩下32秒。格兰特封盖了伯德的投篮。乔丹冲向篮下，很疯狂地投了一球，打到篮筐上，凯尔特人队拿到球权，伯德超远三分球被公牛队断掉了。比赛还剩下1.1秒。

这是奇迹的时刻，这是乔丹的时刻。卡特莱特发现乔丹在右底角陷得很深，乔丹知道自己必须赶快出手，必须调整位置，看到篮筐。他抓起球向后退，侧了下身，跳起，滞空，下落。波士顿花园球馆的球迷们凝固了。乔丹曾经多次绝杀。当球慢慢从网中坠下，他和克里斯·福特撞在了一起，他开始庆祝，显而易见，公牛队胜利！"坏球，坏球！"裁判麦克·马西斯边喊边做出进球无效的手势。"好球，好球！"乔丹喊道！马西斯说在乔丹出手之前时间已经到了。乔丹立刻跑向媒体席去看电视上的回放。马西斯是对的。"该死的！"乔丹骂道。这次，时间背叛了乔丹。如果快点出手就好了，乔丹安慰自己。比赛进入第二个加时赛，格兰特、皮蓬和乔丹都已经打了50分钟，从球员的精力上看，胜利天平偏向了凯尔特人队。

凯尔特人队在第二个加时赛中再次领先了5分，但是公牛队迎头赶上。卡特莱特投球不中，乔丹在抢篮时被麦克黑尔犯规，后者的第六犯。乔丹两罚两中，而伯德投中三分球，凯尔特人队的领先又回到了5分，127比122。伯德不知从哪积聚了力量，他又成为"传奇的拉里"。伯德的背伤导致他要在赛季后进行手术，这给他的职业生涯带来了危险，而且他因为脚跟手术错过了1988/1989赛季的大部分时间。之后，他在1989/1990赛季返回赛场。当他希望恢复自己消失了的技能时，经历了非常大的痛苦，他的投球命中率降到职业生涯最低的47%。关于他和愤怒的队友产生冲突的谣言此起彼伏，据说，有些队友开始憎恨伯德仍然占据首要位置。以前他是基于超凡绝伦的技术——他和乔丹是同档次的伟大球员。尽管身上有伤，但他绕过防守投出一个不再那么敏捷的跳投，好像他从时光机器中又回来了。习惯了缺少他的队友，又开始寻求他的发挥，他们很期待拉里·伯德像以往频频制造机会。本场比赛，他又站出来领导球队，以难以想象的方式杀到篮下，甚至又开始嘲笑年轻球员了。曾经有人说年龄的标志就是不再从激情走向更大的激情。此时，激情的火焰又回到了拉里·伯德的身上。

作为回应，乔丹以失衡的姿势，持球冲到篮下将球打进，对手犯了规。罚中之后，比分又缩小到了两分。接下来，伯德跳投投中了本场比赛自己的最后一球。他的得分来到34分，包括第二个加时赛中获得的9分。之后，乔丹跳投不中，布朗上篮得分。凯尔特人队以131比125领先，时间还剩下1分17秒。帕克森三分线外飘移投球命中，并且造成刘易斯犯规，打成了罕见的3+1。罚球命中后，他取得了职业生涯最高的28分。公牛队把分差缩小到了2分。波士顿花园球馆沸腾了，涌起了既愤恨又兴奋的浪潮。肖跳投命中之后，乔丹投失1球，此时比赛还有28秒，凯尔特人队以4分领先。刘易斯被犯规，他两罚中一。皮蓬从右侧底角投中三分球，比赛还没结束！凯尔特人队以134比132领先，比赛还剩下21秒。

公牛队在刘易斯身上又犯规了，此时，离比赛结束还剩下15秒。刘易斯又是两罚中一。又有了一次机会。公牛队落后3分。布置的战术是让乔丹投三分球。乔丹左冲右突然后急停，防守球员向后退了一步，他果断出手。可惜球涮筐而出。但是，格兰特从人群中跳起来，抢到了篮板，在下落中，他把球传给了乔丹。当球回到乔丹手里的时候，凯尔特人队球员像崩塌的城墙扑向乔丹。乔丹这边可谓高塔林立。帕克森在左侧有很好的出手机会，他曾经在这个位置上投中很多三分球。"这里，这里，"他叫道，"这里。"

乔丹肯定知道帕克森在那里，但没有太多时间了。之前，在公牛队球员围成圈讲战术时，杰克逊告诉帕克森埋伏在三分线左侧。帕克森非常不安，而且感到惊奇。"我很想投那个球，"后来他也表示了认可，"但乔丹拿到球之后发生了很多奇迹，所以你有什么好说的？"

巴赫也同意，他将此战术称为"红色的10月时刻"。在公牛队进攻时间只有5秒钟时，公牛队就会大喊"红色，红色"。在这种形势下，想投中很难，但是乔丹经常站出来投球。"如果不勉强出手那么多次，他投球的命中率可能会提高30%，"巴赫说，"但他总能找机会出手，所以无论具体情况如何，队友总是急着把球传给他。"

肖扑向乔丹，乔丹低头躲了一下，跳起，后仰，投球。因为乔丹出手时身体有些前倾，球飞行的抛物线不太好，投到篮板的一侧，像弹珠一样出了场地。比赛结束，凯尔特人队以135比132获得胜利，保留住了在东部战绩上超过公牛队的微弱希望。

公牛队球员因这场比赛变得精疲力竭，但他们并没有完全被掏空。这场比赛并没有失去其意义，而且公牛队在东部仍然领先。乔丹、格兰特和皮蓬上场超过50分钟，帕克森和卡特莱特上场超过40分钟。有记者请杰克逊评价替补球员的表现，他说莱温斯顿难以对付伯德，金好像不在状态。这是金在其短短职业生涯中第一次在没受伤的情况下没有上场。总体而言，杰克逊对这场没有赢下来的比赛非常满意。如果这是季后赛的预演，把主场作战的凯尔特人队逼到两次加时，而且使伯德在比赛中处于强大压力之下难回巅峰状态，公牛队难说不感到满意。

# 第9章　1991年4月

4月2日　主场对阵魔术队

4月4日　客场对阵尼克斯队

4月5日　主场对阵马刺队

4月7日　主场对阵76人队

4月9日　主场对阵尼克斯队

4月10日　客场对步行者队

4月12日　客场对阵活塞队

4月15日　主场对阵雄鹿队

4月17日　客场对阵热火队

4月19日　客场对阵黄蜂队

4月21日　主场对阵活塞队

## 第9章 1991年4月

是4月的阵雨，还是男人为寻求约束而流下的泪水呢？

这是菲尔·杰克逊对斯泰西·金的疑惑。4月1日愚人节那天的训练并不严肃。球队例行召开了联盟的半年会议，主题是禁止吸毒和酗酒。杰克逊计划只对7名替补球员进行训练，因为他们中的大多数人在前天对阵凯尔特人队时没怎么上场或者根本没有上场。

"我走了，"斯泰西·金在会议中嘟囔，"我没穿着训练服，我要走了。"

"当然了，当然了，金，"皮蓬嘲笑道，"你最好留在这里。"

"我走了，你就等着瞧吧，"金死死地盯着皮蓬说，"我不想留在这里。"

这番对话过后，金退出了训练。失败感已经深深钻入他的大脑。

杰克逊给离开的金打了电话，电话应答机在工作，而稍晚时，应答机也连不上了。杰克逊给金的女朋友打电话，她说不知道金在哪里。

"一名士兵擅离职守。"杰克逊告诉记者。对于公牛队管理层而言，拯救金的最后一次机会失去了。球队本想在2月21日球员交易截止日之前把他交易出去，但是克劳斯不同意。他坚称第六顺位的选秀权更重要，比金的价值都要大。此前，勇士队提出交易金，并且愿意拿前锋蒂龙·希尔和1990年第十一顺位选秀权来交换。而公牛队不确定能否签下自由球员卡特莱特，所以决定保留金。金也能打中锋，球队认为金在前场还是有用的，甚至在后场也能起到作用。球员们会嘲笑金是因为"热量上限"而留在球队，"热量上限问题"。有的人总会在训练中对金这样说。

由于在比赛中的表现持续下滑，金开始变得绝望。最终，他认定问题出在了训练师艾尔·费尔迈尔身上。金宣称自己需要私人教练，这名教练要给他多做力量训练，而少一些像费尔迈尔宣称的超级跳跃训练。公牛队不太确定，但的确为金聘请了减肥训练师。如果金要吃饭，他必须吃得正确。减肥训练师做了关于营养的讲解，金听了两小时并做了笔记，他说他会遵循计划。

那堂课之后，金去做了按摩，在按摩期间，他吃了两袋多力多滋玉米饼。

他想保持幽默感，即使没有人陪他一起笑。

"我做了挡拆，"金在训练中大声嘲笑乔丹和皮蓬，"这些人在那里翩翩起舞，挥手向你告别。"接下来，他开始跳曼波舞，手和脚胡乱挥舞。"这不是我应该待的地方，"他说，"不过，我不知道自己是否能离开——这个赛季之后，排在杰里·克劳斯门口要求被交易的队伍会很长。"

如果说有什么事能把金推到那条红线上，那就是他的罢训。杰克逊给克劳斯打电话，当时克劳斯刚从去欧洲看库科奇归来。克劳斯告诉杰克逊，金不来训练要罚款250美元，而且在对阵魔术队的比赛中也不能让他上场。停赛一场，这就意味着金的工资要减去1.2万美元。

金整天都在回避记者，而当晚，他在当地电视台露面了，那是个周刊节目。他已经罢训了，他暗示因为杰克逊在对阵凯尔特人的比赛之后公开批评他，说他"不在状态"。金说，杰克逊是个伪君子，因为他曾经告诉球员不要把球队的抱怨告诉媒体，如今教练却这么做了，这让球员感到羞辱。金还说，这名教练没有勇气面对自己。

杰克逊没有听到金的这番话。稍微晚些时候，他说如果他听到了，那停赛可就不止一场了。

第二天，形势变得更糟糕。

金来到训练场，只是和杰克逊会了个面，因为他不想训练。这场会面很快就变得失控。"你听着，"金说，"你让不让我上场，我根本就不在乎。去你的！"

要让杰克逊发火，需要付出相当大的代价。这次代价就很大。杰克逊下巴肌肉绷紧，然后他就爆发了，就像沉寂已久的火山。

"我必须坐在屋子里看70场比赛的录像，在这70场比赛的录像里，我必须看你这头'胖驴'犯下一个又一个错误。你把我们想做的事情都搞砸了。我对此感到恶心！"

金开始咒骂杰克逊，过了些时候，杰克逊说："在此之后，谣言满天飞。"金站起来，气冲冲走了出去，骂得越来越难听。

那些没在现场的人很快就听说了。乔丹说，如果他能做主，会让金停赛一年，不过，他没有参与此事。"如果我参与了，每个人又会开始四处传播谣言，说'乔丹推动球队把金给交易了'。作为旁观者，我觉得他对我们没有用处，无论有什么问题，都不能这样对待教练。我总是对球队说这个孩子是个问题，但是他们从来都不听我的建议。"

帕克森摇了摇头。金的爆发，成为球队的话题。

"我们球队有这么多优秀的人来自四面八方，"帕克森坦承，"这就是问题。"

如果说金的冲突起到了什么好的作用，那就是他掩盖了皮蓬冲突的新篇章。有传言说，《芝加哥太阳时报》的莱西·班克斯在那天说，皮蓬对莱因斯多夫和克劳斯去南斯拉夫看库科奇感到厌烦，而皮蓬还没有拿到新合同。新闻引用了皮蓬的话——"如果球队想交易我的话，我看不出来这个赛季剩下的时间里为什么要努力打球"。

同时，有位快递员走到体育馆，递给莱温斯顿一份关于信用卡债务的文件。

在杰克逊试图冷静下来时，球队摄影师比尔·史密斯站在旁边非常紧张。现在到了1990/1991赛季公牛队拍摄全家福的时候，这个工作已经计划了好几个月，并几次改期。这是最后的机会。

"请每个人都笑一笑。"史密斯说。

———

莱因斯多夫坐在佛罗里达白袜队的办公室里，感觉非常好。他的棒球队最终得到了尊重。年初，很多自由球员，甚至那些不太优秀的自由球员，根本都不考虑和球队签约，而莱因斯多夫也不会给任何人多付钱。而今，球队在1990年获得的仅次于奥克兰运动家队的名次震惊了棒球界。新的科米斯基体育场将要开业，季票销售情况史无前例地好。

球队准备宣布和博·杰克逊谈好了条件。如今，杰里·莱因斯多夫的旗下拥有两名美国最优秀的运动员——杰克逊和乔丹。一名体育俱乐部的老板还能要求什么呢？

这时，秘书走进来递给他一张报纸，报纸上有篇文章写到了皮蓬。

莱因斯多夫感到震惊——皮蓬的脑子坏掉了吗？

"从今往后，我们不能只是对这些孩子做体能测试，必须对他们进行心理测试。"莱因斯多夫说。

发生了什么事？他难以想到。在他离开美国去南斯拉夫的前天，他跟皮蓬和小凯尔·罗特进行了谈话。他们原则上同意和皮蓬签一份新合同，新的续约合同是5年，总金额大约1800万美元。每个人都认为交易是合理的，莱因斯多夫甚至承认这项谈判本该早点结束，这次延误是他的错。因为库科奇的原因，他把事情搁置了。

他想给库科奇开出更有吸引力的条件。如果公牛队能签下库科奇，他们需要用今年在工资帽下留出来的大约180万美元。如果他们不能，这些钱中的一部分将给皮蓬。无论如何，皮蓬都能得到续约合同中约定的全部工资。但是，莱因斯多夫需要时间，所以他告诉皮蓬："我本人保证给你签这份合同，即使你现在受伤了，我也会付给你钱，无论发生什么，你就当这个合同已经签下了。"

"斯科蒂，你理解了吗？"莱因斯多夫重申了一遍，"这样做你觉得可以吗？我们会签下这份合同，不过可能是在赛季结束后，你可以认为这份合同已经签了。可以吗？"

皮蓬同意了。

随后，莱因斯多夫坐飞机飞了19小时去了南斯拉夫斯。几个月来，一

## 第9章 1991年4月

直有消息称库科奇准备和意大利球队贝纳通签约，条件是每年400万美元。公牛队开不出这么优渥的条件，他们的条件是6年1530万美元。而莱因斯多夫每次问及此事，库科奇的经纪人都说没有与贝纳通签约。莱因斯多夫上当了吗？欧洲传来的消息称，鉴于皮蓬如今的合同，公牛队签不下库科奇。最终，莱因斯多夫决定亲自见见库科奇和他的家人。

克劳斯也一同前往，去和库科奇谈谈篮球，谈谈他在球队进攻体系中将扮演的角色。莱因斯多夫和库科奇焦虑的父母待了两天。除了能在受管制的媒体报道中读到只言片语，库科奇父母对美国一无所知。莱因斯多夫苦口婆心，让他们确信在芝加哥有真实存在的南斯拉夫社区，他们能够看到来自贝尔格莱德的报纸。莱因斯多夫和他们谈了自己从21岁到28岁的4个孩子，他说自己将把库科奇像自己的孩子一样对待。

库科奇的女朋友可能是个问题，她不想去美国。她公开对莱因斯多夫表示敌意。即便如此，莱因斯多夫对公牛队得到库科奇的机会仍然感到乐观。他已经回到佛罗里达三天了，他相信自己仁至义尽了，如今要看库科奇怎么决定了。莱因斯多夫和克劳斯都把这名南斯拉夫人视为公牛队冠军拼图上的最后一块。莱因斯多夫还将库科奇视为乔丹的接班人，甚至可以接替其他球员。

关于莱因斯多夫南斯拉夫之行的报道铺天盖地。当时，公牛队回到了芝加哥，在周一进行训练。皮蓬开始并没有多想，后来几名球员开始嘲笑他，说球队更想要库科奇。曾经夸夸其谈的克劳斯没起到好作用，一周前克劳斯告诉皮蓬，如果不是自己在选秀中签下他，他都来不了公牛队，皮蓬能有今天多亏了自己。

如果说皮蓬曾经焦虑过，他现在简直是惊慌失措，因为他听说查尔斯·巴克利伤了膝盖，他所能想到的就是，如果自己受伤了将会是什么样。口头的保证或者什么也没有。莱因斯多夫曾经在莱温斯顿的事情上证实了保证值几个钱，皮蓬心想。皮蓬给罗特打了个电话，他几乎是歇斯底里。"我现在就想签合同，我现在必须签下个什么东西。"皮蓬说了一遍又一遍。罗特懂了，他知道皮蓬极度担心像父亲那样英年早逝，或者像哥哥那样成为残疾人。他打球时非常担心腿部遭遇可能导致残疾的伤病。

尽管如此，罗特听到皮蓬公开威胁不全力以赴时，他感到震惊。莱因斯多夫也感到震怒，他一分钟也没等就给皮蓬的经纪人打了电话。

"你把这件事情给我摆平，否则别怪我翻脸，"莱因斯多夫说，"皮蓬和球队有合同，他有义务、有道义履行合同。我们很公道，但是不希望被玩弄。我一点都不同情皮蓬！"

罗特给皮蓬打了电话，告诉他最好在第二天的报纸上发一份声明，说那是误会，无论如何，他都会全力以赴。如果他还想待在公牛队，最好那么做。皮蓬同意了。

克劳斯也有话要说。

"斯科蒂，你哪也去不了，"当球队准备对阵魔术队时，他对皮蓬说，"我们签下了你，你就得在这里待着。无论你说什么事，无论你怎么做，都没有用。"

皮蓬的事情消停了，金的爆发让每个人都在谈论、分析和判断公牛队将怎么应对。在金出走后不久，约翰尼·巴赫和老朋友弗兰克·雷登去芝加哥熊队教练迪克卡开的饭店吃饭，在那里恰好碰上了迪克卡，他把巴赫叫到一边，私下聊了几句。"金这件事真的让我厌烦。"巴赫说。

过了一会儿，迪克卡在经过他们的桌子时又停下来说："现在有个孩子忘了他的队伍，有时你必须把这件事情给他讲清楚。如果是我，我就把他更衣室里的东西扔到街上，然后对他说，'能滚多远滚多远'，他以为自己是谁！"

———

3月17场比赛的疲劳感在4月的公牛队球员身上开始显现，他们的表现似乎下了一个档次，投篮时的眼睛还很有神，但防守不再那么强势，不再令对手如履薄冰，对手突破上篮更容易了。4月2日的比赛中，魔术队投篮命中率达到55%，在离比赛结束还有3分钟时，魔术队甚至3分领先。而公牛队在最后时刻加强了防守，让这个"魔术"消失了。魔术队5个回合没能得分，而乔丹和格兰特在最后40秒通过罚球拿到6分，公牛队以106比102逆转取胜。

尽管教练在呼喊其他球员传球给格兰特，但是格兰特只有5次出手机会。而格兰特5次出手得到了12分，魔术队根本无法防住他。"首先是尼克·安德森（身高1.98米，体重95千克）防守我，接下来是杰里·雷纳德（身高2.03米，体重88千克）防守我。然而，我却拿不到球，这真是太荒谬了。"格兰特说。他暗指的是乔丹出手26次，得到了44分。

同样不开心的还有阿姆斯特朗。杰克逊在比赛只剩下几分钟时把他派上了场。两个控球后卫在短时间内轮换，两人都不太高兴，不过，帕克森不太显露自己的不开心。造成一次失误——"阿姆斯特朗你没机会了"。投失一个球——"约翰，你给我下来吧"。两人都不可避免地嘟嘟囔囔着回到替补席。

对阿姆斯特朗而言，他似乎把这种情绪带到了第二天的训练中。当时，球队准备前往纽约，杰克逊观察了他一会儿，最终对他喊道："你不在状态！"之后，杰克逊干脆把事情挑明了："现在我们就是要乔丹多投篮。"

阿姆斯特朗知道自己必须做点什么。"我拿到球时，"他告诉格兰特，"我就会投，乔丹别想从我这拿到球。"

"我也是，"格兰特说，"瞧着吧，打尼克斯队时我拿到球就会投篮。"

他们只是抱怨一下，这种事情不会发生。就像帕克森，几乎在每场比赛之前都会抱怨，但他们就像编好的程序，没法那么做。如果这么自私，他们会感到愧疚。

———

当球队在4月3日晚上抵达纽约时，美国全国广播公司（NBC）正在等着他们。公牛队和76人队的比赛将全美直播，电视台想做个采访。与他们一起的还有湖人队前任教练帕特·莱利，杰克逊、皮蓬和格兰特出席了采访，而乔丹拒绝参加。1990/1991赛季，他明显减少了在媒体露面的次数，这种占用时间的事情让他无法忍受。他确信自己只是在被别人利用，他痛恨此事。与此相反，他在房间里与喜剧演员丹·艾克罗伊德和比尔·默里见面了。

格兰特有点感冒，他不想参加赛前投篮练习，但是杰克逊告诉训练师舍费尔要确保格兰特不得缺席。格兰特非常生气。

"迈克尔生病时，他就能取消训练。"他告诉舍费尔。

对阵尼克斯队时，公牛队似乎集体生病了。尼克斯队的查尔斯·奥克利和杰拉尔德·威尔金斯缺阵。如果公牛队球员曾经听过一句话——"纽约是世界上拥有少数民族人口最多的城市，和他们在一起时你不要突然移动"。显然，公牛队球员对此给予了充分的关注，那天晚上他们移动得很慢。

在马克·杰克逊和布莱恩·奎因内特的闪电战袭击下，公牛队在上半场一度落后了24分，第二节结束时，他们把比分差缩小到了18分。菲尔·杰克逊在中场休息时没让教练组进入公牛队更衣室。

"让球员坐下来自己想一想，"杰克逊说，"看看谁该为比分落后负责。"

乔丹很确定谁该为此负责——杰克逊和三角进攻战术。他12投4中得了9分，非常愤怒："不要再打什么三角进攻战术了。"

下半场，乔丹火力大开。杰克逊采取了合作态度，他采用了球队先前尝试的开放式进攻，把乔丹放在三分线弧顶。10分钟内，公牛队追平比分。于是，尼克斯队崩溃了，第三节9次失误。公牛队打了一波30比12，完全展示了球队实力。尼克斯队在第三节保持了平局，但是失败不可避免。公牛队以10分的分差获胜，他们还想扩大战果，但再拉开分差就有点儿太难了。

"这个时候球员会很疲惫。"杰克逊说。

比赛之后谈话的主题是帕特里克·尤因。他好像满足从底线后仰跳投，甚至在面对珀杜时也这样，然而，如果尤因运球上篮的话，珀杜几乎无法阻挡他。不过，如果尤因对公牛队年轻的替补球员这么做的话，他显然会被犯规。

尼克斯队的知情者认为，在遭遇接连不断的争议、球队的颓势和尚未达成的谈判困扰下，尤因在这个赛季主动缺席了很多比赛，至少在季后赛到来之前会是如此。赛后想到这个问题时，约翰尼·巴赫摇了摇头。公牛队也有内乱，他心如明镜，但是球员们上场之后总是很拼，这对于球队和杰克逊都是有利的。

——

在公牛队25年队史中，只获得过一次分区冠军，那是1974/1975赛季，昭示着20世纪70年代初期伟大的迪克·莫塔打造的团队篮球的终结，此后，公牛队加入东部联盟。在分区中，公牛队很难超越卡里姆·阿卜杜勒-贾巴尔领衔的雄鹿队——如果雄鹿队不在意公牛队，湖人队和张伯伦却在意。不过，贾巴尔在1974年的表演赛中伤到了手，雄鹿队崩塌了，在分区中排名垫底；张伯伦离开了湖人队，所以公牛队得以拿到分区冠军。公牛队在该赛季47胜35负的战绩并不是最佳的——1971/1972赛季，公牛队赢下了57场比赛，排在联盟第二，仅落后勇士队一场。然而，公牛队此后经历了13个赛季和9名教练之后，才在单赛季赢到同样多的场次。

杰克逊多么推崇莫塔时期公牛队的团队打法，就有多么讨厌雄鹿队的球星个人打法。雄鹿队教练科斯特洛对球队管束太多。1975年，杰克逊在《不服从者》这本书里写道："我知道只有贾巴尔能投关键球。无论教练叫哪个战术代号，都会引起防守球队包夹和逼抢贾巴尔。这使得雄鹿队不得不从别的点进攻，但这破坏了进攻流畅性……事实上，雄鹿队的可预测性导致球队输了太多比赛。我个人不太喜欢雄鹿队的打法，当贾巴尔持球的时候，其他4名球员无事可做。当然，雄鹿队在任何一个晚上都可以突然爆发击败对手，但是却无法作为一支球队去打球。每个聪明的球队，会利用这种局势。

我认为篮球运动永远都是一项团队运动。"

同时，杰克逊也很推崇公牛队当年的防守。赛季绝大多数场次，对手的得分在100分以下，公牛队保持着联盟的该项纪录。他们通过逼迫对手改变进攻方式，进而控制球场。后来，杰克逊也在自己治下的公牛队运用这种方法，这将是他最成功的策略。

在描述莫塔的球队时，杰克逊写道："公牛队通过封住传球路线让球停下来，他们孤立了持球人，迫使对手不得不打边线球……例如诺姆·范·利尔，通过跑动就可以截下对手行进间的传球。跟公牛队打比赛，会让一支球队慢下来，以保证传球的成功率，这就好像在和章鱼打篮球。"

15年后，用这些话来形容杰克逊的球队也是合适的。如果说莫塔启发了杰克逊，他也启发了后来的NBA教练杰里·斯隆、里克·阿德尔曼和马特·古奥卡斯，还有1974/1975赛季之前被公牛队交易走的鲍勃·韦斯。1974/1975赛季，这些人都在NBA球队打球，莫塔带领的公牛队获得赛区总冠军，但在总决赛中输给了勇士队。事实上，勇士队一度以2比3的大比分落后公牛队。莫塔把失败归咎于拒不合作的鲍勃·洛夫和诺姆·范·利尔。他要求这两名球员不能参与季后赛奖金的分红，几乎在球员中造成了哗变。

由于人员老化，莫塔执教的公牛队在下个赛季只赢了24场，他离开了芝加哥，去执教上赛季在分区决赛中输给了勇士队的子弹队。直到1984年乔丹来到公牛队，球队才开始重整旗鼓。从1966/1967赛季开始，公牛队在过去25年里走了很长的路，当时的教练"红魔"约翰尼·科尔在赛后必须给报纸打电话，报社才会报道，然后，提一下球员的名字。在报比分时，他还要告诉报社编辑那些球员的名字怎么拼写。然而，到了1990/1991赛季，每个孩子都知道怎么拼写乔丹。

乔丹对这些情况了解得如何呢？有一天，有位记者正在照看自己1岁的孩子，乔丹被孩子吸引，想让孩子回应自己。而这个孩子忽略了乔丹，一直在玩爸爸的迷你录音机。记者开玩笑地说："我猜他好像对咱们的超级巨星不太感兴趣。"

"过6个月我们再看看。"乔丹回复道。

———

公牛队正在朝第二个分区冠军进发，再赢一场就能成功了。公牛队准备击败马刺队，以实现目标。

不过，公牛队需要多等一点时间。马刺队全场紧逼，在篮板上以50比29压制公牛队，第三节末段领先了21分。这时，杰克逊换了小而快的阵容，开始依赖克雷格·霍奇斯的"三分雨"，经常被遗忘的霍奇斯在两分钟内投中了3个三分球，10分钟内，公牛队把21分的分差缩小到了1分，似乎将上演神奇逆转。但马刺队顶住压力，越战越勇，最终以110比107赢下了比赛。比赛结束之后，马刺队教练拉里·布朗说，如果公牛队能让所有替补球员像霍奇斯那样得分，就太可怕了。

丹尼斯·霍普森非常希望也有这样的机会。最近10场比赛中，他有3场都没能上场，对此他很不开心。1990年6月，公牛队把他从篮网队交易过来时，他在NBA已经征战3个赛季，但生涯最高分只是13分。现在，他是球队的第十一人，仅排在斯科特·威廉姆斯之前。尽管手握超过90万美元年薪的合同，他更希望回到篮网队，虽然曾经也痛恨篮网队。霍普森上场机会不多，但他很快就招来了乔丹的怒火。

"我知道他不喜欢我，但他什么都没跟我说过，"霍普森对朋友说，"他总会在背后说别人，有一天他走过来问我是否听说过布拉德·赛勒斯（霍普森在俄亥俄州立大学的队友），以及赛勒斯最近如何。你能相信吗？乔丹想让赛勒斯走人，然而，他又想知道赛勒斯怎么样，好像他真的关心。我就说赛勒斯很好。"

霍普森坚毅且性格鲜明，薄薄的皮肤好像拉紧了绷在脸上，显得很愤怒。当年，他和篮网队教练比尔·菲奇似乎有着深仇大恨。霍普森在比赛中对菲奇说："少跟我啰唆，如果你不喜欢我的打法，就让我离队。"

平时脾气很大的菲奇温和地说:"丹尼斯,我会尽最大努力包容你。"

菲奇告诉杰克逊说,霍普森只是需要改换一下环境,他能在公牛队发挥贡献。但霍普森对自己角色的变化非常不满,无法适应替补的角色。他是那种需要进入比赛流畅状态的球员,不仅仅是四五分钟的上场时间。如今,公牛队说他是真正的防守专家,这可不是吹嘘的。

"我刚来时,他告诉我,我将是替补得分手。"霍普森回忆起交易完成后与克劳斯的谈话。公牛队为了把他招进来,给了篮网队1990年的首轮选秀权和两个第二轮选择权。"防守球员很难出头,这就是我有时像个疯子的原因。人们看着我说,签下这名球员就是为了得分,那问题出在哪儿呢?为什么他不得分呢?"

所以,霍普森正在考虑回到篮网队。"我第一年场均9.6分,第二年12.7分,第三年15.8分,我已经学会了抓住机会得分。"霍普森说。1987年他以探花秀身份来到篮网队,球队正处于新老交替,球迷以为他会给这潭死水带来新鲜血液,但霍普森孤掌难鸣。"我没有一个好朋友,"他回忆那孤独的第一年,"在公牛队,我和格兰特、金和阿姆斯特朗合得来。但是在篮网队,他们有麦克·戈明斯基和巴格·威廉姆斯和罗伊·欣森和麦克·奥科伦,我总是形单影只。我在篮网队什么也做不了。"

霍普森怀念家乡,想去骑士队打球,主要因为他喜欢兰尼·威尔肯斯的执教风格,并认为骑士队需要一名得分后卫。霍普森长得很健壮,身高1.95米,体重90千克。训练中,他经常令公牛队教练惊讶,他有着乔丹和皮蓬才具备的快速移动能力。他请经纪人跟公牛队谈谈1990/1991赛季之后将其交易到骑士队的事情。他已经打听过了,发现骑士队欢迎自己。

霍普森一度很期待来公牛队,尽管有人曾警告他在芝加哥打球很难。他在大学时最好的朋友赛勒斯曾效力公牛队,后者在1990/1991赛季去了希腊打球。赛勒斯警告过霍普森和乔丹同队打球是什么样,但霍普森认为那只是错配,因为球迷和乔丹需要约翰尼·道金斯,赛勒斯从未得到机会。接下来,他又同另一个朋友探讨了超音速队的塞戴尔·斯瑞特。

"我为你感到遗憾，"斯瑞特告诉他，"公牛队换了那么多后卫是有原因的。你可能拿不到球。和乔丹一起打球，你得小心一点。有时候，你可能得到上场机会，但是更多的时候你只能看着。"

霍普森坚称有人给他不一样的保证。公牛队希望他作为替补球员，每场打20分钟到25分钟，得到10分以上。球队告诉霍普森，帕克森、霍奇斯和阿姆斯特朗都不胜任，因为他们个子小，活塞队这种球队会利用这个劣势。公牛队需要高大后卫和乔丹搭档，他会和乔丹配合10分钟左右，还会有至少10分钟在乔丹的侧翼，甚至作为小前锋还能获得更多上场时间。

"不可能！"他的朋友、快船队后卫罗恩·哈珀说，"你在那里根本就得不到那么多上场机会，你看看他们是怎么打球的吧，这些时间从哪儿来呢？"

"兄弟，这形势对你可不太好，"霍普森另一位朋友、原公牛队球员查尔斯·奥克利也对他说了同样的话。奥克利说："我喜欢乔丹，但你就别多想啦，你没有得分机会。"

霍普森开始感到担忧，甚至在训练营他感到惶恐。那时，他和阿姆斯特朗已经成为好朋友，阿姆斯特朗直截了当地告诉他："你会期待回到篮网队，回首往事，你会认为在篮网队打球更好。"霍普森说："不可能！那一定是疯了。你知道在篮网队是什么样子吗？就那么几个观众来看球，他们还会给你喝倒彩。每次都输。不，我要找机会赢球！"

当公牛队赢下总冠军之后，别人开玩笑地问他，是否还愿意回篮网队，他毫不犹豫地说"是的"，他可不是在开玩笑。

———

尽管公牛队输给了马刺队，但是活塞队在周日晚上输给尼克斯队，公牛队还是获得分区冠军了。也没有什么好庆祝的，皮蓬甚至都不知道。"嘿，我在想为什么更衣室有分区冠军的T恤。"他说。乔丹也没有庆祝。早上7点是他打高尔夫的时间，周日下午2点30分对阵76人队，这让他有充足的时间打高尔夫。他对高尔夫非常狂热，甚至经常在赛季期间打高尔夫球。

乔丹甚至把打高尔夫作为对抗76人队的心理策略。乔丹对76人队助理教练弗雷德·卡特谈起高尔夫球，他知道卡特将用此来激励何塞·霍金斯，而霍金斯将在比赛中对位乔丹。乔丹希望通过在比赛当天上午还有心思打高尔夫球，显示自己非常有信心击败76人队，从而分散76人队的注意力。几天后，巴克利抱怨乔丹上了费城的电台节目——节目里说，公牛队没有认真对待76人队。"如果我那样做，""坏孩子"巴克利说，"我早就被干掉了。"

显而易见，队友对乔丹打高尔夫这件事感到厌烦，可是，乔丹在比赛中拿下41分并抢断了4次。如果乔丹真的试图分散霍金斯的注意力，他赢了，霍金斯在上半场10投3中只拿到6分，但是76人队表现得很顽强。虽然巴克利因为膝伤未能出战，但他还是来到芝加哥，观看这场原本有全美电视转播的比赛，而且他还很开心。

"嘿，斯泰西，"他向斯泰西·金问道，"明天的训练在什么时候？"而金在比赛中罕见出场后，被芝加哥球迷喝了倒彩。

"这些人赢不下总冠军，他们太软了！"他时不时这样呼喊。当主裁判杰斯·克西判罚76人队球员犯规时，巴克利又继续喊："杰斯，不要帮那些人赢球，他们太软了！"

当然，巴克利的话有几分客观。联盟中很多人仍在质疑，如果公牛队进了季后赛，就凭着格兰特和卡特莱特作为主力能走多远。76人队正对着公牛队的篮筐狂轰滥炸，就像前几天马刺队做的那样。公牛队的内线劣势开始显现，非常被动。正如活塞队所知道的，有时这种战术就能影响公牛队。里克·马洪抢下第十四个篮板时，他就是这么做的。甚至由于作风偏软而被队友称为"帅哥吉列姆"的阿蒙·吉列姆都拼命挤到内线拼抢进攻篮板。

这场比赛充满戏剧性，皮蓬在2.31米的中锋马努特·波尔面前扣篮，让

76人队替补席又是混乱又是笑。随后，波尔抢下篮板，胯下运球，让他们笑得更厉害了。但是，接下来比赛就变得严肃了。76人队把公牛队逼进了加时赛。在加时赛即将开始时，穿着休闲服装的巴克利抓住霍金斯向他喊道："如果你想成为全明星（霍金斯在那个赛季首次入选全明星阵容），现在是你接管比赛的时候了。"霍金斯真的接管了比赛，他为76人队连拿6分，包括在对位乔丹时持球上篮打进两球。76人队越战越勇，而阿姆斯特朗在最后时刻的跳投却投短了，最终76人队以114比111的比分赢下了比赛。

约翰·帕克森在替补席上观看了比赛，摇头表示无法理解。阿姆斯特朗在比赛的最后阶段打了20分钟，几乎是整个下半场。他似乎很累，不难看出他最后的投篮会投短。杰克逊对教练组说，自己有意把阿姆斯特朗留在赛场上，看看他最终打成什么样。公牛队在季后赛中需要阿姆斯特朗，杰克逊希望看看他在压力情况下的表现。考虑到阿姆斯特朗明显疲惫，这不是最好的策略，教练们对此心知肚明。但是他们也懂得，这只是杰克逊"行为实验室"。

但帕克森不懂，他坐在替补席上，一边审视着比赛，一边审视着自己的人生。他想到了几天前在主场对阵魔术队中得到的技术犯规，以及他4岁孩子瑞安·帕克森为此投来的不赞同的眼光。瑞安已经成为非常投入的篮球迷，喜欢在电视上看父亲比赛，当赛前的解说到来时，他关上灯做自我介绍。公牛队比赛时，他会在电视前面的小篮球架上自己打比赛。约翰·帕克森会把篮球比赛作为亲子沟通和教育孩子的方式。瑞安调皮时，约翰·帕克森会叫暂停，瑞安就不得不坐下。瑞安无法无天时，约翰·帕克森会对他吹技术犯规，给他教训。但是，约翰·帕克森也在问自己从篮球里学到了什么呢？虽然约翰·帕克森比对位的绝大多数后卫动作慢，但他是名彪悍的防守者，这是他得以位居首发阵容的原因。阿姆斯特朗动作更快，然而他的防守能力不如帕克森。"帕克森的防守能力远远超过了他的天赋。"巴赫惊叹道。约翰·帕克森的顽强拼搏出于纯粹的意志力，尽管他的膝盖和脚踝经常会疼，但他在全联盟首发后卫实力榜中却排在第四位。然而狂热的情绪使他在比赛中经常发火，并与裁判争执，这导致裁判给他贴上了"抱怨者"的标签，这很可能令他得到更多的犯规。帕克森发誓要好好控制自己的情绪。

阿姆斯特朗在对阵76人队打了最后20分钟，帕克森确信自己在公牛队的职业生涯到头了，公牛队压根没有与他谈新的合同。帕克森认为阿姆斯特朗在1991/1992赛季将成为首发球员，但他并不太在意。"我是球队完美的替补控卫，"他说，"我能进攻，能和乔丹搭档，有命中率。我既能打得分后卫，也能打控球后卫。我不介意成为替补，只想有一份工作。"但是，到了30岁时，很多人会怀疑后卫的能力，尤其是白人后卫。经过本场比赛，无论公牛队有何说辞，帕克森都认为自己在公牛队的职业生涯结束了。

卡罗琳·帕克森对球队轻视自己丈夫的方式很愤怒，她是个精致的棕发美人，又安静，又害羞。她对帕克森很忠诚，帕克森经常让朋友接送她去体育馆看比赛，因为帕克森不想让她自己去。克劳斯对助理说，每当卡罗琳看到他，卡罗琳都会板起脸来，愤怒地看着他，不给他好脸色。受到卡罗琳青睐的巴赫说自己在那些天不愿意看到她。因为她会带着恳求的眼光看着巴赫，好像在说："难道你什么都做不了吗？"

对阵76人队的比赛结束后，卡罗琳和帕克森默默地开车回家，帕克森最终做了决定："我们把这里的房子卖了吧。"

"明天早上我就给不动产经纪人打电话。"卡罗琳果断地说。

――

杰克逊又在做实验，乔丹几乎放弃了三角进攻战术，而是靠突破上篮得分。在过去的5场比赛，他场均出手29次，得39分。皮蓬也在单打上花了很多时间。对阵76人队中，首发阵容在下半场得了55分，而乔丹和皮蓬俩人加起来就得了51分。最后两节比赛，阿姆斯特朗是唯一得分的替补球员。所以，杰克逊想找到限制乔丹却不能让他知道的方法，起初，他想把乔丹放到三角进攻战术底角上的位置，那样他就很难拿到球。但这种方法失败后，杰克逊直接把乔丹换下了场,其中有两次都是刚投中了两个跳投就把他换下了场。

"嘿,不要我投中两球就把我换下来,"乔丹抱怨,"至少让我投十几个球再换。"4月9日对阵尼克斯队的赛后,乔丹在体育馆很愤怒。面对记者的问题,他的回答超乎寻常地短。公牛队勉强战胜尼克斯队,比分是108比106,多亏了帕克森在比赛还有24秒时的跳投命中(对阿姆斯特朗的实验已经结束了),当尼克斯队想投篮追平比分时,卡特莱特抢断成功。这真是一场犯错次数较少的球队赢下了比赛的范例。比赛打得不好,但公牛队对战胜尼克斯队很有信心。1989年以来,公牛队在季后赛中已经6次击败尼克斯队,其间的常规赛中只输过一场。当时,特伦特·塔克接到场外发球后投中了三分球,这在1/10秒钟内完成的。后来,联盟规定如果从发球到投篮时间过短(低于1/10秒),则可以判定进球无效,而联盟却拒绝修改本场比赛的结果。这个争议球成为矛盾的焦点。"你不可能在1/10秒内完成投篮。"乔丹抱怨。这个事件让巴赫想起了76人队和开拓者队的一场比赛,当时比赛还有几秒钟,阿奇·克拉克运球拖延时间,最终赢得比赛。后来,开拓者队管理人员想找计时员申诉,却被告知他们不能与计时员说话。"我不想跟他说话,"开拓者队管理人员说,"我只想让他测一下我们还能活多长时间。"

比尔·卡特莱特认为,赛季很长,球队的绝大多数目标已经实现了,球员身心俱疲,比赛甚至变成了累赘。卡特莱特感到,公牛队需要在季后赛激活他们。同时,他也担心像斯泰西·金这样的球员,金还在为自己的问题谴责每个人,唯独不反思自己。格兰特在比赛中非常努力,已经赢得了球队的位置和尊重,而金似乎有希望取而代之。卡特莱特听到阿姆斯特朗抱怨自己缺少机会,珀杜和霍普森也如此。他对莱温斯顿感到厌倦,因为后者在训练时经常迟到,并大声抱怨自己的上场时间太少。莱温斯顿会找个地方坐下,告诉其他人,他组织了多么隆重的聚会、买了什么东西。不过,每个人都知道他面临经济上的困难。

卡特莱特认为自己虽然是第二阵容的老兵，可是对年轻球员的帮助不大，这才导致了斯泰西·金的随波逐流。"这个孩子算是完了，但我们还需要他。"卡特莱特痛心地说。

杰克逊深有同感。斯泰西·金的行为令人厌恶，却得到了某种程度的特赦。杰克逊认为，尽管金的表现不尽如人意，但金必须为季后赛做好准备。克劳斯也告诫杰克逊，金的上场时间越少，交易价值就越小，公牛队在赛季后就越难以交易他。

公牛队将移师印第安纳波利斯对阵步行者队。经历了几周前公牛队主场的对攻大战之后，步行者队将此役视为复仇之战。这可能是季后赛水平的比赛。拥有雷吉·米勒等球星的步行者队是三分球非常精准的球队，但开局之后，他们很快就落后，不过，后来又占据了优势。步行者队跑动很快，多次远投得分，上半场结束时以57比51领先。步行者队似乎对篮网动了手脚，导致球下落非常快，步行者队就能迅速传球快攻。公牛队不得不把半场防守扩展到三分线，这就给内线篮板争夺带来了压力。上半场与步行者队跟相比，公牛队在篮板上以13比27的落后。

公牛队需要把节奏降下来，进入半场阵地战。第三节，公牛队做到了，这是经验的体现。步行者队球员手感变凉，只能在阵地战中跳投，落后了7分。第四节，步行者队卷土重来，但乔丹接管了比赛，不仅在得分方面，也在防守方面。他告诉杰克逊自己想打控球后卫。所以，杰克逊把他的位置提到了三分线弧顶。乔丹说，阿姆斯特朗传球太多，想让他下场，杰克逊照办了。这是速度和耐心的较量，阿姆斯特朗在这两方面都不太行。帕克森潜伏在底线，乔丹开始在三分线弧顶发威。

在比赛还剩6分钟时，公牛队落后1分。在接下来两队得到的16分中，公牛队拿下了12分。离比赛结束还有2分钟，公牛队领先了7分，并延续了优势，以101比96的比分赢下比赛。乔丹连续第二场单场得分不到30分，但他在场上的领导力发挥了关键作用。对于公牛队而言，这是振奋人心的胜利，因为球队虽然在篮板处于劣势，却仍然想办法取胜。能像这样控制比赛，对球队来说是实质性进步，尤其是还缺少一名能封盖投篮的球员。巴赫认为这是突破，球队现在又变得像一个团队了，这真是恰逢其时。公牛队将前往奥本山宫殿球馆再度交手活塞队，伊赛亚·托马斯回到了阵容中。

——

两个晚上后，杰克逊受到了打击。公牛队输掉了比赛，他和记者谈完之后，想找个地方抽支雪茄、喝杯啤酒。"我不知道他们在想什么！"杰克逊勃然大怒，工作人员从未见他如此发火。

这场比赛中，公牛队上半场投篮命中率51%，以49比50落后，乔丹独得24分。但是，下半场球队的命中率只有40%，第四节甚至只有29%。公牛队最终以91比95的比分输了。杰克逊认为这是一场重要的比赛，因为伊赛亚·托马斯在手腕受伤之后复出了，而公牛队在"宫殿"唯一取得胜利的是在托马斯缺阵时。最令杰克逊不满的是公牛队攻错了篮筐。赛前投篮训练结束后，球员说想在下半场进攻活塞队替补席前面的篮筐，而教练组认为那个篮筐被"调整"了。乔丹说，球队不想对篮筐那么纠结，所以他们在下半场进攻那个篮筐。第四节比赛，乔丹是公牛队唯一投篮命中率超过50%的球员，他全场得到了40分。

这是典型的活塞队式胜利，托马斯大放异彩，他在最后时刻妙传约翰·萨利，后者命中三分球，锁定胜利。托马斯得到了26分和16次助攻，以及公牛队的仇恨。比赛还剩5分钟时，活塞队领先1分。帕克森想横切抢球，被托马斯的脚绊倒，之后又撞到了乔·杜马斯的膝盖，导致轻微脑震荡，不得不下场休息。阿姆斯特朗替换上场之后，在第四节一分未得。帕克森将在下周一对阵雄鹿队的比赛中复出，但是，公牛队知道帕克森在托马斯身上栽的跟头绝非偶然。托马斯被巴赫称为"刺客"，他有着天使般的笑容，却是一名众所周知的邪恶球员，为了获胜无所不用其极。就像兰比尔，他在联盟中不太受欢迎。但不得不承认，如果比赛中你有选择权并且只求胜利，他是你想招至麾下的球员。公牛队教练尊重托马斯，但是乔丹认为他就是一个骗子、一个虚伪的人。最近，托马斯猛烈抨击队友，甚至主教练查克·戴利，他认为从自己复出以来，球队打得不好。乔丹认为这只是做做样子。"他喜欢这个舞台，"乔丹说，"这就是他为什么回来了，他就是个拙劣的演员。"

托马斯也许是拙劣的演员，但并不是笨蛋。他成长于令人厌恶的芝加哥西部街区，离芝加哥体育场不远。他学会了先下手为强，这种理念也影响着他的比赛方式。如今，这就导致了帕克森的脑震荡。托马斯以踩对方后卫的脚或者踢对方脚的侧部而出名，他会做任何事情破坏对手节奏。而雄鹿队控球后卫简·汉弗莱斯非常善于对付托马斯，在托马斯使坏之前，汉弗莱斯预判了他的动作，甚至在他运球时都能踢中托马斯的胫骨并击退他。这使得雄鹿队成为为数不多的能够对付活塞队的球队之一。

公牛队太在意托马斯的小动作了，教练告诫了自己的后卫，但这种小动作防不胜防。阿姆斯特朗深受其害，虽然帕克森相对更机警，但他能力不足，无法不受干扰，难以保持节奏。这次，帕克森想从球场横切抢球时，托马斯只是伸了脚就绊倒了他。

这还不是公牛队唯一的劣势，开场几分钟，皮蓬心理上就有些起伏，他太想表现出水平了。比赛第一回合，皮蓬对杜马斯犯规。之后，他个人第二次犯规，这是一次有争议的进攻犯规。这两次犯规分散了皮蓬的注意力，导致他在上半场只得到了两分。剩余比赛，他和裁判争论，还对杰克逊喋喋不休。"把那该死的球给我。"暂停时他在替补席上喊道。当他抢下篮板，教练向他喊"传球"时，他回敬道："去你的。"三节之后，皮蓬只得了6分。不过，他在第四节发挥不错，最终得到了13分。

公牛队在对阵活塞队中，乔丹把队友看成"垃圾"，自己在进攻端大包大揽，挡拆时看都不看格兰特或卡特莱特。据《哈罗德日报》记者肯特·麦克迪尔统计，乔丹9次应该传球给空位的卡特莱特却没有传。"不过，至少

第 9 章 1991 年 4 月

他拿到了两双。"几天后，杰克逊开玩笑地说。相比之下，格兰特拿下了公牛队前10分中的8分，卡特莱特在第四节只得到了一次出手机会。这是常规赛中的最后一次"测验"，公牛队不及格。

与此同时，活塞队更衣室里兴奋异常。这个赛季大部分时候，活塞队也发生了不少矛盾，也就在那时，他们才无暇顾及自己的伤病。托马斯因为手腕手术两个多月没打比赛；杜马斯大脚趾受伤，大部分时间里一瘸一拐；詹姆斯·爱德华兹、马克·阿吉雷和约翰·萨利也因为各自伤病，缺阵很长时间。第三个冠军似乎遥不可及，"反托马斯"和"反兰比尔"的集团已经形成，关于上场时间和投篮机会的问题充满了争议。不过因为战胜公牛队，他们突然有了或许还能再次赢得总冠军的感觉，尤其是在公牛队成为竞争对手的情况下。

几天后，在芝加哥主场，公牛队即将以对阵活塞队结束常规赛之前，卡特莱特坐在更衣室里观看活塞队比赛的录像，他发现自己在挡拆时一次又一次如"松了发条"，难以得手。"嘿，比尔，你有空位。"卡特莱特在更衣室的"邻居"格兰特打趣道。"菲尔必须要与乔丹谈谈了。如果我们想夺冠，必须停止打'乔式英雄球'。"卡特莱特的脑袋淹没到自己的大手中，当他困惑时总是如此。他很少像年轻球员那样怒不可遏，他只是悲伤。

"他是我见过最伟大的运动员，"在评价乔丹时，他说，"或许，他是有史以来在各项体育运动中最伟大的球员，他无所不能，任何事情都易如反掌，但偏偏不是一名能打团队篮球的运动员。"

―――

公牛队还需要两场胜利才能拿下联盟的赛季胜场纪录，这意味着他们在东部季后赛拥有主场优势，也是球队有史以来最好的一次总决赛之旅。4月15日，公牛队将对阵雄鹿队，此前，球队还要前往南部对阵热火队和黄蜂队——公牛队在这个赛季还没有输给他们——获得主场优势如同探囊取物。实际上，公牛队在对阵活塞队的收官战之后能休整一周，接下来就是季后赛。

雄鹿队脆弱得就像纸板屋，第一节领先后，不可避免要在芝加哥体育馆垮掉。第三节，杰克逊让公牛队进入了"训练"模式，这是冒险的策略，因为他把矮个球员部署在了篮下。4月初，对阵76人队的比赛中，这个策略以失败告终。当时，卡特莱特被76人队前锋遏制住了。但是，雄鹿队被打了个措手不及，连续出现了7次失误，三节比赛过后落后10分。公牛队再接再厉，以103比94的比分拿下了第五十八场胜利，这是球队的新纪录。

尽管获胜，皮蓬却很愤怒，他只获得了6次出手机会，他抱怨三角进攻战术，也抱怨乔丹唱独角戏。比赛结束后，他很愤怒，以至于把鞋丢进了垃圾筐。当晚离开更衣室时，他对格兰特起誓："我在对阵热火队的比赛中要全力开火。"

乔丹个人得了46分，而比赛胜利真正的"功臣"依然是高压防守。

"赛季初期，人们问我是否认为公牛队更好，"活塞队首席球探、精明的替补教练布伦丹·马龙说，"那时，我不这么认为，但他们又的确有潜力。现在，公牛队防守强度上来了，很可能是全联盟最优秀的防守球队。"

当然，乔丹是球队防守的主力，皮蓬也是。球员有着很好的角色分工：卡特莱特退后镇守篮下，乔丹和皮蓬埋伏在对方的进攻路线上，准备抢断。这个策略造成了抢断和球迷为之欢呼的扣篮。而帕克森是幕后功臣，他把对方后卫支开，这样乔丹就能冲进来，迫使对方勉强传球，或者格兰特在推进到前场时能追上并干扰对方持球人。

"格兰特是名勇敢的球员，"巴赫说，"他是那个必须在双人夹击中去抢球的人，他有时还要往回兜一圈，再往前场跑，这时他还必须找到自己负责防守的球员并抢篮板，他是真正促使我们打出高压防守的球员。我们总能用两名后卫给持球队员设个陷阱，而他让我们多了一个大个子帮手。所以，现在有了皮蓬、格兰特，还有乔丹，他们形成了防守和拦截的"铁三角"，帕克森坐镇后后场，底线有卡特莱特，而且菲尔又是那么敢于发号施令！"

而杰克逊的号令让勇敢的格兰特感到不安。他在对阵雄鹿队中发挥出色，通过逼迫防守造成对方失误，仅出手9次，就拿下19分，还抢下11个篮板。弗兰克晃过格兰特上篮之后，杰克逊就把格兰特换下了场。格兰特已经适应了这点——自己就是杰克逊所谓的"替罪羊"，但是他仍然不喜欢这点。他向替补席上的皮蓬抱怨，并说下次他会训斥杰克逊。"他把我逼到这分上了！"格兰特把手放在头上说："我这么努力，他还总是吼我。乔丹把球丢了，他什么都不说，他对我的态度真是太过分了！"

皮蓬此前也听朋友这么说过。"哦，格兰特总是这么说。"皮蓬嘲笑道。B.J.阿姆斯特朗走过来拍了拍格兰特的背，霍奇斯告诉格兰特"冷静一点"。

巴赫以戏谑的态度看着这一幕，开始他还对杰克逊的心理策略心存疑虑，最终他认识到这是多么有效。杰克逊早就认定格兰特是那个能受委屈的球员，乔丹和皮蓬会嘬嘴，但格兰特能够保持内心强大，不让这些事情影响自己的发挥，而且这也成为增强球队凝聚力的点。杰克逊知道其他球员会来安慰格兰特，会帮他补防，这就增强了球队的凝聚力。他的目标就是形成"人人为一人"的态度，而指责格兰特是促成这种态度的方式之一。

———

4月16日，球队来到迈阿密，离比赛只有30小时。前两个赛季，球队造访迈阿密时，住在机场的宾馆，后来在科纳特格罗夫找到了栖身之所。杰克逊非常喜欢那个地方。梅菲尔酒店是个欧洲风格的豪华酒店，公牛队设法拿到了折扣。酒店对面是个三层开放式商场，商场顶层的一角有个俱乐部，叫作猫头鹰餐厅。餐厅的女服务员不允许和顾客接触，但她们穿着性感的衣服。之后两天，除了卡特莱特去看电影了，公牛队球员都去了猫头鹰餐厅。这是近几个赛季球员们最亲密的一次。以前他们聚在一个房间里打牌、吃吃喝喝或者看电影。随着乔丹成为超级巨星，他不再和队友相处。

而这次，乔丹却又成了邻家大哥，他和队友一起去了猫头鹰餐厅，甚至霍普森买了一件猫头鹰餐厅的天使T恤时，他还和霍普森开起了玩笑。球员们从不过多饮酒，顶多喝几杯啤酒，他们尽享宜人的天气、轻轻的海风，以及常规赛的结束。这个地方让人远离芝加哥，也远离了NBA赛场。"不要给猫头鹰餐厅的女孩们球票。"乔丹看到单身的球员给了女服务员两张球票时，乔丹说。根据NBA的合同，每场比赛球员只能得到两张球票，他们通常会换来换去。"嘿，我今晚需要13张球票。"乔丹嘟囔着。周二晚上，球员在灯红酒绿中开怀大笑，在周三比赛前的中午，他们继续享乐。

公牛队111比101击败热火队，创造了常规赛东部最佳战绩。第四节比赛开始后，热火队领先3分。公牛队以严密的防守拿下了第四节，热火队在第四节仅得15分。虽然皮蓬仍为上场比赛感到不安，但他得到了21分、11个篮板、9次助攻和6次抢断，第三节结束前，投中了反超的压哨球，公牛队把领先优势保持到了终场。

赛后，约翰·帕克森并没有参加庆祝，而是在更衣室里怒摔水瓶，因为他被驱逐出场了。帕克森无法相信自己会被驱逐出场。当时，公牛队领先16分，在一次反击中，帕克森被舍曼·道格拉斯阻挡了，他想把后者推开，因此被吹了进攻犯规。他狠狠把球砸到地上，只听见"砰"的一声！技术犯规。他与裁判争辩，又一声哨响，驱逐出场！裁判伯尼·弗莱尔以罕见的速度做出了判罚。直到比赛结束后记者来到更衣室，帕克森还没有冷静下来。

"这是'双标'，"帕克森抱怨，"我敢肯定如果乔丹那么做，他肯定不会被吹哨。我讨厌看到别人都那么做，而我却受到惩罚！"

帕克森一家人都脾气火爆，他哥哥也不例外。吉姆·帕克森在自己最后一场比赛中被裁判埃德·T.拉什驱逐出场。离场时，他叫嚷道："嘿，埃德。"然后指了指喉咙以示威胁。

为什么要这样呢？约翰·帕克森惊叹道。

今天，赛后他回到自己的房间时，帕克森给家里打了电话："卡罗琳，瑞安看比赛了吗？"

儿子瑞安没看比赛。帕克森长出了一口气，至少儿子没看到他被驱逐出赛场。

——

周四，球队飞往夏洛特，去打最后一场常规赛。赛前投篮训练中，斯泰西·金投中了一个三分球，于是，他开始吹嘘自己远距离投射的能力："在大学三分球命中率肯定到40%，或许是50%，我总是能拿到奖励。"队友不太相信。但阿姆斯特朗认为这或许有可能。"以比利教练在俄克拉荷马大学男篮执教的风格，也没准，"阿姆斯特朗说，"或许他真的做到了。"

对阵热火队的比赛中，斯泰西·金上场16分钟拿下8分，发挥不错，有些忘乎所以。而对阵活塞队，他发挥得不太好。本场比赛，由于结果对战绩影响不大，公牛队大部分替补球员都上场了。但杰克逊在离比赛只有两分钟时，还是让格兰特回到场上替下了金。当时，格兰特坐在板凳上和乔丹、皮蓬开玩笑，他以为当天的工作已经结束了。他摘下了黑色的护目镜，他的眼镜像个3D眼镜，镜片如苏打水的瓶子。"抱歉，格兰特，"杰克逊说，"他抢不到篮板，你必须回到赛场上。"而金却想把所有事撂在一边，他确定自己在赛季后会被交易，现在他认为可以用轻松的方式度过最后几个月。

赛前投篮练习结束后，回宾馆的路上，阿姆斯特朗对公共关系主任提姆·哈勒姆说："你查一查斯泰西·金在大学时三分球数据。"

哈勒姆查了一下，金在大学联赛中2投0中。赛前，阿姆斯特朗不肯放过金。"老弟，你一个三分球也没投中，你投不进三分球的，甚至不能扣篮。"

吵闹延续很久，不过公牛队赢下黄蜂队，取得了第六十场胜利。这是黄蜂队本赛季最后一场比赛，他们在场馆里装点了球队的蓝绿配色，并请求公牛队穿白色主场队服，这样黄蜂队就可以穿蓝绿色客场队服，而公牛队婉拒了。

公牛队首节就领先了黄蜂队20分，并一直领先，第四节，黄蜂队把分差追近到了4分。而公牛队再次拉开分差，以115比99的比分取得胜利。乔丹在近10场比赛第五次获得40分以上。他告诉记者，这是因为某些队友放松了，自己必须接管比赛。

乔丹对霍普森尤其愤怒，后者只打了4分钟比赛，全队最少。霍普森的上场时间在稳定下降，如今，他已经是名单上的第十二人。部分原因在于霍普森自己，而另一部分原因在于杰克逊。霍普森从未适应三角进攻战术，杰克逊却也不在意。霍普森带着情绪的表情在杰克逊看来却是狂妄。教练喜欢强硬的球员，但霍普森有点像布拉德·赛勒斯了。无论如何，公牛队认为俄亥俄州立大学的球员不够强硬，所以霍普森几乎得不到上场时间。比赛中，乔丹会向杰克逊喊道："让我把霍普森替下来。"杰克逊通常照办。第四节，一场混乱后霍普森丢了球权，杰克逊叫了暂停。那时，霍普森刚上场打了4分钟，他也预料到这场比赛就这样了，他总是在失误后被替换下场。

黄蜂队球迷可能是唯一与公牛队球迷的大嗓门相媲美。当黄蜂队把分差追至4分时，场上一片混乱，霍普森好奇地朝看台看去。"丹尼斯！"杰克逊提醒道。但霍普森没听见，杰克逊则将此视为破罐子破摔的行为，乔丹也如此。"你的球员不想打呀！"乔丹向助理教练吉姆·克里蒙斯喊道。克里蒙斯毕业于俄亥俄州立大学，这个赛季他负责训练霍普森。"我都快讨厌死他了！"克里蒙斯说。

乔丹代替霍普森回到场上，公牛队满血复活，但杰克逊非常愤怒，他认为霍普森不想继续上场打球了。事实上，霍普森成为周日对阵活塞队唯一没有上场的球员。"我欠他一次机会。"杰克逊"解释"道。

霍普森被认为是公牛队冠军拼图的最后一块，莱温斯顿则是另一块。莱温斯顿是格兰特和皮蓬的替补，拼抢篮板积极，也能在场上冲锋。对阵黄蜂队的比赛中，莱温斯顿上场了14分钟，主要在上半场。因为一次小失误被替换下场后，他开始咒骂杰克逊。"去你的！"回到替补席时，他向队友喊道："他不想让我上场。"最终，莱温斯顿冷静了，承认自己让情绪冲昏了头脑，但他仍然为自己没有机会而感到不开心。他一度是球队的第十人，而球队安排替补球员上场，很少能轮换到第九人之后。

感到愤怒的不仅仅是这两人，阿姆斯特朗6投1中，他非常失望。最近，在对阵76人队和活塞队比赛中，他的失误好像耗尽了自信，丧失了士气。他已经连续7场比赛投篮命中率达不到50%。

赛后，阿姆斯特朗抱怨得不到机会。这时，乔丹开始向他吼叫："我们这个赛季非常棒，我讨厌你这些抱怨。我们赢了60场比赛，你应该感到高兴。"

"去你的，"阿姆斯特朗回敬道，"用不着你告诉我能说什么，不能说什么！"

正如杰克逊早些时候所说的，难道胜利不是件伟大的事情吗？

周日最后一场比赛，乔丹对阿姆斯特朗非常友好，好像什么事情都没发生，他假惺惺地开着玩笑。而且，乔丹展示出从未显露过的友善，关心阿姆斯特朗最近怎么样，并且和皮蓬开玩笑时，乔丹也把阿姆斯特朗带上了。阿姆斯特朗受宠若惊。因为乔丹愿意时，他可以像土星环那样放出光芒。

格兰特只是冷眼旁观。"那才是他该有的样子，"格兰特说，"你必须敢于与他硬刚，否则他永远不会尊敬你。布拉德·赛勒斯从来不敢，所以乔丹毁掉了他，把他弄走了。霍普森现在也变成了这样子。我们关系稍微好点了，那只是因为我警告诉他欺负我的后果。他仍然在霸凌我，但适可而止了。"

―

常规赛最后一场对阵活塞队，那是全美电视直播的比赛，但除了尊严，这场比赛无关其他。季后赛分组已经确定了，公牛队将对阵东部第八的尼克斯队。雄鹿队后期崩盘，屡战屡败，名次位于活塞队之后，排在东部第四。所以，活塞队落入了另一半区。两队直到东部决赛才会遇上。前提是两队都能赢下前两轮比赛。

对于公牛队而言，这是值得欢庆的时刻，球迷们对球队不吝赞美之词。那天，公牛队108比100取胜，获得了赛季第61场胜利。公牛队取得了全联盟最佳战绩；创造了最多的场均净胜分；客场取得26场胜利，追平了球队客场胜场纪录，并列NBA历史第二位。同时，公牛队创造20年来场均得分最高的纪录；本赛季投篮命中率51%也创队史新高；助攻和三分球也刷新队史纪录。此外，这支公牛队也是自迪克·莫塔时代以来，防守最坚固的球队。

即使如此，菲尔·杰克逊仍然很严肃。一场并不重要的比赛，球员发挥得非常糟糕，阿姆斯特朗打到了伊塞亚·托马斯受伤的手腕上，帕克森恶意犯规后，托马斯打了帕克森一耳光，两人开始推推搡搡。比赛后期，主裁判达雷尔·加勒森决定叫停那些粗暴的行为，他召集了两队队长，但是，当副队长卡特莱特和托马斯一起到来时，加勒森让卡特莱特回去，他想召集乔丹和托马斯。

杰克逊开始向加勒森大喊："你这个白痴！"

巴赫想阻止杰克逊跑到中场。三节之后就下场的乔丹，和托马斯一起与加勒森会了面，卡特莱特紧紧跟在后面。后来，他告诉帕克森，他认为加勒森这样做只是为了在全美转播中和乔丹露个面。

而杰克逊在赛后很长时间仍然非常愤怒，说："卡特莱特的确是副队长。"加勒森解释："以前是乔丹和托马斯作为队长出现，乔丹是自己唯一认可的队长。"杰克逊不认可，加勒森这么解释时，他永远都不会认可。

杰克逊的球员时代，他和加勒森有点交集。有一次，杰克逊在比赛中故意冲撞加勒森，并被罚了款。杰克逊通常被描述为有涵养的知识分子，却曾是一名凶悍的球员。在那个时代，他以小动作多而出名，他的名声和卡特莱特差不多。事实上，他被视为既笨拙又不讲体育道德的球员，不过，他缺乏卡特莱特的进攻能力。沃尔特·弗雷德还记得尼克斯队球员是如何想避开杰克逊在训练中的致命飞肘，以及杰克逊是如何打断杰里·韦斯特的下巴——不过，这不是在比赛中。"他在赛后向别人招手，正好撞到杰里的下巴，"

弗雷德笑着说，"于是，就把杰里的下巴打断了，而且差点打昏。在比赛中，杰克逊追不上杰里。"

当公牛队和活塞队的比赛以及常规赛结束时，克劳斯正在更衣室外转悠，准备和球员们击掌庆祝。"跟风，随大流。"有人嘀咕道。

克劳斯刚从观看欧洲四强赛的差旅中回来，那是他最近4个月里的第三次欧洲之行，他和库科奇再次接触。在球员看来，管理层只关心此事。克劳斯希望乔丹给库科奇打个电话，乔丹拒绝了。相反，他抨击克劳斯没有认真对待帕克森的合同。"公牛队对待帕克森的方式令我惊讶，"乔丹说，"他们口口声声谈忠诚，而这是他们展现自身忠诚的好机会！"

同时，皮蓬的新合同也还没签，他无比恼怒。莱因斯多夫给了他书面保证，将合同再延展5年。而皮蓬知道，因为库科奇的原因，他的事情悬而未决。帕克森从公牛队管理人员和卡特莱特那里听到了消息，说他的事情也被搁置了。斯科特·威廉姆斯认为自己上场的时间太少了，所以没有谈判的筹码，公牛队可能重新和他签一份廉价合同，他认为自己或许不得不去欧洲打球了。当莱温斯顿听说公牛队不太愿意与他续签，他也想去欧洲打球。霍普森干脆认为球队欺骗了自己，克劳斯曾经告诉他，他将是球队的第六人或第七人。然而，在公牛队与活塞队的比赛中，他是唯一没有上场的人，他既尴尬又愤怒。

比赛结束之后，杰克逊看着不开心的球员，意识到对克劳斯不满使他们团结得像一支球队——恰好在正确的时间。这就像在学校临时组队打比赛，虽然你不认识那些孩子，你会打得很努力，打得很好。接下来，你们各走各路，甚至互相攻击，这都没关系。杰克逊心想，只要球员在比赛中能团结一心，运用他们的天赋赢球就行。而他们需要的就是团结。

# 第10章　热身

4月25日　主场对阵尼克斯队
4月28日　主场对阵尼克斯队
4月30日　客场对阵尼克斯队

季后赛赛前第一天训练结束时，斯科蒂·皮蓬简直想宰了丹尼斯·霍普森。并不是霍普森真的惹怒了皮蓬，而是他仍然在回想11个月前的那场比赛。

皮蓬透过德尔菲体育馆的玻璃幕墙，看了看外面集结的媒体。季后赛首轮第一场对阵尼克斯队将于周四晚上在该体育馆进行。他知道记者想和自己谈谈，知道各地的记者都会来这里，每个人都想了解自己的"偏头疼"。

皮蓬死不了。但是想到6月末在奥本山宫殿球馆那个受挫的下午，以及紧随其后在芝加哥令人惊悚的日子，他并不太确定，甚至去医院拍了CT。接连几天，他都感到惊悸，头颅四周是麻木的，有时甚至疼痛加剧，可能不仅仅是头疼。"我认为这是脑瘤。"他说。

## 第 10 章 热身

上个赛季东部决赛第六场比赛,公牛队在主场取胜,将大比分扳成了3比3。第七场生死战前,公牛队在替补席集结时,皮蓬开始疯狂眨眼。"你觉得光线暗吗?"他问格兰特。"没有呀。"格兰特说。"我有点无法集中精力。"皮蓬说。主持人开始介绍球员,两万名球迷在尖叫,广播正在播放节选自电影《动物庄园》的一首歌曲。"嘿,马克,"皮蓬向公牛队训练师马克·菲尔喊,"我必须吃点阿司匹林。"菲尔给了他两片,皮蓬吞了下去。

皮蓬的头疼愈加强烈,似乎要爆炸了。

"阿司匹林似乎加剧了病情,"皮蓬回忆,"头疼得越来越严重。比赛开始后,我无法集中精力,我可能被下了药。"

在最关键时刻,皮蓬得了偏头疼。这个时刻对公牛队至关重要,皮蓬无法离场,在紧急休息了几分钟之后,他重新投入比赛。杰克逊让他待在场上,尽力而为。但球队还不如不让他上场。皮蓬出场了40分钟,10投1中只得了2分,公牛队以大比分输掉了比赛。

皮蓬多次回想起比赛当天和赛前的晚上。他看了场电影,在早餐时还好好的,并不紧张。"这个赛季我们非常成功,可是输掉前两场之后,没人期待我们能跟活塞队打到第七场,没有什么紧张的。"

但皮蓬就是头疼,同时还伴着焦虑。公牛队让皮蓬去拜访神经学专家劳伦斯·罗宾斯。事后,皮蓬告诉球队,症状可能出现在身体上,不过,除了压力,还有很多可能致病的原因,甚至包括食物。有人给皮蓬的食谱提出了建议,他也开始在场外戴眼镜,此后,他再也没有得过偏头痛。事实上,他有时期待再得一次,以证明自己并非出现了应激状况,确实是得了偏头痛。后来,有人告诉他这种情况一生只会发生一次,但他想知道为什么发生在那个时刻。对于皮蓬这种顶级球员,在压力下崩溃的糟糕状态,无法用任何语言形容。

当皮蓬讨论此事时,他的嗓音不再是越来越小。虽然报纸记者和NBA

专栏作家对他口诛笔伐，但球迷在那个夏天给予他同情和尊重。"人们说对我在季后赛中的遭遇感到遗憾，"皮蓬还说，"他们还说了自己也会得偏头疼，可是无法理解我为什么还能上场。但我知道球迷会关注我，尤其是关键比赛。这个坎永远都过不去，即便赢下了总冠军也不行。球迷会说，如果皮蓬上赛季正常发挥，公牛队将两连冠。"现在，皮蓬坚定而有力地说："我只想有机会再次闯入决赛，无论输赢，我只想在决赛上有出色的发挥，我会为球队而战。偏头疼那件事发生在过去，它永远在这里，但球迷会关注我今后的表现。倘若时光还能倒流至上赛季那个时刻，我就能有机会上场帮助球队，不过，这也正是我认为自己今年必须做的事情。"

第一次训练中，丹尼斯·霍普森挡住了皮蓬的路线，皮蓬肘击了霍普森，两人开始动手，后来被队友拉开。当时，霍普森对皮蓬防得很紧，当皮蓬移动时，他勾住了皮蓬。皮蓬讨厌他的这些动作，而霍普森也不喜欢皮蓬的飞肘，于是，两人动了手。巴赫离得最近，马上跳进场拉架。皮蓬感到有些焦虑，他已经准备好了，但最终的东部决赛却不会那么快到来。

──

公牛队不太在意尼克斯队。虽然在系列赛开赛之时总会有些焦虑，但尼克斯队无法与公牛队抗衡。然而，杰克逊早早就来到了训练场。"在这个行业里，没人能在此时睡好，"他说，"我总在想自己能做什么，或者应该做什么，所以我就会爬起来工作。"

杰克逊最近读书很多，在鲁德亚德·吉卜林的《丛林之书续集》里，他看到了他喜欢的一段话。

这就是丛林法则，和天空一样古老而正确；
遵守这条法则的狼会富足，违背这条法则的狼会死掉；
如同缠绕树干的古藤一样，这条法则源远流长；
狼群的力量源自每一匹狼，一匹狼的力量亦来源于整个狼群。

有时，杰克逊把公牛队看成一群狼，他们通过斗嘴来"撕咬"，用金钱来挑衅，因上场时间和投篮机会产生矛盾。杰克逊选中了这段话，希望强调团队的重要性，只有在团队中，个体才能变得强大。公牛队必须以团队的方式打球，以团队的方式存在。他们尽管有分歧，但是想在季后赛的丛林中生存，就必须团结。

这段话印在了关于尼克斯队球探报告的上方，报告发到了每名球员的手里。

乔丹告诉霍奇斯应该开一场球员会议。"不要教练参加，"乔丹说，"只有球员，为了确保每个人都聚焦同一件事。"霍奇斯同意了，并转告其他球员。尽管霍奇斯不是乔丹或者皮蓬这种明星球员，但他得到了每个人的尊敬。每当公牛队在主场庆祝胜利的仪式中，他会跑在其他球员前面，最先走到通道下面的台阶。球员和教练从那里转向走廊，回到更衣室，而他会和每个人握手致意。

球员闭门会议永远都没有召开。天气转晴了，乔丹决定在训练后去打高尔夫。

事实上，没有几名球员真心认为乔丹是球队领袖。"迈克尔非常想赢，但他不想大家一起赢，"皮蓬对朋友说，"你懂我的意思吗？他试着去赢，但他并没有尽最大努力。"

然而，皮蓬开始赢得了尊重。"身披公牛队战袍走上球场，如果你不是乔丹，必须通过努力赢得尊重，"皮蓬说，"每个人都说公牛队如果没有乔丹，就什么都不是，所以乔丹之外的11个人都难以赢得尊重，即使我曾经入选全明星，也不例外。不过，假如把乔丹除去，给我们两名发挥稳定的得分后卫，我们还是一支有战斗力的顶级球队，我不敢说球队还能有现在的战绩，但是我们会像雄鹿队或者76人队，一个赛季赢45场到50场比赛。季后赛中能够打上一轮或者两轮，但是，人们永远都不会重视我们。拉里·伯德得50分，凯尔特人队还是一支球队，而乔丹得50分，公牛队就成为一个人的球队？"尽管如此，皮蓬在乔丹的阴影下活得很舒服。"只要我们赢球，"他说,"如果我们赢不了球,我说不好,可能那是很难受的事情。"

乔丹是历史上最伟大的球员,但是他能赢吗?公牛队知道,这个赛季球队的进攻减少对乔丹的依赖并不正确,乔丹仍然统治着进攻端。他进攻的比率与前两个赛季一样,其中包括道格·柯林斯担任主教练的最后一个赛季,那时,柯林斯因为太迎合乔丹而饱受争议。乔丹单场出手次数几乎一样,场均得分降低到了31.5分,因为他每场少出手3次,并且罚球次数少了。本赛季,公牛队只有3名球员场均得分超过10分。NBA历史上,只有3名球员场均得分上双的球队还没有拿过总冠军。1957/1958赛季的老鹰队、1974/1975赛季的勇士队和1982/1983赛季的76人队,是只有4名球员场均上双,并获得总冠军的球队。

杰克逊公开表示抗议:"如果乔丹得分多球队才能赢,那就顺其自然吧,我们的目标是赢球。"而在赛季开始前,杰克逊希望乔丹意识到,只依靠一个"得分王"的球队很难赢得总冠军。他知道其他球队的感受是,乔丹的帮手获得能力提升之后,乔丹必须适应角色的变化。而这个赛季,随着皮蓬和格兰特的成长,乔丹已经开始适应。

沃尔特·弗雷泽现在是尼克斯队的评论员。在他几年前写的自传里谈到了对乔丹的疑惑:"乔丹是名优秀的球员,几乎无所不能,但是,当球队变得越来越好时,他对扮演相对更小的角色,或者减少得分的变化能否适应。他每场只得25分而不是35分时,还会开心吗?他每场只出手20次,而不是30次时,会做出什么反应呢?"

杰克逊理解弗雷泽的意思,但乔丹的得分并没有低于25分,出手次数也没有实质性地减少。杰克逊认为,可以通过改变进攻战术,把公牛队变成跑轰球队,以得到更多的分数。如此一来,乔丹依然能得到30分以上,而其他球员的得分也会增加。而这种增加只是边际性的,主要来自皮蓬的得分。

公牛队从赛季之初就存在的问题迄今还没有解决,只有季后赛才能给出答案。

# 第10章 热身

琼·杰克逊——菲尔·杰克逊的妻子，两人结婚已经20年，她想不起来菲尔在此之前何时如此自信。这是因为杰克逊知道相比尼克斯队，公牛队具备整体优势，比尔·卡特莱特能很好对付帕特里克·尤因，其他位置几乎都有优势。即使杰克逊还在做噩梦，但他也感觉良好。因为比赛还未进行，结果难以预料，所以他必须调整好状态。

"我该让霍普森上场吗？"杰克逊心想，"莱温斯顿的个子够高吗？是否应该启用斯科特·威廉姆斯？金怎么样，这个夏季还要考虑一下他的事情？必须有人能够帮帮格兰特。卡特莱特似乎慢了一些，不像几周前移动那么快了。"

格兰特不太清楚杰克逊在想什么。但他对训练安排（观看90分钟的比赛视频，随后训练两小时）有一些不满。

"一个多小时的视频，"他说，"然后玩命跑。我们了解尼克斯队，每年这个时候，教练都很疯狂，现在连菲尔也这样了！"后来，有人告诉格兰特，雄鹿队在季后赛首轮连输3局败给了76人队期间，主教练德尔·哈里斯的一次比赛录像和训练课需要6小时。"你看，你看，我怎么和你说的，"格兰特说，"季后赛让他们都疯了。"

杰克逊的第一感觉是正确的，尼克斯队以前不是公牛队的对手，现在更不是。尼克斯队是一支陷入混乱的球队，将失去5年中的第五个教练。主教练约翰·麦克劳德将离开球队，成为诺特丹大学校队的教练，他在季后赛第一场和第二场比赛之间与诺特丹大学会了面。毫无疑问，尼克斯队是NBA中管理最差的球队。球员到处谈论变化。"我想我会走，"查尔斯·奥克利在第一场比赛前对朋友说，"整个球队都陷入了混乱。我们讨厌彼此，相互指责。对未来合同的担心，造成了我们的困扰，球队非常混乱。"

第一场比赛，尼克斯队企图拖慢节奏，他们坚持了11分钟，传球很多，投中了几个空位跳投。但是，乔丹在第一节还剩10秒钟时，抢断后投中一记三分球。离第一节结束剩下两分钟时，尼克斯队还只落后1分，突然间，尼克斯队首节输了10分。杰克逊深知这种局势变化对球队心理上的影响。"对手认为自己第一节打得不错，按照教练布置的去做了，但他们仍然落后10分。"杰克逊强调。

接下来，公牛队在防守端设置陷阱。尼克斯队毫无防备，不断失误。第二节打了6分钟，尼克斯队已经落后了23分，半场结束时，以36比65落后。最终，比赛失去了悬念，公牛队以126比85的比分取胜。

第二场比赛，尼克斯队打得很好，拖慢了比赛节奏，小心护住球，让帕特里克·尤因更多地参与进攻。第一场比赛，尤因7投3中，只得了6分。而第二场比赛首节，他就11投7中，得了14分。不过此后，他只是11投1中。这是尼克斯队整个系列赛中最好的机会。杰克逊在第三节叫了暂停，大喊："你们想赢吗？无论怎么尝试，为什么都不起作用？"尼克斯队把比分咬得非常紧，在比赛还剩8分钟时追平比分。可惜，此时的尼克斯队后继无力，随后5分钟只得了4分。公牛队以89比79的比分拿下了胜利。至此，公牛队在主场两战两胜，第一轮的胜利唾手可得。公牛队公开表示："上赛季季后赛首轮，尼克斯队曾经在0比2落后的情况下击败了凯尔特人队。"而球队内心里并不认为尼克斯队本赛季还能上演奇迹，因为后者似乎从精神和体能上都被击垮了。新秀杰罗德·穆斯塔夫的鼻子被打断了，马克·杰克逊受伤缝了7针，吊上了绷带，他说卡特莱特把他撞伤了。

———

公牛队准备前往纽约进行第三场比赛时，球队也出了问题。问题出在球员妻子上，她们想去纽约。因为杰克逊发了布告："直到球队打到总决赛，球员妻子才能现场观赛。"对此，她们非常愤怒。"杰克逊以为自己是谁，"多纳·格兰特说，"他不能阻止我去纽约。"最终，她没去，她从杰克逊的妻子琼那里得到了安慰。

琼·杰克逊有4个孩子，这些年来，她搬了12次家，最终才安顿下来。

她是精力充沛、有着深褐色头发的娇小白人女子，长着小小的朝天鼻和明亮的眼睛，似乎比实际年龄小10岁。在杰克逊的第一段婚姻结束后，她在纽约遇到了前者。琼对家庭很投入，如今孩子们都长大了，她回到了学校，攻读社会工作专业的硕士学位。从很多方面，她帮助杰克逊在60岁时依然保持着敏锐的意识。但她经常想他们怎么能赚这么多钱。这时，杰克逊会略带讽刺地告诉她，请用车载电话（当时是很高档的配置）讨论此事。

然而，琼还是忠实的篮球球迷，也处理球队女性家属的问题。她安排了与球员妻子的会议。"现在到了支持丈夫们的时候了，不要争论，不要心胸狭窄，我们不要在去纽约这件事上制造麻烦。"她在会上说。

最近，76人队前锋里克·马洪表明了自己的态度。"每年这个时候，你一定要让家人留在后方，支持你安心打球。"马洪解释道，"这不是卿卿我我的时候，'噢，亲爱的，你记得修剪草坪，记得要去买什么'。不是反对你重视家庭，但此时，作为球员必须自私一点。夏天到了，你成了冠军，人们就会说'这是谁的妻子，她是人生赢家'，这才是你们收获的季节！"

于是，球员妻子们通过电视观看了第三场比赛。

——

公牛队已经预料到结局。第三场比赛安排在4月30日（周二），在纽约。如果有必要的话，第四场在周四进行。而乔丹安排了周四早上在芝加哥打高尔夫。

"你感觉如何？"第二场比赛结束后，有人问乔丹。

"只要天气好，我就感觉好。"乔丹说。

弦外之音：打高尔夫球的天气。

卡特莱特决定只带在纽约住一晚的装备。

"尼克斯队是没有气势的球队，"巴赫对杰克逊说，"他们没有灵魂，没有愤怒，没有仇恨，就像死人一样。这很有趣，似乎只有马克·杰克逊拥有这些，但他又什么也做不了。如果尼克斯队有合适的教练或者助理教练，我认为帕特·莱利将大获成功。现在看来，他们形不成气候。"

尼克斯队只剩最后一口气了，他们把宝全押在了第一节。首节尼克斯队以31比25领先，杰罗德·维金斯独得11分。第二节比赛一半时，尼克斯队领先了12分。当公牛队祭出了撒手锏，宣告了本轮系列赛的结束。首先，皮蓬全速突破，在尤因头上扣篮。接下来，乔丹冲到底线，晃过两名防守球员，也在尤因头上扣了个篮，几乎连人带球一起扣进篮筐。公牛队抓住了关键，不断攻击尤因，尤因软了。这个受打击的人似乎象征着球队的命运，尼克斯队放弃了。半场结束时，尼克斯队领先1分，但比赛的结果已成定局，最终，公牛队以103比94取胜。第三节结束时，公牛队领先12分，球员开始关注电子屏幕上对手的战况，76人队横扫了雄鹿队，公牛队将在第二轮遭遇76人队。

与上个赛季一样，不会为此庆祝。公牛队还有很长的路要走，期待最终的庆祝，期待能走得远一些。季后赛首轮简直有点像表演赛，而真正巅峰对决的时刻很快就要到了。

菲尔·杰克逊离开更衣室，通过窄窄的过道走到外边回答记者提问时，他看到了前总统候选人杰西·杰克逊牧师（后来，杰西·杰克逊成为脱口秀主持人）。这样的赛事中，杰西·杰克逊牧师经常出现，记者开始疯狂拍照。前几个赛季，杰西·杰克逊牧师在季后赛期间拜访公牛队更衣室，和球员一起祈祷，偶尔也针对比赛提些建议。两年前，在对阵尼克斯队的季后赛中，他开始就比赛策略接受采访。赛前，他会靠近替补席，会走进更衣室为乔丹祈祷。乔丹私下对朋友说，自己不知道怎么应对杰克逊牧师，自己不敢冒犯他，因为他在黑社会很有势力，但是自己又不知道他的动机。菲尔·杰克逊叫停了这种行为，本赛季，杰西·杰克逊牧师将无法随意进入公牛队更衣室。

"只有获得授权的媒体才能进更衣室，你也不例外。"菲尔·杰克逊从更衣室走出来，在麦迪逊花园广场体育馆窄窄的通道里大喊。杰克逊牧师狠狠盯着菲尔·杰克逊，然后看向了别处，好像没有听见这句话。杰克逊牧师身边站着电影制作人斯派克·李，他为乔丹拍摄了耐克的广告片。如今，李开始与球员交往，格兰特和皮蓬穿着印有李的公司名字的衣服。李也在等着进入公牛队更衣室，杰克逊看了看李。李开始往后退，好像说"如果不让杰克逊牧师进去，我也没法进"。杰克逊牧师走了，几天之后，在公牛队与76人队比赛时，他在芝加哥出现了。季后赛次轮第一场之后，当十几名记者想请查尔斯·巴克利点评比赛时，人们看到杰克逊牧师坐在巴克利身旁，两人正窃窃私语。

———

　　5月4日　主场对阵76人队
　　5月6日　主场对阵76人队
　　5月10日　客场对阵76人队
　　5月12日　客场对阵76人队
　　5月14日　主场对阵76人队

相比尼克斯队，公牛队对76人队更为重视，主要因为查尔斯·巴克利和76人队强调身体对抗的打法。菲尔·杰克逊认为公牛队在这轮系列赛中需要坚强的意志。在对76人队的球探报告中，他引用了托马斯·杰斐逊书中的一句话："没有什么能阻止有正确态度的人实现目标，世界上也没有什么能帮助人生态度不端正的人。"可是还有个问题，就是76人队的不可预测性。在此方面，杰斐逊总统可是什么也没说。"球员们称其为'飞跃疯人院'，"杰克逊写道，"76人队教练吉姆·莱纳姆执教水平很高，不仅对伤病控制得好，而且你还不知道他的套路。"

比赛刚开始后，76人队2.31米高的非洲中锋马努特·波尔向杰克逊喊叫，杰克逊毫不吃惊。波尔站在罚球线附近防守时，杰克逊大喊"区域联

253

防，区域联防"。季后赛开始之后，杰克逊投诉了裁判允许波尔在区域联防时不防守任何人的问题，如今他又当场指明了。

"去你的，"波尔用蹩脚的英语骂杰克逊，"你为什么盯着我！"

杰克逊一笑置之。

杰克逊的笑还有另一个原因，那就是杰克逊的"五虎将"完成压制76人队，比赛一边倒了。巴克利是名悍将，当他晃过公牛队球员冲向篮筐时几乎不可阻挡，拿下了34分，11个篮板，而其他4名76人队首发球员一共只得17分。这正中公牛队球员的下怀。

"这几乎是我们以前打法的反转，"乔丹也同意，"我对此很熟悉，因为一名球员想成为斗士，扛起重担，有时却事与愿违。当巴克利不断得分，甚至拿到球队一半分数时，我们就会赢球。当他又得分、又抢篮板、又要防守，他一定会累。因为我也曾经这么做。所以，这次我们最主要的目标就是满足巴克利，让他得分，然后限制其他对手。"

在队友看来，乔丹最终理解比赛了，他拿下了29分，而公牛队在首节最多就取得了20分的领先优势，并且一直保持两位数的分差。公牛队令人窒息的团队防守使得阿蒙·吉列姆10投只有2中，格兰特逼迫他无法靠近篮筐。皮蓬如同膏药般缠住罗恩·安德森，后者11投3中。比赛结束时，安德森的胸前似乎反着印了公牛队队名。乔丹对位的是何塞·霍金斯。霍金斯几乎无计可施，9投2中。乔丹的防守全神贯注，以至于在第二节一开始，杰克逊派克雷格·霍奇斯替代乔丹上场时，乔丹要求不要换人："现在不能让别人防他，否则他会摆脱防守。"4分钟后，霍金斯果然摆脱防守，投中了三分球，乔丹随即又回到了场上。霍金斯这名来自芝加哥的76人队全明星后卫，在本节剩下的时间里再也没能得分。

比任何事情都重要的是，乔丹叫的一个战术明显反映了他的态度。乔丹站在三分线弧顶时，他一边运球一边喊"5-3，5-3"。

"5-3？"比尔·卡特莱特不由得琢磨了一下。乔丹从来没有叫过这个战术。这是挡拆战术，是由卡特莱特防住马努特·波尔，皮蓬进攻。皮蓬有优势，因为波尔平移速度比较慢。而乔丹很少为别人叫战术，尤其当他在三分线弧顶拿球时，不是快速传球，自己后撤，就是向中间运球，争取得分。随后，当对方的防守跟不上，他会把球传到侧翼或者内线。

卡特莱特点了点头，笑了。然后，皮蓬得分了。

本场比赛，乔丹出手只有15次，比皮蓬还少1次。卡特莱特和其他队友不知道，在季后赛开始之前，杰克逊和乔丹有过谈话。杰克逊希望和乔丹谈一谈季后赛的情况，乔丹说自己以往都是全力进攻，在系列赛首轮的3场或5场中保持着个人得分的纪录，本赛季自己不会再这么做了。"我会韬光养晦，因为对手认为我不会做出变化。"乔丹说。

这正是杰克逊希望听到的，乔丹自己能说出来就更好了。如果乔丹那样打球，公牛队将拥有最好的机会。而该乔丹出手时，他在比赛最后5分钟又能大杀四方，锁定胜局。杰克逊非常期待乔丹的表现，因为在1989/1990赛季季后赛对阵76人队的系列赛中，乔丹场均出手超过30次，得43分，公牛队以4比1的大比分取胜。当时，76人队不包夹乔丹，但本赛季他们显然会更严密地防守乔丹，而这将使乔丹的传球更有威胁性。

公牛队首场以105比92战胜76人队之后，公牛队已经开始朝前看了。乔丹在关注开拓者队，他认为开拓者队是西部最佳的球队，尽管开拓者队在常规赛中曾两次击败公牛队，但是乔丹不以为意。

"开拓者队打球的方式非常蠢，"乔丹在第二场比赛前在更衣室里说，"他们有各种愚蠢的投篮，并认为自己能够抢下每个篮板。我觉得丹尼·安吉有能力帮助他们，但帮助不大。"

公牛队在系列赛第二场比赛中几乎没有遇到麻烦。第一节，两队都打的快攻战术，都得了33分。经历了交替领先的第一节比赛之后，公牛队开始通过防守限制对手，半场结束时领先9分。皮蓬让罗恩·安德森几乎拿不到球，乔丹多次逼迫霍金斯强行出手。格兰特继续盯防阿蒙·吉列姆，把他逼出内线，而此前，吉列姆面对公牛队时曾多次在内线轻松得分。公牛队球员对巴克利进行快速轮换防守，当把球断下之后，他们积极保护球权。公牛队球员非常努力，已经看到了季后赛胜利的曙光。76人队进行了一次大的反攻，而霍勒斯·格兰特连续抢下3个前场篮板，其中两次公牛队成功打成了转换进攻。最后3分钟，公牛队一直对76人队保持了3分以上的领先优势。最终，公牛队112比100取胜。公牛队在17场季后赛比赛中，只有3场让得对手得到了100分以上。尽管公牛队赢了，杰克逊不太满意。他知道这归功于公牛队不断冲击篮板，格兰特抢下7个前场篮板，卡特莱特抢了3个并且全面压制马洪。对阵以强硬著称的76人队，公牛队居然比前者多抢了15个篮板。尽管乔丹贡献9次助攻，但26投只有12中。他还投了5个三分球，但都没投中，而且偏得厉害。霍奇斯只在持球时投了两球，他多次在侧翼跑出非常好的空位，却没有得到队友的传球，这是个很糟糕的预兆。而且，杰克逊看到乔丹在比赛前在研究季后赛的数据。

"他在为没有成为季后赛得分王而担忧吗？"杰克逊心想。

"迈克尔·乔丹开始听号令了。"当公牛队准备在费城第三次迎击76人队时，杰克逊写下了这句话。这些预言应验了，但这只是杰克逊最不重视的问题之一。

———

埃德·T. 拉什、休·霍林斯和杰克·尼斯将是第三场比赛的裁判。杰克逊知道这意味着什么——公牛队将遇到麻烦。职业篮球可能是最难执裁的比赛，因为需要做出太多的判断。理论上，球员之间不应该有身体接触，但是，随着比赛的演变，这种规则显然不合情理。所以，如今的尺度是超越常规的接触会被判罚犯规。裁判在每场比赛中都会做出几十次判罚，每次都要果断迅速。公牛队认为联盟在第二场派达雷尔·加勒森担任主裁判已经为76人队传递了信号，即76人队可以较多采用强硬对抗的策略。而公牛队早就预料到了，这个赛季，杰克逊投诉过。以前大家都认为乔丹受到了裁判的保护，因为他是超级球星，经常上罚球线。但是，现在对乔丹的很多犯规并没有吹罚，因为裁判认为乔丹能把球打进。当他被犯规，杰克逊投诉时，时间已经过去了，没法再做判罚。本赛季，乔丹罚球的次数是过去5年中最少的。杰克逊的谈话在公开场合通常会被忽略，但他认为自己必须坚持以得到联盟的注意。粗野地强调身体对抗，是能够阻止公牛队前进的一件事。杰克逊知道，只要比赛不变成摔跤比赛，公牛队在东部联盟中移动速度最快、攻防动作最敏捷。

本轮系列赛的前两场，裁判不允许球员球风粗野，而杰克逊担心第三场比赛的裁判团队。加勒森和杰克·奥唐奈被认为是对客队最好的裁判之一，他们不会因为恫吓而偏向主队。第三场比赛，裁判组尽管深谙篮球规则，却可能心理脆弱。查尔斯·巴克利也没起好作用。裁判从更衣室走出来后，正好路过76人队更衣室。巴克利伸出了脑袋。"嘿，埃德，"他向拉什喊，"抹点凡士林，我知道你想针对我们，或许我们以牙还牙时，你至少能感到好受一些。"

听到巴克利的话时，公牛队在前往体育馆的路上。"太好了！"杰克逊想，"有这样的裁判组，巴克利又说了这种话，我们应该不会遭受不公平判罚。"

在某种程度上，公牛队对不公正判罚并不吃惊。联盟不希望公牛队继续横扫对手，这代价太大了。联盟不仅要尊重和美国全国广播公司签订的转播合同，也要考虑球票收入。这也是为了76人队老板哈罗德·卡兹的利益，76人队不像公牛队那样球票经常销售一空。如果76人队能赢两场比赛，将至少有机会再打一场主场比赛。没有人相信联盟不出于任何目的就会操控比赛，而且公牛队横扫对手只对自己有利。美国全国广播公司和特纳电视网需要比赛素材制作有价值的节目，尤其是迈克尔·乔丹总会吸引很高的收视率，而且有助于打造联盟历史上收视率最高的总决赛。没有人告诉谁要确保公牛队输球……但是裁判人选确实由联盟决定的。这太巧了，公牛队教练和球员心想,这个裁判组将要"唱好戏"了,如今,公牛队正处在横扫76人队的关键。

公牛队不能赢,至少这场比赛不能赢。76人队罚球高达40次,而公牛队只有19次,这足以令76人队以2分的优势获胜。

不过,公牛队差点破坏了这场精心设计的局,在比赛还剩下1分钟时,公牛队以3分领先,乔丹有机会把领先优势扩大到4分。马努特·波尔在被吹罚犯规之后,把球砸向了拉什,被判技术犯规并被驱逐出场,乔丹有机会打成"2+1"。而那次技术犯规的罚球,乔丹没有罚进。安德雷·特纳跳投命中。接下来,乔丹两罚中一,此前两分钟里他罚失3球,这是很罕见的事情,乔丹可是罚球命中率85%的球员。巴克利被乔丹和队友包夹,何塞·霍金斯接到巴格利的传球,命中了三分球,这时离比赛结束只有10秒,76人队以1分领先。

乔丹时刻,对吗?错了。乔丹已经得了46分,34投20中,包括最后两分钟的两个精美绝伦、近乎神技的上篮。但是,他左膝的肌腱炎复发了,导致他无法屈膝,也就无法自如地投篮和罚球。所以,乔丹开始持球突破,经常撕开两三名对手的防线,冲击篮球,然后一瘸一拐地回防。因为乔丹罚失几球,杰克逊布置的最后一个战术是把球给皮蓬。皮蓬向右突,似乎被犯规了,然后夸张的跳投,仓促出手。皮蓬没有投中,也没有吹罚犯规。76人队暂时还剩下一口气,以99比97取得胜利。

杰克逊承认,如果可以重来,他会让乔丹投那个球。但是,杰克逊对乔丹也不满意。乔丹在赛前因为膝伤冲撞了杰克逊。比赛期间球队有三天休息时间,第二场比赛结束后,杰克逊在周二给球队放了一天假。周三乔丹来到训练场后,抱怨膝盖受了伤,然后开始治疗。他在休假那天打了36洞高尔夫,杰克逊认为乔丹的伤情与打高尔夫有关,但是乔丹否认了:"我以前就有这个伤,和打高尔夫没关系。"

为了证明给杰克逊看,或者为了赢下第三场淘汰76人队,在下轮系列赛前获得休息时间，或者是他在上赛季季后赛中有了太多的得分经验。乔丹再次开启了砍分之旅。杰克逊不太确定什么造成了乔丹的爆发，但是他知道这对球队不利。这是公牛队本赛季季后赛的首场失利，又是乔丹得分最高的比赛，杰克逊确信这并不是巧合。

而乔丹似乎很享受。后来，霍金斯说自己和乔丹讨论了后者此役的一次进攻。"我问他是怎么投的，"霍金斯说，"乔丹告诉我，当你跳起时，滞空3秒钟，等跳起防守的对手下落，然后出手。"他和我解释重力的问题。而我想到一个直接的答案——他究竟是怎么做到的？

然而，后来霍金斯有了自己的问题——怀疑乔丹的膝盖是否真的出了问题。毕竟乔丹出手了34次。

"如果他只得15分，那才是得了肌腱炎，"霍金斯说，"如果能让我得46分，我什么时候得肌腱炎都可以。"

"我不知道他的膝盖有伤，"巴克利说，"但我认为他的胳膊应该累了。"

那场比赛非常粗野，杰克逊尤其有点担心，巴克利和里克·马洪带着蛮力横冲直撞。阿蒙·吉列姆在前两场比赛的62分钟内只抢了1个防守篮板。本场比赛，他的要位非常深，在格兰特的头上得分可谓予取予求。格兰特曾在第二场比赛最后时刻抢下3个进攻篮板，保证了公牛队的胜利，而本场比赛，他毫无招架之力。这并不是新鲜事，格兰特在情绪上非常容易波动，至少他已经累了。杰克逊感到不安，他几乎不再用斯泰西·金了，也不太敢让新人斯科特·威廉姆斯上场。格兰特认为，球队让自己对位奥克利和巴克利，压力太大了。不过，他觉得能够应对这些挑战，但需要获得教练的支持，而不是批评。"难道没人看到我做了多少吗？"他心想。

在前天晚上球队训练结束之后，格兰特看到一个流浪汉睡在天主教堂的前面，对面就是球队下榻的费城宾馆。纯真的格兰特走过去，问流浪汉害不害怕。流浪汉说不害怕，因为他有信仰，并指向了头顶上方的耶稣雕像。

格兰特震惊了,并决定让流浪汉有个下榻之处,他给了流浪汉几百美元。然而,这件事只是令格兰特感到更愧疚了。他认为自己应该帮助所有人,但自己做不到。

第二天,他经常想到流浪汉。周五下午,当球队结束投篮训练返回宾馆时,流浪汉在那里等着,对格兰特表示感谢。格兰特几乎无言以对。此时,他对自己未曾做过太多好事感到愧疚。

第三场比赛第三节只剩下3分钟时,公牛队以69比64领先,吉列姆用肘狠狠顶了格兰特的背,导致他失了位置。格兰特转过身打了吉列姆一下,不巧被裁判看见了。比赛中,裁判往往能够发现报复行为。吉列姆得到了两次罚球机会。杰克逊向格兰特大吼,并叫了一次暂停。

"不能让他这样对你,"杰克逊向格兰特喊道,"你要抢篮板,卡住位置。"

而格兰特正处于情绪崩溃的边缘,他什么也听不进去。他说自己受够了杰克逊的针对性虐待。看来杰克逊用力过猛了。"我厌倦了做你的替罪羊!"格兰特向杰克逊喊道,当杰克逊想抓住格兰特的胳膊对他说些什么时,格兰特推开了杰克逊的胳膊。"过来。"杰克逊命令道。"去你的,去你的,去你的。"格兰特吼道。他已经哭了,他很愤怒,感到受伤,还感到尴尬,因为他从没骂过人。他恨杰克逊对自己吼叫,他恨杰克逊逼着自己骂人,他痛恨自己在球队面前哭泣,在比赛中哭泣,他只希望离开那里。

在替补席上,格兰特的队友开始安慰他。

"去他的,去他的。"格兰特重复道。

"让他闭嘴,"杰克逊说,"我们走吧。"

杰克逊想抓住格兰特,格兰特愤怒地推开了。乔丹走过来,格兰特抓住乔丹的手。不过后来,格兰特告诉队友,他本来想挣脱的。

任何人都没有经历这么长的"暂停"。帕克森想和格兰特说话,卡特莱特也走了过来。格兰特或许是球队最受欢迎的队员,他就像只温和的小狗,心直口快，受到每个人的欢迎，除了乔丹之外。杰克逊心想，自己是不是做得太过分了。

板凳的另一端，在人圈之外，乔丹超脱地看着这令人难以置信的景象。他回想起上赛季季后赛对阵活塞队的第七场比赛和皮蓬的偏头痛，仿佛昨日重现。乔丹早就质疑皮蓬和格兰特，不是质疑他俩的天赋（乔丹认为他俩的天赋很好），而是他们的成熟度和分清轻重缓急的能力。他认为他俩不够严肃，并质疑他俩在关键时刻无法稳定发挥。

"现在？"乔丹嘟囔道，"现在他才失去理智的？天哪，这到底是怎么啦？"

在球队大巴回宾馆的路上，除了总经理杰里·克劳斯之外，其他人都很安静。

那天之前，克劳斯听说托尼·库科奇决定在意大利打球。克劳斯是早上5点在费城宾馆接到电话的。于是，他开始不断打电话："糟糕的事情发生了……"他以最奇怪的方式开场，以至于每个人都在想是不是谁死了。对于克劳斯而言，他的梦想死了。

克劳斯已经尽力了，他甚至求着公牛队球员给库科奇打电话。克劳斯求助卡特莱特，库科奇对电视台的报道感到担忧，听说乔丹和皮蓬等公牛队球员不欢迎自己，而卡特莱特的任务是告诉库科奇，事情不是这样的。

常规赛结束之前，卡特莱特打了电话，向库科奇解释球队会欢迎他，而库科奇没有多说，也没有任何问题要问。公牛队管理层承诺让乔丹给他打电话，库科奇拒绝了。卡特莱特知道这意味着什么。

那时，在美国全国广播公司的节目上，克劳斯和麦克·弗拉泰洛进行了一场关于库科奇的专访。当镜头移回篮球解说员马夫·阿尔伯特时，阿尔伯特怀疑克劳斯话语的可信性，并称自己听说公牛队球员不希望库科奇加入球队。后来，库科奇在欧洲播放的NBA比赛录像上看到了这场专访。

"这是马夫·阿尔伯特的错。"在回宾馆的路上，克劳斯不断地说。克劳斯说："这将影响阿尔伯特的职业生涯，因为这是假的，他逃不掉责任，他必须付出代价！"

"把这个忘了吧，杰里，事情结束了。"杰克逊忍不住对他说。

克劳斯永远都不能理解。

赛前，记者采访皮蓬和乔丹关于库科奇的决定。"太好了！"乔丹说，"现在，值这个身价的人将会得到合同，我想你会看到公牛队球员都很高兴。"

"或许我能拿到新合同。"皮蓬说。

这个赛季充满了令人分心的事情，这是最后一件。

——

杰克逊决定第四场比赛前给球队放个假。比赛日在5月12日，那天是母亲节。上赛季母亲节那天的比赛已经过去一年了，公牛队称之为"母亲节大屠杀"。当时，公牛队赢下对阵76人队的第四场了比赛。

杰克逊沿着河岸走了很远，去观看水手的比赛。一年多前，他做了腹股沟手术，现在运动对他来说仍然很难，而他必须进行锻炼。杰克逊会心脏疼痛，对此，他秘而不宣。这并不严重，但他确实需要锻炼，他经常在跑步机上跑步或者在德尔菲体育馆进行台阶训练。杰克逊可以用药品治疗心脏疼痛，降低心脏的不规则跳动。唯一的问题是杰克逊不太相信药品，而且他甚至不愿意与家人谈及自己的病。

当杰克逊从河边散步回来时，他撞见了帕克森。帕克森说自己在第三场比赛中只有3次出手，他需要更多的出手机会。杰克逊同意了。

乔丹正在房间里治疗膝盖。第三场比赛结束后，他原本计划和巴克利去亚特兰大城。上赛季第三场比赛后，乔丹就去了那里，待了一晚上，然后直接回来参加第二天早上的训练。这次，他和巴克利在牌桌前玩了一会儿。

膝盖的伤势正在困扰着乔丹，但他还是去玩玩牌。巴克利和电视台工作人员艾哈迈德·拉沙德在乔丹的房间里玩了一下午的21点纸牌游戏。第二天早上，乔丹看上去挺高兴，应该是战绩不错。

乔丹在比赛中也会如此高兴。赛前，杰克逊走进更衣室看了看乔丹，只是说了句"杰克"。

"准备好了，"乔丹攥着拳头挥了一下说，"我们会赢的！"

当然，这个"杰克"指的是杰克·奥唐奈。第四场比赛不会有苛刻的裁判，不会有天壤之别的犯规次数，没有客场球迷的恫吓，优秀的球队会赢。乔丹确信赢家将是公牛队。

杰克逊为球队准备了不同寻常的赛前早餐，1月份在洛杉矶的时候，他也做了类似的事情。当时，他认为球队分崩离析，而第三场比赛的混乱同样令他担忧。"帕克森需要更多的出手机会。"杰克逊说。至于霍勒斯·格兰特，用杰克逊的话来说，就是他打破了团体链条。由于是周日，作为会议的结束，杰克逊要求格兰特为球队读了段《赞美诗》，这个链条需要重新构建起来了。

———

第四场比赛，格兰特像头愤怒的公牛，怒气冲冲地奔腾而出，球队紧随其后。他在第一节就抢下5个进攻篮板，首节战罢，公牛队以26比20领先。半场结束时，公牛队以52比38领先。76人队就像一支溃败的球队。整场比赛，格兰特拿下22分，皮蓬贡献20分，乔丹得到25分和12次助攻。第三节比赛，巴克利打到了卡特莱特，然后这名笨拙的中锋开始追打巴克利。"他怎么了？"巴克利对杰克·奥唐奈说。杰克对两人都判了技术犯规。"他这是犯病了吗。"卡特莱特听到这句话，又开始冲向巴克利。公牛队在第三节领先了23分，一路领先以101比85取得胜利，又一场"母亲节屠杀"。

不过，资深助教巴赫从中看到了更多的信息。巴赫是军事史和战略学专业的学生，在他看来，第四场比赛不仅仅击败了76人队，而且公牛队能够勇敢面对身体对抗了。他想，如果公牛队在东部决赛中不得不面对活塞队时，他们会发挥得更好。

公牛队受到了冲击，尤其是格兰特，但他直接扑向了这枚"手雷"。76人队制造的身体对抗和活塞队一样多，口头的恫吓也一样多，而公牛队勇往直前，打得非常好。尽管乔丹发挥不佳，27投只有11中，对于总决赛而言这不够好，但这只是个开始。

第五场比赛在意料之中，公牛队回到主场，在主队球迷面前，从一开始就大开杀戒。皮蓬半场就拿下了24分，前三节战罢公牛队领先10分。在比赛还剩不到1分钟时，76人队把分差迫近到了1分。此时，公牛队如猛虎下山般，火力全开。此役，乔丹抢下19个篮板，创造职业生涯中季后赛单场篮板纪录。他再次运球冲向篮筐，76人队再也没有得到机会，公牛队以100比95赢得比赛，乔丹包揽了公牛队最后的12分。"这就是我们需要他去进攻的时刻。"卡特莱特表示赞许。"他似乎对篮球运动的认识更深刻了。"这个赛季可没少挨乔丹骂的斯泰西·金强调，"以前他习惯给教练打手势，暗示教练让你下场。如今，当你犯错误时，他却走过来拍拍你的背。"如今，仍然犯错很多的金更了解乔丹了。巴克利表现神勇，拿下了30分，而马洪只得到了2分，罗恩·安德森拿到4分。公牛队比76人队多抢了23个篮板，篮板让他们赢下了比赛。篮板和防守是两大取胜之匙，要努力，能吃苦，这是NBA的铁律。公牛队更有天赋，球员勠力同心，这是一支很难战胜的球队。

如今，公牛队有5天的假期。活塞队正在另一个半区鏖战，每个人都知道凯尔特人队比较容易战胜，但是没有人愿意与他们交手。

公牛队在这三个赛季的每一步，无论在人员配备还是攻防体系的发展，目标都是击败活塞队。现在，这个时候到了。

"活塞队是个大麻烦，"巴赫说，"我们一定要击败他，干掉他们，终结'底特律魔咒'，这是唯一能让我们真正赢得尊重，让我们感觉自己像个胜利者的事情！"

# 第11章　**期末考试**

　　　　　5月19日　主场对阵活塞队

　　　　　5月21日　主场对阵活塞队

　　　　　5月25日　客场对阵活塞队

　　　　　5月27日　客场对阵活塞队

　　在距离芝加哥体育馆西边几个街区的地方长大的马克·阿吉雷，在接近中线的位置投了一个三分球，活塞队在第三节以59比58领先。阿吉雷打得像个疯子。"找个人一起来防我呀，"他向乔丹叫嚣，"没有人能够单防我，再来一个！"

　　那天的确没人能够做到。这是东部决赛的第一场，公牛队如愿以偿与上赛季冠军活塞队交手。周五，活塞队用尽浑身解数，击败凯尔特人队。此刻，是公牛队整个赛季都在期盼的，以及与命运相约的一天。

　　活塞队似乎攫取了公牛队的主场优势，要送公牛队一场难以名状的败仗。公牛队先发制人，在主队球迷面前打出一波20比8的小高潮。但是，阿吉雷替补上场之后状态火热，上半场拿到13分，帮助活塞队在第二节重获主动权，半场结束时，活塞队只落后8分。他在第三节又砍下10分，使公牛队缩小了领先优势。活塞队正在故伎重演——恫吓。

多年以来，公牛队一而再、再而三地被活塞队击败。在非常情绪化的道格·柯林斯担任教练时，公牛队经常落入活塞队的圈套——柯林斯曾卷入一场争斗。当时，活塞队球员里克·马洪把柯林斯扔到了桌子上，然后肆意嘲笑。柯林斯和公牛队大发雷霆，却输了比赛。那些年，公牛队情绪起伏不定，赢了就欣喜若狂、难以自禁，输了就非常抑郁，简直是在自杀的边缘。

而杰克逊一年来传递的信息并不是公牛队不能情绪化，也不是逆来顺受。事实上，与活塞队的系列赛中，杰克逊建议球队先发制人，而不是任由活塞队在每次转换进攻中都给自己三四肘子。"先发制人，"杰克逊说，"我们要化被动为主动。"他也知道，球员需要保持冷静。

令人意外的是，公牛队在这个系列赛中做到了。

"菲尔教会了我们怎么样应对活塞队咄咄逼人的心理战术，"公牛队获胜之后，帕克森说，"这是我们以前从未具备的。"

在公牛队球员之中，乔丹率先扮演了激励者的角色。比赛中，他凶狠地挥出一肘，直接击中了乔·杜马斯的胸部，把其击倒在活塞队替补席前。裁判没有吹犯规，公牛队认为联盟在释放信号——允许对手报复活塞队。

皮蓬受到了挑战。"你死定了，皮蓬，"阿吉雷向皮蓬挑衅，"比赛后我会在停车场等你，不要扭头，你这个小鸡仔，你这个死猪，你这个该死的家伙。"这样的挑衅几乎持续了整场，丝毫没有停息。

"这很有趣，"帕克森说，"整场比赛中，阿吉雷都说让皮蓬去停车场，而皮蓬只是微微一笑。"

面对挑衅，皮蓬一笑置之，对于公牛队而言是种新的经验。一向严肃的皮蓬这么做，充分展示了他的成熟，令教练吃惊。职业生涯以来，他第一次开始看比赛录像，在健身房里刻苦训练，在比赛中卖力发挥。防守中，皮蓬不再像个斗牛士一样挥舞手臂,刺激对手,他自己变得更像头公牛。他抢断后的跳投让公牛队在第三节取得领先,整场比赛,他一共6次抢断。随后,伊赛亚·托马斯投中三分球扳平比分,活塞队球员对皮蓬犯规,皮蓬两罚全中,公牛队又获得领先优势。三节战罢,公牛队以68比65领先。公牛队的胜利并不是理所应当的。杰克逊希望坚持自己的计划,第四节开始时,皮蓬和乔丹都在场下休息,两个人打满了第三节,而且杰克逊不认为活塞队仅凭这几分钟就能赢得比赛。

活塞队在东部半决赛第六场中通过加时赛打败凯尔特人队不足两天,显然他们很疲惫。疲惫的活塞队首发五虎在第一场比赛中总计拿下37分。阿吉雷替补拿到25分,威尼·约翰逊贡献21分。

公牛队替补球员在对阵尼克斯队和76人队的系列赛中发挥相当不错,但是在对阵活塞队的比赛中,从未取得过好成绩。巴赫为几名特定的球员剪辑了录像带,聚焦于替补球员的表现。在系列赛开始前,他给杰克逊播放了录像带,其中的内容令人惊恐,替补球员投丢一球之后又投丢一球,篮板球也失手掉在地上,一次次的失误,以及肚子朝下跌倒。杰克逊知道替补球员在以往对阵活塞队的比赛中发挥非常差,尤其记得一场比赛中曾经15投0中。

"约翰,你是不是只挑了他们发挥不好的时候?"他问巴赫。

"不是的,"巴赫回答,"我挑的都是他们打得最好的时候。"

"不要让他们看这盘录像带。"杰克逊决定。

替补球员当天将打出了高光时刻。他们上场后,公牛队突然领先了9分,81比72。B.J.阿姆斯特朗命中了几个罚球。克雷格·霍奇斯投中了中远距离投篮,稍后又投中了三分球。威尔·珀杜内线得分,克里夫·莱温斯顿近距离跳投命中,接着又一个上篮得分,他们7投5中。而活塞队7投仅3中,获胜的机会就此溜走。公牛队越战越勇,以94比83取胜。

"本场比赛的关键就是我们取得了那9分的领先。"杰克逊表示了赞许。

本场比赛中的奇兵是那个"失败者"——莱温斯顿。对阵尼克斯队和76人队的比赛中他没怎么上场，他感觉即使没有彻底被公牛队遗弃，在季后赛中他也是被放弃了。"对阵76人队的比赛中，其他替补球员抢篮板都卡不到位置，而我没能上场，我认为自己的命运已经无法改变。"对阵活塞队前，莱温斯顿向朋友坦言。而杰克逊的方法感性而又有理性。比赛日，杰克逊经常在家里坐一小会儿，预想比赛中会发生什么。他在表象中看到莱温斯顿的打法非常有侵略性，愿意与活塞队对抗。多年前，莱温斯顿效力老鹰队时，他和活塞队对交过手，被恶意犯规了好多次。杰克逊不太在意那些比赛的结果，但是他认为激情的莱温斯顿能调动球队所需要的情绪和能量。

乔丹和皮蓬在比赛还剩下6分钟多时回到赛场，活塞队再也没能把分差迫近到7分以内。就进攻而言，这不是乔丹大放异彩的比赛，对于公牛队，这意味着一个转折点。乔丹拿到了全队最高的22分，运动战中只有15投6中，他有6次失误，为全队最高。比赛后，他一屁股坐在柜子前大声说："谢谢你们选中了我！"

没有人说一句话。

随后，乔丹安静地穿好衣服，去接受采访。媒体记者都很期待活塞队被拉下马，而乔丹的发言并不是特别优雅。

"你们必须将胜利归功于我的配角。"乔丹说。本场比赛，皮蓬拿下18分、卡特莱特得到16分，替补球员一共贡献30分。"本质上，今天我打得不好，"紧接着乔丹又补充，"可能我有点头疼。"乔丹的发言对有些人来说有点奇怪，显得不够周全。无论做得怎么样，他好像要确保镁光灯都集中在自己身上。对于队友来说，这并不稀奇。以前，乔丹拿球砸过皮蓬，部分原因是出于愤怒，部分是为了激励这个被人称之为"填图"的孩子。最近几周，乔丹开始把队友称为"我的配角"。

后来，乔丹告诉朋友："我希望自己没有用这个词，但是，每个人都这么想，我为什么不能这么说呢。"

## 第 11 章 期末考试

对于乔丹而言,这是一场缺乏特点、不够激情的比赛。他一向是名安静的球员,很少在场上激情四射,除非是他的扣篮。有时他喜欢和其他球员开玩笑,但他更倾向于专心致志比赛,经常从传统意义上的领袖角色退下。在公众心目中,乔丹是球队领袖,不过,除了用自己的机智嘲笑队友之外,他几乎不怎么跟队友说话。

不过,今天他有点狂乱,显得奇怪又情绪化。一开始就有了那个霸气且势大力沉的肘击,那一肘让裁判感到吃惊。第二节,乔丹发现自己与丹尼斯·罗德曼狭路相逢。

"我们要打得你找不到北,"乔丹对着罗德曼吼道,"我来击败你了!"

乔丹的反应甚至连自己都意外,不过,这个系列赛里,他通常是清醒的。他告诉朋友,本赛季决心要击败活塞队。

"我们不是为了拿什么头衔,"他说,"这次我就是想越过活塞队这座山。"甚至队友从来没有见过乔丹腾起火山般的愤怒。尽管教练组毫无准备,但是他们很开心,他们认为乔丹回归了本色,可能是为了激发皮蓬和格兰特。

"他希望让霍勒斯变得更勇敢吗?让斯科蒂变得更自信吗?"巴赫说,"当然,他想把队友变得更好,而且更勇敢。这就是对阵活塞队时要有所不同的地方。"

一年前,公牛队认为自己比活塞队更有天赋,但是并不太确定是否更优秀。

"活塞队知道在一年之前我们更有天赋,"阿姆斯特朗说,"但是活塞队有信心击败我们。今年,他们说脏话时我们也说,他们下黑手时我们也下。比赛中最重要的事情是我们为自己的问题找到了答案。"

——

第一场比赛和第二场比赛的间隔只有一天,就是在5月21日的第二场比赛前。随后球队将要在底特律等上4天，直到5月25日周六，电视台要求在这些日子里安排比赛，以适应他们的日程。球员和教练对此有些不爽，杰克逊希望大家能正确看待此事。

"这就是为什么你们能挣这么多钱。"他说。

帕克森想知道，这是不是意味着他的比赛会在当地有线电视播放。事情正在出现起色，帕克森相信自己能够回归。他不知道的是，由于库科奇的事情已经泡汤，莱因斯多夫也在这么考虑。

"我认为我们放走杰里·库斯曼时，伤害了白袜队，"莱因斯多夫对助理说，"我需要能让球队产生化学反应的人，帕克森或许是其中之一。"

这些导致了一场有趣的对话，对话发生在帕克森和曾经的自由球员卡特莱特之间。卡特莱特告诉帕克森自己以前在尼克斯队作为自由球员的经历。卡特莱特认为如果帕克森能在芝加哥拿到合同，最好留下来，卡特莱特如今也倾向这么做。

卡特莱特在尼克斯队效力的第五个赛季，表现可圈可点，新秀赛季，他就入选了全明星阵容。当时比较缺乏中锋，他上场机会也不少。当时，卡特莱特是名受限制的自由球员，尼克斯队具有优先权，而他希望到自由市场上碰碰运气。卡特莱特和经纪人鲍勃·伍尔夫、顾问丹·里斯利去见了小牛队的人。小牛队在人事上以委员会管理方式为荣，所以总经理诺姆·松朱、篮球运营主任里克·桑德和大股东唐·卡特都出席了。

卡特是个反传统的老板，也是个唠唠叨叨的人，具有浓厚的宗教情结。他说话时每个人都听着。在15分钟里，卡特大谈自由球员制度的弊端。他说自己的球队永远都不会签自由球员，一个人以这种形式出售服务是不合适的，这是行不通的。自由球员会把体育运动搞垮，他不能容忍这种做法。卡特的声音提了起来，而且有些颤抖，最终他停下来盯着卡特莱特。在之前的时间里，除了卡特谁也没说话。

"孩子，"卡特问卡特莱特，"你喜欢你的母亲吗？"

"当然。"卡特莱特回答道。

"你对你的妻子忠诚吗？"卡特问道。

"是的。"卡特莱特说。他开始怀疑要发生什么。

"你相信上帝吗？"卡特问道。他盯着卡特莱特懒洋洋的褐色眼睛。

"是的。"卡特莱特说。

卡特考虑了一会儿，接下来转向松朱说："跟他签。"然后，他就站起来离开了房间。

"想成为自由球员，你就要忍受这些，这是很疯狂的。"卡特莱特说。

乔丹和杰克逊在第一场和第二场比赛中间都有工作要做。对于乔丹而言，这是表现自己的机会——联盟将宣布他在职业生涯中第二次获得"最有价值球员"称号。对于杰克逊，他需要努力限制乔丹的表现，帮助乔丹队友去表现。杰克逊认可第一场比赛中乔丹充满侵略性的打法，将此视为乔丹向队友释放的信号。不过，杰克逊也对乔丹的一些进攻选择感到不满。第一场比赛中，帕克森只有5次出手，格兰特只有2次。出手的分布必须要更合理。于是，杰克逊给乔丹剪辑了一段视频，强调乔丹在单打时的进攻选择以及队友的站位。在对待乔丹时，杰克逊非常走心，而且目标清晰——不要在包夹中强打，把球传出去。

5月20日，周一，乔丹接受了"最有价值球员"的颁奖，并利用这个机会表扬了队友，然后抨击媒体通过投票进行评奖的方式。有些人认为乔丹的意思是他每年都应该获得该奖项。乔丹陈述了自己长期持有的信念，回应了大家根深蒂固的关于他没能使队友变得更好的看法——有人认为这是他没能更多地赢得"最有价值球员"的原因之一。"我不是保姆，"乔丹犀利地说，"他们必须站出来为自己赢得尊重，他们必须发挥得更好。有时，才华真能成为诅咒。"不过，在第二场比赛前，NBA总裁大卫·斯特恩在中场进行"最有价值球员奖"的颁奖时，乔丹不再表现得愤怒，而是召集了队友。乔丹好像受到了极大的影响，因为大家对他不吝溢美之词，他站在聚光灯下，队友众星捧月般把他围了起来。

杰克逊知道，有一名球员最需要看到更多的光亮，无论是反射来的还是直射来的，这名球员就是霍勒斯·格兰特。

格兰特在第一场比赛中投了两个球，但是都上篮打进的。本赛季格兰特经常抱怨在进攻中参与不足，而教练组注意到格兰特减少中距离跳投，那应该是他重要的看家本领。

大卫·奥思医生在家里摇着头，自言自语地说："我告诉过你的。"

格兰特的视力很糟糕，赛季开始前奥思给格兰特配了一副护目镜。巴赫注意到格兰特在看报纸时，要把报纸放在离眼睛很近的距离，于是，他建议格兰特去做视力检查，结果发现格兰特需要戴眼镜才能开车。格兰特在大学戴过隐形眼镜，后来把它们扔了，他不能忍受在眼里装东西，这会导致皮肤萎缩。他试了试护目镜，好像有效果，格兰特的射程更远了。1990/1991赛季，他投篮的命中率达到生涯最高的54.7%。不过，对阵尼克斯队的系列赛中，查尔斯·奥克利总是趁裁判不注意打掉他的护目镜，于是格兰特就扔掉了护目镜。对阵76人队的系列赛中，格兰特第一次跳投却是一个"三不沾"。奥思开始统计，第二轮系列赛中，格兰特的命中率达到54%，相当不错，而且他没有戴护目镜，但是，他在中远距离的定点跳投投失了8球。与活塞队的比赛中，格兰特的命中率接近70%，似乎没必要做出改变。但是，奥思的想法却不一样。

"如果不戴眼镜，他缺乏深度知觉。"奥思向莱因斯多夫抱怨。主要问题是当比赛处于伯仲之间时，格兰特面对压力，问题就大了，这将导致他无法发挥最佳水平。他有很远的射程，可以找一个点位投中很多球。格兰特在训练中能连续投中10球到15球，当面临压力，他就没有那么好的视野了。奥思将自己的想法公之于众，克劳斯大发雷霆，打电话痛骂了奥思一顿。奥思则认为必须要说清楚这件事情。

对阵活塞队之前，莱因斯多夫罕见地出现在杰克逊的办公室："我们必须采取行动让格兰特开始戴眼镜。"

第二场比赛第一节，乔·杜马斯上场了，活塞队后卫不动声色拿到15分。活塞队善于在防守中找到漏洞，然后利用漏洞取分。活塞队教练组发现杜马斯通过两三次挡拆，晃过乔丹之后能得到空位，然后就不断让杜马斯进攻。不过，第一节末段，活塞队以22比27的比分落后，因为公牛队多点开花。格兰特得分最多，砍下9分，皮蓬得了6分，帕克森4分，卡特莱特4分，乔丹也得了4分。杰克逊经常挂在嘴边的三角进攻战术似乎发挥了作用，不过也做了重要的修正。

活塞队是联盟最优秀的球队之一，他们善于击破成就公牛队运动战的三角进攻战术。公牛队球员在球场任意一端构成三角，以展开进攻，而活塞队可以把三角挤压在球场一角，让公牛队球员无空位可跑。所以，杰克逊为这轮系列赛做了调整，在击败76人队的战术基础上增加了内容。活塞队的优势在于3名后卫的轮转，他们总是能从帕克森或者阿姆斯特朗手里抢下球，或者向其施压导致公牛队很难把球运到前场。因此，乔丹接球时，已经无法再去组织进攻了。如果乔丹选择单打，可能会被防守球员断球；如果把球传给另一名球员，进攻时间就所剩无几了。所以，杰克逊进行了调整——帕克森到最擅长跳投的侧翼，皮蓬持球运到前场，这就解除了对方的压力，同时，乔丹不持球。如此一来，活塞队必须用一名前锋和皮蓬对位，而一旦球到了前场，活塞队对皮蓬会有严重的失位。这是杰克逊早就为皮蓬设计的升级版战术。

这个过程在赛季早期就开始了，当时，杰克逊把皮蓬和乔丹中的一人留在场上与替补配合。杰克逊这么做是为了在替补上场时，场上能保留得分手，同时，杰克逊也希望促使皮蓬提升自己的战术水平。当皮蓬和乔丹搭档时，皮蓬在掌控比赛和投篮方面有些困难，此刻，他就是场上掌控者。"现在，他是主力球员了，"杰克逊说，"他必须做决定，掌控比赛，然后得分。"皮蓬很舒服地进入了角色，并在与76人队的系列赛中发挥了奇效。如今，对阵活塞队时，公牛队在进攻中卸掉了对手的压力，而在防守中，公牛队则对活塞队施加了压力，使其无法随心所欲地进攻。活塞队不是进攻型球队，总是采用阵地进攻的打法，控制比赛时间和后场篮板。对于活塞队来说，单场赢5分和赢15分的结果差不多。而对阵公牛队时，无论如何，活塞队永远无法掌控比赛。

第二场比赛，活塞队又尝试了粗暴的打法。第二节开始时，杜马斯凶狠放倒了阿姆斯特朗。"违体！"达雷尔·加勒森做出判罚。这是个好征兆，公牛队心想，加勒森执裁比赛而且吹罚尺度很严，这是联盟传递的信号。公牛队打了一波14比2，以41比24领先。随后，活塞队在皮蓬面前连得9分。皮蓬强硬地冲击内线，活塞队犯规。"违体！"这意味着两罚一掷。

"裁判给活塞队传递了信号，"杰克逊对媒体说，"那种粗暴的打法早该结束了，还是要回归篮球的本质。"

半场结束，公牛队以49比41的比分领先。第三节，乔丹拿下12分，公牛队遥遥领先。乔丹在上半场只得到8分，而皮蓬拿了16分。下半场，乔丹的跳投开始发威。公牛队对活塞队的防守依然很严密，特里·罗林斯替换发挥不佳的詹姆斯·爱德华兹，他被吹了两次进攻犯规。公牛队在第四节扩大了领先优势。乔丹被托马斯狠狠地撞倒了，又一个违体判罚，也是本场的第三个违体犯规。裁判要给活塞队数倒计时了。活塞队就像年迈的战士，以想不到的速度衰退。

尽管已经遭遇两连败，活塞队仍然相信自己能够逼迫公牛队输球，因为活塞队在主场还没输过球。而公牛队的防守极大地限制了活塞队。公牛队球员发现爱德华兹传球不好时，就快速地包夹他。托马斯和兰比尔搭档时，公牛队就用皮蓬快如闪电的反应去应对。公牛队罚球的次数比活塞队多了一倍，但没人注意这点。

"菲尔·杰克逊此前投诉了我们的防守，"约翰·萨利说，"而他们总能站上罚球线，菲尔让所有人相信我们打球的方式很脏。"

## 第 11 章　期末考试

公牛队以105比97的比分赢下第二场。比赛末段，他们又做出了具有象征意义的"宣言"。皮蓬在突破中过掉了所有人准备扣篮，这时，他注意到只有阿姆斯特朗跟上来了，皮蓬停下来，等了等阿姆斯特朗，然后把球传给后者，让他上篮打进。这是非常漂亮的宣言——我们都要参与进攻，分享胜利的果实！

——

当周六进入"恐怖宫殿"迎接第三场比赛时，公牛队的期待很高，情绪也很高涨。公牛队内心里幻想着一顿烧烤：像兰比尔一样的热狗，罗德曼的大耳朵，阿吉雷的小面包，所有的原料都在那里。尽管奥本山宫殿球馆投入使用以来，公牛队在这里的战绩是2胜13负，但他们认为自己能够把火力全开。是的，公牛队看起来非常自信！

奥本山宫殿球馆客队更衣室和其他球队不同，更衣室被分割成两个房间，乔丹占据紧挨着后面房间的房门位置，正在轻松地准备第三场比赛。他不在最好的状态，然而公牛队轻松赢下前两场比赛。所以，这轮系列赛，他有着前所未有的信心，不过，他怀疑自己对队友的想法是否可以改变。

"这就是生意，我不一定需要喜欢任何人，但是必须能够与他们合作，"乔丹说，"这个赛季，我们能做的就是把生意和情感分开，在篮球方面，我们每场比赛的目标是一样的。事实证明，最好的球队未必是球员彼此非常合得来。如果每个人都喜欢自己的队友，也不意味着就能赢，区别在于比赛的方式。"

"我无法肯定胜利的到来，"乔丹承认，"但是，我从皮蓬和格兰特身上看到了胜利的曙光，我认为他们现在感受到了压力，那种我所感受过的压力。现在，如果我们输了，他们会受到责备，他们有所了解，并带着责任感去比赛。我认为这就是变化。如果他们不能站出来，我们无法赢球。他们现在在放大镜下打球，以前他们从未感受过。以前他们似乎不在乎，而今年不一样了！"

乔丹也如此，至少从活塞队的角度看是这样的。活塞队认真研究乔丹，利用他的脾气、固执以及对队友的不信任，两次打入总决赛。但是这次似乎不会奏效了。约翰·萨利说："上赛季比赛中，如果我们后来居上了，乔丹会向队友喊叫，于是，他们就溃不成军。今年，他们更自信了，不再局限于让乔丹解决问题。"

活塞队球员还意识到，乔丹不像原来那样，总是想方设法多得分了。

"我想乔丹终于认识到凭借一名球员的力量，无法在这个水平上赢球。球队在季后赛走得越远，对手越能阻止他的个人进攻，乔丹最终看透了这点。"活塞队助教布仑丹·苏尔说。

——

杰克逊终于为这轮系列赛想到一句他喜欢的名言，这句话源自心理学家荣格。

"只有神才是完美的，"他在给球员的球探报告上写道，"我们期待卓越。"

带着这句话，公牛队开启了第三场比赛。首先他们已经打倒了心理上的障碍，然后是精神上的障碍，最后是身体上的障碍。

公牛队选择先攻击活塞队替补席前的那个"坏篮筐"。第一节末段，公牛队一度以24比8领先，后来活塞队连得8分。活塞队在第二节后来居上，一度取得了38比36的领先，而公牛队没有屈服，他们无所不能，造成活塞队连续3次失误，其中格兰特连续2次抢断，皮蓬攻入2球，卡特莱特打进第三球。第二节结束时，公牛队以51比43领先。公牛队上半场的投篮命中率接近55%，击溃了活塞队的攻势。

不仅如此，公牛队在战术上克制了活塞队，使其偏离了又慢又强调身体对抗的打法，并转入公牛队更擅长的快速转换打法。活塞队换了小个的得分阵容，希望以此抗衡公牛队的速度和敏捷。这个变化减少了活塞队粗野的打法，而粗野打法是他们最大的优势，看起来活塞队的失利只是时间问题。

## 第 11 章 期末考试

第三节开始后，活塞队仍然无计可施，公牛队予取予求。

"他们偷了我们的'剧本'，"萨利抱怨，"他们说垃圾话，说粗话，增加防守强度，让我们只有一次出手机会，把我们挤出三秒区，逼得我们只能跳投。而这是我们的方式。"还有另一点就是，公牛队保持了冷静。

第三节，爱德华兹把格兰特狠狠撞倒了，后者慢慢爬起。这时，乔丹对格兰特说："不要让他看出来你受伤了。哪儿都不要碰，不要露出受伤的样子，继续比赛。"

公牛队逐渐把优势扩大到16分，不过，活塞队又把分差迫近到了5分，托马斯打出了一连串进攻，包括一个上篮、一个三分球和自投自抢的篮板。

比赛进入第四节时，活塞队落后8分，他们的冠军头衔显然难保，因为还没有哪支球队能在大比分0比3落后的情况下赢得系列赛。活塞队展开了绝地反击，但公牛队毫不示弱。公牛队前8投打进6个，取得了94比83的优势。这时比赛还有7分钟，活塞队还在苦苦鏖战，他们在第四节抢下9个进攻篮板，以往在这种情况下他们总能赢球。维尼·约翰逊自投自抢打进一球，托马斯也是自投自抢打进一球，兰比尔跳投命中，阿吉雷投中三分球。当阿吉雷上篮没能投进，兰比尔补篮得手时，活塞队只落后5分了，此时，比赛还有2分31秒。

皮蓬运球到前场，但阿吉雷伸手把球掏了过去，长传给了约翰逊。约翰逊面对空篮，如果打进，活塞队将只落后3分。这时，乔丹扑来，瞄准了约翰逊。约翰逊看了看，瞄到乔丹准备封盖自己，约翰逊慢下来，希望乔丹扑空，这样他就能把球传给乔·杜马斯。而乔丹预判了他的战术。

"实质上我是佯装采取守势以迷惑他。"乔丹说。乔丹没有失位，杜马斯只能在身体失衡的状态下投球，乔丹抢下篮板。

"有史以来非常伟大的一次防守，"乔丹后来说，"这次防守最终为活塞队画上的句号。"

皮蓬冲到前场，跳投命中。公牛队以105比98领先，此时比赛只有2

277

分钟。活塞队无计可施，只能采取犯规战术。罗德曼对约翰·帕克森凶狠犯规，然后在比赛停顿时狠狠将球扔向乔丹的胸部，公牛队球员只是微微一笑。最终，公牛队以113比107的比分获胜。公牛队的投篮命中率达到57.5%。在活塞队输不起的比赛中，两队抢下了同样多的篮板。得分方面，乔丹得到全场最高的33分，皮蓬拿到了26分，格兰特17分，卡特莱特13分。活塞队首发内线合计才拿到了12分。公牛队不再是哀兵必胜，而是胜券在握。

―――

在阵亡将士纪念日之前的明媚、和煦的周末，公牛队拿下了3比0的战绩。公牛队在日常媒体活动中组织了户外聚餐。在分区决赛和总决赛期间，联盟会为每支球队安排半小时的媒体活动。一支球队训练结束后额外停留半小时开展媒体活动，另一支球队先开展半小时媒体活动再进行训练。在东部决赛开始前，杰克逊就告诫球员，不要说任何挑衅的话，他不希望为活塞队求胜欲的火苗上再添油加醋。而球员不太明白杰克逊强调这点什么意思。

"妻子经常告诫我，我太高调了，"杰克逊一边说，一边把手举到头上，"但是我总是想，即使有点唱高调，也能从中受益。"

而有些人选择忽略了这句话。

乔丹走上台去，直抒己见。"比赛将回归干净的环境，人们对此非常开心，比赛中不再有'坏男孩'，"他说，"人们不想看这种比赛——肮脏的比赛、恶意犯规，缺乏体育精神的行为，这对篮球是不利的。"他说了差不多半小时，还提到凯尔特人队如何比活塞队更配得上冠军，因为凯尔特人队打的是有品格的篮球。他认识的人都希望活塞队输球，因为活塞队的打法很肮脏，他们偶尔可以取胜，但永远不能征服对手。如果说乔丹只是想贬低活塞队，那也是存疑的。说真的，他只是说了实话。第二天，乔丹的这些话成为底特律当地报纸的头版头条，那恰恰是在第四场比赛开始前。

"您要求球员不要向对手提供激发斗志的炮弹，请问您的话给球队传递了什么信息？"第四场比赛前，记者问杰克逊。

记者露出狡黠的微笑。

"有人有自己的媒体活动日程安排。"杰克逊闪烁其词。

———

活塞队只剩下最后的机会了，不过公牛队并不太担心。"我们会关注自己的比赛。"乔丹说。第四场比赛的大部分时间，他拒绝下场。比赛前，皮蓬坐在那里，想到罗德曼。前3场比赛中，罗德曼都是极尽侮辱之能事——嘲笑、指责、挑衅，然后在每个人的屁股上拍一下，用这个假惺惺的举动显示自己良好的体育精神。

"活塞队真的应该帮帮他，"皮蓬对格兰特说，"真的，这孩子太疯狂了！此前我还没认识到这点，我太傻了，以至于被他的胡言乱语干扰了。现在我看透了，他真的有精神问题，他需要帮助。我不喜欢他，我觉得他病了。让这种人在街上游荡是不对的，活塞队应该帮帮他，这孩子彻头彻尾地疯了。"

皮蓬确信的不仅仅是即将到来的胜利。活塞队将通向新体育馆的街命名为"一冠街"。卫冕之后，他们会将其称之为"双冠街"。皮蓬边想边说："现在是不是该把这条街更名为'横扫街'。"

"你可以说乔丹对队友都充满了信心，"他补充道，"必须承认，在季后赛中，他有了信心，以团队的方式打球。我第一次可以说他不再执着于得分。他好像有了团队意识，我们好像都有了团队意识。如果我们众志成城，每个人对球队都有贡献，甚至威尔·珀杜都可以有贡献，我现在把球传给他，我相信他能够得分。两个月前没人这么想，但我现在就是对他有信心。我认为乔丹对他也有信心，这只是一种感觉，这种感觉好像能起作用。"

第四场开场时，活塞队拼劲十足，希望击败公牛队，但这种用力过猛的行为导致了更迅速地失败。这种战略正中公牛队教练组的圈套，而活塞队教练查克·戴利自感无能为力，不过，他也迅速做出了调整。开赛不久，活塞队屡屡得手。

兰比尔率先发难，当帕克森准备上篮时，他把帕克森狠狠推了出去。

"我不会怕你的！"帕克森向兰比尔喊道。

"我也不会怕你的！"兰比尔回应。

走到罚球线时，帕克森想到这种对抗非常幼稚。但他也承认："这对我也有点激励作用。"

帕克森两罚全中，接下来他又连续命中3个跳投，中间又执行了两次罚篮，公牛队连得10分，帕克森在本节拿下12分。首节战罢，公牛队以32比26领先。"问题不在于他投篮是否进了，"卡特莱特说，"而在于他是否能拿到球。"此后，活塞队再也没能把分差缩小到5分。第三节比赛甚至变成了公牛队的表演赛。但是在此之前，活塞队向他们的批评家投掷了"大量的弹药"。

第二节中段，罗德曼凶狠地把皮蓬推到了场外，撞到了看台上，摔倒在篮板后面的地板上。皮蓬的下巴裂开了，缝了6针。裁判仅仅判罚技术犯规时，公牛队替补队员气炸了，他们跑到中场表示抗议。一名球迷甚至做出不雅手势，助理教练吉姆·克里蒙斯与其对骂。皮蓬在仓促中坐了下来。

在家看比赛的莱因斯多夫又愤怒又焦虑。"好样的斯科蒂，放松，放松，"他对着电视屏幕说，"不要报复，你要像条汉子。"

皮蓬后来告诉莱因斯多夫，他都不记得是谁推他。

皮蓬摇摇晃晃站起来，格兰特对皮蓬说："你打你的球，不要卷入争执中。"

即使皮蓬不在意，罗德曼却没完没了，皮蓬怀疑他已经到了歇斯底里的状态。"你以为这就够了吗？"罗德曼向裁判吼叫道，"对我而言，没有区别，我还会揍他的。他完了！这次他更彻底地完蛋了，我才不会在乎呢！"

活塞队遭到了痛扁。乔丹得到29分，皮蓬拿到23分、10个篮板，第一节过后，皮蓬就从帕克森那里接管了抢篮板的活。三节过后，公牛队领先17

分，最终的比分是115比94。

唯一的意外在比赛结束时到来。球迷们开始为总决赛的湖人队呐喊。这个系列赛打得如此之艰难，乔丹的评论如此尖刻，以至于活塞队的球迷开始支持公牛队的对手。比赛只剩几秒钟的时候，尽管戴利极力反对，几名活塞队球员还是提前离场，他们径直走过公牛队替补席回到了更衣室，没有对对手表示任何祝贺。这种举止在随后几天内引发了暴风雨般的抗议，专栏作家要求撤掉戴利担任1992年奥运会美国队主教练的职务，全美的媒体都抨击活塞队这种不礼貌的离席。

对于公牛队而言，赛后，他们在更衣室里感到了奇迹般的解脱。

"我们艰苦奋斗不仅仅为了来到这里，不仅仅为了这个成绩，"杰克逊对球队说，"没人会记得总决赛亚军。"

这番话让球员们瞬间清醒。丹尼斯·霍普森回到更衣室后，坐到座位上就开始哭。他在比赛快结束时打了3分钟，那时公牛队领先了25分，这是对阵活塞队的系列中他第一次上场。他是全队上场时间最少的球员。在12场季后赛中，他只是在最后大比分领先的情况下象征性露了露面。总决赛中，这种情况并没有改观。

"我以前在赛前和赛后都没有哭过，也没有在其他人面前哭过，"霍普森后来说，"我就是忍不住，因为我知道自己不是这支球队的一部分。球队不需要我，这太伤人了。"

霍普森这么一个受人喜爱的人坐在那里不能自已。帕克森拍了拍他的背，保证他是球队的一部分。卡特莱特也试着安慰他，还有好朋友阿姆斯特朗。但是霍普森无法停止哭泣，眼泪沿着面颊流了下来，他几乎无法呼吸，张着嘴喘气。几名球员看着他，非常能理解。以前在大学校队以及在实力比较差的篮网队，霍普森都是球队王牌，是头号得分手，如今，他所能做的却只是挥舞毛巾，而他周围的人则分享着自己永远无法忘记的荣耀。

霍普森给母亲打电话，告诉了这件事。母亲沉默了很久，无话可说。

回芝加哥的飞机上欢声笑语，乔丹喝了口香槟。"我所渴望的就是一鼓作气，一举夺魁，"他说，"一举夺魁，我们绝不能得第二。"

肥胖、不受欢迎的总经理克劳斯，在过道里跳舞。

"谁说我不能摇我的屁股，"他开始唱，"看看我摇我的屁股。"

球员们开始变得疯狂。

"飞行员想呼叫塔台了，告诉工作人员有个人似乎想摇动飞机。"珀杜对卡特莱特说。

"摇，杰里，继续摇。"皮蓬站起来，对着克劳斯，模仿他跳舞的样子。

"你们这些孩子真给我长脸。"克劳斯冲过来想抱住坐在一起的卡特莱特和珀杜。

"可不能这么做呀！"珀杜说。

全队在奥黑尔机场从包机上下来时，球队欢欣鼓舞。新人斯科特·威廉姆斯似乎成为唯一的倒霉蛋。他伤病不断的左肩在回家的路上又脱臼了。队友开车超过他时，他向队友敬了个礼，而这时他的胳膊撞到了车窗。他不得不停下来向格兰特打手势，让格兰特帮他复位。

琼·杰克逊来到机场接菲尔。她很少这么做，但这是个特殊的夜晚，而且毕竟菲尔开车的技术也不太好，家人总是怀疑他能否安全地开车，因为他经常走神。琼还记得有一次，杰克逊在篮球场上做了数十个仓促的决定，然后他离开了篮球场，绕着停车场转了30分钟，才确定把车停到哪里。

菲尔谈论着横扫活塞队的兴奋以及比赛中的情绪，谈到了霍普森和即将到来的总决赛。当琼把车停到芝加哥北郊的家里时，杰克逊笑了。

孩子们拿着几十束金雀花，围住了他的车子。

## 第12章　荣耀时刻

　　6月2日　主场对阵湖人队

　　6月5日　主场对阵湖人队

　　6月7日　客场对阵湖人队

　　6月9日　客场对阵湖人队

　　6月12日　客场对阵湖人队

　　"迈克尔VS'魔术师'"，这是芝加哥看待这场比赛的方式。"'魔术师'VS迈克尔"，这是洛杉矶看待这场比赛的方式。"金钱的标志"，这是美国全国广播公司和NBA看待这场比赛的方式。公牛队和湖人队之间的总决赛将是一场盛大的聚会。即使"猫王"挑战披头士乐队，也不比这场总决赛更伟大。这不仅仅是对英雄的崇拜，这也是偶像的对决。迈克尔·乔丹是体育史上最伟大的个人球员，"魔术师"约翰逊可能是最伟大的团队球员，他们将狭路相逢。乔丹可能在全力争取他难以企及的第一个总冠军，约翰逊可能在全力捍卫他的最后一个冠军。得分手对阵组织者，可口可乐对阵百事可乐，耐克对阵匡威、麦当劳对阵肯德基。如果乔丹是NBA最受欢迎、最著名的明星，约翰逊就是超级球星。这是梦幻对决，然而，长久以来，这两人之间的关系简直就像梦魇，至今还处在低谷期。虽然乔丹和约翰逊在1988年芝加哥全明星周末中和解了，但是他们在赛场上看到彼此的眼神依然奇怪。约翰逊在1990年赢得"最有价值球员"称号时，乔丹向其表示了祝贺。不过，乔丹在那个赛季的"最有价值球员"评选中，曾经卖力地为查尔斯·巴克利拉票。私下里，乔丹的想法更尖刻："我得不到这个奖项无所谓，但是我痛恨他得到。"

公牛队老板、总裁莱因斯多夫则告诉朋友，他支持约翰逊继续留在NBA，因为乔丹曾表示，他打算在"魔术师"退役后再打一年，以便在联盟里摆脱"魔术师"的阴影。

"'魔术师'一直是迈克尔衡量自己的标尺，"杰克逊解释道，"'魔术师'有总冠军戒指，还有'最有价值球员'奖项。"

乔丹痛恨"魔术师"由来已久，这归咎于1985年全明星赛上其他球员"冻结"乔丹的事情。是否存在这种"冻结"的确难以断定——当时乔丹9投2中得到7分，然而很多明星在第一次全明星比赛中发挥得都不好。乔丹的朋友认为乔丹发挥这么差，一定出了问题。约翰逊和伊塞亚·托马斯共同的朋友告诉记者，几名球员密谋要乔丹出丑，因为此次乔丹穿着耐克的衣服来参加扣篮大赛，而其他人则被要求在全明星周末中避免商业代言，他们认为这件事是令他们出丑了。几年前，乔丹的前队友詹姆斯·沃西被交易到达拉斯小牛队，换来了约翰逊的朋友马克·阿吉雷，乔丹认为这是约翰逊搞的鬼。乔丹把约翰逊视为不太懂得尊重别人的人。而约翰逊把乔丹称为一个大麻烦，以其他人为代价，踩着别人的身体往上爬。他俩都恨对方的星光熠熠。

"我猜他是嫉妒的，"总决赛前夜，乔丹谈到新秀赛季和约翰逊的微妙关系，"所有好事都发生在我的身上，比如几百万美元的球鞋代言合同，这事本来该发生在他的身上但是并没有。当我进入联盟之后，我得到了很多明星光环，我猜他不认为，或者很多球员都不认为。我配得上拥有这些，但是我对此并没有控制权。"

所以，多年以来他们对彼此都是嫉妒的，约翰逊是对乔丹在商业上的成功，乔丹则是对约翰逊在场上的成功，以及约翰逊被称为篮球中的"最有价值球员"。但是，后来比赛越来越成为他们的商业行为，当有钱赚的时候，商人可以忘掉个人分歧。毕竟国家在战争之后还要重新开展贸易，两人在全明星赛场需要彼此，在慈善活动中也需要彼此。所以，在1988年全明星赛上，他们达成了协议，同意参加彼此的比赛和篮球夏令营。他们微笑着握手，不过没有亲吻。

乔丹甚至开始喜欢和约翰逊在一起的时光，他尤其喜欢成为约翰逊和伊塞亚·托马斯之间的锲子。

1990年，乔丹同意参加约翰逊的明星表演赛，而他并不想错过一天的高尔夫。他去了洛杉矶，但他在比赛当天打了36洞的高尔夫，非常晚才结束。约翰逊决定推迟比赛，以等候乔丹。托马斯怒火中烧，忍不住去找约翰逊，要求不等乔丹了，而约翰逊忽视了他的"请愿"。乔丹非常喜欢听到这个故事。

现在，乔丹终于迎来了朝思暮想的机会。每个人都把总决赛视为乔丹同"魔术师"之间的战斗。乔丹确信，这次他会赢。

——

公牛队在第一场比赛上半场即将结束时叫了一次暂停，在此之前，菲尔·杰克逊并没有意识到NBA总决赛多么疯狂。他还是尼克斯队球员时，在20世纪70年代参加过几次总决赛。那时，NBA还没有形成品牌，也没有形成资本运作。从那时起，媒体对比赛的关注开始实现指数型增长。这次总决赛前，杰克逊告诉球员，为适应全世界媒体的要求，他们必须在芝加哥体育馆训练，而不是在北郊球员住处附近的综合训练馆。这就意味着，每天他们都要多花两小时在路上。球队租了一辆大巴，而球员们更喜欢自己开车。

"这样一来，乔丹20分钟就能到。"有些公牛队球员开玩笑说。乔丹因为在肯尼迪高速路路肩上开车去联合中心球馆参加比赛而闻名。他在车上总是放着几个篮球和几张球票，以便请那些咄咄逼人的警官"放他一马"。

杰克逊在运筹帷幄的同时也告诫了球队，不要因家庭而分心，这种征兆正在变得明显。皮蓬的11个兄弟姐妹中的几个正在他北海岸的家里。莱因斯多夫说，他会租一架飞机，并在洛杉矶为所有球员和工作人员的家人安排房间，但他不能提供足够多的球票。比赛前一天晚上，当杰克逊被问及系列赛最需要关注的问题是什么？他回答："在洛杉矶拿到球票。"

分心的事情非常多，而且各种要求也难以置信。巴赫的一位老朋友打了电话，他能从巴赫这里拿到一张球票，并问他的儿子和乔丹拍张合影吗？每天杰克逊的朋友都会打电话索要球票。教练告诉队员，1989/1990赛季总决赛的一个比赛日，当时开拓者队球员巴克·威廉姆斯为了接朋友和亲戚，一天往机场跑了3趟。麻烦越来越大了，这个城市让公牛队感到疯狂。

公牛队市场营销部门也是如此，他们对老套的灯光秀、运球表演和震耳欲聋的音乐不满意。市场部门进行了特别的策划，这些策划令教练团队目瞪口呆。

"告诉我，"在一次训练的暂停中，背对着球场的杰克逊对在他面前围成弧形的球员说，"我希望自己看见的那些不是真的。"

小矮人们在尝试投篮，可即便用尽全力，球离篮板还有几米远。

这个表演让约翰尼·巴赫大发雷霆。"他们正在嘲笑比赛。"他开始大喊。在整个暂停期间，教练组都不得不努力让他冷静下来。泰克斯·温特觉得这很有趣。事实上，自从上次有人用口哨吹美国国歌以来，他从未见巴赫如此愤怒。"这真是大场面，真是大场面！"训练师希弗学着演员埃德·沙利文的口音开玩笑。

最终杰克逊集合队伍，匆忙过了一遍战术打法。但是他仍在摇着头嘟囔着:"我无法相信。"

比赛成为杰克逊担忧的问题。乔丹在自己的第一次总决赛会有什么反应?几天前,他们又进行了谈论,乔丹同意为了球队能赢球,在比赛开始时,他最好先不要进攻,最好让卡特莱特或者格兰特先攻。

而乔丹没有耐心。格兰特传给皮蓬一个不太好的球,造成了失误。接下来,公牛队又上篮不进,湖人队以10比5领先。卡特莱特在一次转身跳投中又没打进。"哦,我们又失误了,"乔丹自言自语地说,"这些哥们儿动作太僵了,他们太紧张了。这个水平的比赛他们搞不定,我必须接管比赛。"

乔丹持球进攻,扣篮。下个回合,公牛队在进攻中持续被犯规。接下来,乔丹绕过两名防守队员,再次扣篮。之后他带球上篮,投丢了,不过自己抢下篮板,把球补进了。他在中场被包夹,把球传给皮蓬,皮蓬大力扣篮。随后,当帕克森两次跳投不进后,乔丹又持球突破扣篮得分,并以一个跳投外加一次擦板投篮结束了首节比赛,他首节一共拿到15分。首节战罢,公牛队以30比29领先,看台上的球迷沸腾了。公牛队的每个人都知道,麻烦来了。

"乔丹这样开火时,"皮蓬说,"会打乱其他人的进攻。我还能得分,但其他人就不能了。"皮蓬在这场比赛中得了19分,他是除了乔丹之外唯一得分上双的球员。乔丹得了36分,但是球场上的形势很令人头疼。有一次,当小个子球员特里·蒂格尔防守珀杜时,乔丹让珀杜离开位置去防拜伦·斯科特。他喊道:"我有优势,我有优势!"

而公牛队无法限制萨姆·帕金斯,他在第一节投中了两个三分球,上半场他和詹姆斯·沃西都得了14分。杰克逊换卡特莱特上场防守帕金斯,公牛队教练组认为格兰特无法扛住强壮的帕金斯。沃西尽管踝关节有伤,移动性却很好,湖人队能杀入内线,这些因素对他们非常有利。

湖人队打快攻的日子成为历史,他们现在成为走着打球的球队,"魔术师"约翰逊吸引包夹,然后找到空位的队友。沃西是名非常优秀的外线传球人，所以湖人队能在半场阵地战中撕开对手的防线。1990年，新教练迈克·邓利维看到整体年龄偏大的湖人队被太阳队挤出了季后赛，于是，他改变了球队的风格。尽管在11月的开局中球队步履蹒跚，不过湖人队闯进了总决赛，并很有希望赢下总冠军。

不过，湖人队的致命缺陷也早早显露了出来。第二节开始后，湖人队在对阵公牛队替补队员期间取得了41比34的领先。然而，约翰逊在第二节下场休息5分钟时，公牛队打了一波10比0。第四节，约翰逊休息时，这种局面又出现了。杰克逊看到，约翰逊休息时，湖人队输得太多了。约翰逊在与开拓者队的一番鏖战之后显然累了。这个时刻，且不论第一场比赛的胜负，杰克逊认为公牛队将赢下总决赛。"我想迈克尔不在场上时，我们有更多办法。相比之下，'魔术师'不在场上时，他们却没有什么办法。"比赛结束后，杰克逊以近似外交辞令的方式说。

上半场结束时，公牛队仍以53比51领先，乔丹和皮蓬两人携手为球队贡献了29分，其他3名首发球员得到10分。乔丹和皮蓬在第三节比赛中连续跳投时，湖人队逐渐取得了领先优势，61比59。杰克逊叫了一个暂停。

"你们为什么要这样一打一？"杰克逊问道。球队聚成一团时，他经常提高嗓门，却很少把乔丹或者皮蓬单拎出来，这次他也没这么做，而他的目标显而易见。"我们要打三角进攻战术，"他接着说，"可是我们什么都没有做，这比赛到底是怎么打的！"

第三节的后半段，乔丹要求下场，他累了。教练组不记得乔丹这么早要求下场休息或休息这么长时间，显而易见，公牛队太紧张了，包括乔丹。他由于太过劳神，早早就把自己累坏了。这一节公牛队只得了15分，以68比75落后。

乔丹也不是个例。格兰特在前一天晚上也没睡够，他在比赛前3小时就来到了体育馆，开始练习投篮。"通常球员会在比赛前两小时来到球场。"莱温斯顿说，当他起来时感觉不错，但之后呕吐了3次。卡特莱特让朋友陪着他："这只是一场普通的比赛。"朋友意识到卡特莱特有些紧张。"他只有在精神过于紧张时才这样说。"这位朋友说。乔丹在比赛前也承认有些紧张，但他声称在比赛后几分钟就消除了紧张情绪。从中场打到第三节，他显然筋疲力尽了，然而这种情况以前还没人见过。

第四节比赛开始时约翰逊没有上场，乔丹返回三分线弧顶打控球后卫，这次换人打出了又一波10比0，公牛队以78比75领先。然而，皮蓬早早领到了个人第四次犯规，这破坏了杰克逊希望尝试的计划——让胳膊长的皮蓬防守约翰逊，来限制后者相对于多数后卫的身高优势。然而，杰克逊不能让皮蓬陷入犯规困境。

尽管公牛队似乎控制了局面，但在整个第四节比赛进入拉锯战。弗拉德·迪瓦茨投失了一个远距离跳投后，公牛队以91比89领先，这时比赛还有45秒。迪瓦茨是公牛队在包夹轮转时选择放掉的那名队员，他本场打得不错，拿到了16分和14个篮板，而且他在整个系列赛中发挥得都很好。乔丹在比赛还剩24秒的时候，错失运球上篮。暂停之后，乔丹的北卡罗来纳大学队友帕金斯接到约翰逊的传球，后撤一步，投中一个三分球，湖人队以92比91领先。

奇怪的是，尽管通常是在客场尽力求胜，但是暂停时没人讨论要投三分球，而帕金斯认为自己应该投那个三分球。

"我认为比赛中'魔术师'和迈克尔的强强对话太多了，"他说，"两队都是这种想法，显而易见，其他人也要参与进攻。"

接下来，乔丹带球冲向中场，而湖人队就像伞一样罩住了乔丹（整个系列赛中，他们都经常这么做），迫使他出现了失误，球碰到湖人队球员后出了边线，此时比赛只剩9秒。乔丹发现自己再次与帕金斯对位，乔丹晃过帕金斯，在距离篮筐5.5米远跳投，球砸中了篮筐的连接处，弹到篮筐前沿，又往后跳，最后跳了出来。湖人队抢到篮板，遭到犯规，获得了罚球机会。最终湖人队以93比91的比分取胜。

乔丹无力地瘫倒在更衣室的椅子上，悲叹道："本来不该是这样子的。"

湖人队如愿取得了首场比赛的胜利，他们征服了公牛队的主场，这似乎在表明自己的经验将击败公牛队的年轻和速度。而杰克逊认为，尽管比赛输了，但是公牛队还有很多办法。裁判团队很差，杰克·马登在里边。凯尔特人队和活塞队系列赛最关键的第六场比赛中，他的一次关键判罚使凯尔特人队失去了赢得比赛的机会。本场比赛中，他吹了乔丹走步犯规，而该判罚是非常有争议的。在中场休息时，裁判长达雷尔·加勒森对马登给予了谴责，但并没有给予其制裁。湖人队本场比赛获得了34次罚球，相比之下，公牛队只有18次。杰克逊知道这种情况会改变的，而且公牛队的胜利近在咫尺，因为乔丹的最后一球是涮筐而出。尽管格兰特、卡特莱特和帕克森在本场比赛中没有形成威胁，但情况会有改观的。

所以，杰克逊和妻子琼会面时，并没有显得过于不安。而琼对这场失利却非常沮丧。

"难道这不是一场伟大的比赛吗？"当杰克逊看到琼说，"势均力敌，只差一个球，比赛就该是这个样子。"

"噢，老天，"琼恳求杰克逊不要这么说，"我们毕竟是输了。"

———

公牛队球员为一生中的最重要比赛做准备，这可能是整个赛季第一场"必须赢下的比赛"。此时，几名球员在为自己的未来做着计划。首先是皮蓬，他将签下续约合同，此事必须在球队去洛杉矶比赛前完成。公牛队希望用掉工资帽里为托尼·库科奇保留的额度。NBA规定一个赛季工资帽里的额度，在总决赛结束前一天的午夜之前必须用完。公牛队中没人认为总决赛将在洛杉矶结束，但也不敢冒险。如今，球队把工资帽里的钱付给皮蓬，之后的几年里，可以为皮蓬5年1800万美元的续约合同少付些钱。这样，球队就可以在工资帽里留出空间，再去追逐库科奇，以期他最终能来NBA。克劳斯坚持秘密签约，这样皮蓬在总决赛剩下比赛中就不会被记者问到新合同。

克劳斯告诉皮蓬的经纪人吉米·塞克斯顿，他不希望皮蓬来市区，应该在自己指定的地点见面。这是克劳斯"搞秘密活动"的典型做法。比利·麦金尼在为克劳斯担任助理时，经常用车载电话给他打电话。当他把一名具有潜质的大学生带来时，他经常开玩笑地说："探员X2前来报道，我有个计划。"但是，塞克斯顿不会那么做，签约必须在公牛队办公室里进行。

签约后，为了庆祝签下新的合同，皮蓬去贝德福餐厅为自己买了一块芝士汉堡。

同时，格兰特却为自己第一场比赛的发挥感到失望和尴尬。比赛中他8投3中，得了6分。媒体表示公牛队就是单打独斗的球队，而这惹恼了很多公牛队球员。他们认为乔丹在整个比赛中都漏防了对手。

"如果萨姆·帕金斯在我们队，他将成为斯泰西·金。"格兰特在第一场比赛结束后说。这句话与其说是在贬低帕金斯，还不如说格兰特在对比两队的比赛风格。"魔术师"约翰逊为了取胜，或者至少打成平局，总是想着把球传给帕金斯；而乔丹又一次寄望于自己。

卡特莱特也不开心，不过，当他谈到乔丹时，有点外交辞令的感觉。"每个人都希望出手20次，事实上不可能发生，"他告诉记者，"理想状态下，我们希望对球权的分配能更好。至少我自己是这样的，但是你们也应该记得，我们离赢球只差一球。"

晚些时候，几名球员不满乔丹坚称他们是其配角。珀杜注意到，乔丹此役得了36分，是他的季后赛单场得分第三高分，而公牛队在这3场比赛中输了2场，那也是季后赛以来输掉的所有场次。珀杜说："我们没有他优秀，但他必须认识到想赢球也需要依靠我们。"

"他们很愤怒，"杰克逊说，"他们与胜利失之交臂，本来应该赢的。"

同时，奇普·舍费尔决定彻底解决格兰特的眼镜问题。他从奥思那里买了一副运动眼镜，和约翰·萨利戴的差不多，更紧贴两颊。格兰特同意在第二场比赛中戴上它，结果他13投10中。赛后，他说再也不想摘掉眼镜了。从第二场比赛到第五场比赛，格兰特一共43投29中。

第一场比赛后，巴赫带回比赛录像进行研究，并继续观看开拓者队和湖人队的系列赛录像。第一场比赛中，湖人队主要利用两个策略战胜了公牛队——背身单打和快速传球给外线空位的射手。然而，巴赫看到开拓者队和湖人队比赛快结束时，开拓者队在底线对湖人队背身单打球员进行包夹，这似乎令湖人队很难受。巴赫认为公牛队可以将其作为一个策略。周一的训练中，他拼命劝说杰克逊，杰克逊说自己会考虑的，而且他似乎心情不错。当记者问杰克逊，他参加的总决赛和当下的总决赛有什么区别时，杰克逊说："周日我11点半休息，大约6点起床，我还是球员时，会反其道而行之。"

周一晚上，巴赫看完比赛录像后更加确信。上场比赛中，公牛队在禁区顶部或者在持球人对面进行包夹，湖人队的背身单打球员有时间阅读比赛并传球。巴赫赢得了温特的支持，其实温特也有同样的想法，不过，他不像巴赫那么心直口快。起初杰克逊还有所保留。"我们只输了一个球，"他说，"我们不要过于纠结防守。"而到了周二，杰克逊同意了，公牛队的防守训练几乎花了两小时。

———

和球员一样，杰克逊也被乔丹的投篮选择所困扰。但他决定暂时不明确自己的立场，因为已经没有时间可以浪费了。不过，他确定公牛队能拿下第二场比赛。赛前，他对球队做出指示："大家听我说，防线上还有空白，我们一定要盯防住对手。"

第二场比赛，公牛队可谓天时、地利、人和。

卡特莱特和格兰特早早就有所发挥，在公牛队首节拿下的28分中，他俩贡献了18分。格兰特左晃右晃绕过防守球员，卡特莱特抢篮板补篮和跳投非常积极。第一场比赛，杰克逊曾尝试让皮蓬防守约翰逊，可是未获成功。这激励了皮蓬，效果甚至令教练感到惊奇——皮蓬非常有侵略性，他的长胳膊干扰了约翰逊，他的移动给湖人队球星带来了困扰。皮蓬对自己在首场比赛中4次犯规极其愤怒，赛后他也没能睡好，他决心将功补过。

第二节比赛，公牛队仍然掌控着局面，半场结束时，以48比43的比分领先。战至此刻，杰克逊喜欢球员们的团结。公牛队在半场后仍在加速前进。第一场比赛后，几位球员抱怨球馆东边的篮圈有点紧。这让教练感到惊奇，因为他们从没听说有人抱怨芝加哥体育馆的篮筐，就像抱怨底特律球馆的篮筐那样。不过，本场比赛公牛队在这个篮筐20投17中，创造了NBA单节投篮命中率纪录，乔丹和帕克森两人10投全中。第三节结束后，公牛队领先了19分。公牛队全场投篮命中率高达61.7%，创造了季后赛投篮命中率新纪录。

主场的球迷在疯狂跳舞，乔丹也在跳，他太张扬了，以至于在比赛中某个时刻，公牛队助理教练兰迪·芬德不得不劝阻邓利维，让后者不要去指责乔丹。乔丹在对阵活塞队的比赛中嘲笑过对手，对阵湖人队的系列赛中，他又故技重演。投球得分之后，他会嘲笑湖人队替补球员。乔丹多次在湖人队替补席前摆手，皮蓬阻止了他。还有几次，乔丹在进球后充满活力地挥手。湖人队球员牢牢记住了乔丹的这些行为，赛后，他们进行了投诉。湖人队控球后卫拜伦·斯科特告诫乔丹说，在系列赛中这么早就开始庆祝是危险的。

而乔丹的确有理由庆祝，第四节比赛中，他上演了如同经典电影镜头般的动作，那是篮球历史上最伟大的球员才能做出来的动作。当A.C.格林脱手后，乔丹抢到了球，向篮筐起跳右手扣篮，但是，他看到"长臂"萨姆·帕金斯在那里防守。也就是乔丹能做到这点，他停在了空中，把球换到左手，沉了一下肩，左手一勾，把球扣了进去。球迷们屏住呼吸，这是艺术，是语言无法描述的诗篇，是永恒的瞬间。随后，球迷如爆炸般沸腾起来。杰克逊也大为惊叹，这是只有乔丹才能做到的事情。邓利维在比赛还有8分钟时叫了一个没有意义的暂停，那时公牛队已领先26分，最终，公牛队107比86击溃了湖人队。

公牛队除了终结系列赛的悬念之外还有很多收获。5名首发球员中，乔丹得了33分，拿到两双。在杰克逊发出指令之前，乔丹就选择扑到弧顶，采用进攻的方式把湖人队密集防守阵形拉开，这或许比任何事都能展示乔丹不惜一切手段赢球的决心。他是聪明的竞争者，杰克逊几乎崇拜他的这种特质。"似乎他永远都需要挑战，"杰克逊曾说，"这就是为什么他总是在更衣室里大张挞伐，他希望找到敢于挑战自己的人，以便他能够反击。"杰克逊把霍奇斯派上场顶替帕克森时，乔丹换到了控球后卫的位置。帕克森回到场上后，他还在打控球后卫，并告诉帕克森去侧翼。此次，这个方法奏效了，事实上乔丹是刻意为之。

公牛队也把帕金斯防到哑火，他只得到11分。湖人队比上场比赛少了12次罚篮。乔丹的发挥是现象级的，他18投15中，并送出13次助攻。帕克森只出手8次，却全部命中了。相比之下，他在第一场比赛中出手7次，只投中3球。

奇怪的是，第一场比赛结束后，乔丹一直在意帕克森的错误，说他投丢了4个空位投篮。帕克森对乔丹批评自己疑惑不解，而乔丹在第二场的赛后新闻发布会上给出非常完美的解释。他告诉帕克森，自己必须在防守端限制约翰逊，而且不断无球跑动，所以，帕克森必须坚决投篮。听到这些，杰克逊小心翼翼地为自己的球星辩护："迈克尔是喜欢挑战的人，他不是那种颐指气使、居高临下的人，他是想说'大家要站出来，多进攻'！"

这是个完美的故事——球队领袖和激励他的球队达到更高的层次。

当然，公牛队球员都知道这只是一种说辞，乔丹在两场比赛之间没有和帕克森说话，他几乎不与队友谈论比赛。乔丹上述那番话，是因为他听到杰克逊对帕克森说，乔丹无法出手，帕克森必须站出来投篮。乔丹经常这么做，当他听某人说了他想说的话之后，就说自己说了这些话，和关于配角的评论如出一辙。他说这番话也并没能像想象的那样激励帕克森，不过，他喜欢这种感觉。

## 第12章 荣耀时刻

赛后,杰克逊一如既往地保持冷静。

"结果令人满意,"他说,"如今,我们准备在洛杉矶拿下两场胜利。"

"是3场。"乔丹喊道。

突然间,公牛队感到自己足够优秀,可以幻想总冠军了。

———

6月6日,球队移师洛杉矶准备第二天的比赛,此刻,公牛队教练组还有另外的收获——他们准确掌握了湖人队的战术。

当然,公牛队教练组了解湖人队的战术,在NBA并不是秘密。所有球队都有非凡的球探队伍以及对手的比赛录像资料,他们会花数小时的时间加以研究。所以,当对手喊"拯救"的时候,公牛队立刻就知道什么意思——那是小牛队创造的为射手双人掩护的战术。吉恩·利特尔斯勾起手指做出持枪射击的手势时,那是在布置孤立某个对方球员的战术。还有类似蛇爬行的手势,是示意球员像蛇那样绕到篮筐下。有时教练用颜色、手、胳膊给出指示,像棒球比赛一样。或者教练用某个单词,如"砍""力量""深潜",暗指不同的战术。杰克逊在尼克斯队的教练——莱德·霍尔兹曼,经常打"WTF"的战术,这是指在最后一秒钟的投篮战术。这是NBA战术领域的秘密。

这些年,巴赫归纳了联盟的主流战术,公牛队成为解密各种战术的专家。杰克逊还是优秀的唇语解读者,公牛队教练经常是在洞悉了对方教练的意图之后才叫暂停。对湖人队可能采取的战术,他们有备无患。

现在,公牛队还有20页的湖人队战术本——这是邓利维手画的,上面罗列了湖人队的攻防战术。第二场比赛结束后,湖人队无意间把这个战术本落在了凳子下。公牛队捡了起来,并加以研究。这个战术本并没有揭示新东西,但可以让公牛队了解湖人队在不同情况下的战术选择。丢了战术本不可能让回到主场的湖人队开心,他们原计划在周四训练,最后一刻却被取消了，公牛队不太确定这件事是否是原因之一。

当公牛队准备比赛时，还有一些好莱坞的活动要参加，皮蓬同意和克雷格·霍奇斯一起出席里克·迪斯的访谈节目。阿塞尼奥·霍尔说不可能，因为皮蓬答应了和阿塞尼奥合作，所以皮蓬就不可以参与里克·迪斯的节目。霍奇斯惊呆了，只好和B.J.阿姆斯特朗一起前往。霍奇斯发现最终还是由自己回答了迪斯团队律师的很多问题。

———

公牛队下榻玛琳娜得瑞港的丽思·卡尔顿酒店。由于迈克尔·乔丹和"魔术师"约翰逊的双雄对决，引来媒体的空前关注。即使不是杰里·克劳斯，也会关心球队的安全问题。为了避免干扰，公牛队给球员和教练登记房间时使用的都是假名，只有说出了正确的假名才能打通电话。格兰特用的假名是克莱姆森·泰格，他大学好友的名字，接线员留的名字是泰格先生。约翰·帕克森来自诺特丹大学，他选的名字是约翰·艾里什。乔丹用的名字是勒鲁瓦·史密斯，他经常用这个名字登记。勒鲁瓦·史密斯就是在中学校队把乔丹打得没有位置的球员。如今，他住在洛杉矶，两人成了朋友，总决赛期间，他已经成为乔丹深夜牌局的常客。

菲尔·杰克逊选了用过的名字——斯威夫特·伊戈尔，这是南达科他州的朋友在杰克逊球员时代的一个夏天起的。杰克逊曾经从蒙大拿的家里骑摩托车，奔驰千里前往印第安人保留地，仅仅是为了这个名字。在公牛队庆功酒会上，杰克逊看到妻子琼和几个球员在跳舞，并告诉她的"新名字"。"我们会说'你在与牛共舞'。"杰克逊调侃道。

由于这些名字减少了电话和采访的请求，但没有办法完全消除第一场比赛前就让杰克逊分心的事情——对球票的需求。这时，乔丹的名声以及随之而来的资源为他和队友之间制造了隔阂。不过，乔丹也会做些无私的事情，比如，他把队友请到"最有价值球员"颁奖典礼，或者把他扣篮大赛的奖金与球队分享。另一个友善的行为将会随着总决赛而到来。迪士尼公司代表与

## 第 12 章 荣耀时刻

乔丹、约翰逊都签了协议,希望胜者在赛后宣布准备去迪士尼乐园的心愿,两个人都同意了。不过乔丹说,这个合约只有把公牛队5名首发队员都囊括在内,他才会接受邀约。如此一来,每个人都会得到2万美元,而不是他自己独得10万美元。

然而,第三场比赛前,乔丹在更衣室把一切都搞砸了。球票资源非常紧缺,球员也如此,很多球员都有无数的亲朋好友来到了总决赛现场,却买不到球票。帕克森无法给父亲买到球票,卡特莱特无法为自己最好的朋友搞到球票。乔丹通过公牛队和其他资源得到了20多张票。队友希望他可以分享一点,但他没有那么做,却在更衣室把球票以非常扎眼的方式摊在自己面前,为朋友和家人分球票。他把球票装进不同的信封,让球童会送到门口,交给对应的人。他分这些球票花了半个多小时,球员们从头到尾都直愣愣地盯着乔丹。

那天晚上走上赛场的,将是愤怒的公牛队。

——

公牛队料到湖人队将在主场爆发,而这一幕却来得非常晚。公牛队早早就出手了,开始更多地寻找帕克森。公牛队想出了两个对付湖人队的更有效的办法,一个是重点盯防拜伦·斯科特这点,他在季后赛投球很有准星,所以杰克逊要求帕克森紧紧防住他。通常这吓不倒任何人,因为通过运球很容易晃过帕克森。而斯科特突破能力不太好,他擅长的是从包夹球员手中接过传球,跳投得分。可是,本场比赛帕克森的防守比公牛队教练期待得还要强硬。斯科特无可奈何,上场43分钟,8投0中。

另一个办法是针对约翰逊。约翰逊喜欢联防战术,经常中途放弃自己盯防人(帕克森),去阻止乔丹或者皮蓬的进攻。第一场比赛中,教练允许他这么做,他做得也非常好。不过,公牛队在第二场比赛中手感火热,让湖人队的防守形同虚设。而杰克逊认为诱使约翰逊对位帕克森是关键,现在不能顾忌乔丹的感情了。前两场比赛之后,杰克逊剪辑了一盘录像,显示了约翰逊怎样在中场虚晃一枪，然后离开帕克森。

"迈克尔，"在比赛前杰克逊说，"你必须关注帕克森的位置，他有空位，你必须把球传给他，这是我们一定要做的。"

这个信息是在全队面前传递给乔丹的，这将产生另一种积极、增强凝聚力的作用。球员们开始感受到某种程度上的公平公正。"菲尔让每个人都在季后赛中上场，他做得非常好。"帕克森说。

第三场和第四场比赛结束后，杰克逊更新了录像，又一次向乔丹传递了同样的信息。他在录像中展示了乔丹摆开单打的架势后对方防线崩溃了。乔丹把球传出去，空位队友的投篮比以前更好了。他也展示了乔丹在球场各个点位错过帕克森的镜头。乔丹再接再厉，杰克逊说："乔丹在某些时候已经能够分享球权，他理解了赢下总决赛需要做什么。"

公牛队在半场以48比47领先，但比赛的形势将发生变化。

杰克逊安排乔丹对位约翰逊，继续逼迫约翰逊，让他很难卡位。然而，半场过后，皮蓬对乔丹说自己想再试试对位约翰逊。他俩没和杰克逊商量就调换了位置，这个变化产生了灾难性的后果。正如杰克逊预料的，湖人队早就盼着这一刻。约翰逊很快开始助攻迪瓦茨，防守迪瓦茨的是个子小得多的乔丹，所以，他连中三球。杰克逊勃然大怒，叫了暂停。

"你们在场上干什么呢？"杰克逊一边大怒，一边瞪着乔丹和皮蓬，"我们还要按照前面的战术去打。"

此刻，运势已经倾斜湖人队。帕金斯运球上篮得分，迪瓦茨带着余威，接到约翰逊的传球投篮得分，随后又一次跳投命中。第三节还有4分46秒时，湖人队以67比54的比分领先。

杰克逊又叫了暂停，他说公牛队必须进球。他设计了由帕克森进攻的战术奏效了。湖人队在球迷欢呼下，保持着两位数的领先。不过，这时湖人队连续3次失误。公牛队抓住机会连得6分，把分差缩到6分。

邓利维不敢让约翰逊下场，而约翰逊已经累了。沃西的脚踝也开始疼，

## 第12章 荣耀时刻

限制了他争抢篮板的动作，后面的系列赛中，他总共只得了12分。杰克逊说："第四节比赛，我们在调整方面有优势，因为湖人队将会疲惫不堪。"

正如杰克逊所料，帕金斯上篮勾手命中末节第一球之后，公牛队连得8分，在比赛还有8分42秒时，比分打成了74平。突然，莱温斯顿在那个赛季的努力开始显示出价值。他先是封盖了帕金斯，随后抢下斯科特射失的篮板，又抢断了约翰逊的传球，最后，他还补进了格兰特投失的球。

公牛队在比赛还有3分10秒时取得了88比84的领先。

赛后，杰克逊给予了高度评价："莱温斯顿是球队黏合剂。"

这是莱温斯顿期待已久的时刻。几年前的季后赛，他毁了老鹰队的胜势，那是他永远难忘的一场东部半决赛。当时，老鹰队对阵凯尔特人队的比赛中，他投了一个严重偏离篮筐的球。

这个赛季帕克森上场时间并不多，现在却成为优势——在心怀疑虑的湖人队球员眼里，他就像个新人，难以捉摸。"这一年简直就像童话，我认为来到公牛队是个非常好的开始，遗憾的是中间过程不太好，不过，如今看来有了快乐的结局。"

公牛队虽然越战越勇，篮板上以46比29领先，但是湖人队并没有轻易就范。湖人队连续获得4次机会，在比赛还有1分07秒时，通过连续得分将比分反超为90比87。帕金斯投中了，而乔丹投失了。迪瓦茨造成皮蓬的第六次犯规，他跌跌撞撞冲到底线，仓促间出手但是球进了，打成了2+1。湖人队在比赛只剩10.9秒时，以92比90领先。迪瓦茨激动地跳进了约翰逊的怀里，而比赛还会跌宕起伏。

虽然乔丹在第一场比赛错失绝杀，但他依然是篮球运动中绝无仅有的超级球星，杰克逊决定全力发挥他的优势。暂停结束之后，杰克逊没有选择半场发球，而是让乔丹在底线开球，这样他就可以充分利用场地的空间找到投篮机会。乔丹面对斯科特的防守，从底线左突右冲运到前场，而湖人队并没有包夹的意思。迪瓦茨赶来时已经太晚了，乔丹把斯科特逼到离篮筐仅4米的位置，跳投命中，将比分扳平。这时，比赛只剩3.4秒，湖人队没有机会出手，比赛进入加时赛。湖人队丧失了第三节的巨大领先优势，这成为痛苦的回忆。

疲劳的湖人队最不想打这5分钟的加时赛。加时赛进行到一半时，双方打成96平。这时，乔丹投进了难度极高的反身上篮；格兰特抢下乔丹投失的篮板，投篮命中；乔丹被犯规，两罚全中；帕金斯两次跳投打铁。最终，公牛队104比96取胜。

湖人队歪歪斜斜地离开了赛场。31岁的约翰逊打了足足50分钟，30岁的帕金斯坚持了51分钟，30岁的斯科特出场43分钟颗粒无收，30岁的沃西走路一瘸一拐。皮蓬和格兰特都是25岁，体力充沛，他俩抢到的篮板和湖人队5名首发球员加起来一样。

当记者谈到年龄的问题时，卡特莱特笑着应和："这些老腿子会弄伤你。"

整场比赛中，阿塞尼奥·霍尔一直在替补席附近挥舞着湖人队的夹克，嘲笑公牛队。终场哨响时，替补上场得到10分的莱温斯顿对着霍尔竖起了指头。

"过火了，阿塞尼奥，"莱温斯顿喊道，"有点过火了！"

———

周五晚上乔丹投中了绝平球，但是在观众的沸腾中，大家没有注意到乔丹落地时右脚大拇指受力过大。他感到一股刺痛，有点像6年前的脚伤。尽管他在突破时生龙活虎，比赛中不知疲倦，但是他担心会重蹈覆辙。乔丹返回替补席，说自己的脚趾可能骨折了。而随着加时赛的进行，他的担心似乎不见了。公牛队队医约翰·赫弗伦检查后说乔丹连X光片都不用拍，只是肌肉肿了。不过，第二天的训练中，乔丹腾空而起时，赫弗伦就被问得哑口无言。"他会失去脚趾甲吗？"一名电视记者上气不接下气地问道。"他的脚趾甲黑了或者紫了吗？"另一名记者问。这只是一周中记者提出的愚蠢问题中的几个。最愚蠢的两个问题可能是乔丹是否有着世界上最著名的舌头，以及请卡特莱特评价杰克逊在高中时双杀萨奇·佩奇。此时，佩奇的巡演团队正好在洛杉矶。赫弗伦回答问题时一本正经。"短暂出名。"他后来说，"必须认真对待。"

公牛队知道有些问题比乔丹的伤更严重。"乔丹在哪里？"周六早上公牛队球员登上大巴前往丽思·卡尔顿酒店参加记者招待会和进行训练时，皮蓬喊道。"他不去，"公共关系主任提姆·哈勒姆说，"他受伤了。"

"哦，哥儿们，我也受伤了，"皮蓬哀号，"我要从这里离开，我的胳膊疼，腹股沟疼，背也疼，告诉菲尔，我不能参加训练，我不能去了。"

那天早上，乔丹告诉杰克逊自己不想参加训练，也不想接受媒体采访。"我会给你打掩护的，"杰克逊说，"但是你必须待在自己的房间里，不能让任何人看到你出门了。"乔丹没参加记者招待会，联盟威胁将对公牛队罚款，而杰克逊从未查实乔丹的行踪。

第四场比赛后，杰克逊告诉球员们要保持充足的休息，补充体能，少出门。乔丹在周一打了36洞的高尔夫，周四早上训练前又打了18洞。他依赖自己年轻的身体和运动的天赋，而且这些都还管用。然而，教练却怀疑他在场外的这种生活方式还能让他走多远，他们看到乔丹在比赛中状态下滑的微妙迹象。而且，乔丹得了经常复发的肌腱炎。

突然之间，公牛队球员成了名人，即使在群星璀璨的好莱坞也如此。皮蓬和吉米·塞克斯顿决定去贝弗利山买些衣服。"人们在那里总能看到名人，所以没有人会打搅我们。"塞克斯顿告诉皮蓬。然而，皮蓬到了那里之后，仅签名就花费了半小时，根本没有时间去选衣服。一家日本公司找到了霍奇斯，表示愿意给任何一名公牛队球员10万美元，条件是他们去日本进行一周篮球训练课。如果全队去的话，日本公司将付给55万美元。球员们大多是在棕榈树遮蔽下的游泳池里打发时间，轮流接受来自芝加哥电视台记者的采访，他们身后便是玛丽娜港口的船。这是温和的、凉风徐徐的一周，气温比球队几天前离开芝加哥时更凉爽了。球员们不再考虑如果球队要赢球就必须先失去某些东西，但在以前，规则似乎就是这样。

周日下午，公牛队来到赛场，准备参加4点钟开始的第四场比赛（NBC尽力把这轮巅峰对决的比赛安排在东部黄金时间）。皮蓬很快换好了衣服，准备进行投篮练习。如今，赛前第一个来到球场训练已经成为他的习惯。但是，安保人员把场馆封锁了，湖人队正在全场对抗训练。公牛队教练组认为，这是湖人队一种破釜沉舟的态度。这让巴赫想起来，在NIT锦标赛（全美最早的大学篮球锦标赛）中，有一次，阿贝·莱蒙斯让球队在中场休息时进行组内对抗赛，因为他们上半场打得非常差。杰克逊想起尼克斯队的胡比·布朗也让球队进行过类似的高强度训练赛。

皮蓬为公牛队投中开场后的第一球，接下来帕克森投中了跳投和一个运动战中的三分球。随后，卡特莱特两次命中跳投，在第一节得到了全队最多的9分。湖人队球员疯狂进攻公牛队的篮筐，并在首节抢到7个前场篮板。而公牛队毫不示弱，把分差限制在了1分，第一节结束时以27比28的比分落后湖人队。事实证明，湖人队此节打出了本场最佳水平。

第二节开始阶段，约翰逊休息了一会儿，然后，湖人队再也没能占据上风。此节比赛，湖人队的投篮命中率只有25%，总共得了16分。沃西有伤在身，疼得很厉害，本轮总决赛后来的比赛，他只打了1节比赛。霍奇斯上场投中两个跳投。斯科特·威廉姆斯投中了擦板投篮，替补席上响起掌声，而他的任务主要是干扰帕金斯。最终，帕金斯15投只有1中，表现惨不忍睹。公牛队球员总在左侧干扰他，他投失的球一个接一个。这将是威廉姆斯在个人恐惧阴影下的高光时刻。他的父亲枪杀了妻子后自杀了，而事发地离这个体育馆只有几千米。威廉姆斯会不时地走到丽思·卡尔顿宾馆房间的阳台上，望向自己的家乡。但是他不想回到那里，也拒绝谈论自己以前生活的地方。

乔丹得了11分，莱温斯顿抢下5个篮板，半场结束时，公牛队以52比44

领先。湖人队必须取胜，否则大比分将是1比3，那是从未有球队逆转的"死亡之洞"。邓利维将其称之为"天堑"，他们开始看不到头顶上的光。

乔丹认为第三节应该是全面压制湖人队的时刻。他看到约翰逊在带领湖人队球员走出更衣室时的气氛非同寻常。公牛队聚成圈，为下半场的开场打气，乔丹说："'魔术师'的队友已经开始崩溃了。我们上！"

乔丹是对的。约翰逊在第三节又是劝说又是恳求，希望队友全力以赴。而公牛队连续得分，取得了14分的领先。"加油呀，"约翰逊嚷道，"难道你们不想打了吗？"

"我们已经赢他了。"乔丹心想。

公牛队的防守令湖人队窒息，第三节湖人队只得到了14分。在本节比赛结束退场时，湖人队听到了很多嘘声。现在，湖人队落后了16分。以前的特快列车此刻陷在泥潭里，湖人队球员露出了烦躁的表情。

第四节开始后，公牛队出现失误，湖人队连得7分。而帕金斯连续投失了两个跳投，三分球也没命中。此后，湖人队再也无力扭转乾坤。霍奇斯运球上篮，命中高难度后仰跳投。乔丹跳投命中，让公牛队重新取得13分的优势。随后，湖人队连得5分，引来球迷欢呼。而帕克森直接断送了湖人队希望，他接过皮蓬的传球，从6米外的距离命中一球。迪瓦茨运球上篮未中，补篮得手之后，帕克森又投中一记6米远的球，公牛队重新以91比79取得领先，这时，比赛只剩两分钟。乔丹封盖了帕金斯，为了救这个球冲到了看台席的第二排。这是一次没必要的努力，但传递的信息是"我们比你们麻利"。公牛队以97比82的比分拿下了胜利。

20世纪80年代的豪门、"快攻之王"和"SHOW TIME"都被埋葬。体育馆里极度宁静，伟大的时刻正在发生，但是没人鼓掌。自从1954年NBA在进攻时间上采取24秒规则之后，单场82分是湖人队在总决赛的最低分，也是近10年总决赛的最低分，还是湖人队在近3年季后赛的最低分。公牛队把季后赛对手的场均得分限制到91.6分，这是有史以来的最低分。本场比赛，公牛队首发球员至少出手10次，而乔丹出手次数最多，达到20次，此外，他还有13次助攻。乔丹不仅得分是两队最高，助攻数也超过了"魔术师"约翰逊。所以，他对此非常开心。不过，第五场比赛结束后，约翰逊的助攻数超越了他。

每个人都知道大局已定。克雷格·霍奇斯为即将到来的冠军做好了准备，这几乎成为仪式。事实上，队友们开始为霍奇斯感到过意不去。早在季后赛初期，克劳斯在更衣室走来走去，喊道："15，15。"那是球队要想成为冠军必须取胜的场次。没人注意到，只有随和的霍奇斯附和了。后来，随着比赛胜利，克劳斯来到更衣室时，霍奇斯会喊"13""12""10"……倒计时一直在持续。克劳斯喜欢霍奇斯的态度，现在，他跑到更衣室，就像头疯狂的公牛冲向霍奇斯。

"霍奇奇奇奇奇奇……"他喊道："两场场场场场场……"

"他来了，霍奇斯，他来了。"阿姆斯特朗开始喊道。

"注意，霍奇……"格兰特也开始尖叫，"他来了。"

"砰"的一声，门开了，克劳斯来了。"霍奇奇奇奇奇奇奇奇……"他边喊边冲向上身赤裸的霍奇斯。

金发出尖叫声，就像头猪。

"一场场场场场场场……霍奇，一场场场场场场……"克劳斯边跑边喊。

回宾馆的大巴上，他们还在上演类似的荒唐行为。

"嘿，P.J.，"乔丹从后面开玩笑地喊道，"我不想去白宫，我不会为那个人投票，你也不会为他投票吧。"

杰克逊说自己也不会投票，因为自己不是有政治党派的成员。

"好吧，你也不去的，是不是？"乔丹喊道，"你和我一起，我们不去白宫。"

"泰克斯，这下有麻烦了，"珀杜说，"您得再写一本书，每个人都想学会三角进攻战术。"

那天晚上，迈克·邓利维和妻子去了一家著名的餐馆。在他到来之前，杰克逊和妻子已经走进餐馆坐了下来。正当杰克逊就座时，响起了一阵阵掌声。杰克逊向周围看了看，开始点头。后来，他注意到，掌声是献给湖人队教练邓利维的，公牛队还不是英雄。

这一幕让杰克逊想起关于NFL迈阿密海豚队教练唐·舒拉的故事。唐·舒拉在缅因州一个僻静的别墅度假，他确定自己在这里不为人所知。然而，有天晚上当他走进电影院时，9个分别坐在剧院各个角落的人开始用力地鼓掌。舒拉非常震惊，还感到有点尴尬——自己的名声传得那么远了吗？他坐下来，探身向附近的人凑过去说："他们认识我吗？"

"见鬼吧，"这人喊道，"你以为你是谁，管理员说如果剧场里没有10个人，他是不会开始播放的。"

杰克逊走了过去，和邓利维聊了几句，然后，两对夫妇就各自坐在餐馆的一角吃饭。

下场比赛将在周三进行，球员们还有点休息时间。皮蓬和阿塞尼奥·霍尔出席了访谈节目。几名球员去了詹姆斯·布朗音乐厅。杰克逊在周一给球员放了假，乔丹在早上会见媒体之后去打高尔夫了。

周二早上，大家登上球队大巴去训练时，戴着墨镜、疲惫不堪的乔丹最后一个上车。他登上最后一级台阶说："早上好，世界冠军们。"

杰克逊希望降低球员的兴奋之情。他播放了第三场和第四场比赛的剪辑视频，指出在第三场多亏乔丹的关键球才能赢下来。第四场湖人队有很多空位投篮的机会，但是他们没投进去。"公牛队本来可以轻松地以3比1领先。"杰克逊说。没人当回事，但是训练还是和几个月以来一样刻苦，球员实打实地撞在彼此身上砰砰作响，对阵活塞队时也没有这么强的身体对抗。

"这赛季的最后一次训练，"乔丹说，"让我们练出点名堂。"

——

在通往个人的救赎之路——乔丹将在几小时后获得"总决赛最有价值球员"称号，他紧张得像第一天上学的孩子。"我不知道怎么做，我很紧张。"第五场比赛开始前，他坐在更衣室中坦言："我该传球吗？我该投篮吗？我真的不知道该怎么做。我们已经在这里了，却不能保证我们还会回来。谁知道俱乐部做什么？我知道他们说了什么，但是他们想做的交易和我做过的一样糟糕。他们不能这么做。目前情况如此，我又该怎么办呢？"

乔丹开场的方式是把球传给帕克森，帕克森跳投命中。然后是皮蓬，接着帕克森再次跳投命中。不过两人都很紧张，皮蓬上半场9投只有2中。不过，格兰特和卡特莱特各抢到5个篮板，公牛队紧咬比分。

媒体中心里大家一致认为几分钟就会见分晓，这将是洛杉矶悲哀的一天。沃西和斯科特都下场了。湖人队由特里·蒂格替补沃西上场，A.C.格林替代斯科特出战。然而，新人艾登·坎贝尔和托尼·史密斯给公牛队带来了麻烦。公牛队最担心史密斯，2月份的比赛中，约翰逊突破帕克森上篮时受伤了，不料史密斯却打败了他们。约翰逊上场时，乔丹无法支援队友。公牛队很感激湖人队没有早早把史密斯派上场，也不理解湖人队为什么不在总决赛中坚持使用史密斯。史密斯在第五场比赛中6投5中。坎贝尔接到约翰逊快速传球，约翰逊拿到了震古烁今的总决赛"三双"，后来，他还猛烈冲击公牛队的替补阵容。

公牛队进入鏖战，半场结束时以48比49落后。杰克逊在半场休息时要求球员坚持拟定的防守战术，这样就能创造投篮机会。下半场，皮蓬开始疯狂冲抢篮板和突破篮下，获得了全队最高的32分，这是本赛季季后赛中第一次有乔丹之外的球员获得全队最高分。不过三节过后，比分仍是80比80平。

格林和坎贝尔砍下湖人队最高分，湖人队在比赛还剩6分47秒时以91比90领先。公牛队叫了暂停，湖人队球迷远比公牛队主场球迷更疯狂，他们非常能整活，令人印象深刻。他们不但没有提前离开，而且整个暂停期间都在站着助威。"这是那个自鸣得意、我行我素的洛杉矶吗？"

第四节战至此刻，公牛队仅仅出手8次，乔丹占了5次，他已经拿到26分，似乎要冲击40分——如此一来，公牛队可能要回到芝加哥打第六场比赛。

杰克逊和助理教练在罚球线附近商议对策，首发队员和以往暂停一样，坐在板凳上休息。乔丹通常喜欢在暂停时向人群里瞥一瞥，但是，在季后赛大部分时间里，乔丹都很专心。杰克逊喜欢和乔丹进行眼神接触，他多次向乔丹点了点头，以无声的方式告诉他："好的，你接管吧。"不过，杰克逊不太喜欢现在看到的情形，他决定对乔丹严厉一些。他在人圈里屈了一下膝盖，瞪着乔丹光芒四射的眼睛。"迈克尔，"他逼问道，"谁有空位？"

乔丹看了看他，没有回答。

"谁有空位，乔丹？"杰克逊又问了一遍。

"帕克森。"乔丹回答。

"好的，我们就把球传给他。"杰克逊说。

他拍了拍手，球队回到场上。

坎贝尔接到约翰逊的传球后大力扣篮，湖人队以93比90领先，坎贝尔拿到21分。湖人队决定不允许其他球队在自己的主场上庆祝。这关乎荣耀，约翰逊早些时候如此说过。

乔丹找到了在外线的皮蓬并将球传出，皮蓬投进三分球，比分是93平。

乔丹抢断约翰逊，但是帕克森没能投进。乔丹随后又抢断史密斯，皮蓬又没能把球打进。"该死的，这是怎么回事？"乔丹心想。史密斯也没能投中，迪瓦茨封盖了卡特莱特，但卡特莱特又抢到了篮板并传给5.8米外的皮蓬。打进！

帕金斯的球投短了，他最近总是出现这种问题。乔丹拿到球，发现了5.5米外左侧底角的帕克森，并把球传给他。帕克森命中！

比赛还有3分24秒，公牛队以97比93的比分领先。

暂停之后，帕金斯尝试三分球，没能投进。皮蓬抢下了职业生涯单场最高的13个篮板，然后传给正冲向篮筐的帕克森，帕克森上篮得分，公牛队以99比93领先，此时，离比赛结束还有3分03秒。比赛最后4分钟，帕克森砍下该场比赛所得的20分中的10分。

此时，莱因斯多夫和克劳斯在公牛队更衣室对面的房间等待最后时刻，里面还有NBA总裁大卫·斯特恩。如果公牛队赢下比赛，他们将直接走到公牛队更衣室颁发奖杯。克劳斯站起来踱步，脸色变得深红，下巴也在摇晃，他几乎无法呼吸。"杰里，你还好吗？"莱因斯多夫说。

克劳斯没有回答。

"嗨，这只是一场比赛。"斯特恩说。

"不，这不是。"克劳斯吐了口唾沫。

场上激战正酣。帕金斯折返回来运球上篮，擦板打进。乔丹突破湖人队的围堵上篮得分，公牛队以101比95领先，比赛还剩2分27秒。帕金斯被犯规，两罚中一。接下来，乔丹把球传给卡特莱特，卡特莱特发现帕克森埋伏在禁区顶部，于是将球传出。帕克森再次打进！

帕金斯回敬了一个上篮，之后乔丹走步违例。帕金斯急停跳投命中，而且制造犯规，打成了2+1。湖人队把分差迫近到了2分——101比103。此时，比赛只剩1分钟，湖人队迎来了机会。

"赢定了！"杰克逊坐在替补席上看到乔丹突破时，他心想。乔丹向左突，然后退了回来往右突，他在横向移动，而不是冲向篮筐。杰克逊注意到乔丹并不是在寻找投篮机会，而是在找帕克森。他没有谋求自己得分。

杰克逊向后靠了一下，他知道比赛结束了，公牛队将成为总冠军，一个赛季的努力都值了。

乔丹吸引防守的注意力，然后突然把球传给了帕克森，帕克森在右底角5.8米远的位置出手，球穿筐而进。

湖人队再也没能得分。最终公牛队以108比101的比分取胜。芝加哥公牛队成为NBA总冠军！

## 第 12 章 荣耀时刻

终场哨声响起时，一年的努力和情绪如洪水冲破堤坝，一泻千里。

"太棒了，"卡特莱特喊道，"这真是太棒了。"

"漫长的7年，"当队友跑向球场中圈、跑向更衣室时，乔丹喊道，"漫长的7年，我几乎无法相信！"

兴奋的情绪涤荡着球员们的内心。这是对这赛季中憎恨和仇恨的一种涤荡，留下的是纯洁、无拘无束的快乐。此外，还有疯狂。

迪士尼公司代表希望请公牛队首发五虎在球场上摆个"我们要去迪士尼世界"的牌子。稍后，球员们在休息室里做个简短的商业广告。在几百名公牛队球迷向自己的英雄送出雷鸣般的掌声中，以运球消耗完比赛最后时间的皮蓬从球场冲了出去。现场的球迷们是公牛队球迷的代表，在芝加哥，球迷们蜂拥到芝加哥体育馆附近的街上，到球场附近的街上，到市区去庆祝胜利。

"漫长的12年，"卡特莱特向乔丹喊道，"漫长的12年！"

乔丹笑了。

卡特莱特回忆："每个人都很疯狂，我们做的好像就是吼叫，像个孩子吼叫、尖叫。"

"1987、1987……"格兰特和皮蓬一边唱着，一边相互拥抱。这是个古老的笑话——两人总说公牛队是在1987年签下他俩之后才开始出现转机。"1987、1987……"他们一边喊着，一边围成圈跳舞。

霍普森也在叫嚷，一边喷着香槟，一边和队友庆祝。他们都记得底特律。

琼·杰克逊在场上寻找着菲尔，她没有在人群中发现菲尔，后来，她挤出一条路去了拥挤不堪的更衣室，球员妻子们也聚在了那里。她认为菲尔心情激动，不过菲尔说自己最激动的时刻是在比赛最后一分钟，那时，他知道比赛结束了。"在比赛中，"他说，"在比赛中才能令我兴奋！"

更衣室里到处是人，电视台摄影师们为了抢位置简直像摔跤，记者们拼命把录音笔塞到每个人的面前。总裁大卫·斯特恩开始颁奖，但是没人能听见。"嘿，我也有份。"帕克森喊道，他冲到屋子最里面。每个人身上都是香槟，就像穿着一件闪闪发光的新衣服。克劳斯见谁就搂谁的腰。这不是球员的时间，这是电视台记者和冲向盛会的球迷时间。最终，乔丹离开更衣室，登上球队大巴回到了宾馆，这时，更衣室才开始变得清静。

球员们登上巴士，如同往常坐在巴士后面，教练组坐在前边，播音员坐在中间。这是属于球员们的时刻，他们还穿着队服，还没有洗澡，至少这个晚上还没冲个澡。事实上，第二天早上球员登上球队大巴去机场返回芝加哥时，乔丹还穿着队服，拿着香槟，叼着以前经常抽的又大又粗的雪茄。前天晚上，他几乎朝每个人都吐了烟圈。乔丹还抱着总冠军奖杯，他在更衣室里抱着奖杯对着摄像机，如同抱着婴儿一般，这是他们的圣杯，如此诱人，爱不释手。

奖杯从一名球员传到另一名球员，帕克森抚摸着奖杯，就像在抚摸婴儿，皮蓬亲吻了它。每个人都是温柔地拿着它，唯恐它会破碎了，就像这个赛季他们的冠军梦多次受到的威胁。但是杰克逊的运筹、乔丹的捍卫以及每个人充满自信的支撑，让冠军梦避免了破碎的命运。当奖杯来到斯科特·威廉姆斯的手里，他尖叫了一声。"看着我。"他兴奋喊道。

"放松，放松，小心一点。"乔丹安慰他。乔丹就像妈妈打量儿子般看着斯科特。奖杯继续传到了阿姆斯特朗手里，然后又传到了霍奇斯、珀杜手里，又传给乔丹。最终，在众人注视下，每个人都在奖杯上面做了标记。

"我们做到了。"帕克森低声地自言自语。帕克森坐到球队大巴的座位上时，外面的光透过车窗照进飞驰的大巴车，一闪一闪。"你知道吗？我们做到了！"

# 后 记

公牛队赢下1990/1991赛季NBA总冠军之后，人们再见到乔丹时，他失去了笑容。12月3日（周四），在球队训练馆，公牛队开启1991/1992赛季训练营的前一天，记者问乔丹周二去了哪里，乔丹当着100名记者的面打断了采访。"这与你们无关。"他回答道，"我没必要告诉你们，我要按照我希望的方式过自己的生活。我也许想知道你们做了什么，但我没有问你们，所以请你们也不要问我，你们不是我的爸爸。"

或许乔丹的父亲应该提醒儿子——和公牛队的其他球员去白宫，但是他没说什么，乔丹也没说什么。然而，至少乔丹的队友霍勒斯·格兰特有话要说。

"我认为他不出席总统见面会，是对总统和队友的不尊重。"格兰特说，"我们聚在一起是个团队，如果他想孤立自己，我们就没法再赢一个冠军。他是现象级球员，或许是联盟里最优秀的球员，但我不能允许他破坏球队的团结。"

近年来，平静的水面下暗流涌动，公牛队驶向体育殿堂的平静海域时，许多潜藏在水面之下的沉疴痼疾似乎又要泛起，或许因为公牛队的遗风，或许因为乔丹的星光四射。问题越严重,球队的发挥就貌似越出色。不过,公牛队在为球队第一次训练而集结时,已经出现了麻烦。

1991年夏天,乔丹和皮蓬入选1992年奥运会美国男篮代表队。传闻,活塞队的伊塞亚·托马斯无缘入选美国队是因为乔丹从中作梗。几名活塞队球员在东部决赛第四场比赛末段突然退场,两支球队的关系又紧张起来。由于球队即将分崩离析,活塞队两个总冠军的光芒迅速被掩盖了,留队的球员谴责公牛队。

乔丹并没有准备参加奥运会,但是在"魔术师"约翰逊等其他球星,以及广告赞助商压力下,他最终同意了。当选拔委员会特使找到乔丹的时候,他仍然不是很确定。"你会去参加吗?"乔丹被问道。由于戴利将成为美国队主教练,他明白这意味着托马斯会得到一个位置。乔丹犹豫了一下,并且和往常一样,开了个玩笑"如果伊塞亚去了我就不去"。无论如何,倘若选拔委员会倾向派托马斯去,乔丹改变不了这个决定。但选拔委员会压根没考虑托马斯。然而,消息却传了出来——乔丹让托马斯失去了这次机会。爵士队的约翰·斯托克顿在"魔术师"约翰逊之后得到了替补控球后卫的位置。

如果不是乔丹"拒不出席"白宫之约,这将只是NBA的小小磕绊。

公牛队没有遵循惯例,像以往的冠军一样前往白宫。赛季结束后,球员迅速四散而去。他们同意在训练营开始前接受邀请,但乔丹等几名球员有约在先。乔丹约好外出打高尔夫,并且和家人去南卡罗来纳老家的希尔顿海德岛。几个月之后,大家发现他实际上去了北卡罗来纳,和朋友一起赌博。其中一个人被法院判定为毒贩,另外一人被抢劫并遭到杀害。这些问题的曝光放大了1991/1992赛季大部分时间里伴随乔丹的争议。球员的安排反馈给了公牛队——乔丹说自己通知了球队总经理,而克劳斯否认了乔丹的话。球队赶紧确认其他人的行程。约翰·帕克森接受了反对毒品的演讲邀约,所以球队准假了。格兰特约定一场报酬很高的嘉宾出场活动,但球队告诉他那个活动已经取消了。格兰特认为公牛队取消了活动,感到非常愤怒。皮蓬也威胁说不参加。乔丹听说了一些计划——伊利诺伊州的国会代表团要求球队参加签名活动；白宫希望安排乔丹参加一场特殊的会见，这使乔丹确信自己的选择是正确的。

然而，格兰特对于别人可以不参加会见，而自己的活动却因为会见被取消的愤怒在周四升级了。当时，公牛队要求为训练营开营举办媒体活动日，但乔丹还在南卡罗来纳州，当天下午6点才能到。菲尔·杰克逊要求其他球员等着乔丹，几个人露出僵硬的微笑。当公牛队球员等待接受采访时，皮蓬被问及乔丹缺席的事情。已经入选美国队的皮蓬告诉记者："我不想念他，迈克尔想做什么就做什么，他总是这样。"

而格兰特成为向乔丹开火的点火棒。"有的人看上去和我差不多，但我是唯一有勇气站出来的人。"

最终，乔丹在下午5点45分出现了。他拒绝道歉，说有人挑自己的刺儿，还说自己以前见过总统，如果球队想让他去，应该在训练营期间去。他又不屑又愤怒，补充道："现在我得去过自己的生活了，我已经厌倦了为媒体和为他人活的日子。"

第二天，球员向球队报到。在公牛队开启卫冕之路前，先进行1个月的训练和热身赛。杰克逊打发球员回家时，给了他们一个内含本赛季主题的信封——"再次团结一致"。

——

如果说在刚刚过去的6月——公牛队经历辉煌的5场比赛战胜湖人队成为总冠军之后到1991/1992赛季间隙，公牛队在精神和情绪上没有能够凝聚，在表面上也没有团结一致。

搁置了与后卫约翰·帕克森合同谈判的公牛队，原本希望在1990/1991赛季之后让其走人。那时，球队在追逐托尼·库科奇。球队认为肯定能签下库科奇，然而，库科奇与意大利球队签约了。如今，约翰·帕克森现是总决赛的英雄，杰克逊希望把冠军核心凝聚在一起。

公牛队给出的条件是每年80万美元，无法更改。如果帕克森不接受，可以去别处看看。帕克森请了乔丹的经纪人大卫·法尔克做经纪人。他们确定帕克森能拿到更好的待遇。1983年在选秀中签下帕克森，两年后把他交易到公牛队的马刺队对他感兴趣。如果帕克森不是拿自己去和公牛队抬价，马刺队愿意开出条件。双方在芝加哥见了面，马刺队开出了3年375万美元的条件，比公牛队多出100多万美元，外加一个模糊的承诺——帕克森在职业生涯结束后会成为解说员。

帕克森对于公牛队拒绝谈判超过一年之久感到烦恼和愤怒，但他决定留下来。他告诉马刺队，如果马刺队能给出他期望的条件，他愿意签下协议。帕克森提出了一个略高的条件，马刺队说需要考虑一晚。于是，法尔克就带着这个消息找莱因斯多夫摊牌。公牛队感到别无选择，只能妥协。

"你拿到的比我想付的工资多得多，"莱因斯多夫对帕克森说。帕克森笑了。这个合同是4年520万美元，而帕克森在上赛季只挣了大约33万美元。

此时，比尔·卡特莱特还在芝加哥，他了解了帕克森如此之快的谈判。他还没有续约，也被公牛队搁置了。卡特莱特开始和雄鹿队谈判。雄鹿队正在寻找一名中锋，不过只能允诺一份两年的合同，总工资不到200万美元。最终，雄鹿队签下了来自亚特兰大的摩西·马龙，因为卡特莱特希望签约3年。

在卡特莱特和克劳斯接近达成协议之前又过了1个月，最后的条件将是3年600多万美元，而第二天，克劳斯又改口说不行。卡特莱特非常愤怒，得知自己是和克劳斯谈判的几名队员之一，他说即便自己想签，也不再想和克劳斯谈判了。一天之后，卡特莱特的情绪平静了，他签了3年660万美元的合同，最后一年只是部分保障。与以往一样，公牛队将使卡特莱特对此觉得不堪回首。

克里夫·莱温斯顿，这个看上去会被球队放弃的球员，被自己在总决赛上的精彩表现和库科奇留在欧洲的决定挽救了。如果库科奇还有可能登陆

NBA，公牛队将不得不每年预留工资的额度。莱温斯顿还有一年，所以，他一年135万美元的球员选项被接受了。只有斯科特·威廉姆斯这个暴躁的自由球员还没有签约，他经历了肩膀的手术。公牛队正在打压他的合同，希望以30万美元的价格签下他。威廉姆斯希望去国外打球，但没找到机会。谈判超过了训练营的开营日期，在公牛队训练时，威廉姆斯只能独自训练。因为球队拒绝他在没有合同的情况下参加球队训练。公牛队告诉他，如果他不签的话，就不能来体育馆参加揭幕战，领取自己的冠军戒指。最终，他在揭幕战的前一天签了一份两年85万美元的合同，他将在11月加入球队。

只有来自堪萨斯州的马克·兰德尔是新成员，他作为威廉姆斯的替补在选秀中被选中。而在12月份卡特莱特伤愈归队之后，他遭到了弃用。夏天，球队努力交易超重的斯泰西·金，却没有成功。揭幕战晚上，在球队颁发总冠军戒指的仪式上，他被报以嘘声。关于交易对球队不满的丹尼斯·霍普森的谈论还在继续。公牛队希望甩掉这个百万美元年薪的包袱。球队在一定程度上取得了成功。在揭幕战之后的11月，公牛队把霍普森交易到了国王队，换来了博比·汉森。博比·汉森的工资是每年60万美元，这样球队就省下了40万美元。球队认为在必要时可以交易汉森，再进行球员交易。在1991/1992赛季晚些时候，球队开始和自由球员迈克·兰德斯谈判，他们差点成功。

不过，在公牛队开启9个月的赛季前，球队核心球员至少都签了3年的合同。

——

每天两次的训练持续了大约一周，然后公牛队开始了9场热身赛之旅。公牛队赢下了8场，成为联盟最吸引人的球队。球队不但拥有现象级的球星乔丹，还拥有最好的团队。9月份NBA召开的年度会议上，查克·戴利告诫公牛队对于自己本赛季做什么"没有想法"。"赢下总冠军之后，"戴利说，"你就进入了前所未有的风暴眼中。"乔丹已然感受到了。

乔丹正在训练中挣扎。"迈克尔显然没处于职业生涯的巅峰状态。"杰克逊说。乔丹似乎整个夏天都没有训练，只是飞来飞去参加高尔夫比赛。他的肌腱炎已经恶化成为骨刺。队医认为如果保持训练，本来可以避免。而现在，乔丹将不得不在赛季后进行手术。他向《太阳时报》的莱西·班克斯证实了此事："这种病会被骨刺加重。这个赛季后我很可能要手术，但是现阶段并不严重。"乔丹后来收回了这句话，说他认为自己不需要手术。

10月份的另一个"惊喜"是，球队第二场热身赛，乔丹戴了牙套以保持缄默。乔丹对记者说："直到我的孩子也变得心直口快，我才注意到这个问题，我不希望孩子沾上这个毛病，'这是我从爸爸那里学来的'，我想改正这个坏习惯。"几场比赛之后，他放弃了这个念头，又开始畅所欲言。

"我认为除了我们自己，没有什么能阻止我们卫冕。"乔丹在11月1日揭幕战的前天晚上口出狂言。

―――

对阵76人队的揭幕战中，公牛队以近乎羞辱的方式，轻而易举地取得胜利。接下来公牛队遭遇两连败，然后又轻松战胜凯尔特人队，开赛季战绩为2胜2负。乔丹的得分不止40分——芝加哥媒体开始怀疑，公牛队又回到了"一个人的球队"吗？——前3场比赛中，这事好像成了新闻，直到公牛队从波士顿返回芝加哥。

拉里·伯德得到30分，是凯尔特人队此役得分最多的球员，不过，因为背部伤痛的困扰，伯德赛季后选择退役。更糟糕、更爆炸性的消息来自20世纪80年代的NBA传奇"魔术师"约翰逊。

约翰逊感染了艾滋病病毒。约翰逊确诊之后，乔丹是首先接到电话的几个人之一。NBA震惊了！后来，乔丹回忆，约翰逊向他确认消息时，他为约翰逊的遭遇流泪了。

对阵凯尔特人队的胜利开启了公牛队的14连胜。整个11月份，球队连战连捷。然而，11月份也是3年来球队首次面临严重伤病的时期，不过，这只是没能影响到公牛队前途命运的小小波折。

# 后 记

克雷格·霍奇斯的膝盖做了手术，6周无法参赛。比尔·卡特莱特的手在11月15日对阵雄鹿队的比赛中骨折了——这是个可疑事件，但看上去却是意外——几年前，卡特莱特撞伤了弗雷德·罗伯特的下巴。从那之后，他听说弗雷德一直想要报复。他知道自己12月底才能复出。比赛日程到了12月12日，上赛季季后赛中臭名昭著的"不辞而别"事件之后，这是活塞队的首次到访。皮蓬在这赛季成为"乔丹第二"，公牛队轻松战胜了活塞队后，他说如果伊赛亚·托马斯入选美国国家队，他也会退出。不过，当《乔丹法则》的部分内容公之于众时，这场"游戏"变得隐晦了。

《太阳时报》头版有个专栏影影绰绰地提到——这本书将成为公牛队卫冕之路最大的障碍。这本书引发了芝加哥当地和全美国狂热探讨：乔丹真的打珀杜了吗？乔丹真的想"冻结"比尔·卡特莱特吗？乔丹只是个凡人吗？

自从我写这本书，我对这种反应有些震惊，甚至迫使我远离公牛队，我不再每天跟队报道了，因为接管了整个NBA的追踪报道。但是，在芝加哥的NBA球队只有公牛队，所以我不会远离这支球队。我认为这本书是真实、深度的审视公牛队经历的整个1990/1991赛季。当一支球队在团队运动中拥有历史最伟大的球星时，球队的团体动力是怎样的？我尽力公正描述每个人。至于乔丹，我认为他的存在感很强，有时他是有争议、不耐烦却又是热心的。有时他是自私的，以自我为中心的，但他又是超出众人意料的优秀领袖，他有时敏感却又伤人感情，但他却充满智慧。实质上，除了他的技能之外，乔丹是个有缺点的人，和其他人一样。评论家鲍勃·福特在《费城询问报》上说："要像迈克尔一样？见鬼，我们已经和他一样了！"

这些反应在此书成为畅销书方面发挥了重要作用，甚至震惊了乔丹，不过是以非常私人的方式。杰克逊这名曾经的心理学家希望利用这场争议把球队团结起来，告诉球员们必须更像个团队，因为他们已经是总冠军了，只是高处不胜寒，外部的力量虎视眈眈。他试着安抚乔丹，这或许对他们有利，因为如今他没必要再竭力维护外界为他打造的"完美无瑕"形象了。

## 乔丹法则

本赛季晚些时候，乔丹收到NBA总裁大卫·斯特恩关于戒除赌博恶习的警告，也就是所谓的"斯特恩告诫"之后，乔丹在反思中说："我有两种人生。在心理层面我像个三十八九岁的成熟男人，已经经历了圆满的生活……但我的另一面是个29岁的人，从未真正有机会和朋友一起享受自己的成功，或者做些29岁的人才会做的疯狂的事。我想起那些说'天哪，我希望有一天能成为乔丹'的人。好吧，那只是一天，你必须看到有利有弊的一面……你必须考虑到无法在不被干扰的情况下看电影、吃饭、逛街，这并不总是公平的。"

乔丹并不希望另一个人决定自己什么时候成为活生生的人，也就是我。公牛队在11月份后两周的西部之旅横扫对手，包括扣人心弦、通过双加时战胜开拓者队的比赛。当时，开拓者队好像在比赛后期自毁好局——这是公牛队又听到这种说法。无论球队走到哪里，短暂"逃脱"芝加哥媒体的乔丹，都会遭遇关于他的个性和人格，以及关于《乔丹法则》的采访，这将使他疲惫不堪。

本书出版之前，我和乔丹保持着很好的关系。在球场之外，我们没有特别的交往。在更衣室里，我们能够轻松地谈话，就像乔丹对待其他记者一样。当我12月回到球队时，他忽视了我。不过1月，我和球队一起出行并且必须向他提问时，他开始回应。12月，我第一次走进更衣室，他看了看我，然后低下了头，什么都没说。1月的一场客场比赛，我不得不走向他，这是我在本书出版之后第一次向他提问题。他听到后低下头沉默了大约30秒，我站在他面前，他抬起头，没有看着我做出了回答。这种关系一直保持到了赛季结束。在"首问"的那次采访中，记者被请出更衣室之后，乔丹走向格兰特，问后者是否在纵容我提问。他并没有，这是我的工作。我和教练团队以及其他球员的关系依然很不错。本书出版之后的几周里，公牛队几个人给我打了电话，私下表示支持。我很感激，但是不像乔丹那样更需要支持——他第一次开始感到争议的不利影响，关于美国国家队，关于白宫之旅，关于这

## 后　记

本书，关于约翰逊的病，以及关于赌博问题。

11月23日赢下掘金队的比赛中，乔丹戏谑地愚弄了掘金队新秀中锋迪肯贝·穆托姆博。比赛只有几秒钟的时候，乔丹闭着眼罚进了一个球，这是他这些年来培养的能力。乔丹的目的是告诉穆托姆博，如同自己所扬言的，穆托姆博当晚没法阻挡自己的任何一球。"这个球是送给你的。"乔丹罚篮时笑着说。然而，比赛的大部分时间，乔丹似乎对比赛失去了乐趣。

———

威尔·珀杜在几场比赛中首发却发挥不好，而代替受伤的卡特莱特出场的斯泰西·金却发挥得非常好。这如一把深深刺向公牛队的刀，其根源在于克劳斯。克劳斯一直保证珀杜将成为另一个"比尔·沃尔顿"，球员们也开始称珀杜为"比尔·沃尔顿"。金曾在背靠背比赛中拿下22分和23分，不过，他在两场比赛中打了64分钟，却只抢了6个篮板。卡特莱特伤愈后，金重回替补，他打了10场比赛，只抢下了两个后场篮板。然而，随着赛季的进行，克劳斯继续坚持对杰克逊说金应该得到上场时间，否则将永远无法交易金。杰克逊同意了，但是到了季后赛，教练组决定让斯科特·威廉姆斯排在金之前上场。

12月7日，76人队终止了公牛队14连胜的纪录。对乔丹而言，这并不像珍珠港遭遇偷袭那么糟糕。一周以后，《夏洛特观察家报》在12月13日报道，联邦官员从毒贩詹姆斯·布勒那里收缴了5.7万美元，并认为布勒是在和乔丹打高尔夫的时候赌赢了这些钱。他们是在12月去希尔顿海德岛的旅程中打的高尔夫。乔丹说那是一笔借款，当他和律师谈过话之后拒绝任何评论。而那天晚上，他差点和尼克斯队的新秀格雷格·安东尼打起来。"那是个似乎并没有恶意的犯规，我感觉不太好，所以我的脾气有些暴躁。"乔丹坦承。

更衣室里，乔丹变得好像更难以接近了，队友甚至觉得他可怕。不过队友也不会错过以其人之道还治其人之身的机会。"嗨，'疤面煞星'。"他们向乔丹喊道。有时是喊"五牌自动胜"。乔丹并不发怒，却在靶场用配有激光瞄准镜的手枪练习射击。几名球员怀疑他是不是因为受到调查而害怕。

乔丹很显然分了神。12月17日，湖人队来到芝加哥准备和公牛队交手，乔丹和约翰逊就后者的"归队"事宜召集了特别的新闻发布会。《体育画报》评选乔丹为"年度最佳运动员"之后，最近几周发生了很多事情，乔丹谈到了自己的忧郁。约翰逊告诫媒体，不要捧杀乔丹，因为从未见到另一个如乔丹般伟大的运动员。约翰逊说自己晚些时候会安慰乔丹。"谁得了艾滋病？"专栏作家在此之后发出疑问。那天，乔丹在比赛末段接连10投未中，公牛队在主场输掉了比赛。

那场离奇的新闻发布会好像把乔丹拽回了现实。"最近，我没能正常享受生活，"他说，"以前我总是享受比赛，现在应该重回正轨了。"

这个时刻直到1月才到来。在疯狂得分的11月之后，12月的10场比赛中，乔丹的发挥惨不忍睹，3场得分不到20分。不过，输给湖人队之后，公牛队取得了6连胜的战绩，包括圣诞大战在主场大取凯尔特人队。接下来，新年首场比赛输给雄鹿队后，公牛队在1月豪取13连胜，球队的战绩达到惊人的37胜5负，超过了上赛季。1月8日对阵热火队的比赛中，乔丹重重摔了一跤，伤势看上去很严重，但焦点不再是乔丹的问题。训练师和杰克逊跑了过去。"我本来以为会看到血迹，"杰克逊说，"与此相反，我看到了坐在第一排漂亮的金发美女。这就是我们在那里待了很长时间的原因。"公牛队又进入了开心的日子，但是联盟却笑不出来，他们想看看到底谁能阻止公牛队，以及公牛队能否取得单赛季70场以上的胜利，打破联盟历史纪录。

———

杰克逊希望淡化关于获胜70场以上比赛的讨论，而乔丹认为"没有什么是不可能的"。卡特莱特强调，公牛队在1990/1991赛季轻松赢得了61场比赛。"到今年年底，我们并没有觉得压力过大，"他说，"当然，70场胜利也在我们的掌控之中。"

不过，轮到杰克逊与公牛队谈薪水时，他还有其他需要忧虑的事情。和克劳斯进行了几个月艰苦卓绝的谈判之后，双方以辞职为威胁，甚至其间几周主教练和总经理不说话。最终，杰克逊签了3年250万美元的续约合同，合同将于1995/1996赛季到期。和乔丹一样，杰克逊认为这将是他在公牛队的最后一份合同。

1月的高光时刻是公牛队在一周内两胜活塞队，第一场是在底特律以87比85的比分获胜，第二场在主场以117比93获胜。乔丹和伊赛亚·托马斯之间的仇恨更是变本加厉。在1月24日的比赛前，体育馆的灯不亮了，比赛延误了好长时间。这时，托马斯在中场找到乔丹，告诉他身边的朋友和顾问导致两人之间的仇恨越来越严重，如果乔丹愿意的话，托马斯愿意与他重归于好。乔丹同意他们在社交场合应该和好。

公牛队准备前往得克萨斯征战未来的三场比赛以结束本月的比赛（杰克逊称之为"塔可三役"），格兰特说："我们还有很大的提升空间，天空才是我们的极限。"而接下来，格兰特却看到了自己角色上黑黑的乌云。当然，在他对队友感到沮丧时，他已经习惯了杰克逊的斥责；格兰特需要参与进攻，并且要求防守，经常为入选NBA最佳防守阵容乔丹和皮蓬挡拆。无论如何，他仍然为自己在公牛队的前途感到怀疑。

老板莱因斯多夫也这么想。"我无法想象自己在想什么。"他对助手谈到格兰特的合同时说。

1989/1990赛季之后，公牛队和格兰特签了3年600多万美元的合同，这份合同将于1993/1994赛季结束。彼时，格兰特已经28岁了，届时他将成为非限制自由球员，公牛队将无法优先与他签约，格兰特也不希望自己这么快再与公牛队绑定。有家公司希望和格兰特签一份多年的球鞋代言合同，他告诉经纪人吉米·塞克斯顿只签两年，不要超过当下他与公牛队的合同。他想放手一搏——他告诉公牛队，自己期待的条件是每年400万美元，否则免谈。格兰特知道那意味着公牛队将遇到麻烦，因为乔丹的薪水是每年390万美元，乔丹的合同直到1995/1996赛季才结束，而且莱因斯多夫发誓不会为任何球员开出超过乔丹年薪的合同。

然而，1月28日，公牛队对阵马刺队之前传出消息，格兰特没能和乔丹、皮蓬一起入选全明星阵容。这时，格兰特不再如此踌躇满志。格兰特和公牛队都对格兰特落选感到不满，而且他们对3名活塞队球员的入选感到不安，包括托马斯、乔·杜马斯和丹尼斯·罗德曼。"我们比他们多赢了14场。"皮蓬说。

但是，这种领先将难以持续。

———

公牛队输给了马刺队和火箭队，70场胜利的梦想开始破碎。之后，公牛队击败了小牛队、湖人队。在对阵湖人队的比赛中，乔丹做了一点小小的炫技——他在詹姆斯·沃西面前双手持球，把球拉回来，然后晃过沃西上篮。后来，乔丹将其称之为自己最好的进球之一。然而，第二天在盐湖城，乔丹将遭遇滑铁卢。

公牛队和爵士队3次打入加时赛，高潮迭起。第一个加时赛中，乔丹投中绝平三分球。第二个加时赛中，乔丹两罚不进后，约翰·斯托克顿投进三分球，又打平了比赛。第三个加时赛，裁判在最后时刻响哨，判罚乔丹犯规，这使爵士队获得胜利。乔丹怒摔篮球，冲撞裁判汤米·伍德，这导致他被禁赛一场——对阵太阳队的比赛，那是全明星赛之前的最后一场客场比赛。

在飞往菲尼克斯的飞机上，乔丹愤怒地一遍遍回看犯规录像。认识到自己可能被停赛，他计划提前一天去奥兰多，可以额外打一场高尔夫。这次冲突影响深远，但赛季已经过半，到了放松的时候了。

乔丹、皮蓬，以及几名美国队队友和入选全明星的球员，讨论了约翰逊参加全明星赛的事情。很多球员说与约翰逊同场打球感到不安，他们简短讨论了一下，但是气氛并不太严肃。在奥兰多遇到约翰逊和医生之后，他们的

## 后 记

恐惧感减轻了。

乔丹带来了新的矛盾,他认为自己是这场商业斗争中的傀儡。在乔丹权益的名义之下,他的代言品牌和商业赞助方收回了关于他的一些NBA产品的商业权益。因此,全明星T恤上印了所有球员的头像却没有乔丹的,他好像又在制定自己的规则,美国媒体的专栏作家批评乔丹过于自私和贪婪。可是,这次他只能无奈大笑——自己被利用了,但他没法这么说。他只能去打高尔夫,以保持沉默。

全明星三分球大赛,克雷格·霍奇斯又赢下了"三分王"的称号,连续第三次荣膺"三分王"。对于他这个风雨交加的赛季而言,这算是一个慰藉。这个赛季,他的前妻因为想用汽油烧死他而被拘留。他听说公牛队会买断自己在1992/1993赛季的合同,所以他希望能获得欧洲球探的青睐。

"现在我赚美元的机会不多了,"生为芝加哥人的霍奇斯悲伤地说,"是时候去找一些更丰美的'草场'了。"

所有人都对全明星周末报以善意,大家希望把这赛季的全明星周末变成一场为约翰逊举行的告别聚会。约翰逊没有令大家失望,他献上了梦幻般的结局——他和乔丹以及托马斯戏剧化地单挑,然后以令人难忘的三分球结束了比赛,西部明星队以155比113大获全胜。

杰克逊担任东部明星队主教练,他携公牛队教练组前往。比赛并不激烈,但很有指导意义。公牛队教练看到凯尔特人队球星雷吉·刘易斯几乎在恐惧中四处乱撞,罗德曼甚至无法上篮,布拉德·多尔蒂、凯文·韦里斯和迈克尔·亚当斯似乎被对手碾压了。教练们在回宾馆的路上讨论了这件事情,他们认为公牛队拥有联盟5名最佳球员中的3名——乔丹、皮蓬和格兰特,球队的角色球员比全明星球员更有能力。"这使我们对公牛队的感觉更好了。"助教约翰尼·巴赫坦言。

———

全明星周末之后,公牛队背靠背战胜了尼克斯队,但杰克逊看到了季后赛的兆头。在新任主教练帕特·莱利的指挥下，尼克斯队打得又努力又强硬。杰克逊知道尼克斯队的防守和运动能力在常规赛不太有效，但是到了季后赛就是另回事了。公牛队已经有两年多没输给尼克斯队了，不过，着眼于季后赛，杰克逊对尼克斯队的担忧远超其他球队。由于公牛队在最近6场比赛中输了4场，70场胜利的说法已经降温了。而随着交易截止日期的到来，又出现了新的话题。关于后卫B.J.阿姆斯特朗的交易谣言传播开来——他对替补角色不太满意。但是，他发誓在这赛季自己只在家里抱怨了一下。

阿姆斯特朗坦承："从个人来讲，我不太喜欢待在这里，而从球队角度，我们有着需要达成的目标。我永远无法接受替补，但我在球队也有自己的角色。"

阿姆斯特朗发挥得很好，他顶替约翰·帕克森首发时，在3场比赛中场均得16.7分，而且他整个赛季场均得分接近10分，是能够稳定出场的替补球员。不过，他仍然不能与乔丹、帕克森打成一片，乔丹会指责他出现的失误。在几周后对阵魔术队的比赛中，萨姆·文森特早早得到了18分。乔丹向阿姆斯特朗吼道："这家伙一年都没打球，还能狂虐你，你去打服他！"同时，阿姆斯特朗正在变得越来越独断专行，他更多选择突破和投篮而不是传球，即便乔丹在附近时也如此。这个行为很快引起了杰克逊的关注，并导致替补席上教练和队员的争执。杰克逊在季后赛中批评替补球员时，阿姆斯特朗最终开口，他自己承诺不公开抱怨，杰克逊也不应该公开抱怨。除此之外，阿姆斯特朗仍然是个有团队精神的球员。

只是偶尔还会出现其他口角，抱怨主要来自斯科特·威廉姆斯和克里夫·莱温斯顿，他们抱怨缺乏上场时间。"他们总是打我的主意，让我感到疲惫，"威廉姆斯说，"我打得很努力，然后就被换了下来，因为球员X或者Y（也就是斯泰西·金）必须有足够多的上场时间。"

2月17日，骑士队以微弱优势在联合中心球馆赢下了公牛队，打破了连续多场输给公牛队的尴尬局面。2月末，活塞队在奥本山宫殿球馆迎战公牛队。与活塞队交手之后，公牛队的战绩是45胜11负，其他球队正为季后赛而努力。

哪场比赛才是这赛季最有意义的比赛呢？公牛队已经说得很清楚，那就是对阵西部最强球队开拓者队的比赛。这场比赛于3月1日在芝加哥联合中心球馆进行，全美直播。然而，这甚至都不是一场势均力敌的比赛，公牛队以111比91取得胜利。开拓者队又自毁好局，其剧情杰克逊在赛前采访中就已经明示了——如果公牛队有耐心，并展示出耐心，开拓者队就会分崩离析。

"没有冒犯之意，"皮蓬说，"但我们是更聪明的球队，我们在场上有榜样。"

皮蓬的话激怒了开拓者队球员以及教练里克·阿德尔曼。一周后，公牛队在第四节开始领先20分的情况下输给魔术队的时候，开拓者队教练说，他们这么聪明，不可能输的。这是10天内公牛队第二次在大比分领先情况下遭到逆转。在此之前，公牛队在主场一度领先步行者队22分，但是皮蓬投丢了一个罚球，并把球踢到看台上，之后球队就输掉了比赛。罚球前，雷吉·米勒嘲笑皮蓬："别投丢了，奥运会选手。别投丢了，超级球星。"

但这只是等待季后赛和观看乔丹最戏剧性表演之前的小插曲。3月底，北卡罗来纳州的报纸报道了乔丹收到一张10.8万美元的支票，此支票来自不动产债券经营者艾迪·陶氏，此人是10月份在希尔顿海德岛开设赌局的庄家。

起初，乔丹毫不理会。"这是个错误，"他说，"这个错误的原因大家都知道了，但是，我有权选择和谁交往。"然而，NBA说不行，并宣布将对此事进行调查。

3月31日，公牛队即将对阵尼克斯队时，乔丹被请到了纽约第五大道的NBA总部，受到了警告和训导。联盟要求他注意洁身自好。事后，乔丹表示痛悔——他在公牛队击败尼克斯队，最后的11场比赛中获得9场胜利前，花了将近2小时回答记者的问题。

"人无完人，我或者其他人皆如此，"乔丹说，"有时会忘记作为公众人物必须考虑的问题。"

这时，他认识到自己轻松过关了。

此事之后，乔丹把自己的愤怒带到了球场上，他在赛季后期疯狂得分，包括要求在毫无意义的垃圾时间出场，他连续6个赛季场均得分超过30分。公牛队破浪前进，走到了赛季末期，历史性创造了67胜15负的单赛季胜场数纪录。

———

季后赛首轮公牛队对阵热火队，公牛队好像在高尔夫比赛中轻松推球入洞一样获胜。珀杜拿到16分，抢了10个篮板，公牛队以113比94取得季后赛开门红。乔丹豪取46分，又引起大家的质疑——公牛队是否更像"乔丹和乔家军"。而热火队主教练凯文·朗格利（乔丹加入公牛队后的首任教练）选择不去包夹乔丹，让比赛成为"篮球版的乔丹轻推入洞"。于是，用乔丹的话说，"公牛队触底反弹了"。第二场比赛中，公牛队大胜热火队30分，以120比90赢下比赛，乔丹和皮蓬一共贡献了63分和17个篮板。

第三场比赛，热火队首节取得了18分的领先优势，但结果却毫无悬念。半场比赛之后，热火队中锋罗尼告诉比尔·卡特莱特："祝你们下一轮好运！"热火队以114比119输掉了比赛，他们很满意这场比赛打得势均力敌。乔丹得到56分，皮蓬得到31分。

"我简直都帅呆了！"乔丹说。

———

琼·杰克逊说自己从未见过丈夫在本轮系列赛之前如此焦虑。格兰特说，杰克逊看起来比以往任何时候都更加紧张。没人能理解为什么，因为球迷和媒体声称公牛队在季后赛中将是无法战胜的。但是，在公牛队对阵尼克斯队第一场比赛开打后，他们开始理解杰克逊的担忧。季后赛次轮首场比赛，查尔斯·奥克利因为肘击卡特莱特被判恶意犯规。终场哨响之时，比分是94比89，尼克斯队以1比0的大比分领先公牛队。

在恶意犯规之后，杰克逊冲着奥克利大吼："你不用向我们证实你多么凶狠，我们早就知道了！"（有些人说奥克利对自己的前队友已经手下留情了。）奥克利告诉杰克逊，他无意伤害任何人。而杰克逊发现奥克利因为和其他公牛队球员说话被罚了款——这是"帕特·莱利法则"，杰克逊听说过莱利对于控场的嗜好。湖人队在夏威夷训练过后，莱利在尼克斯队训练前要求把篮筐重新油漆一遍，其实并没有明显的理由需要这么做。而杰克逊也在成为他的崇拜者。

"在莱利的带领下，这些球员打球又努力又自信，"杰克逊告诫球队，"这是危险的信号。"

杰克逊感到裁判对尼克斯队很多阻挡和推人的动作都视而不见。实际的效果减慢公牛队的比赛节奏，因为这种策略导致公牛队的三角进攻战术无效。公牛队就好像在流沙上跑步，他们必须确保流沙不会把自己埋了。

杰克逊看出这种打法可能会把球队拖垮。皮蓬在第一场比赛中脚踝疼痛，还抱怨背疼、左手腕疼。此外，还有泽维尔·麦克丹尼尔这个剃着光头的凶悍小前锋，赛季大部分时间的表现都令人失望，但是他在季后赛首轮用上了底特律的"肌肉策略"，帮助尼克斯队3胜2负击败了活塞队。奇怪的是，活塞队中锋比尔·兰比尔预测，如果允许尼克斯队像和活塞队比赛时那样身体对抗，尼克斯队会给公牛队带来很大麻烦。几乎没人相信，但是麦克丹尼尔却相信了。"如果裁判允许我们放手对抗，我们就能击败公牛队。"麦克丹尼尔承诺。他还嘲笑公牛队所谓的"平衡"只是个传说，遇到麻烦时，公牛队就是乔丹和其他人。这只是胡说八道，在NBA早就没人提的话题。但是麦克丹尼尔是个口无遮拦的人和煽动者。关于麦克丹尼尔最著名的时刻就是他在一场打斗中掐住了雄鹿队的韦斯·马修斯，马修斯的脸都变了颜色。当麦克丹尼尔看到皮蓬在第一场开场不久在对抗中撤退之后，他从来就没有停止嘲笑皮蓬。"别发牢骚，接着比赛呀。"麦克丹尼尔向皮蓬喊道，甚至公牛队队友也开始担心，但是没人敢以麦克丹尼尔的方式与皮蓬开玩笑。

"我们认为球队会失去皮蓬。"乔丹对朋友说。

公牛队赢下了第二场比赛，季后赛连胜模式继续。"背水一战时，我们都赢了，"格兰特说，"随着比赛的进展，我们会赢得第七场比赛，所以我们不会担心，但是我们并没有足够实力像去年那样稳赢。"

公牛队在第三场比赛中控制了场面，以94比86赢得了比赛，比赛高光时刻是在比赛即将结束时，乔丹从麦克丹尼尔和尤因的夹缝中单刀直入，上篮打进。他高喊道："耶，耶！"然后，对他上篮时撞倒在地的两名球员挥舞着拳头。

不过，尼克斯队在纽约赢下了第四场，总比分打成2比2平。这场比赛第三节末段，杰克逊被裁判迪克·巴韦塔驱逐出场，尝到了苦头。几次争议判罚之后，杰克逊向来自布鲁克林区的迪克·巴韦塔喊道："你是不是害怕他们不让你回家！"然后，杰克逊就被请了出去。"那时我就知道了，这将是打满7场的系列赛。"杰克逊说。

确实如此，两队分别赢下了主场比赛。第六场比赛中，尼克斯队的表现非常戏剧化。脚扭伤之后的尤因在第四节一瘸一拐地回到场上猛冲猛打，这就影响了将在芝加哥联合中心球馆进行的最重要的抢七大战。公牛队距离获得第二个总冠军只差一场比赛。事后乔丹说，他很焦虑，他和父亲谈起了这场比赛。父亲告诉他要速战速决，他这么做了。公牛队以110比81的比分赢下抢七大战。第一节乔丹就得到了18分，上半场得到29分。此后，公牛队将在东部决赛迎战骑士队。

第七场比赛之后，杰克逊的师傅、前尼克斯队教练里德·霍尔兹曼来到公牛队更衣室恭喜杰克逊。但是话题转向了帕特·莱利，他在尼克斯队的工作非常不错，他是名很优秀的教练。杰克逊聚精会神听了一会儿。然后，霍尔兹曼看着他的眼睛。

"菲尔，你也是位好教练！"霍尔兹曼说。

# 后 记

———

杰克逊必须成为好教练。"当下，有时你要在执教中更加严厉。"琼在一天晚上对杰克逊说。

对阵骑士队似乎不需要特别的准备。骑士队一直是公牛队的手下败将。在东部决赛的第一场比赛中，公牛队以103比89轻松战胜骑士队。但是在第二场比赛中，骑士队在客场以107比81击败公牛队时，马克·普赖斯说："他们也会失手。"

很多人都说骑士队太弱了，但他们的防守策略在芝加哥联合中心球馆奏效了。骑士队控制了中场，逼迫公牛队进攻队员在防守队员的头顶上传球，这样，骑士队就能抢断，并掐断了公牛队向内线渗透的想法。骑士队缺乏天赋球员，但麦克丹尼尔之前以头碰头的凶悍打法和侵略性防守，使乔丹和皮蓬在后面的比赛里心有余悸，骑士队也借此弥补了短板。

公牛队的第三场比赛和第四场比赛大相径庭。第四场公牛队以85比99输掉了比赛。皮蓬在赛后抱怨乔丹出手太多；阿姆斯特朗退防时经过公牛队替补席，告诉杰克逊和乔丹对关键谈话要注意保密；助教泰克斯·温特公开嘲笑皮蓬："即便你少得些分那又怎样？防守、抢篮板，尽力扭转局势！"

他们似乎又变回往日的那支公牛队。

于是，公牛队就回到了1990/1991赛季夺冠的道路。公牛队在后两场比赛中经受住了骑士队的冲击，建立了在两年前就憧憬的总决赛优势。

———

杰克逊有些担忧，但是不像对阵尼克斯队时那么担忧，他相信公牛队能迫使开拓者队疲于应付，找不到好的投篮机会。"如果我们发挥水平，对手就会自毁长城。"3月交手时的这些话还在开拓者队球员的大脑里回响，并惹恼了他们。开拓者队在1990/1991赛季两次击败公牛队之后，他们认为自己比公牛队强得多。然而，尽管开拓者队获得了全联盟最好的63胜战绩，却没能打进总赛。"那本该是我们的"是他们对1990/1991赛季总冠军公牛队的态度，联盟中也有很多人认为开拓者队更胜一筹。

"我是这方面的通才，"认为公牛队在一对一方面不占优势的杰克逊说，"但团队力量会大于他们个人力量的简单相加，这就是篮球的奇妙之处。我们没有伟大的篮板手，但是皮蓬和乔丹能抢下没被盯紧的篮板。如果球员能够积极抢位挡人，做正确的事，我们在对阵更具天赋的球队时，就能找到办法弥补不足。"

即使没有杰克逊的指导，公牛队也会这么做。帕克森又像1990/1991赛季总决赛对位拜伦·斯科特时那样，将通过限制对方控球后卫建功——这次是泰利·波特——这成为球队取胜的关键。帕克森的做法是与格兰特合力，利用个小计谋，每次公牛队投篮之后，他都让格兰特与自己一起回防，然后格兰特站到帕克森的内侧，这样就能封挡开拓者队切入禁区的路线，帮助球队化解开拓者队的反击。

——

不过，这也会出现一些麻烦。公牛队在第一场比赛中以122比89的比分大胜开拓者队。此役乔丹得到了35分，包括命中6个三分球。乔丹几乎在比赛后的一周中，都津津乐道于他和克莱德·德雷克斯勒在能力上的比较。

公牛队依旧按自己的打法，却在第二场比赛末节让10分的领先优势白白丢掉。尽管德雷克斯勒犯满离场，但公牛队却在加时赛中输掉了比赛。

第三场比赛中，公牛队以支离破碎的防守取胜。虽然拒绝在季后赛中大比分落后，公牛队却在领先的形势下，在第四节被反超。最不该有的借口来自乔丹，他说公牛队应该让卡特莱特多进攻，因为开拓者队采取了小个快速阵容。后来，别人问起这句话时，卡特莱特大笑不止："真没想到。"

公牛队勉强打赢第五场比赛时，卡特莱特没有笑，格兰特也没有笑，双方都知道这场比赛将决定系列赛的走势。如果以2比3的大比分回到主场，公牛队将很难赢下系列赛；如果以3比2的比分回到主场，公牛队不会输。公牛队早早全线压上，怒气值也水涨船高。"你必须帮我一下。"格兰特在暂停

# 后　记

中向卡特莱特喊道。"你不要向我吼。"卡特莱特顶了回去。"闭嘴，霍勒斯。"杰克逊打断了格兰特。"放松，像个汉子。"皮蓬也插了一句。

几天前，皮蓬向公牛队管理层发了火，因为乔丹的随同人员占据了球队下榻宾馆里所有剩下的房间。不过，他求助格兰特，解决了问题。

公牛队以119比106取胜，乔丹拿到46分，他非常享受替补席上的指手画脚，这次他是揶揄地笑了一下。"今年他不再那么针对我们了。"格兰特说。

所以，公牛队只能等主场赢下比赛再庆祝胜利。第六场比赛中，开拓者队坚持了三节，他们的替补球员超常发挥，在博比·汉森的带领下一度取得了15分的领先。不过，经过匿名投票又赢得"总决赛最有价值球员"的乔丹接管了比赛，公牛队以97比93取得胜利，拿下了梦寐以求的第二冠！

尽管庆祝遭到了暴力事件的影响，后来，乔丹还是带领着队友回到赛场，在主场球迷面前进行胜利的绕场游行。不过，这次他没有像1990/1991赛季获胜时流泪，而是感到解脱。

冲进为卫冕而庆祝的更衣室时，约翰·帕克森转向杰克逊说："这是多么漫长而奇怪的旅行呀。"杰克逊说："是的，去年是蜜月，今年是艰难的跋涉。"

## 致　谢

在公牛队1990/1991赛季夺冠的几周后，我给霍勒斯·格兰特打电话确认了本书中的一些信息。在那个赛季的早些时候，我与所有球员和教练都单独谈过，告诉他们我在这赛季将会写一本书，但格兰特只是依稀记得这件事。

"是的，"他表示同意，"发生了这么多事之后，我估计这本书一定非常吸引人。"格兰特想了一会儿，最终他说："我不太确定你是否会写一些让我看起来显得不堪的事情，但只要是真实的，我就可以接受。"我引用这段谈话，只因为这能表明格兰特和人打交道的方式，但是他在公牛队中并不是例外。这赛季你很容易分心去想，这样一支分崩离析的队伍，怎么能荣膺总冠军。

公牛队夺得总冠军的原因在整本书里都有讨论，但我特别想强调一个观点，那就是他们的行为——他们经常迁怒于彼此和管理层——表明他们是一支不同寻常的队伍。我估计在职业体育中，很多队伍都显示出了嫉妒、愤怒和憎恨，就像这本书里讲到的。他们为什么不会是这样呢？坦白来说，仅靠运动技能把12名球员团结在一起，给他们付不同的工资，给他们1个篮球，然后期待他们顺利度过8个月的赛季，维持童话故事般和谐的关系，是不正常的想法。

球员通常会被描述成品格不完美的人，他们被期待成为英雄和榜样。人们希望球员不会因为孩子生病而整天熬夜，不会面对常住在家中脾气古怪的岳母，不会有个凶悍或身体欠佳的妻子，事实上，普通人面临的问题，他们也都会遭遇。问题在于，没人愿意花钱看或者听他们的问题。球队为球员付工资是为了让他们比赛。公牛队在1990/1991赛季的表现不亚于NBA历史上的任何球队，但是公牛队也起内讧也有仇恨，有时也痛苦，也会处于人类情绪的极端。不过，有人采访时，他们会说采访者希望听到的话。

这本书致力于通过回顾过往，打开通向更衣室的门，把读者带到球队的大巴和飞机上。公牛队球员讨论队友、教练和管理层以及朋友时，让读者坐在他们中间。想象家里来了一名记者，他将记录下一年内发生的所有事情，这名记者听到的一些事情会让你的朋友感到惊奇，会改变对你的印象。

实质上，这就是我所做的事情。尽管我无法登上公牛队的包机，也不能参加关门会议，但我通过和这支球队的关系，能够把发生在球场内外的事情融合在一起。这是一个为期3年的计划，也是贯穿我为《芝加哥论坛报》报道公牛队的3年。我随队出行，几乎看了公牛队所有的比赛。比赛前后，我在更衣室一待就是几小时，主要和球员以及教练谈话。我会到比赛时下榻的宾馆与他们会面，在他们日常训练之后，我也经常与之会面。这本书源于我在这些时段的见闻以及我和其中很多主角数十个小时真真切切的访谈。

顺便说一句，我不能指摘我不喜欢的球员或者教练，球员和教练中也没有我不喜欢的人，我会觉得有些人更有趣，比如比尔·卡特莱特、迈克尔·乔丹、B.J.阿姆斯特朗、斯科蒂·皮蓬、约翰·帕克森、克雷格·霍奇斯、威尔·珀杜和霍勒斯·格兰特等。我和有些球员相处的时间不长，比如斯科特·威廉姆斯、克里夫·莱温斯顿、斯泰西·金和丹尼斯·霍普森等，但是我从未发现他们有任何形式的不合作或者令人不愉快。

我经常惊讶乔丹在处理个人事务和公共事务时的驾轻就熟、面对公众时不同寻常的耐心，以及他无与伦比的吸引力和魅力。我欣赏卡特莱特的优雅、聪明和充满自尊，以及帕克森的魅力和表达能力。我喜欢看到皮蓬走向成熟却仍然顽皮。而阿姆斯特朗永远是个你想拥抱的孩子，珀杜永远显示出他善解人意、机敏和智谋的一面，金很少让篮球之外的个人问题影响自己的微笑。霍奇斯对所有他关心的人都如有信仰、振奋人心的灯塔。霍普森永远是位绅士，就好像他的老朋友布拉德·赛勒斯。格兰特是怒海上一个张开双臂的港湾。

顺便再说一说那些管理层的人。老板杰里·莱因斯多夫是我认识的人中被误解最多的人，他的心肠和心思经常看起来怪怪的。尽管很多人不愿意承认，但他经常是可爱的。助教团队是个活力四射的群体，尤其是约翰尼·巴赫，他是那个时代真正有复兴精神的人，是他把我介绍给了主教练菲尔·杰克逊。当我的文学经纪人读到这本书稿前半部分时，她发表评价说："杰克逊是这个故事的主角。"我认为但凡菲尔·杰克逊参与其中的事，他都会成为主角。每次我和他谈话，在离开的时候都会增加一些新知，或者开始考虑我之前从未考虑过的问题。我在华盛顿特区待了4年，报道过参议院和白宫的新闻，但从没遇到如此有趣的人。他既平静、聪明又风趣，而且经常会对事情有别出心裁的观点，他在赛季末和赛季初几乎一样令人愉快。

在此，我想对一些人表示感谢。首先要感谢我的文学经纪人莎莉·莱塞·温克，她是我力量的源泉，在整整一年中给了我很多鼓励。我还想感谢西蒙·舒斯特公司的编辑杰夫·纽曼，因为他愿意冒险与一个新作者持续沟通，而且以令人印象深刻的方式完成了使命。我尤其要感谢《芝加哥论坛报》的编辑杰克·富勒、迪克·西科恩、迪克·莱斯利和鲍勃·孔多尔，感谢他们在这个漫长赛季里对我的支持。我还要感谢其他几位一路走来的人，比如加里·格雷厄姆、乔治·安德鲁斯、迈克·伊姆莱、迈克·康克林、唐·斯特林、迈克·卡恩、吉米·塞克斯顿、鲍勃·福特、肯特·麦克迪尔、戴尔·雷特曼、里克·波利、皮特·韦克西、戴维·本纳、杰夫·登伯格、琼·杰克逊、迪恩·豪，以及公牛队公共关系和执行团队。我特别感谢妻子凯瑟琳，感谢她能够接受NBA随队记者和新手作者不正常的生活，感谢她没有让儿子按下电脑的删除键。

至于霍勒斯·格兰特，在与他相处三年之后，我仍然想不到有什么事情能让他显得糟糕。